삼위일체 하나님

신적 삶 안에 있는 관계성과 시간성

테드 피터스 지음
이세형 옮김

컨콜디아사

GOD AS TRINITY

by Ted Peters

GOD AS TRINITY by Ted Peters
Copyright © 1993 by Ted Peters

All rights reserved.

This Korean edition was published by CONCORDIA-SA in 2007 by arrangement with Westminster John Knox Press through KCC(Korea Copyright Center Inc.), Seoul.

이 책의 한국어 판 저작권은 (주)한국저작권센터(KCC)를 통한 저작권자와의 독점계약으로 컨콜디아사에 있습니다. 저작권법에 의해 한국 내에서 보호를 받는 저작물이므로 무단전재와 복제를 금합니다.

목 차

서언 / 7

1. 삼위일체 담론의 과제 입문 / 13
   삼위일체 담론의 과제 / 15
   잘못 인도된 가설들 / 17
   너머와 내밀 / 23
   내재적 삼위일체와 경세적 삼위일체 / 26
   삼위일체 담론의 미래 / 34

2. 현대의 논의들 / 39
   삼위일체 교리는 유행이 지난 것인가? / 40
   삼위일체는 실체론적 형이상학과 관계되는가? / 45
   그리스도인들은 유일신론자들인가? / 58
   누구에게 기도해야 하는가? / 69
   삼위일체 용어는 어쩔 수 없이 성차별적인가? / 75
   "삼위일체"가 폭탄을 의미하는가? / 92

4 삼위일체 하나님

　　아리우스에게 실제로 어떤 일이 있었는가? / 99
　　필리오케란 무엇인가? / 106
　　성령은 아버지와 아들의 상호 사랑인가? / 113
　　동방 정교회와 라틴 서방 교회가 화합할 수 있을까? / 121
　　삼위일체란 종교일치적인가? / 126

3. 20세기 후반에 있었던 삼위일체 담론 / 139
　　클라우드 웰치의 예견: 우리의 미래에 바르트가 있다. / 141
　　에버하르트 융엘과 일치의 원리 / 155
　　칼 라너와 라너의 규정 / 166
　　위르겐 몰트만의 [역사를 향해] 개방된 삼위일체 / 178
　　레오나르도 보프의 신적 사회 / 191
　　과정 유신론과 둘이 셋이 됨 / 198
　　캐서린 모리 라쿠나의 『우리를 위한 하나님』 / 214
　　로버트 젠슨의 『삼위의 정체성』 / 223
　　볼프하르트 판넨베르크와 의존적 신성 / 235
　　우리는 어디로부터 왔으며 어디로 향해 가고 있는가? / 249

4. 시간적 삼위일체와 영원적 삼위일체 / 255
   영원성이란? / 257
   시간이란? / 261
   과거, 현재, 미래: 인간의 관점 / 264
   특수 상대성 이론에서의 시간 / 270
   열역학에서 시간의 화살 / 278
   양자 창조에서 시간의 경계 / 285
   시간의 전체로서의 영원성 / 291
   시간적 통전론 / 295
   논의를 되돌아 보며 / 299
   삼위일체 논제들 / 303

역자후기 / 325
색인 / 329

서 언

삼위일체 교리가 시대에 뒤떨어진 주제이고 지루하다는 생각에서, 삼위일체를 썼던 신학자들 대부분은 변명으로 책의 서두를 시작하였다. 나는 그런 변명을 늘어놓지 않겠다. 삼위일체 사유는 20세기 후반 신학의 정수 중 하나로 판명되었다. 어떤 신학적 논의보다도 삼위일체 담론은 하나님의 본성을 진지하게 생각하고 구원의 사역을 이해하게 한다.

이 책에서 나는 서로 밀접하게 관계된 두 가지 과제를 갖고 씨름할 것이다. 첫째 과제는, 신학의 중심 무대에서 화려하게 등장했던 여러 논제들과는 달리, 조용한 속삭임으로 신학 세계의 구석에 자리했던 삼위일체 담론을 연대기적으로 서술해가는 것이다. 이 담론을 진행해 가면서 나는 이 시대 삼위일체 담론에 활기를 불어넣고 있는 갈등의 논제들과 요인들을 눈여겨 볼 것이다. 칼 바르트(Karl Barth)와 칼 라너(Karl Rahner)로 시작하여, 오늘날 에버하르트 융엘(Eberhard Jüngel), 위르겐 몰트만(Jürgen Moltmann), 로버트 젠슨(Robert Jenson), 볼프하르트 판넨베르크(Wolfhart Pannenberg), 캐서린 모리 라쿠나(Catherine Mowry

LaCugna)로 이어지고 있는 핵심 논의를 담은 자료들을 면밀히 살펴볼 것이다. 이 과정에서 우리는 하나님이 수육을 통해 타자성을 경험하였고, 성령의 능력을 통해 통합적인 전체성을 경험하고 있음을 배우게 될 것이다. 그 결과 관계성(relationality)이 오늘날 삼위일체 담론의 중심 주제임을 알게 될 것이다. 이 담론에 주목하면서, 또한 하나님의 생성을 말하는 과정신학의 목소리, 삼위일체 용어에 나타난 성차별주의를 논하는 페미니스트 신학의 목소리, 하나님과 인간의 공동체를 주장하는 해방신학의 목소리에 귀를 기울일 것이다.

둘째 과제는 건설적인 제안을 제시하고 새로운 차원의 담론을 계속 이어가는 것이다. 특히 이 책에서 나는 하나님의 영원성과 세계의 시간성이 갖는 관계성을 규명할 것이다. 기본적인 물음은 이렇다. 영원한 하나님께서 어떻게 시간적 세계 안에서 활동할 수 있는가? 같은 맥락에서 영원한 하나님이 어떻게 시간적 세계의 영향을 받을 수 있는가? 이는 그렇게 쉽지 않은 물음이다. 전통적으로 그리스도교 신학자들은 영원성을 무시간성으로 정의해야한다고 생각했기 때문이다. 이들은 영원성을 시간의 흐름과 시간의 흐름 때문에 생긴 노화나 죽음과는 상관없는 절대성의 형식으로 생각하였다. 영원성으로 주사를 맞은 하나님은 시간의 흐름에 면역을 가진 분으로 나타난다. 영원성이 무시간성을 의미한다면, 하나님은 시간으로 이루어진 이 세계와 관계할 수 없는 분처럼 보일 것이다.

나는 영원성과 시간의 관계는 하나님의 절대성과 관계성에 대한 보다 큰 그림 안에서 물어질 수 있다고 생각한다. 먼저 하나님의 너머 혹은 초월성과 하나님의 내밀 혹은 임재 사이의 역설로 보다 큰 그림을 구성해 보자. 여기서 역설이란 말이 중요하다. 역설은 하나님이 너머이면서 내밀하며, 절대적이면서 상대적이라는 이중의 진리를 보여주기 때문이다. 초월의 하나님은 또한 인간 실존의 가장 내밀한 깊이와 관계한다. 성부-성자의 관계에서 보면, 영원하시며 언표 불가능한 아버지께서 인간과 더불어 시공의 세계에 거처를 잡은 수육한 아들과 내밀하게 관계한다. 성자-성령의 관계에서 보면, 역사적 예수 그리스도는 그의 유한성과 시공을 넘어 믿는 자들의 신앙 안에 영적으로 현존한다. 성령-성부의 관계에서 보면, 그리스도로 구속함을 입은 창조의 전체는 종말론적으로 신적 삶 안에서 영원한 조화를 회복한다.

삼위일체 하나님에 대한 사유는, "하나님"이란 말이 지닌 동전의 양면, 곧 영원성과 시간성에 적용되기 때문에, 이 책의 물음에 대답이 된다. 수육한 이로서, 우리와 함께 하시는 임마누엘로서의 하나님은 시간적이다. 영원한 이가 시간 속으로 들어옴으로써 시간은 신적 삶에 참여한다. 그러므로 영원한 이는 그 시간속에 머무르면서 또한 영원 속으로 들어간다.

이는 영원성이 단순한 무시간성으로 인식될 수 없음을 의미한다. 영원성과 시간은 상호 배타적일 수 없다. 어쨌든 영원성은 시간과 통합되어야 한다. 이것이 이 책의 논제이다. 영원성 안에 시간을 통합하는 것은, 삼위일체 삶을 특징짓는 세 위격의 영원한 선취 안에 시간의 창조를 종말론적으로 통합하는 것을 통해 일어난다. 영원성-시간의 역설은 종말론적으로 해소된다. 이것이 이 책에서 전개하고 있는 오늘의 삼위일체 담론 내용이다.

이 담론은 본질적으로 역사적 논의가 아니라 구성적 논의이다. 역사적으로 니케아와 콘스탄티노폴리스에서 활동했던 4세기 신학자들이 세 위격 안에 하나의 본질이라고 고백한 것은 영원성과 시간의 문제가 아니었다. 그러나 영원성과 시간의 관계는 4세기뿐 아니라 현재에도 논제가 되고 있다. 거기다가 오늘의 삼위일체 담론을 설명하면서 살펴보겠지만, 니케아의 해법은 여전히 만족스럽지 못한 채로 남아 있다. 니케아 신조는 영원한 내재적 삼위일체와 역사 안에서 구원의 사역을 담당하는 경세적 삼위일체의 관계를 분명하게 표현하지 않았다. 이 책에서 나는 내재적 삼위일체와 경세적 삼위일체의 관계를 단단히 하려고 한다.

이 책에서 시도하는 담론의 구성적 시도는 내가 앞서 저술한 조직신학 책 『하나님: 세계의 미래』라는 책에서 뿌렸던 씨를 싹트게 하는 시도이다. 나의 구성적 제안은 현재의 신학적 탐색(current theological exploration)을 위한 가설적 형식을 갖는다. 이는 교의로서의 신학보다는 구성적 전개를 향한 도상의 신학(theologia vistorum)이다. 도상의 신학은 신학이, 신학자가 속한 지성적 맥락에서 성서의 의미를 분명하게 하는 해설, 곧 성서의 상징들에 대한 해설(explication)[1]로 이루어져 있음을 전제한다. 우리가 속한 현재의 정황에서, 특별히 삼위일체 해설에 적합한 두 개념이 있다. 하나는 사회 심리학에서 말하는 관계 안에 있는 인격(person-in-relationship)의 개념이고, 또 다른 하나는 물리학에서 말하는 우주적 시간의 개념이다. 앞으로 나는 현대의 중요한 개념들을 사용하여 삼위일체 하나님에 대한 이해를 새롭게 하고자 한다. 이 시도는 완성된 것이 아니고 계속되는 과정이다. 그러므로 나의 논제는 삼위일체 담론이라는 큰 틀의 이야기에 조그만 목소리를 보태는 정도가 될 것이다.

삼위일체 하나님의 현대적 이해에 대한 나의 연구는 지티유

---

[1] 이 책에 나오는 용어 중에 interpretation은 해석으로, explanation은 설명으로, explication은 해설로, construction은 구성으로 각각 번역할 것이다.(역자주)

(Graduate Theological Union)의 동료 교수이면서 학장을 지낸 명예 교수 클라우드 웰치(Claude Welch)가 1952년도에 쓴 『삼위일체의 이름으로 In This Name』라는 책을 자세히 고찰하는 것으로 시작하려 한다. 이 책을 통해서 나는 놀랍고도 매우 유익한 사실을 발견하였는데, 바로 칼 바르트의 신학이 미래의 삼위일체 논의에 파장을 몰고 올 것이라는 예언자적 통찰이었다. 지난 40년 동안 웰치의 예견은 정확했음이 판명되었다. 이 책의 과제 중 하나는 20세기 후반의 신학사를 살펴봄으로써 웰치의 예견이 어떻게 이루어졌는지 추적해 보는 것이다.

그러나 오늘날 삼위일체 담론이 관심하는 물음과 웰치가 책을 썼을 당시 논쟁이 되었던 물음에는 차이가 있다. 20세기 중반에 제기되었던 물음은, "한 분 하나님 경험에 대한 인간의 여러 입장을 종합한 슐라이어마허의 종합의 방법과 성부, 성자, 성령의 빛에서 인간의 원초적인 하나님 경험을 보도하고 있는 바르트의 성서적 계시 분석의 방법 중 어느 입장이 옳은가?"였다. 두 입장의 싸움에서 바르트가 이긴 것처럼 보인다. 오늘날 삼위일체론자들은 성서가 이미 삼중적 형식으로 원초적인 증언을 하고 있음을 당연시하는 것 같다. 그러므로 우리는 분석의 방법이나 이와 유사한 방법을 취해야 한다. 이 문제와 함께 삼위일체 담론의 주제에 변화가 일어났다. 오늘날 논의를 유발하는 물음은 구성적 전개에서 더 발전된 단계를 보여주고 있다. 시간 안에서 우리와의 관계를 말하는 경세적 삼위일체와 영원한 내재적 삼위일체는 어떻게 연결되는가? 바르트는 경세적 삼위일체와 내재적 삼위일체는 사실상 하나라는 기본 틀을 제시하였다. 바르트 이후 삼위일체 담론은 바르트의 밑그림을 완성하는 일에 관심하였고, 나도 이 책에서 이를 좀 더 자세하게 설명하고자 하였다.

삼위일체 담론의 발전적인 과정을 염두에 두면서, 나는 20세기 중반과 말에 학문의 영역에서 지도력을 발휘한 클라우데 웰치에게 감사한다. 나는 역사신학과 조직신학의 여러 주제들을 논의하면서 동료교수인 웰치와 좋은 시간을 보낼 수 있었다.

이 책 4장의 내용은 "우주의 양자창조와 자연법의 기원"(Quantum Creation of the Universe and the Origin of the Laws of Nature)을 주제로 한 학회 모임, 즉 1991년 9월에 로마 근교의 바티칸 관측소에서 행한 "시간 안에 그리고 시간 너머의 삼위일체"(The Trinity In and Beyond Time)라는 강연을 위해 준비한 것이었다. 이 강연의 내용은 버클리에 있는 신학과 자연과학 연구소(CTNS)에서 일하고 있는 친구요 동료인 물리-신학자 로버트 존 러셀(Robert John Russell)의 비평적 평가와 계속적인 격려를 받아 완성될 수 있었다. 1990년 가을학기 로버트와 나는 지티유에서 삼위일체 교리 세미나를 함께 진행하면서, 강의실 안과 밖에서 매주 만나 여러 주제들을 깊이 심화시킬 수 있었다. 이처럼 동료간의 대화는 학자들의 선망인바, 나는 삼위일체와 여러 기획을 러셀과 함께 진행할 수 있었던 행운을 얻었다.

이 책의 초고를 읽고 비평적인 평가를 해준 신학생 마그레트 클라이버(Margrethe S. C. Kleiber)와 동료 교수인 티모시 룰(Timothy Lull), 더우드 포스터(Durwood Foster), 캐롤 보이신(Carol Voisin)에게 감사한다. 아울러 삼위일체를 놓고 대화와 우정을 쌓았던 버클리 대학원 학생들에게 감사한다. 또한 직·간접적으로 삼위일체와 시간성에 대한 연구를 더욱 깊게 해준 로 앤 트로스트(Lou Ann Trost), 색인을 해준 캐롤 태블러(Carol Tabler), 웨슬리 윌드먼(Wesley Wildman), 그리고 두안 라손(Duane Larson)에게 감사한다.

1
삼위일체 담론의 과제 입문

삼위일체의 이름으로
강하신 그분의 이름으로
하나가 셋이요 셋이 하나이신
삼위일체 하나님께 나아갑니다.

모든 자연의 창조가
영원하신 아버지시요, 성령이시며, 말씀이신
삼위일체 하나님의 것입니다.
그리스도 구원의 주님을 찬양합니다.

성 패트릭 (Ascribed to St. Patrick, ca. 372-466)

그리스도인들은 하나님을 어떻게 이해하는가? 우리는 "하나님"이란 말을 모호하게 사용한다. 사실 하나님이란 말은 셋 혹은 그 이상의 의미를 갖고 있다. 첫째, 하나님이란 말은 세계 종교의 신적 실재에 대한 일반적 개념을 뜻하고, 특별하게는 이스라엘의 거룩하신 하나님 야훼를 뜻한다. 둘째, 하나님은 종종 예수의 아버지로서 삼위일체의 첫 번째 위격을 뜻하기도 한다. 셋째, 우리는 "하나님 자신"(Godhead)[1] 혹은 "하나님"(God)이란 말로 아버지와 아들과 성령을 포괄하는 전체 삼위일체 하나님을 뜻하기도 한다. 이처럼 하나님이란 말이 세 가지 의미로 사용되지만, 의미를 혼동하는 사람들은 거의 없는 것 같다. 우리는 하나님에 대해 이미 잘 알고 있는 것처럼 자연스럽게 말한다.

그러나 하나님의 본성을 이해하기 위해서, 특별히 하나님과 우리의 관계, 하나님과 세계의 관계를 이해하기 위해 더 많은 노력을 경주해야 한다. 그리스도인들은 예수 그리스도의 죽음과 부활의 사건이 우리에게 하나님의 삶이 지닌 근본적인 성격을 계시하였다고 생각한다. 좀 더 극적으로 말한다면 그리스도 사건이 실제로 하나님의 본성을 결정하였다고 생각한다. 그리고는 나사렛 사람 예수라는 역사적 인물 속에서 지고의 신적 실재가 인간의 역사 안으로 들어왔고, 그 결과 분화와 재-연합으로 하나님을 정의하는 고백이 뒤따르게 되었다. 하나님은 인간이 되기 위해 하나님이기를 멈추고 죽었다. 그러나 부활을 통해 인간을 재정의하면서, 인간을 하나님의 실재 속으로 높인다. 이를 통해 그리스도인들은 하나님을 하나 됨과 분화로, 일치와 다양성으로, 영원성과 시간성으로 생각한다. 삼위일체의 근본 논제는 하나님의 셋 됨에 있는 것이 아니고, 신적 삶을 자기-분화(self-separating)와 재-연합(reuniting), 죽음과 부활로 재정의할 수 있는 역동성에 있다.

---

[1] 이 책에서 Godhead는 하나님 자신으로 divinity는 신성으로 번역하였다.

삼위일체 담론의 과제

 삼위일체 담론의 일반적인 과제는 삼위일체 하나님에 대한 그리스도교 이해를 탐구하는 것이며, 왜 우리가 '하나 안에 셋'(three-in-one)과 '셋 안에 하나'(one-in-three)라는 다소 어색한 용어를 사용하는지 그 이유를 살피는 일이다. 역사적으로 여러 이유에서 그리스도교 교회는 이 용어를 채택하게 되었다. 이 책에서는 그 역사적 과정을 자세히 다루지 않을 것이다. 대신 삼위일체 고백이 '하나님께서 세계와 어떻게 관계하는가?'라는 물음에 대한 구성적 대답이라는 구성적 가설을 시험해 보고자 한다.

 하나님과 세계의 관계를 묻는 물음은 쉽지 않다. 다양한 고백이 실제로는 대답이 되지 않기 때문이다. 예를 들면, 하나님이 절대적이라면, 어떻게 하나님이 세계내의 존재들과 관계할 수 있을까? 하나님이 불변하며 변화하지도 않는다면, 어떻게 하나님이 변덕스러운 변화의 세계와 관계할 수 있을까? 하나님이 영원하다면, 어떻게 시간의 세계 내에서 활동할 수 있으며, 세계로부터 영향을 받을 수 있을까? 하나님과 세계의 철저한 분리를 전제한다면, 이 물음들에 답하는 것이 어려울 것이다. 하나님이 절대적이라고 할 때, 절대성은 관계성과 상반됨을 의미하는 것처럼 들린다. 하나님이 절대적이면서 관계적일 수는 없다. 마찬가지로 하나님이 불변하다고 할 때, 하나님은 변화하고, 노화되며, 변형되는 것과 상관이 없음을 의미한다. 그리고 영원성이 무시간성으로 정의될 때, 영원한 하나님은 시간의 세계로부터 고립되고 분리된다. 그러므로 이들 물음에 대한 만족스런 답을 쉽게 기대할 수 없다.

 이 물음을 다른 식으로 표현해 보면 다음과 같다. 우리의 영원한 하나님이 어떻게 우리의 시간적인 세계와 관계할 수 있을까?

이 물음에 대한 구성적 대답을 추구하면서, 나는 '시간과 영원성 사이에 철저한 분리가 존재한다.'는 가설을 문제 삼고자 한다. 만일 하나님이 순수 무시간적으로 정의된다면, 분명 하나님은 어떤 방법으로든 시간이 흘러가고 있는 세계와 관계될 수 없을 것이다. 영원성이 무시간적이라면, 우리는 하나님을 이 세계의 창조자와 구원자로 받아들일 수 없을 것이다. 그러나 우리는 하나님의 영원성이 시간성과 단절된 것으로 정의할 이유가 없다. 성서가 하나님의 역사적인 활동에 대해 보고하고 있듯이, 이스라엘 하나님에 대한 히브리 족속과 그리스도인들의 경험은 시간적인 경험이었다. 하나님은 시간 속에서 활동하신다. 삼위일체로 논제를 바꿔보자. 예수 그리스도 안에서 육체를 입고 성령으로 우리에게 현존하시는 하나님은 시간과 공간이라는 우리의 경험 지평 속에 자리한다. 삼위일체 역동성은 영원성과 시간을 구별하는 울타리 양편에 하나님을 위치시킨다. 약속된 영원한 하나님의 나라를 기대하듯이, 우리는 또한 영원성의 영역 안에서 시간의 세계의 거대한 내성화를 기대한다. 하나님의 영원한 삶은 내용적으로 하나님과 창조의 관계에 대한 시간적 역사를 통합할 것이다. 내 생각을 종합해본다면, 하나님은 영원하고 시간적이며, 또한 시간을 초월하는 영원성은 종말론적으로 시간을 이해하고 포함하는 것이다.

여기 제시된 대답을 추구하는 과정에서, 20세기 후반 조용하지만 의미있게 진행되었던 삼위일체 담론에 대한 주요 논제를 따라가 보자. 이때의 논제는 개체성과 관계성의 연결에 대한 새로운 통찰들과 관계된다. 여기서 우리는 근대 혹은 새롭게 부상하고 있는 포스트모던의 격률을 만난다. 말하자면, 개체 인간은 관계 안에 존재하며, 계속적인 되어감의 상태로 존재한다. 우리의 정체성은 다른 개체 인간들과 우리를 둘러싼 더 넓은 세계와의 교류를 통해 계속해서 성장해 간다. 스스로 규정하고 자율적인 개체 인간의 형상은 사라졌으며, 인격성의 섬(Island of personhood)은 사회와 대면하여 서있다. 이제 우리는 내면의 의식마저도 외부의 중요한 영향들과 상호 작용하고 있음을 인식하면서, 스스로를 상호 관계적인 존재로 이해한다.

이 시대 인간의 인격성을 이해하는데 중요한 사회 심리학적 개념인 관계성(relationality)은 신적 삶의 새로운 이해를 푸는 열쇠가 되고 있다. 신학자들은 인간의 인격을 관계적으로 이해함으로써 삼위일체 세 위격의 관계를 해석하였다. 아버지와 아들과 성령의 자리(identity)는 점차 상호 의존적인 관계가 되었다. 이러한 관계적 자리는 역동성, 운동, 변화, 그리고 통과를 의미한다. 그러므로 관계적 자리가 시간을 함유하는지 물어야 한다.

삼위일체와 종말론이 밀접한 관계로 얽혀 있다고 보는 헤겔과 몇몇 신학자들의 유산 또한 간과할 수 없다. 자기-분리를 수행하는 한 분이신 하나님의 삶은 종말론적인 재-연합을 요청한다. 여기서 재-연합은 예수뿐만 아니라 우리와 창조의 전체 세계를 포함한다. 삼위일체 삶이란 그 자체가 구원의 역사이다. 강조해서 말한다면, 삼위일체 하나님의 완전은 종말론적인 미래에 완성될 실재이다.

잘못 인도된 가설들

삼위일체 하나님에 대한 논의는 종종 잘못된 논쟁의 수렁에 빠지는 수가 있다. 잘못 인도된 가설에 빠지게 된다면 삼위일체 논의는 아무런 도움이 되지 못한다. 이 경우 우리는 적절치 못한 문제를 해결하는데 노력을 기울일 필요가 없다. 잘못된 논쟁을 가져올 수밖에 없는 잘못 인도된 두 가설을 언급해보겠다. 곧 삼위일체 교의 자체가 하나의 신비라는 개념과, 근본적인 문제는 셋 됨과 하나 됨의 관계와 관계한다는 가설이다. 이 두 가설 가운데 하나에만 관심하게 되면 잘못된 삼위일체 논의에 빠질 수 있다.

첫 번째 잘못된 발걸음은 삼위일체 교의가 최고의 신비라는 고백으로 시작한다. 전통적인 교의학 책들은 성 삼위일체 교의가 인간의 정신으로 결코 인식할 수 없다고 주장함으로써 사람들로 하여금 곁길로 빠지게 한다. 인간 이성으로 하나이면서 동시에 셋인 하나님의 존재를 헤아리거나 이해할 수 없다. 어떻게 세 위격이 단순하고 나누어질 수 없는 한 분 하나님 본성을 전체적으로 소유할 수 있는지 이해할 수 없다고 우리는 단정한다. 삼위일체를 이해할 수 없다고 단정하기 때문에, 삼위일체를 의례적으로 하나님 실재의 "신비"라고 할 수밖에 없다.[2] 이 문제를 해결하기 위해, 삼위일체 축일(the Feat of the Trinity)을 선포했던 바바리안(Bavarian)의 한 사제에 대한 이야기가 있다. 그는 삼위일체가 이해할 수 없는 큰 신비이기에 삼위일체를 설교할 수 없다고 생각하였다. 그래서 그는 회중들에게 삼위일체 축일을 선포하였다.[3]

---

[2] Heinrich Schmid, 『복음주의 루터교회의 교의 신학 *Doctrinal Theology of the Evangelical Lutheran Church*』 (Minneapolis: Augsburg Publishing House, 1875, 1961), 129.; J. T. Mueller, 『그리스도교 교의학 *Christian Dogmatics*』 (St. Louis: Concordia Publishing House, 1955), 149.이하.; Denis Baly and Royal W. Rhodes, 『그리스도교 신앙: 기초 신앙 입문 *The Faith of Christians: An Introduction to Basic Beliefs*』 (Philadelphia: Fortress Press, 1984), 343-344. 삼위일체를 신비로 보는 계몽주의 논제들을 찾아보려면 Jaroslav Pelikan, 『그리스도교 전통에서 그리스도교 교의와 근대 문화 *Christian Doctrine and Modern Culture in the Christian Tradition*』 (5 vols.; Chicago: University of Chicago Press, 1971-1989), 5:68-9.을 참조할 것.

[3] Hans Küng, 『하나님은 존재하는가? *Does God Exist?*』 trans. Edward

이제 여기에 개입되어 있는 신학적인 오류(a theological sleight of hand)를 정직하게 살펴보자. 신학적 오류는 하나님의 본래적 신비와 하나님에 대한 교의적 사유의 차이를 간과하는데 있다. 바울이 "깊도다 하나님의 지혜와 지식의 부요함이여,"라고 한 것은 하나님의 "측량할 수 없는" 판단과 "찾을 수 없는" 길을 지닌 하나님의 신비를 노래한 것이다.(롬 11:33) 그러나 여기 하나님의 측량할 수 없음(inscrutability)과 찾을 수 없음(unsearchableness)은 하나님에 대한 인간의 성찰이다. 삼위일체 교의는 찾을 수 없음의 범주에 속한다. 그러나 만일 신학자가 충분히 납득이 가도록 설명한다면, 삼위일체는 이해 가능한 것이 될 수 있다.[4] 하나님 신비의 삼중적 본성에 대한 성찰은 어렵다고 인정하기 때문에, 종종 삼위일체 개념은 지적 수수께끼가 되었다. 우리가 수수께끼를 덮어두려고 하는 유혹에 빠지게 될 때, 그리고 이 수수께끼를 하나님 존재 자체의 무한한 신비로 돌림으로써 사상적 투명성을 떠나 비약하고자 할 때, 잘못된 길로 들어서게 된다. 신학적 오류는 하나님의 신비에 호소함으로써 교의적 모호성을 변명하는데 있다.

삼위일체 교의를 신비라고 했던 전통은, 니케아 회의와 콘스탄티노폴리스 회의를 잇는 결정적 시기에 활동했던, 카파도키아 교부신학자들(Cappadocian fathers)에게서 유래된 것이다. 이들은 삼위일체의 모든 위격이 동등하게 신적이며 동일 본질이라고 주장하면서도, 다른 한편, 아들과 성령이 아버지로부터 출생하고 발현

Quinn(Garden Dity, N.Y.: Doubleday & Co., 1980), 699.(성염 옮김, 분도출판사, 1994)

[4] 라쿠나는 "'접근할 수 없는 빛 가운데 거하시는' 하나님이 측량할 수 없는 신비이긴 하지만, 삼위일체 교의 자체가 신비는 아니다."라고 말한다. Catherine Mowry Lacugna, "삼위일체 Trinity", 『종교백과사전 The Encyclopedia of Religion』. ed. Mircea Eliade et al. (New York: Macmillan Co., 1988), 15:55.

되었다고 봄으로써, 성부 우선성을 당연한 것으로 주장하였다.[5] 그 후 이들은 자신들이 야기한 혼돈과 논리적 모순을 감추기 위해서, 셋에 공동인 것과 셋의 구분은 말로 표현할 수 없고 이해할 수 없는 것이기 때문에 분석하거나 개념화 할 수 없다고 선언하였다.[6] 현대에 이르러 칼 라너와 같은 신학자들은 삼위일체 교의는 언제나 신비라고 주장한다. 그것은 교의 자체의 논리적 어려움 때문이 아니라 하나님의 성품 자체가 신비이기 때문이다. 교의의 신비는 "그리스도와 성령 안에서 하나님 스스로 우리와 교제하시는 신비이다."[7] 간단히 말하면, 하나님께서 신비이기 때문에 교의도 신비가 된다.

---

[5] 나지안주스의 그레고리우스(Gregory of Nazianzus)는 "시간의 영역과 이성의 범주 너머에서" 아버지가 아들과 성령의 기원이며 원인이라고 주장한다. "제3차 신학 연설: 아들에 대해서 Third Theological Oration: On the Son", III, 『니케아와 니케아 후기 교부들 Nicene and Post-Nicene Fathers』 (Grand Rapids: Wm. B. Eerdmans, 1978), 2d Series, VII: 302.(이후로는 NPNF로 표기함).

[6] Basil, "성령에 대해서 On the Spirit", XVIII: 44-45.; "편지 모음 Letters", XXXVIII: 4(NPNF, 2d series, VIII: 27-28.; 138-139.); Pelican, 『그리스도교 전통 The Christian Tradition』, 1:222-223.을 참조할 것. 초기에 하나님의 내밀한 특성이나 인식할 수 없음은, 모든 존재가 흘러나오는 신비로운 심연인 생성되지 않는 하나님의 본질(essence or ousia)에 속하는 것으로 보았다. 우리는 세 위격(three hypostases)으로 나타난 하나님만을 인식할 뿐이다. 그러나 나지안주스의 그레고리우스와 니사의 그레고리우스 작품에서 보듯 카파도키아 신학자들의 논의가 깊어가면서, 아들과 성령은 인간의 이해 너머에 있는 아버지의 신비를 공유하게 되었다. 이제 하늘에 거처하는 셋(세 위격)은 말로 표현할 수 없는 것으로 플라톤의 이데아 영역 너머에 존재한다. 성 삼위일체(the divine Trinity)는 인식할 수 없는 본질(ousia)의 세계로 올려졌다. 따라서 사실상 우리는 삼위일체 하나님이 내뿜는 에너지만을 이해하게 되었다. 이러한 신비에로 환원하는 것은 하나님의 셋 됨에 대한 신학적 논의를 사실상 쓸모없게 한다. 단순히 지고한 신비의 차원에 호소함으로써 삼위일체에 대한 신학적 논의가 사실상 무산되기 때문이다. 그런데 문제는 신비에 호소하는 것이 성서적 혹은 합리적인 지지를 받지 못한다는 점이다.

[7] Karl Rahner, 『삼위일체 Trinity』 (New York: Herder & Herder, 1970, 46. 카스퍼 (Walter Kasper)는 "삼위일체란 조건 없는 신앙의 신비"라고 주장한다. (Walter

라너의 진술은 내게 조금 염려가 된다. 정말 신비로운 것은 말로 표현할 수 없는 하나님의 존재이다. 삼위일체 교의는 교의일 뿐이다. 다른 교의와 마찬가지로 삼위일체 교의는 신앙을 이해하고, 그리스도 사건의 의미를 설명하기 위해서, 복음적 해설(evangelical explication)을 분석적이며 종합적으로 구성한 것이다. 해설하는 과정에서 간혹 논리의 장애를 만난다고 해서, 말로 표현할 수 없음(ineffability)을 하나님의 특성(virtue)으로 주장할 수는 없다.

두 번째 잘못된 발걸음은 첫 번째 잘못된 발걸음에서 비롯되는 지류로서, 삼위일체 사유의 중심 논제는 '셋이 하나가 되고 하나가 셋이 되는' 대수와 관계된다는 가설이다. 종종 삼위일체는 구분을 인정하지 않는 일원론적 유일신론(unitary monotheism)과 일치를 인정하지 않는 삼신론(tritheism)의 양극적 논쟁으로 표현된다. 우리는 한 분 하나님을 믿는가 아니면 세 하나님을 믿는가? 그리스도인들은 유일신론자들인가 아니면 다신론자들인가? 최근 삼위일체에 대한 논문 하나가 좋은 범례를 보여주고 있다. "삼위일체 교의의 중심 문제는, 어떻게 세 위격의 하나님이 한 분 하나님인지… 어떻게 일치 안에 삼위일체와 삼위일체 안에 일치가 동일한지를 표현하는 것이다."[8] 그러나 나는 문제를 이런 식으로 전

Kasper, 『예수 그리스도의 하나님 *The God of Jesus Christ*』 [New York: Crossroad, 1986], 273쪽과 268쪽에서 이태릭체로 표기한 부분을 참고할 것). 겔피는 혼돈에 빠지게 하는 유혹을 잘 알고 있었다. "신비를 모순이나 수수께끼로 혼돈해서는 안 된다. 오히려 신비의 인식 가능성은 우리의 한정된 생각을 뛰어 넘어 당황케 한다. 우리는 신학적 관상을 혼돈 혹은 몽매함과 혼돈해서는 안 된다." Donald L. Gelpi. S. J., 『하나님 어머니: 삼위일체 성령 신학 *The Divine Mother: A Trinitarian Theology of the Holy Spirit*』 (Lanham, Md.: University Press of America, 1984), 127.

8) Leonardo Boff, 『삼위일체와 사회 *Trinity and Society*』 (Maryknoll, N.Y.,: Orbis Books, 1988), 233. 힐도 같은 주장을 한다. 삼위일체는 일치로 시작하여 다원

개하는 것이 오히려 불필요한 혼돈을 야기한다고 생각한다.[9] 위의 주장은 신학자들이 양 극단을 지양하고 중도를 걸으려 하는 것처럼 그리고 있다.[10] 그러나 사실인즉 그렇지 않다. 먼저 삼신론에 대해 말하자면, 신학자들은 결코 삼신론을 그리스도교 신학으로 진지하게 받아들이지 않았던 점을 주목할 필요가 있다.[11] 교회는 다신론을 지지한 적이 없다. 다음으로 유일신론에 대해 말하자면, 그리스도인들은 언제나 유대인들이 그랬던 것처럼 하나님은 한

성을 향해 풀어야 하는 수학적 문제이다. "일치가 다원성보다 논리적 우선성을 향유하기 때문이다." (William J. Hill, 『세 위격의 하나님 The Three-Personed God』 (Washington, D.C.: Catholic University of America Press, 1982, 256.) 칼 바르트마저도 삼위일체 교의의 내용을 "하나님의 셋 됨 안에 하나 됨과 하나 됨 안에 셋 됨"(God's oneness in threeness and threeness in oneness)으로 동일화하였다. (Karl Barth, 『교회 교의학 Church Dogmatics』 [4 vols.; Edinburgh: T. & T. Clark, 1936-1962], I/1: 423.) 그러므로 삼위일체 교의가 대수와 관계가 있다는 가설이 당연하게 받아들여졌다. 바르트는 이 가설로 인해 자신의 심오한 사유가 갖는 의미를 파악하지 못했던 것이다. 곧 바르트 삼위일체의 중심적인 내용은 하나님이 창조와 갖는 구속적인 관계와 관련된다.

9) 카스퍼는 구분을 확실히 함으로써 우리를 혼돈에 빠지지 않도록 한다. 그리스도교 신학은 '1이 곧 3이다.'라는 이상한 주장을 한 적이 없다. 하나의 인격이 세 인격이고, 하나의 실체가 세 실체들이라고 주장한 적이 없다. 오히려 인격과 실체를 구분함으로써 삼위일체 교의는 하나님 안에 하나인 실체의 일치와 세 위격으로 구성된 하나의 삼위일체가 존재한다고 주장한다. "그러므로 하나와 셋은 전혀 다른 면을 가리킨다." (Walter Kasper, 『예수 그리스도의 하나님 The God of Jesus Christ』, 234.; 참조 271.)

10) 헤이트는 혼돈을 가져온 역사적 논쟁들을 정리한 후, 대수와 관련된 삼위일체에 대해 명확한 입장을 제시한다. "삼위일체 교의의 역사는 수학적 셋 됨과 하나 됨의 문제에 너무 집착하였고, 오늘에 이르기까지 이 문제는 여전히 남아있다. 그러나 삼위일체 교의는 사실상 수학적인 문제와는 상관이 없다." (Roger Haight, "삼위일체 신학의 요점 The Point of Trinitarian Theology" 『토론토 신학 저널 Toronto Journal of Theology』, 4. no. 2[Fall 1988], 195.)

11) 삼위일체 논의에서 삼신론이 언급된 경우, 곧 바로 그리스도교 입장은 다신론과 어떤 모양으로도 관계가 없다는 주장이 등장한다. 한 예로 이레나이우스와 아우구스티누스의 경우를 참조하라. (Irenaeus, 『프락세아스에 반박함 Against Praxeas』, III; Augustine, 『삼위일체 On the Trinity』, VII:iv:8.)(『삼위일체론』, 김종흡 옮김, 크리스챤다이제스트, 1993.)

분이라고 고백하였다. 그러나 단순한 유일신론은 너무 단순하다. 그리스도교의 입장은 화단에 핀 여러 종류의 유일신론 가운데 하나가 아니다.

그러면 무엇이 근본적인 문제인가? 이전과 마찬가지로 오늘날도 정말 문제가 되는 물음은, "우리가 복음의 하나님을 어떻게 이해할 수 있는가? 곧, 부활절에 예수를 일으키고 성령으로 믿음의 공동체 안에 현존하는 한 분이신 만물의 창조자를 어떻게 이해할 수 있는가?"라고 생각한다. 좀 추상적으로 표현한다면, "초월적인 창조자와 구속자가 구속받은 피조물인 우리와 어떻게 관계하는가?"이다. 이 물음은 오직 하나님만이 하나님 자신과 타락한 피조물 사이에 온전한 화해를 완성할 수 있다고 몰아간다. 하나님이 아니고서는 누구도 이러한 일을 행할 수 없다. 그러나 신약성서의 기초 상징(compact symbolism)에서 예수 그리스도는 화해를 가져오는 분이다. 그러면 예수와 신성의 관계를 어떻게 이해해야 하는가? 삼위일체 개념은 이 기초적인 물음들에 대한 하나의 제안된 대답이다. 이제 우리는 하나 안에 셋과 셋 안에 하나가 복잡한 개념임을 인정해야 한다. 그러나 개념이 복잡하다고해서, 논의를 하나님의 신비로 돌린다든지 서로 모순이 되는 수학으로 물음을 재정의할 수는 없다.

너머와 내밀

그리스도교 신학에서 삼위일체 교의가 합리적이고 개념적이며 철학적이긴 하지만, 그 뿌리는 근본적으로 종교적인 감응에 놓여 있다. 삼위일체 개념은 개념보다 더 근본적인 것에 기초한다. 즉, 삼위일체 개념은 성서에서 표현된 하나님 상징의 의미에 대한 실존적 이해에 기초한다. 삼위일체 개념은, 우리가 신앙하는 하나님께서 너머이면서 내밀이어야 한다는, 역설적 의미에서 일어난다. 너머의 하나님은 궁극적인 하나님이다. 하나님 너머 혹은 하나님이 추종할 어떤 실재도 존재할 수 없다. 하나님은 시공간에 있는 어떤 것에도 절하지 않는다. 너머란, 인간의 경험 너머이고 세상적인 의미의 완전 너머이다. 하나님은 절대적이고, 무한하며, 영원하고, 전능하며, 무소부재하다. 하나님과 동등하거나 하나님을 능가하는 것은 존재하지 않는다.

그러나 너머로서 충분한 것이 아니다. 하나님은 내밀하신 분이다. 신약성서는 하나님을 우리와 함께하시는 임마누엘로 보도한다. 가족의 사랑을 받으며 우리와 같은 성장의 변화를 경험하는 겸비한 아기 그리스도 하나님은 우리 가운데 오심으로 인류의 삶에 참여한다. 성령 하나님은 우리 내면의 자아와 깊이 관계함으로써, 때때로 우리가 성령 안에 있는지 성령이 우리 안에 있는지 구분을 모호하게 한다. 아우구스티누스가 말한 대로, 하나님은 내가 나 자신과 관계하는 것보다도 나와 더 가깝게 관계한다. 나와 내밀의 관계를 가진 바로 그 하나님께서 우주를 창조하였고, 하나님 사랑의 황홀함으로 우리의 가장 깊은 영혼을 채운다. 너머와 내밀의 역설적인 조화가 가장 의미 있게 표현된 곳이 하나님의 결정적인 구원사건이다. 이 구원사건은 우주 전체를 통해 나의 가장 내밀한 자아를 하나님의 영광 가운데 휩싸이게 하는 사건이다.[12]

너머와 내밀은 그리스도교 신앙의 상징을 통해 체감되는 하나

---

12) 헤이트는 "그러므로 삼위일체 교의의 요점은 구원론적이다."라고 강조하여 말한다. "교의는 하나님의 내적 삶에 대한 정보가 아니고, 하나님께서 어떻게 인간과 관계하는가에 대한 문제이다. 예수와 성령 안에서 경험된 구원은 실로 하나님의 구원임을 보증한다." (Roger Haight, "삼위일체 신학의 요점 The Point of Trinitarian Theology", 199.)

님 경험에 속한다. 그리스도교 신학자들이 너머와 내밀 중 어느 하나에 집중하게 될 때, 역설적이지만 이 둘이 상호 보충적인 관계로 되돌아가기까지 우리의 종교적 감응은 쉼을 얻을 수 없다. 나는 너머와 내밀의 근본적인 감응이 삼위일체 사유와 관련하여 개념적 문제를 구성하게 하는 추진력이었다고 생각한다. 곧, 하나님의 절대성과 상대성을 함께 묶는 논리적 문제의 뿌리가 된다.[13] 이러한 사실을 통해 우리는 여기서 제기하는 문제 곧, 하나님의 영원성과 세계의 시간성을 함께 묶는 것이 얼마나 중요한지 이해하게 된다. 하나님을 시간 너머의 영원한 분으로만 인식하는 것은 충분하지 않다. 우리는 하나님을 내밀한 분으로도 인식할 필요가 있다. 하나님의 내밀함은 시간의 경계 안에서만 경험될 수 있다.

어쩌면 시간의 경계 안이란 말은 너무 강한 표현일 수도 있다. 어떤 면에서 하나님의 영원성이 인간의 시간성의 영향을 경험하였고, 이 영향이 하나님의 삼위일체 삶에 내면화 되었다고 하는 것이 더 적절한 표현일 듯싶다. 영원성은 시간의 우연성으로부터

---

[13] "언제나 그랬듯이, 하나님 교의의 중심 문제는, 우리의 전체 존재의 무제약적인 근거가 되는 **하나님의 절대성**과 우리가 지닌 자유의 근거요, 원리이고 대화 상대자이면서 구원자가 되시는 **하나님의 역동적인 관계성과 상호 활동**을, 어떻게 이해 가능하도록 통합시키는가 하는 것이다." (Langdon Gilkey, "하나님 God", 『그리스도교 신학 *Christian Theology: An Introduction to Its Traditions and Tasks*』, ed. Peter C. Hodgson and Robert H. King[2d ed; Philadelphia: Fortress Press, 1985], 108.) 『현대 기독교 조직신학』, 윤철호 옮김, 한국장로교출판사, 1999) 마찬가지로, 삼위일체가 숫자 3과 관계없음을 주장한 후에, 틸리히(Paul Tillich)는 "삼위일체의 문제는 살아계신 하나님 안에서 궁극성과 구체성의 연합에 대한 문제이다."라고 주장한다. (Paul Tillich, 『조직신학 *Systematic Theology*』 [3 vols.; Chicago: University of Chicago Press, 1951-1963], 1:228.) 라쿠나(Catherine Mowry LaCugna)는 "하나님의 본질적인 관계성에 대한 주장은 개정된 삼위일체 신학에 결정적이다."라고 말한다. (Catherine Mowry LaCugna, "삼위일체 신학의 최근 동향 Current Trends in Trinitarian Theology", *Religious Studies Review* 13, no. 2 [April 1987], 145.)

영향을 받는다. 이것을 가장 극적으로 표현된 것이 십자가 사건에서 이루어진 아버지와 아들의 관계이다. 아들은 아버지의 뜻에 전적으로 자신을 복종시킨다. 그 결과 예수는 고통을 당하고 죽게 된다. 죽어가는 아들을 향한 사랑 때문에 아버지는 무한한 아픔을 겪는다. 몰트만은 다음과 같이 결론짓는다. "골고다의 사건은 하나님 자신(Godhead)의 가장 깊은 곳에 이르러 영원 가운데 계시는 하나님의 삼위일체 삶에 깊은 인상을 남겼다."[14]

내재적 삼위일체와 경세적 삼위일체

하나님의 절대성과 상대성이 가장 첨예한 긴장관계를 이루는 때는 내재적 삼위일체와 경세적 삼위일체의 관계를 논하는 경우이다. 삼위일체 하나님에 대한 전통적 논의들은 하나님의 내재적 관계에 관심한다. 하나님의 내재적 관계란 종종 "본질적" 삼위일체(essential Trinity) 혹은 "존재론적" 삼위일체(ontological Trinity)라 불리는데, 이는 아버지와 아들과 성령의 영원한 상호 순환(상호 침투, mutual penetration, *perichoresis*)의 관계를 말한다. 고전적 삼위일체 사유는 창조의 세계가 나타나기 전에도 영원한 상호 순환이 계속되었을 것이라고 추정한다. 창조와 더불어 삼위의 상호 순환이 더해진다. 초기에 테르툴리아누스(Tertullian)가 소개한 경세(economy, *oikonomia*)의 개념을 확장하여, 니케아 후기 신학자들은 창조 세계 안에서 경세적 삼위일체(혹은 "공현삼위일체" Trinity of Manifestation)란 말을 사용하기 시작했다. 이는 창조와 구속과 완성을 통해 세계 안에 외적으로 현시되는 삼위일체를 말

---

[14] Jürgen Moltmann, 『예수 그리스도의 길 *The Way of Jesus Christ: Christology in Messianic Dimensions*』, (San Francisco: Harper & Row, 1990), 173.(김균진 · 김명용 옮김, 대한기독교서회. 1990).

한다. 물론 삼위일체 하나님은 한 분뿐이다. 그런데 고전적 삼위일체론은 삼위일체를 두 방식으로 이해했다. 첫째 방식은 그 내재적 관계란 말로 삼위일체 본질을 이해하는 방식이다. 그리고 둘째 방식은 삼위일체가 창조 세계와 관계하면서 외적으로 현시되는 것을 이해하는 방식이다.

내재적 삼위일체와 경세적 삼위일체를 나눠 생각하면 몇 가지 이점이 있다. 그러나 이렇게 나누다 보면 예기치 않은 분리가 생긴다. 특별히 제2위격인 예수 그리스도를 다룰 경우가 그렇다. 시간적 역사의 흐름 안에서 일어나는 예수의 십자가는 하나님의 구원 사역의 경세에 속한다. 그러나 영원한 내재적 삼위일체 안에서는 이러한 일이 일어나지 않는다. 영원한 로고스만이 내재적 삼위일체에 속하기 때문이다. 사실 예수 그리스도는 우리를 위한(*ad extra*)[15] 하나님의 사역이다.

니케아-콘스탄티노폴리스 시기의 신학자들은 영원한 로고스와 시간적인 예수 그리스도를 나누었다. 그리고는 하나님의 속성이 인간의 속성과 교류할 수는 있어도, 인간의 속성이 하나님의 속성과 교류할 수는 없다고 주장하였다. 이들은 수육하신 예수가 두 본성을 지닌 하나의 본체(인격 혹은 위격 person, *hypostasis*)라고 보았다. 여기서 하나의 본체는 하나님의 본체이지 인간의 본체가 아니었다. 예수는 인간의 본성을 지닌 것이지 인간의 본체를 지닌 것이 아니었다. 이 모든 것은 시간의 변화, 고통과 죽음으로부터 신성을 보호하기 위한 것이었다. 인간의 본성으로는 예수가 고통

---

15) *ad extra* 의 의미는 "밖을 향한" 이란 의미이다. 여기서는 하나님의 영원적 영역에서 시간적 영역을 향해 밖으로 향했다는 의미이므로, 우리를 향한 혹은 우리를 위한이란 의미로 번역하는 것이 좋다고 생각한다. 이와 반대로 *ad intra*란 안으로 향한 의미이다.(역자주)

을 당하여 죽을 수 있었지만, 신성은 고통과 죽음으로부터 자유로웠다. 이러한 구분은 그리스도를 통한 구원의 경세가 본래적 하나님의 존재 밖에 있는 우리를 향한 것이라는 의미를 해설하는데 도움을 주었다.

이 구조에서 보면, 역사적 예수가 탄생하고 가르치고 고통을 당하다가 죽은 후, 결국 영원한 아버지와 영원한 관계 속으로 들어가는 영원한 아들로 끝을 맺는다. 고대 그리스-로마의 정황에서 가현설과 영지주의자들의 도전에 직면하여 진지하고도 본래적인 그리스도의 의미를 찾고자 했음에도 불구하고, 여기 삼위일체 그리스도론들은 너머의 제단위에서 내밀하신 하나님을 희생시키는 모험을 겪어야 했다.

어떤 면에서 보면, 고대 신학자들은 우리에게 많은 것을 제공해준다. 니케아는 하나님이 아버지 하나님일 뿐 아니라 삼위일체 하나님임을 주장할 수 있도록 우리를 준비시켜주었다. 거기다가 경세적 삼위일체는 아버지 하나님뿐 아니라 하나님 자신 전체가 세계와 관계한다는 성서적 통찰을 다시 고백하게 하였다. 이는 종종 인용되는 아우구스티누스의 고백 속에 품위 있게 표현되어 있다. 안으로 향하는(내재적인 하나님 자신을 향한) 삼위일체 하나님의 활동은 나누어지지만, 밖으로 향하는(경세적인, 우리를 위한) 삼위일체 하나님의 활동은 나누어지지 않는다(opera trinitatis ad intra sunt divisa, opra trnitatis ad extra sunt indivisa). 세계와 관계하는 하나님은 아버지가 포함된 하나님이다.

그러나 또 다른 면에서 보면, 임마누엘론(emmanuelism)이 내재적-경세적 삼위일체의 구분으로 의미가 퇴색되지는 않았는지 정직하게 물어야 한다. 요컨대 경세적 삼위일체의 개념이란 보다 실제적이고, 중요하며, 시간과의 관계를 넘어선 영원적 삼위일체의 시간적 형상에 지나지 않는다는 의미인가? 우리에게 주어진 삼위일체는, 단일 삼위일체가 아니라, 본래적으로 영원적 세 위격과 우연적이고 시간적인 세 위격으로 이루어진 여섯 위격으로 된 이중 삼위일체란 말인가? 여기서 우리는, 시간적 경세적 삼위일체가 영원적 내재적 삼위일체에 종속적인 것으로 보인다는 점에서, 관계성을 희생하고 하나님의 절대성을 보호하고자 은밀히 종속성으로 복귀하고 있음을 목도하고 있는 것은 아닌가?

우리는, 두 계기를 통해서, 최근 삼위일체 담론에서 벌어지고 있는 상황을 보다 충분히 이해할 수 있게 되었다. 첫 번째 계기는 예수 그리스도의 수육의 역사가 하나님의 경험 속에 시간성을 통합시킨다고 한 칼 바르트의 주장 속에 나타난다.

> 인간 예수의 실존은 하나님이 인간이 되었고, 창조자가 피조물이 되었으며, 영원성이 시간이 되었음을 의미한다. 그러므로 하나님께서 우리를 위해 시간을 입고 시간을 살아간다는 의미이다. 곧, 하나님 자신이 우리와 같은 모양으로 우리 가운데 시간적이 되었다는 의미이다. 그러나 하나님은 하나님의 방식으로 이 일을 행한다. 하나님은 자신의 영원성과 연합하고 교류하면서 시간적이 된다.[16]

최근 삼위일체 담론에서 주목해야 할 두 번째 계기는, 경세적 삼위일체가 내재적 삼위일체이고 그 반대도 마찬가지라는 가설을 탐구하는 일에서 찾아진다.[17] 이 형식은 칼 라너가 내놓은 것인데, 우리는 이 형식을 라너의 규정(Rahner's Rule)이라고 부른다. 이후

---

16) Barth, 『교회 교의학 Church Dogmatics』, III/2:519.
17) Rahner, 『삼위일체 Trinity』, 21-22.

융엘과 몰트만 같은 학자들이 라너의 규정을 더욱 발전시켜 나갔다. 라너의 규정은 복음서에 보도된 임마누엘론의 심오하고도 철저한 관계성을 해설하는 가운데 탄생되었다. 나는 라너가 생각하는 것 보다 좀 더 나가지만, 여기서는 라너의 규정을 살펴보도록 하자. 삼위일체 안에서 아버지와 아들의 사랑하는 관계는 아버지와 예수의 사랑하는 관계이다. 관계성은 타자성을 요구한다. 사랑은 타자성을 긍정하고 독려한다. 사랑으로 타자를 묶는 것이 영이다. 이 경우 우리는 아들을 향한 아버지의 사랑과, 아버지를 향한 아들의 사랑이 시간적인 역사의 구조 속에서 일어난다고 말할 수 있을까? 우리가 예수를 바라볼 때, 시간과 단절된 영원성 안에서 일어나는 또 다른 사랑의 망상이 아니라, 우리가 실재하는 존재를 바라본다고 말할 수 있을까? 여기 아버지-아들의 관계가 하나님의 삶에 내재적이라고 말할 수 있을까? 또한 사랑으로 모든 존재를 묶는 능력인 성령과 연합하여 아들과 세계의 관계를 로고스-창조자-구원자로서 인정한다면, 창조와 구속의 전체 역사가 하나님의 삶에 내재적이라고 말할 수 있을까? 만일 이것이 구원의 경세라면, 구원의 경세가 하나님의 내면적 삶에 영향을 미쳐서는 안 되는 것일까? 어디까지 경세적 삼위일체가 내재적 삼위일체라고 말할 수 있을까?

단순한 어떤 등식을 구성하기 전에, 우리는 내재적-경세적 구분이 가져온 소중한 가치를 인정할 필요가 있다. 곧 내재적-경세적 구분은 하나님의 자유를 보호한다. 내재적 삼위일체를 경세적 삼위일체와 완전히 동일시 해버리면, 하나님을 정의할 때 철저히 세계에 의존된 유한한 하나님으로 전락하게 된다. 내밀한 임마누엘론을 다시 고백하기 위해서, 너머의 초월적인 하나님을 희생할 수는 없다.

그렇다면 우리는 딜레마에 빠진 것인가? 라는 물음이 일어난다. 한편, 내재적-경세적 구분을 주장하다보면, 경세적 삼위일체를 종속시켜 세계와의 순수한 관계를 희생하고 초월적 절대성을 보호하게 된다. 그러나 다른 한편, 내재적-경세적 구분을 없애다 보면, 하나님의 자유와 독립을 상실한, 하나님의 자기-정의를 위해 일종의 세계에 의존적인 하나님을 만들어내게 된다.[18]

해법을 추구하다보니 우리는 현재 삼위일체 논의에서 가장 흥미로운 동기를 만나게 되었다. 지난 20년 동안, 몇 명의 신학자들은 종말론에서 경세적 삼위일체와 내재적 삼위일체의 일치를 찾아보자고 제안하였다. 여기서 가장 주목할 신학자는 로버트 젠슨이다. 젠슨은 헤겔에게서 받은 기본적인 통찰을 종자 씨로 거두었고, 판넨베르크와 몰트만은 이 씨앗을 더욱 개량 발전시켰다. 젠슨은 그동안 그리스도교 신학이 그리스 형이상학이라는 지성적 감옥에 갇혀 바빌론 포로 상태였다고 주장한다. 그리스 형이상학은 시간적 역사보다는 무시간적 영원성에 존재론적인 우선권을 부여하였다. 이러한 구조에서 우리는 영원한 아들을 선재하며 수육하지 않은 로고스(preexistent disincarnate logos, *logos asarkos*)로 생각하는 오류를 범하였다. 로고스는 육체를 입고 역사적이며 구원론적인 예수가 되기 위해 저 하늘에서 한 동안 기다려야 했다. 수육이 일어나지 않았더라면, 아들은 아버지로부터 영원히 "발현

---

18) 오늘날 신학자들은 내재적 삼위일체를 경세적 삼위일체와 동일시할 경우 하나님의 자유를 상실하게 될 것이라고 두려워한다. 그런데 나는 이들의 주장이 반드시 옳다고 생각하지 않는다. 여기서 자유를 어떻게 이해하느냐가 열쇠가 된다. 만일 자유가 하나님께서 시간의 세계로부터 영향을 받지 않고 영원히 행동해야 하는 것을 의미한다면, 고전적 입장을 대신해서 변증하고 있는 것이다. 그러나 하나님을 위한 자유가 우리를 위한 자유와 밀접한 관계가 있는 어떤 것이라면, 즉 개방된 미래에 영향을 미칠 수 있는 결정이나 행동의 능력이라면, 하나님의 구원 사역의 경세는 하나님의 자유에 대한 진정한 표현으로 이해된다. 이러한 자유의 이해를 바탕으로 철저히 밀고나간 것이 라너의 규정이다.

하고 있었을 것"이고, 우리가 인식한 예수는 "형이상학적 사본" (metaphysical double)으로 남아 있었을 것이다. 그러나 이와 반대의 입장에 서 있는 젠슨은, 시간적 운동의 역동성을 하나님의 본질적인 삶으로 통합해야 하고, 그리스도의 신성을 영원성으로부터 동 떨어져 나간 분리된 실체가 아니라, 하나님과 피조물이 결합한 궁극적 결과로 보아야 한다고 주장한다. 그렇게 되면 영원성은 시간의 완성을 하나님의 실재인 종말로 통합하게 될 것이다. 진정으로 지금과 그때 사이의 미래가 열려지고, 하나님의 활동의 자유가 확보된다. 종말론적으로 예수의 십자가는 하나님 스스로 하나님을 자유롭게 구성해 가는 활동이 된다. 그러므로 경세적 삼위일체가 성취한 현실적인 구원 사건들은 궁극적으로 시간의 종말론적 초월로 고양되어 내재하게 될 것이다.

"경세적" 삼위일체는 종말론적으로 "내재적" 삼위일체인 하나님 "자신"이다. 이 주장은 문제가 안 된다. 하나님은 영으로서 스스로 종말론적으로만 존재하기 때문이다…

우리는 하나님의 자유를 완전하게 주장한다. 이전의 서방 교회는 내재적 삼위일체가 영향을 받지 않는다는 겉치레의 자유만을 갖고 있다고 해석하였다. 진정한 자유는 가능태의 실재이며 미래로의 개방성이다.[19]

---

19) Robert W. Jenson, "삼위일체 하나님 The Triune God", in 『그리스도교 교의학 Christian Dogmatics』, ed. Carl E. Braaten and Robert W. Jenson(2 vols.; Philadelphia: Fortress Press, 1984), 1:155-156. 또한 Robert W. Jenson, 『삼위의 정체성: 복음의 하나님 The Triune Identity: God According to the Gospel』, (Philadelphia: Fortress Press, 1982)을 참조할 것. 같은 맥락에서 칼 브라텐도 종말론적 도구로 해석한다. "교회가 전통때문에 삼위일체 교의에 더이상 안주할 수 없게 되거나, 교회의 권위를 존중하여 삼위일체 교의에 동의하는 것을 기대할 수 없다. 교회는 이전 삼위일체 교의 속에 감춰두었던 의미의 보고를 열 열쇠를 강하게 필요로 한다. 여기에 꼭 맞는 열쇠는 나사렛 사람 예수 안에 나타

같은 맥락에서 몰트만은 다음과 같이 환호한다.

> 경세적 삼위일체는 구원의 역사와 경험이 완성되고 완전하게 되는 내재적 삼위일체에 이르러 스스로를 완성하고 완전하게 된다. 만유의 존재가 "하나님 안에" 있고, "하나님이 만유의 주로서 만유 안에 존재"하게 되면, 경세적 삼위일체는 내재적 삼위일체 속으로 높여져 초월된다.[20]

종말론적인 제시는 바람직하다는 것이 나의 판단이다. 왜냐하면 종말론적 제시가 너머와 내밀의 역설을 주목함으로 나온 것이기 때문이다. 종말론적 제시는 하나님의 절대성과 상대성의 긴장을 유지하려는 순수한 욕망의 표현이다. 이는 영원성과 시간성이 어떻게 상호 배타적이지 않고, 서로 보충적일 수 있는지를 보여준다. 또한 하나님과 세계 사이뿐 아니라 하나님의 삶 안에서 관계성을 함축하고 있는 임마누엘의 복음을 적절하게 해설한다. 이런 분위기에서, 아서 피콕(Arthur Peacock)과 같은 신학자들은 하나님의 삶 안에서 영원성과 시간의 연관을 주장한다.

> 하나님은 "무시간적"이지 않다. 하나님은, 그의 삶이 우리와의 관계를 계속한다는 의미에서, 시간적이다. 하나님은 시간적으로 우리와 관계한다. 하나님은 창조 세계의 시간(물리적인 시간과 이에서 파생된 심리학적 시간)의 매 순간을 창조하며, 매 순간에 현존한다. 하나님은, 그가 존재하지 않았던 적이 없고 앞으로도 그가

난 하나님의 궁극적인 미래의 현존이다. 삼위일체 교의는 세상에 드러내는 여러 양태 중에서 하나님의 미래적 일치를 표현한다." Carl Braaten, 『하나님의 미래 *The Future of God*』, (New York: Harper & Row, 1969), 107-108.

20) Jürgen Moltmann, 『삼위일체와 하나님 나라 *The Trinity and the Kingdom*』, (San Francisco: Harper & Row, 1981) 161.(김균진 옮김, 대한기독교출판사, 1990).

존재하지 않을 때가 없을 것이란 의미에서, 영원하다.[21]

삼위일체 담론의 미래

이제까지 논의한 것으로 삼위일체 논의의 방향을 제시할 수 있는 몇 가지 잠정적인 결론을 생각할 수 있다. 첫째, 삼위일체 교의의 구성에서 분명 숫자 3은 근본적으로 관심거리가 되지 못한다고 여겨진다. 삼위일체 개념으로 사유하는 이유는, 성령의 연합하는 사역이 없이는 분리될 위험에 처한 너머와 내밀의 역설을 보존하기 위해서이다.

둘째, 삼위일체의 세 위격이 동일한 종류나 질서로 구성되었다고 주장할 필요는 없다. "위격"을 정확하게 정의하고 이를 세 위격에 동등하게 적용해서 이들이 동일한 것으로 나타난다고 주장할 근거가 없다. 삼위일체란 각 위격의 민주적인 평등성을 보증하려는 문제로 촉발된 것이 아니다. 위격의 평등성이란 문제가 안 된다. 오히려 우리는 창조자요 구원자이면서 거룩하게 하는 자가 한 분 하나님의 현실적 사역임을 개념화하고자 하는 것이다.

셋째, 하나님의 영원성 안에 시간적 역동성을 긍정하는 것은, 일반적으로 존재보다 생성을 우선적으로 선호하려는 형이상학적 성향에서 나온 것이 아니다. 이는 변하지 않는 신적 존재를 움직이려는 하나의 시도라기보다는, 수육과 완성을 진지하게 생각함으로써 얻어진 결론이다. 곧, 예수의 부활에서 이미 실현되었고, 영원성으로 높여져, 우리를 위해 예정된, 도래하는 새로운 창조에

---

21) Arthur Peacocke, 『과학 시대를 위한 신학 Theology for a Scientific Age』, (Oxford: Basil Blackwell, 1990), 132.

대한 선취적 약속에서 나온 것이다. 성령은 우리를 그리스도와 하나되게 함으로써, 우리로 하나님의 나라에서 하나님과 하나되어 영원히 살게 할 것이다. 과거에 예수에게 나타난 진리가 미래에도 우리를 위해 진리가 될 것이다. 성령의 능력으로, 우리는 예수가 누리는 아버지와의 관계를 누리게 될 것이다. 이것이 종말론적인 약속이며, 시간적인 것이 영원의 세계로 높여질 것이라는 의미이다.

넷째, 하나님의 삼위일체 존재는 여전히 열려져 있다. 하나님은 종말론적인 미래에서 뿐 아니라 역사 안에서도 미래를 갖는다. 아버지와 아들과 성령의 상호 순환은 시간 속에서 그리고 아직 실현되지 않은 역사를 통해서 이루어지고 있다.

하나님의 삶에 담지된 시간성을 진지하게 대면하다보면, 우리는 어쩔 수 없이 시간의 본성에 대해 묻게된다. 시간의 본성은 그 자체가 수수께끼이고 신비이다. 아이러니컬하게도, 하나님의 시간성을 긍정하는 것은 저 세상적인 영원의 신비에다가 이 세상적인 신비를 더하는 것이다. 그러나 우리가 시간에 대해 질문하자마자 시간에 대한 물음이 20세기 과학의 중요한 비중을 차지했음을 인식하게 된다. 따라서 문제를 정확하게 추적하기 위해서는, 신학과 자연과학의 대화를 필요로 한다. 오늘날 신학자들은 가장 근본적인 학문중의 하나인 물리학 이론과 공명을 이루는 시간 개념을 말할 수 있어야 한다. 나는 마지막 장에서 이 문제를 다룰 것이다.

그 때까지 나는 우리가 살고 있는 세계에 대한 과학자들의 진술에 신학자들이 귀 기울일 가치가 있음을 방법론적으로 주장하고자 한다. 이 문제에 대해 관심이 지대하였던 교황 요한 바오로 2세는 "과학과 종교의 관계적 연합"을 주장하였다. 과학과 종교는 서로의 자율성을 유지하면서 함께 일해야 한다. "신학은 이해를 추구하는 신앙이기 때문에, 신학이 철학 및 다른 학문 세계와 교류해온 것처럼 오늘날 과학과 살아있는 교류를 해야 한다."[22] 그러므로 여기서 우리는 하나님의 시간을 물으면서, 동시에 과학자들이 판별해낸 시간의 본성에 대해 물어야 할 것이다.

다섯째, 삼위일체 사유는 계속 유동하는 과정이다. 이는 역동적인 하나님의 진리를 소유한 것이 아니고 가리키고 있다는 점에서 도상의 신학(theology of on-the-way, *theologia viatorum*)이다. 철학자 푀글린(Eric Voegelin)은 더 이상의 사색을 하지 못하도록 한다는 이유에서 그리스도교 교의의 본체화를 반대하였다.[23] 성령의 계속적인 사역과 그것이 지닌 역설적 성격 때문에 우리는 과거의 개념화에 만족할 수 없다. 근대와 새롭게 일고 있는 포스트모던 정신의 새로운 도전은 관계성과 시간성에 대해 묻게끔 한다. 우리는 때로 처음 단계로 되돌아갈 필요가 있다. 이 책은 바로 그런

---

[22] "교황 요한 바오로 2세의 메시지"(Message of His Holiness John Paul II), in 『요한 바오로 2세의 과학과 종교: 로마 교황청의 새로운 입장에 대한 성찰 *John Paul II on Science and Religion: Reflections on the New View from Rome*』, ed. Robert John Russell, William R. Stoeger, S. J. and George V. Coyne, S. J. (Vatican City State: Vatican Observatory Publications, Notre Dame, Ind.: University of Notre Dame Press, 1990), M 10. 덜레스(Avery Dulles, S. J.)는 재미있는 주석을 첨부한다. "그러나 신학자들은 신앙의 교의와 깨어지기 쉬운 과학적 가설을 연결하는 가벼운 일치론에 빠지지 않도록 조심해야 한다. 그와 반대로, 과학자들은, 그리스도교 신앙의 교의로부터 과학의 이론을 연역해 내지 말고, 과학적 탐구를 계속하도록 종교적인 신앙을 열어놓을 수 있어야 한다." "과학과 신학 Science and Theology", *ibid*, 12.

[23] 푀글린(Eric Voegelin)이 말하는 "본체화"(hypostatizing)는 마르크스주의자들이 말하는 물화(物化, reifying)와 비슷한 개념이다. 본체화란 역동성과 긴장이 있는 상징을 부적절하게 문자화하는 것이며, 너머의 초월적 실재를 여러 존재하는 것들 가운데 하나인 것처럼 명제적 진술에 환원시킴으로써 부인하는 것을 의미한다. 여기서 푀글린이 선택한 본체(*hypostasis*)란 단어는 그리스도교 신학자들이 늘 조심해서 사용해야 한다. 이는 예수 그리스도를 하나님의 위격으로 기술

시도가 될 것이다.

 여섯째, 삼위일체 교의가 하나의 교의에 지나지 않지만, 부적절한 것으로 선반에 처박아 둘 필요는 없다. 삼위일체 교의는 복음을 보도하고 은총을 제공한다. 삼위일체 교의는 하나님이 주시는 사랑의 삶으로 우리를 초청한다. 교부학 전문가인 윌켄(Robert Wilken)은 "삼위일체 교의는 영혼의 가장 깊은 곳에 이르게 하며, 하나님의 위대한 임재와 사랑의 신비를 경험하게 한다. 사랑은 그리스도인의 삶에 가장 본래적인 표징이다. 하나님 안에서와 마찬가지로 사람들의 사랑은 이웃과의 공동체를 이루며 자비를 깊이 공유하게 한다."24)

 하기 위해 사용한 용어이다. 푀글린은, 너머의 신비에 대한 경외감을 접기 위해서, 우리가 하나님에 대해 아는 것 보다 더 많이 아는 것처럼 생각하게 하는 것은 삼위일체 교의 때문이라고 생각한다. 푀글린이 본체란 용어를 어떻게 비평적 원리로 사용하고 있는지 알아보기 위해서, 그가 쓴 『종교 일치를 지향하는 시대 The Ecumenic Age』, vol. 4와 『질서와 역사 Order and History』, (Baton Rouge: Louisiana State University Press, 1974), 37, 113, 237-238.을 참조할 것.
24) Robert L. Wilken, "예수의 부활과 삼위일체 교의 The Resurrection of Jesus and the Doctrine of the Trinity", 『말씀과 세계 Word and World』, 2, no. 1(Winter 1982), 28.

2
현대의 논의들

삼위 하나님이시여, 내 마음을 깨뜨리소서!
주님이시여! 내 마음을 두드리소서! 들어와 숨 쉬소서!
내 영혼에 빛을 비추소서! 마음을 바꿔주소서!
주님을 향해 날개 치며 올라가도록
나를 무너뜨리소서! 굴복시키소서!
주의 능력의 바람이 이 내 마음을 부수고 들어와
불고 싶은 대로 부소서! 태우소서! 새롭게 하소서!

존 던(John Donne, 1572-1631) 거룩한 소넷집(Holy Sonnets), 14

삼위일체 사유를 할 때, 모든 사람이 동일한 여정을 가는 것이 아니다. 나는 3장에서 고속도로를 질주 하듯 논의를 시원하게 진행할 터이지만, 여기 2장에서는 현대의 삼위일체 논의들을 꼼꼼하게 전망해볼 것이다. 모든 논의들이 동등히 적절한 것은 아니다. 어떤 논의들은 고속도로 진입로의 입구에 해당하고, 다른 논의들은 환영받지 못하는 것들을 모아놓은 폐차장에 불과하다.

논의는 적절성에 대한 물음으로 시작한다. 삼위일체 교의는 현대 신학자들이 비판하거나 피해가야 할 정도로 시대에 뒤떨어진 주제일까? 삼위일체가 표현하려는 복음의 본래적인 특성을 구태여 찾아보고 싶지 않은 사람들에게는 삼위일체 교의가 시대에 뒤떨어진 것으로 보일 것이다. 그러나 이 생각이 억측에 지나지 않는다는 점을 인정할 때에만, 우리는 삼위일체 교의를 진지하게 논의할 수 있을 것이다. 우리의 여정 가운데, 실체론적 형이상학이나 관계 안에 있는 인격(person-in-relationship)의 본성에 대한 최근의 논의들이 가져다주는 도전들은, 하나님의 삶의 관계성과 시간성이라는 교통망의 대동맥으로 향하는 지류가 된다.

삼위일체 교리는 유행이 지난 것인가?

우리의 첫 번째 논의는 다음과 같은 물음들로 시작한다. 삼위일체 교의가 시대에 뒤떨어진 것인가? 아니면 개념적으로 여전히 살아있는 교의인가? 삼위일체 개념이 그리스도교 신앙을 위해 꼭 입어야 할 옷인가? 아니면 너무 작아 입을 수 없게 된 옷인가? 삼위일체 개념을 버려야 하나? 아니면 간직해야 하나? 종교 철학자 존 힉(John Hick)은, "문학적으로 포장된 서방 그리스도교로 부터 복음을 해방시키기 위해, 수육과 삼위일체는 마땅히 폐기되어야 하는 지적 구성"[1]이라고 기술한다.

20세기 중반 삼위일체 개념은 난관에 부딪혔다. 회의론자들은

---

1) John Hick, 『하나님은 많은 이름을 가졌다 *God Has Many Names*』, (Philadelphia: Westminster Press, 1982), 124. 이찬수 옮김, 창, 1991).

2. 현대의 논의들

삼위일체란 과거에 지적으로 융통성이 없었던 동방과 서방의 신학자들이 앞서 발발한 도전에 대응하고자 구성했던 교의라고 주장하였다. 현대인들의 시각으로 볼 때, 삼위일체 교의는 불필요하게 반복되는 비지성적 개념의 유산이었다. 리처드슨(Cyril Richardson)은 그리스도교의 삼위일체 교의가 "인위적인 구성"(artificial construction)으로 인한 "본질적인 혼동"(inherent confusions) 때문에 절름발이가 된 교의라고 주장하였다.[2] 삼위일체 교의가 무엇인가? 라는 물음에 대해, 세이어스(Dorothy Sayers)는 "이해할 수 없는 아버지, 이해할 수 없는 아들, 전체가 이해할 수 없는 어떤 것. 신학자들이 더욱 어렵게 해서 일상의 삶이나 윤리와는 상관없는 어떤 것"[3]이라고 답한 어느 교회 교인의 대답을 인용하였다. 동일한 회의를 마음에 품고 있었던 룰(Timothy Lull)은 최근의 글에서 삼위일체를 "죄의식을 유발하는 교의"(the guilt-producing doctrine)라고 불렀다. 왜냐하면 오늘날 우리는 삼위일체 사유를 구원의 구조로 생각했던 고대 아타나시우스 신경의 신학적 열정을 더 이상 가질 수 없기 때문이다.[4]

탁월한 영국 성공회 감독이었던 파이크(James A. Pike)는 삼위일체 교의가 선교를 위해 그리스도인들이 가지고 다니기에는 "너무 무거운 짐"이라고 하였다. 삼위일체 교의는 유대교인과 무슬림과 같은 다른 종교인들과의 연대에 장애가 된다. 우리가 삼중적 인격성을 고집하지 않는다면 유신론자들은 우리의 말에 귀를 기울이려 한다. 그러므로 할 수 있는 대로 삼위일체와 같은 무거운 짐을

---

2) Cyril Richardson, 『삼위일체 교의 *The Doctrine of the Trinity*』, (New York: Abingdon Press, 1958), 148-149.
3) Dorothy Sayers, 『신경과 혼돈 *Creed and Chaos*』, (New York: Harcourt, Brace & Co., 1949), 22.
4) Timothy F. Lull, "최근 문학에 나타난 삼위일체 The Trinity in Recent Literature", 『말씀과 세계 2 *Word and World 2*』, no. 1(Winter 1982), 61.

버려야 한다. 삼위일체를 버려도 되는 것은 삼위일체 교의가 "그리스도교 신앙의 본질"이 아니기 때문이다.[5]

파이크는 엄격한 유일신론을 지지하였다. 때문에 그는 삼위일체의 제1위격을 "하나님"으로 표현한 다음 하나님과 성령, 하나님과 예수 그리스도의 관계를 다시 사유하였다. 그는 성령에 인격성을 따로 부과하지 않고, 성령에 대한 것이 하나님에 대한 것일 수 있다고 주장하였다. 예컨대, 삼위일체의 제3의 위격은 교회 회의에서 삼위일체 교리를 선포하기 전 구약과 외경과 신약성서에서 하나님의 영, 하나님의 지혜, 혹은 그리스도의 영이란 말로 이미 다 논의되었다. 우리는 성령을 따로 분리된 실체로 생각할 필요가 없다. 오히려 성령은 하나님이 우리와 관계하시는 특별한 방법, 곧 하나님의 본래적인 존재방식이다. 파이크는 사벨리아누스주의(Sabellianism)나 양태론(Modalism)을 옹호한다고 생각하지 않았다. 오히려 그는 우리가 경험하는 한 분 하나님에 대한 다양한 방식을 기술하고 있다고 생각하였다.

마찬가지로, 삼위일체 제2위격에 대한 고백도 하나님에 대한 일반적인 고백이다. 하나님은 말씀 혹은 로고스이다(요 1:1). 말씀을 독립적인 것으로 말하는 것은 불필요한 여분의 어떤 것을 더하는 것이다. 여기서 말씀이란 나사렛 예수를 의미하는 것이 아니고, 하나님의 영원한 차원을 의미한다. 그러므로 하나님은 제 2위격이 없이도 창조와 계시를 할 수 있다. 로고스를 독립된 인격으로 부르는 것은 영지주의의 장난이다. 이런 맥락에서 파이크는 "여분의 층을 가질 필요도 없고 그럴 가능성을 허용할 이유도 없

---

[5] James A. Pike, 『참된 그리스도인의 시대 A Time for Christian Candor』, (New York: Harper & Row, 1964), 124.

다."고 결론지었다.[6]

그러면서도 파이크는 삼위일체 교의를 철저하게 인간의 용어로, 하나님을 구성한 "그릇"이라고 기술함으로써 삼위일체 교의를 인정할 수 있었다. 하지만 우리는 삼위일체 개념 배후에 "하나님이 존재하며… 하나님이 분명 존재한다."[7]고 말하는 것이 본질이라고 생각해야 한다.

그러나 20세기 중엽 모든 신학자들이 파이크의 삼위일체 이론을 받아들이려 한 것은 아니었다. 웰치는 1952년에 출판한 자신의 책, 『삼위일체의 이름으로: 현대 신학에서 삼위일체 교의 *In This Name: The Doctrine of the Trinity in Contemporary Theology*』에서 삼위일체 신학이 어떻게 쓸모없게 되었는지 밝히고 있다. 이제 삼위일체는 제2 혹은 제3의 자리로 밀려났다. 사람들은 더 이상 삼위일체를 논하려 하지 않는다. 그럼에도 불구하고 그는, 칼 바르트의 통찰을 기초로 해서, 삼위일체 교의가 다시금 중요한 신학적 주제가 될 것이라고 예견하였다. 3장에서 살펴보겠지만, 이러한 웰치의 예견이 옳았다는 것은 후대의 역사가 확인해 주고 있다.

웰치는, 삼위일체 교의를 다루는 현대 신학의 근본적인 문제가 계시에 기초한 물음이었다고 생각했다. 웰치가 이해한 계시는, 성서의 상징들이 가리키는 바대로, 예수 그리스도 안에 계시된 하나님이다. 하나님은 단순히 "거기에 존재"하기 보다는 계시되고 있다. 하나님과 본래적인 계시의 경험은 "삼중성"(threefold-ness)으로 구성된다. 바르트의 영향을 받은 웰치는, 하나님의 모든 활동과 하나님 존재 자체에 삼중적인 구조 혹은 삼중적인 유형이 있다

---

6) *Ibid.*, 126.
7) *Ibid.*, 128.

고 주장하였다. 웰치는 바르트가 성서에서 발견된 "계시의 직접적인 의미"를 해설하는 과정에서 "분석"(analysis)이라는 적절한 신학적 방법을 제시하고 있다고 보았다. 여기 분석적 방법의 이점은 수세기 동안 형성된 유일신론적 형이상학과 교회 사유의 공전을 넘어설 수 있다는 점이다. 그 궁극적 결론은 삼위일체 교의가 이제까지 생각해왔던 것보다 훨씬 더 그리스도교 신앙에 본질적이다. 웰치는 "삼위일체 교의가 고대 혹은 역사적인 관심을 끌뿐이라는 안일한 태도를 이제 더 이상 받아들일 수 없다."고 주장한다. "삼위일체 교의는 분명 그리스도교 하나님 이해의 중심을 이룬다."[8]

같은 시기인 1969년 젠슨은 『하나님 이후의 하나님 God after God』이란 책을 출판하였다. 이 책에서 젠슨도 역시 "바르트의 삼위일체 교의는 신학의 미래로 진일보한 사건"이었다고 주장하였다. 그러나 무슨 이유에서인지 젠슨은 바르트는 칭송하면서도 고대의 삼위일체 고백을 창조적으로 해석할 수 없었던 파이크와 같은 부류의 신학자들에 대해서는 공개적으로 비난하였다.

> [삼위일체 교의]는 과거로부터 전해오는 교회의 신학적 유산 가운데 가장 분명하게 소멸해 버린 유산이다. 그래서 감독들은 삼위일체를 가르칠 필요를 느끼지 않았고 돌아다니면서 오히려 삼위일체를 부인하였다. 가장 전통적인 교회와 신앙인들조차 그들의 신앙에서 하나님의 삼위일체 특성이 아무런 역할을 하지 못하고 있다고 자연스럽게 말하였다.[9]

---

8) Claude Welch, 『삼위일체의 이름으로: 현대 신학에서 삼위일체 교의 In This Name: The Doctrine of the Trinity in Contemporary Theology』, (New York: Charles Scribner's Sons, 1952), 218.
9) Robert W. Jenson, 『하나님 이후의 하나님 God after God』, (Indianapolis: Bobbs-Merrill, 1969), 96.

그 후 25년이 지나 상황은 완전히 역전 되었다. 라쿠나는 하나님을 삼위일체 하나님(God-as-Trinity)으로 이해하는 것에 대한 긍정적인 면을 주장한다. "오늘날 삼위일체 신학은 '성령의 능력 안에서 그리스도를 통해 하나님에 의해 구원받는다.'는 의미를 효과적으로 그리고 지성적으로 설명하는 방법이 되고 있다."[10]

20세기를 마감하면서, 우리는 부드럽지만 심오하게 예수 그리스도의 복음으로부터 일어나는 고유한 하나님 이해의 담론을 갖게 되었다. 이 담론은 관계성에 초점을 맞춘다. 삼위일체 개념은 하나님과 세계의 관계뿐 아니라 하나님의 내적 삶에도 관계성이 있다고 본다. 이러한 이해 때문에, 관계성을 실재의 본질로 이해하는 근대와 포스트모던 문화에서 삼위일체 담론이 개념적으로 활발히 전개되었다. 이제 이와 같은 맥락에서, 삼위일체 교의가 구성되던 당시 지배적인 사유였던 실체론적 형이상학과 오늘날의 사유 방식이 갖는 관계를 살펴보도록 하자.

삼위일체는 실체론적 형이상학과 관계되는가?

삼위일체 신학을 현대적으로 구성하기 위해서는 근대 이전의 실체론적 형이상학을 받아들여야만 하는가? 근대 이후 발전된 두 사유가 하나님 존재에 대한 고대의 형이상학을 위협하고 있다. 첫째는, 본체론적 실재(noumenal reality)를 주장하지 못하도록 하는 칸트의 비판이고, 둘째는, 존재보다 생성을 그리고 실체보다 관계

---

10) Catherine Mowry LaCugna, "삼위일체 하나님의 신비 The Trinitarian Mystery of God", in 『로마 가톨릭의 입장에서 본 조직신학 *Systematic Theology: Roman Catholic Perspectives*』, ed. Francis Schüssler Fiorenza and John P. Galvin(2 vols.; Minneapolis: Fortress Press, 1911), 1:153.

성을 우위에 놓고 강조하는 칸트 이후의 형이상학이다. 따라서 우리는 삼위일체 사유가, 실체론적 형이상학과 관계되어 있는가를 물어야 한다. 왜냐하면 실체론적 형이상학에 기초한 세계관을 버려야 할 경우, 우리가 중요하게 여기는 삼위일체 사유도 같이 폐기될 수 있기 때문이다.

381년 니케아 콘스탄티노폴리스 신경이 완성되었던 당시의 신학자들은 하나님의 존재를 확신하였다. 그리스어로 하나님의 우시아(본질, *ousia*)라 하건 라틴어로 서브스탄치아(실체, *substantia*)라 하건, 누구도 이 용어들이 하나님의 실재를 의미한다는 점에 대해서는 의심하지 않았다. 우리는 하나님을 "실체의 대양"(the very ocean of substance)이라 할 수 있다. 보이티우스(Boethius)는 하나님을 실체의 원천(original fount)으로 부르곤 하였다. 하나님의 실체는 실체 그 자체를 의미하는 것으로, 모든 특성과 우연한 사태와 결핍의 근원이 된다. 테르툴리아누스는 세 인격 안에 하나의 실체(*una substantia, tres personae*)라는 고백을 남겼다.

> [삼위] 모두가 실체의 연합인 하나를 구성한다. 한편, 아버지, 아들, 성령 삼위를 순서에 따라 위치시키면서 삼위일체 안에 연합을 나눠주는 분배의 신비가 여전히 보존된다. 여기서 삼위는 조건과 실체와 능력의 차원에서가 아니고 정도와 형식과 현상의 차원에서 질서지어진다. 그러나 한 분이신 하나님은 하나의 실체, 하나의 조건, 하나의 능력을 구성한다.[11]

이제까지 하나님을 실체로 이해하였다. 아우구스티누스는 하나님을 실체로 기술하면서 보이지도 않고, 변하지도 않으며, 영원하다고 하였다. 아퀴나스는 하나님을 순수 행위인 존재의 완전과 동

---

11) Tertullian, 「프락세아스에 반박함 Against Praxeas」, II(*ANF*, III: 598).

일시하였다. 이러한 생각은 생성이나 가능성 같은 것들을 배제한다. 그러므로 하나님은 불변하며 변화할 수 없다. 변화는 가능성에서 행동으로 전이하는 과정에서 일어나는 것이기 때문이다. 하나님은 본질상 불변하며 영원하다. 이와 반대로 세계는 시간적이며, 하나님과의 관계에서 영속적으로 변화해 간다.

절대적 본질과 관계적 속성의 구분은 실체론적 가정에 속한다. 실체의 본질은 동일성을 유지하며 불변하고 절대적이다. 관계성은 속성들을 통해 일어난다. 하나님의 본질이 존재의 관계적 차원에 기인한다는 개념은 받아들여질 수 없다.

이러한 하나님의 존재에 대한 고전적인 실체론적 이해는 근대에 이르러 두 장벽을 만나게 된다. 첫째는 우리가 하나님의 본질을 인식할 수 없다는 점이고, 둘째는 세상과 사랑으로 관계하는 성서적 하나님 개념과 영원히 불변하는 하나님이 양립할 수 없다는 점이다.

첫째의 장벽은 하나님 인식의 문제이다. 그리스도교 신학은 하나님을 언제나 신비적인 것으로 인식하였지만, 1787년 칸트의 『순수 이성 비판』 이후 이전 보다 더 신비적이고 아해할 수 없는 분으로 인식하였다. 초월적 실재는 인간의 인식을 넘어 초월적이다. 그러므로 우리는 하나님 본질을 인식할 수 없다. 칸트는 하나님의 불변성이나 필연성과 같은 것을 말할 때는 시간의 한계를 넘어서려는 인간의 상상에 기초해서 말하는 것이라고 보았다. 하나님은 하나님 자체라고 말할 수 없다. 이 논리에 의하면, 내재적 삼위일체는 인식될 수 없게 된다.[12]

---

12) 칸트(Immanuel Kant)는 『순수이성비판 *Critique of Pure Reason*』의 2판 서문에서 "그러므로 나는 신앙의 자리를 위해서 지식을 포기해야만 한다."고 기술하

둘째의 장벽은 하나님과 시간에 따라 변화하는 세계와의 관계에 대한 문제이다. 만일 하나님이 변화도 아니고 생성도 아니라면, 하나님은 세상으로부터 영향을 받을 수도 없다. 세상이 겪는 고통마저도 하나님의 마음을 끌 수 없다. 하나님은 무관심하며 창조 세계의 아픔을 느끼지 못한다. 거기다가 내가 하나님을 사랑하든 말든 차이가 없기 때문에 인간의 자유는 넘쳐나는 것처럼 보인다. 우리는 실체론적 형이상학의 하나님과 예수의 탕자 비유에서 보듯이 잃어버린 자녀를 찾아 나서는 슬픔이 가득한 하나님과 어떻게 화해를 이룰 수 있겠는가라고 물을 수 있다. 성서의 구원 이야기는 하나님께서 인간의 상황과 행위에 응답하시며, 그렇게 하기 위해서 하나님은 세상에서 일어나는 일로부터 영향을 받아야 한다고 가정한다.[13]

최근의 이러한 사유 분위기는 삼위일체 하나님 개념의 근간을 이루는 실체론적 형이상학을 반박하게 하였다. 그 선두에는 과정 형이상학자들이 서있다.[14] 그러나 20세기 이들의 논증은 18세기 칸트가 초월적 존재에 대한 인식을 반박했던 것에 대한 단순한 반복이 아니다. 오히려 이들은 고전적인 하나님 이해는 하나님을 고매하고 비인격적이며 세계와 관계없는 분으로 보이게 함으로써 돌봄이 없는 하나님으로 보이게 한다고 주장한다. 하나님을 불변하며 다른 피조물과 독립적으로 존재하는 신적 실체라고 말하게

고 있다. (『순수이성비판 Critique of Pure Reason』 J. M. D. Meiklejohn [New York and London: Dutton, Everyman's Library, 1934], 18. 백종현 옮김, 아카넷, 2006).
13) John O'Donnell, 『삼위일체 하나님의 신비 The Mystery of the Triune God』, (New York: Sheed & Ward, 1988; New York: Paulist Press, 1989), 3.
14) Schubert M. Ogden, 『하나님의 실재 The Reality of God』, (New York: Harper & Row, 1966), and John B. Cobb, Jr., 『하나님과 세계 God and the World』, (Philadelphia: Westminster Press, 1969).

되면, 우리를 사랑하는 하나님을 주장할 수 없게 된다. 사랑하기 위해서 사랑하는 자와 사랑받는 자가 서로 영향을 주고받아야 하고, 사랑을 하는 중에 고통을 느끼기도 해야 한다. 사랑은 변화와 변덕을 담고 있다. 화이트헤드(Alfred North Whitehead)의 후예인 과정 사상가들은 우리가 고통을 당하는 것처럼 하나님이 우리와 더불어 고통당함을 말하고자 한다. 그러므로 하나님의 삶은 역동적이고 세계의 삶과 뒤엉킨 관계를 갖고 있다. 브라켄(Joseph Bracken, S.J.)은 "내가 파악하는 바로는 하나님의 본성은 고정된 존재의 상태가 아니라 상호 관계하는 하나의 활동이다."[15]라고 기술하였다.

실체론적 형이상학은 환원적으로 보인다. 반면에 과정 형이상학은 통전적으로 표현한다. 플라톤과 아리스토텔레스로부터 출발한 고전적 그리스도교 전통은 근본을 이루는 실체의 단순성(분할되지 않음, simplicity) 안에서 복합적 존재들의 일치됨을 찾았다. 상호 활동은 우연 때문이지 실체 때문이 아니었다. 그러나 신고전주의 사유나 과정 사유에서보면, 과정의 위상이나 부분들은 부분들 그 자체보다 큰 하나의 단일한 상호 활동적인 실재, 곧 매개적 수단을 작용시키는 전체이다.[16] 상호 활동적이고 통전적인 시각은 세-위격 삼위일체 고백 안에 담긴 분명한 역동성을 설명하는데 아주 적절한 수단을 제공하는 듯이 보인다.

과정 유신론은 방법에 있어서, 초월적 세계로부터 이 세계로 내려왔다고 보는 초자연적 계시 혹은 특별 계시에 기초하지 않는다

---

15) Joseph A. Bracken, S. J., "과정철학과 삼위일체 신학 II", *Process Studies* 11, no. 2(Summer 1981), 84.
16) Joseph A. Bracken, S. J., "과정철학과 삼위일체 신학 II", *Process Studies* 8, no. 4(Winter 1978), 223.

는 점에서, 칸트 후기에 속한다. 과정 유신론은 현상적 세계를 기술하며 사색적 형이상학으로 안내하는 공동의 인간 경험과 성찰에 기초한다. 따라서 특별 계시가 아니라 일반 계시에 기초한 구성 형이상학이다.[17] 이는 분석이 아니고 종합이다. 아버지와 아들과 성령이라는 성서의 상징들은 최소한의 역할만 할 뿐이다. 때문에 대부분의 경우 과정신학자들은 더 이상 그리스도교의 삼위일체 교의를 포용할 수 없음을 안다. 과정신학자들이 삼위일체에 대한 해석을 계속한다면, 너무 변형이 되어 알아볼 수 없는 것이 된다. 나는 관계성을 강조하는 과정 개념이 삼위일체 이해를 위한 적절한 도구가 될 수 있다고 보기 때문에 이점에 대해 안타깝게 생각한다. 종합해보면, 과정신학은 삼위일체를 해설할 수 있도록 역동적이며 관계적인 형이상학을 제공한다는 이점을 갖고 있다. 그러나 문제는 과정신학의 방법이 아버지와 아들과 성령의 특별 계시에 기초하기 보다는 인간의 공동 경험에 기초한다는 점이다.

고전 실체론을 비판한 현대 사상가들은 과정신학자들만이 아니다. 판넨베르크는 고전 실체론이 인격(위격)과 실체의 구분을 모호하게 하는 방식으로 개체성과 실체를 하나로 묶는 잘못된 성향을 갖고있다고 주장한다. 이러한 성향이 위격과 주체의 관계를 어쩔 수 없이 모호하게 한다.[18] 뮌헨 출신의 신학자 판넨베르크는 우리

---

17) 캅(John Cobb)과 옥덴(Schubert Ogden) 같은 개신교 과정 사상가들은 인간의 공동 경험을 강조하는 것처럼 보인다. 그러나 제임스(James)와 화이트헤드로부터 경험에 대한 강조를 배운 로마 가톨릭 신학자 겔피(Donald Gelpi)는 하나님의 경험에 초점을 맞추고자 한다. 따라서 겔피는 실재의 자리를 실체의 존재로부터 과정의 경험으로 옮겨간다. 그는 "하나님께서 하나의 실체라기보다 하나의 경험이라면, 하나님을 절대자로 인식할 필요가 사라지게 된다."고 주장한다. Donald Gelpi, 『하나님 어머니 The Divine Mother』, 130.
18) Wolfhart Pannenberg, "인격과 주체 Person und Subjekt," in 『조직신학 Grundfragen Systematischer Theologie: Gesammelte Aufsätze』, Band II(Göttingen: Vanderhoeck & Ruprecht, 1980), 82-83.

가 하나님의 단일한 주체성과 삼위일체의 삼중적 인격성을 고백하려면 고전적 실체론과 거리를 두어야 할 필요가 있다고 말한다.

그러므로 개신교 진영에 있는 거의 대부분의 사람들은 고대의 존재론을 어느 정도 재개념화할 필요가 있다고 동의하는 분위기다. 과정신학자들이건 다른 사상가들이건, 실체론적 형이상학을 수정하려는 현대의 노력은 관계성의 원리를 중심으로 이루어진다. 하나님은 관계성으로 재인식되어야 한다. 이러한 분위기에서, 우리는 "위격"이란 용어가 본질적으로 관계적인 용어인가라는 물음을 묻게 된다.

삼위일체 논의에서 '위격'이란 말이 어떻게 사용되어야 할까?

오늘날 삼위일체 담론은 여러 세기에 걸쳐 "위격"의 정의가 변화를 겪어왔다는데 동의하는 것 같다. 그러므로 "세 위격(인격)안에 있는 한 존재"라는 고백을 여전히 우리가 사용할 수 있을까? 우리가 이 고백을 사용하려 한다면 고대와 현대의 정의 가운데 어떤 정의를 사용해야 할까? 우리가 고대의 정의를 버리기로 한다면 "위격"이란 말 대신 어떤 대안적 용어가 있을까?

실제로 4세기에 사용한 "위격"이란 용어는 의미가 분명하지 않다. 고대에 두 학파가 타협하여 명기한 "위격"이란 말 배후의 용어는 휘포스타시스(*hypostasis*)라는 용어였다. 카파도키아 교부신학자들은 휘포스타시스와 우시아(*ousia*)를 분명하게 구분한 반면, 아타나시우스는 이 두 용어를 상호 교환적으로 사용하였다.[19] 카

---

19) 4세기에 의미를 새롭게 하기까지 휘포스타시스와 우시아는 실체 혹은 본질로 존재하는 것을 의미하였다. 라틴어 서브스탄치아(*substantia*)는 '어디 아래 존재

파도키아 교부신학자들은 세 위격을 강조하였고 이들의 연합에 신비가 있다고 보았다. 반면 아타나시우스는 하나님의 연합을 강조하였고, 그 신비가 셋 됨에 있다고 보았다. 카파도키아 교부신학자들과 이들의 정통 후계자들은 본질이나 존재보다 위격에 우선권을 주는 경향이 있었다. 그래서 하나님의 위격이 하나님의 본질을 결정한다고 보았다. 반면, 서방 라틴 전통은 하나님의 본질에 우선권을 주는 경향이 있었다.

381년 콘스탄티노폴리스에서 휘포스타시스라는 말은 동방과 서방 양측의 유리한 쪽으로 해석될 수 있었기 때문에 아버지와 아들과 성령을 의미하는 뜻으로 사용되었다.[20] 한편, 휘포스타시스는 우시아 혹은 어떤 것의 본질을 의미하며 라틴어로는 서브스탄치아(substantia)로 번역될 수 있다. 다른 한편, 휘포스타시스는, 테르툴리아누스의 하나의 실체와 세 위격(una substantia, tres personae)이란 라틴어 표현에서 보듯, 위격에 해당하는 하나님의

하다.'라는 자동사의 의미에서 '휘포스타시스'였다. 반면, 그리스 사상가들은 다른 존재들과의 관계에서 어떤 실체의 구체적 특성을 의미하는 타동사로서 휘포스타시스를 사용하였다. 아리우스는 실체적으로 다른 세 존재들을 말하기 위해 휘포스타시스라는 말을 사용하였고, 또한 다른 그리스 학자들은 존재의 일치를 의미하기 위해서 "하나의 휘포스타시스"라는 말을 똑같이 사용하였다. 카파도키아 교부신학자들은 한 본질, 세 위격(mia ousia, treis hypostases)이란 고백으로 타협점을 제시하였다. 우시아란 세 위격이 공통으로 공유하는 것을 의미하고, 휘포스타시스란 세 위격의 구별을 의미하였다. Basil, 『편지모음 Letters』, XXXVIII:1-3; CCXXXVI:6(NPNF, 2d Series, VIII: 137-138; 278)과 Catherine Mowry LaCugna, 『우리를 위한 하나님: 삼위일체와 그리스도인의 삶 God for Us: The Trinity and Christian Life』, (San Francisco: Harper & Row, 1991), 66.을 참조할 것.

20) 공의회 사이에 우시아(ousia)라는 용어의 의미가 발전하여 속성과 구별되는 어떤 것의 본래적인 존재(fundamental being)를 의미하게 되었다. 아들이 아버지와 동일 본질이란, 외적이거나 객관적인 관점에서 보면 각각의 위격(hypostasis)이 다른 위격과 구별될 수 있음에도 불구하고, 아들과 아버지가 동일한 내적 존재를 공유한다는 뜻이다.

가면(face, *prosopon*)을 의미할 수도 있다. 이를 종합해보면 휘포스타시스란 두 가지 의미로 사용될 수 있는 모호한 용어이다.[21] 그러므로 프로스폰(*prosopon*)이란 단어를 어원학적으로 연구한다든지 혹은 가면들, 얼굴들, 인격들이 갖는 관계의 역사를 살핌으로써 의미를 구분하려는 시도는 별로 도움이 되지 않는다. 관계적 성격을 갖는 개체 실체로서 위격을 정의했던(*persona est naturae rationabilis individua substantia*) 보이티우스도 혼동만 더했을 뿐 별로 도움이 되지 않는다. 위격이란 실체와 인격이란 말의 융합에 지나지 않기 때문이다.[22] 우리가 관심해야 하는 용어는 니케아-콘스탄티노폴리스 회의에서 사용된 휘포스타시스라는 용어이다. 휘포스타시스는 영어로 통상 위격(인격, person)으로 번역이 되는데, 아직까지도 그 모호한 의미때문에 신학적 논쟁이 되고 있다.

어떻든 삼위일체에 대한 전체 주제가 20세기 신학자들의 신경을 거스르고 있다. 바르트는 근대의 인간 개체성에 대한 강조가 아버지와 아들과 성령을 인격으로 표현하지 못하게 한다고 생각한다.[23] 젠슨은 "인격"(person)이란 말 대신에 "정체성"(identity)이라는 말을 제시한다.[24] 라너는 고전적 고백을 폐기하지는 않지만,

---

21) 아우구스티누스도 이 용어의 모호성을 인식하였다. "우시아와 휘포스타시스는 다른 것 같은데 무엇이 다른지 나는 알지 못한다." 그는 처음에는 하나의 본질과 세 위격(*mia ousia, treis hypostases*)이라는 말을 라틴어로 "하나의 본질과 세 실체들"(one essence, three substances)로 표현하였다. 그러다가 검증을 거쳐 "하나의 본질 혹은 실체와 세 위격들"(one essence or substance and three persons)이란 표현을 사용하였다. Augustine, 『삼위일체 *On the Trinity*』, V: 10.
22) Boethius, 『유티케스와 네스토리우스에 반박함 *Against Eutyches and Nestorius*』, III.
23) Barth, 『교회 교의학 *Church Dogmatics*』, I/1: 411-413.(박순경 옮김, 대한기독교서회, 2003).
24) Jenson, 『삼위의 정체성 *The Truine Identity*』.

"위격"(인격)을 "독특하게 자존하는 방식"으로 정의하려 한다.[25] 보프는 휘포스타시스와 동의어란 점에서 "위격"이란 용어를 좋아한다.[26] 학자들 간에 다양한 대안이 제시되었다. 그러나 이 모든 대안들은 인격성에 대한 현대의 이해가 삼위일체 이해에 적합하다는 가정에서 시작한 듯 보인다. 그러면 여기서 정말 문제는 무엇인가?

민주주의, 자유, 존엄성, 인권과 같은 기본 개념들을 탄생시킨 18세기의 근대적 관점에서 보면, 인격은 스스로 주도하고(self-initiating) 스스로 결정하는(self-determining) 주체인 고유한 개체를 의미한다. 모든 인격은 고유한 주체성이 발현하는 자리이다. 그러므로 다른 인격들과 존재들로부터 독립적이다. 인격성은 자율성의 전조이다. 따라서 우리가 조건 없이 근대의 인격에 대한 이해를 "세 위격들 안에 한 실체"(one substance in three persons)라는 삼위일체 고백에 적용해야 한다면, 세 구별된 주체성들이 미약하게 서로 연결되었다는 입장을 피할 수 없다. 그렇게 되면 속이 비치는 베일을 뒤집어 쓴 삼신론이 된다.

삼신론으로 비춰지는 것을 피하기 위해서, 근대의 신학자들은 대개 위격들보다는 연합된 일치 안에 하나님의 주체성의 자리를 위치시켰다. 이것이 바르트가 시도한 방법이었다. 그러나 그 결과 아버지와 아들과 성령에게 적용된 "위격"(인격)이 아무 의미가 없는 것처럼 보인다. 바르트는 위격들을 신적 존재의 "양식들" 혹은 "방식들"이라 이름을 붙여 위격의 독특성을 배제함으로써 양태론의 성향으로 나아갔다.[27] 종합해보면, 인격이라는 근대적 개념은

---

25) Rahner, 『삼위일체 *The Trinity*』, 110.
26) Boff, 『삼위일체와 사회 *Trinity and Society*』, 63.
27) 바르트의 입장을 양태론으로 규정하는 것은 바람직하지 않다. 사벨리우스

개체성과 독립성을 너무 많이 강조함으로써 전통적인 삼위일체 고백이 가능치 못하도록 하였다고 보여진다.

그와는 다른 각도에서 관계성을 강조하는 포스트모던 관점이 부상하고 있다. 포스트모던은 인격이란 언제나 상호 인격적이란 원리를 제시한다. 다른 인격들과의 관계가 없다면 누구도 인격적일 수 없다. 개체 존재로서의 우리는 다른 개체 존재들과의 계속되는 상호 교류에 부분적으로 의존한다. 우리가 독특성이나 자유를 누리는 것은 관계성의 맥락 때문이고, 우리는 스스로 그 관계성 안에 존재한다.[28]

예를 들면, 지지울러스(J. D. Zizioulas)는 인격성이 "존재의 개방성"(openness of being)을 함축하고 있고, 심지어는 존재의 넘어섬(탈존, ekstasis of being)을 함축한다고 주장한다. 그러므로 인격이 되기 위해서는 연합(communion)을 향해 개방적이어야 한다. 인격이란 자아의 경계를 초월하는 과정 가운데 있는 자기이고, 이 자기-초월이 곧 자유의 뿌리가 된다. 지지울러스는 탈존(ekstasis)이 휘포스타시스라고 말한다. 한편에서 보면, 인격이란 분명 통합된 연합이다. 그러나 다른 한편에서 보면, 인격성을 완성하는 인격은

(Sabellius)에게서 보듯이, 고전적인 양태론적 입장은 하나님이 우리와의 관계에서 셋으로 나타나지만 하나님의 삶 자체는 하나의 모나드로 나타난다. 그러나 바르트는 우리가 구원의 경륜 속에서 경험하는 것은 사실 하나님의 내적 혹은 내재적 삼위일체 삶과 동일한 것이라고 주장한다.

[28] 포스트모던의 관계적 인격 이해는 카파도키아의 삼위일체 개념에 그 뿌리가 있다고 할 수 있다. 4세기 카파도키아 교부신학자들은 각각의 휘포스타시스를 관계적으로 이해하였다. 생성되지 않고 인식할 수도 없는 아버지는 물론 여타 관계로부터 독립한 본질(ousia)이었다. 그러나 아버지 하나님은 두 번째 방식 곧 아들과의 관계로 이해되었다. 아버지의 휘포스타시스는 아들의 휘포스타시스와의 관계에서 성립된다. Gregory of Nyssa, 『유노미우스에 반박함 Against Eunomius』, II:2(NFPF, 2d Series, V:102)을 참조할 것.

탈존적으로 연합을 향해 개방적이다.[29] 간단히 말해서 인격들(위격들, persons)이란 상호 인격적으로 정의된다. 인격의 존재는 "관계 안에 있는 존재"(a being-in-relationship)이다.

이러한 상호 인격적 인격성의 개념은 융엘, 몰트만, 보프, 라쿠나, 판넨베르크와 같은 신학자들의 삼위일체 논의에 중심적인 주제가 되고 있다. 인간의 "관계 속에 있는 인격성"(personhood-in-relation)을 구성하기 위해 우리가 이해한 것은, 유비나 상응의 원리를 통해, 하나님의 내적 삶에 적용된다. 아들은 아버지와의 관계에서만 아들일 수 있고 그 역도 마찬가지이다. 성령은 다른 두 위격과의 상호 관계에서 성령이고, 독립적인 실체로서 성령이 아니다. 관계가 모든 위격의 정체성을 구성한다. 보프는, 신적 사회와 인간 사회의 상관관계를 제안하면서, 상호 영향을 미치는 사회적 삼위일체의 모델을 계속 강조한다. "삼위일체의 형상과 모양으로 사람들을 보는 것은 이들이 다른 이들과의 개방된 관계성 속에 있음을 의미한다. 다른 이들과 함께 함으로써만, 사람들은 다른 이들이 그들을 보는 방식으로 자신을 이해하고, 다른 이들을 통해 존재함으로써 사람들은 자신의 정체성을 형성할 수 있다."[30]

인격성에 대한 논의는 실체론적 형이상학의 논의로부터 유래된다. 고전적인 패턴을 따라 위격(인격)을 하나의 실체로 생각한다면, 삼위일체를 포함한 모든 공동체는 개체 존재들의 집적에 불과하다. 그러나 과정과 통전론과 같은 최근의 형이상학적 개념들에 주목한다면, 부분들의 총합보다 더 큰 전체로서 상호 인격적 공동

---

[29] J. D. Zizioulas, "인간의 능력과 무능: 인격성에 대한 신학적 탐구 Human Capacity and Human Incapacity: A Theological Exploration of Personhood", *Scottish Journal of Theology* 28, no. 5(October 1975), 408.

[30] Boff, 『삼위일체와 사회 Trinity and Society』, 149. 보다 철저한 또 다른 유형의 상호적 모델은 겔피의 모델이다. 겔피는, "그 스스로 자존한다는 점에서 뿐 아

체에 대해 생각할 수 있을 것이다. 예를 들면, 브라켄(Joseph Bracken)은 하나님의 연합을 실체의 연합이 아니라 공동체의 연합으로 본다. 공동체와 인격은 상관적이다. 어느 하나가 다른 것에 우선하지 않는다. 공동체는 인격을 요구하고, 인격은 공동체를 요구한다. 그러므로 하나님의 세 위격은 동시에 개체 존재자들로 구성되며, 삼위일체 하나님은 신적 공동체로 구성된다.[31] 모든 사람이 공동체 전체가 그 구성적 부분들의 총합보다 크다는 통전적 원리를 포용하지는 않지만, 관계안에 있는 인격(person-in-relationship) 개념은 거의 보편적으로 받아들여지고 있다.[32] 라쿠

니라 (수용적인 평가와 결정의 자율적인 중심으로서), 책임적인 자기-이해의 능력을 갖고 있다는 점에서, 동일한 자기 이해로부터 나오는 결단의 능력을 갖고 있다는 점에서, 또한 자기와 같은 실체들과의 책임적인 사회적 관계를 가질 수 있는 능력을 갖고 있다는 점에서," "인격"(위격)을 "역동적인 관계적 실재"로 정의한다. 겔피는 관계성과 자율을 강조한다. 이를 하나님의 세 위격 각각에 적용하면, 이 위격에 대한 정의는 삼신론으로 흘러가지 않을까? 겔피는 위격들이 자존적이 아니기 때문에 삼신론이 될 수 없다고 대답한다. 세 위격들은 상호 "내존적"(inexistent)이다. 이들의 존재는 신성 내에서 완전한 상호 침투인 상호 순환(perichoresis)에 의존한다. Donald Gelpi, 『하나님 어머니』(The Divine Mother), 115-116. 131-132.

31) Joseph Bracken, S. J., "하나님 위격들의 공동체인 성 삼위일체 The Holy Trinity as a Community of Divine Persons", *Heythrop Journal* 15(1974), 180. "단자적 의식"(monadic consciousness)을 배제하려 했던 오도넬(John O' Donnell)은 "하나의 신적 의식을 세 위격들이 공유한 의식으로 보았다." (John O' Donnell, 『삼위일체 하나님의 신비 *The Mystery of the Triune God*』, 110.) 오도넬은 브라켄의 상호 인격적 강조를 받아들이는 것처럼 보인다. 그러나 세 위격을 함께 묶는 끈으로서 브라켄의 통전론을 결핍하고 있다. 아마도 이 때문에 오도넬은 브라켄을 "니케아와 정통 교회가 고백한 존재론적인 실체의 연합보다는 사회적 집적의 도덕적 연합, 우연한 연합인… 삼신론에 빠졌다."고 비판한다. (John O' Donnell, "신적 공동체인 삼위일체 The Trinity as Divine Community", *Gregorianum* 69, no. 1[1988], 29.) 오도넬의 약점은 두 가지이다. 첫째, 오도넬은 여기서 문제시되고 있는 실체론적 형이상학으로 숨어버림으로써 물음을 피해간다. 둘째, 마치 정통이 형이상학적 설명에 결론이나 되는양 니케아와 정통의 권위에 의존함으로써 오도넬은 더 이상 자유로이 사유하지 못한 것처럼 보인다.

32) 예를 들면, 오도넬은 실체론을 주장하고 통전론을 배제하면서 관계성 속에 있

나는 "인격은 관계를 암시한다. 그러므로 삼위일체 교의는 어떻게 고백이 되건 어쩔 수 없이 인격성의 신학이다."[33]라고 말한다.

종합해보면, 현대의 삼위일체 논의에서, 독자적으로 존재하는 단일한 인격이 존재한다고 생각할 수 없다. 따라서 이러한 생각을 삼위일체에 적용한다면, 인격에 대한 포스트모던적 이해나 관계적 이해를 아버지와 아들과 성령에 적용하여 일치와 다양성을 함께 견지할 수 있게 된다. 여기서 우리는 포스트모던 인격 개념을 단일의 하나님 곧 철저한 유일신론적 의미의 하나님께 적용할 수 없다. 이러한 맥락에서 이제 현대 삼위일체 담론의 또 다른 문제, 곧 그리스도인이 유일신론을 어느 정도 인정해야 하는가라는 문제를 다뤄보자.

그리스도인들은 유일신론자들인가?

앞에서 다룬 논제를 다시 한 번 정리해보자. 하나님은 한 인격성을 갖고 있는가? 아니면 세 인격성을 갖고 있는가? 하나님은 한 주체성을 갖고 있는가 아니면 세 주체성을 갖고 있는가? 우리가 하나님의 자아를 발견하는 곳은 일치 속에서인가 아니면 다원성 속에서인가? 우리가 아버지와 아들과 성령이 인격성(person-

---

는 인격의 중요성을 인정한다. 그는 인간의 경험유비를 사용하여, "아버지는 스스로 말씀을 출생시킨 아버지임을 인식하고, 아들은 스스로 출생된 아들임을 인식하며, 성령은 스스로 아버지와 아들이 하나로 연합된 영을 인식한다는 의미에서, 우리가 하나님 인식의 세 중심에 대해 말할 수 있다."고 주장한다. "그러므로 하나님의 세 위격 각각은 다른 두 위격들과 관계하면서도 구별된 자기됨을 인식한다. 동시에 세 위격 각각은 한 분 하나님임을 인식한다. 그러므로 관계는 신적 공동체의 열쇠가 된다." John O'Donnell, "신적 공동체인 삼위일체 The Trinity as Divine Community", 33.

33) LaCugna, "삼위일체 하나님의 신비 The Trinitarian Mystery of God", 1:180.

hood)을 갖고 있는 것으로 본다면, 유일신론을 포기하는 것인가? 그리스도인들은 유일신론이란 회원권을 갖고 싶어 하는 집단인가?

지난 2000년 동안 그리스도인들은 유일신론을 고백하였다. 피텐저(Norman Pittenger)는 이 사실을 다음과 같이 설명한다. "그리스도인은 유일신론자이다. 그러나 신적 실재의 신비 안에 구별이나 관계성이 있기 때문에, 신성은 인격성과 더불어 사회성을 지닌다는 주장이 보다 본래적인 그리스도교 신앙일 수 있다는 고백을 통해서, 그리스도인의 유일신론의 의미가 깊어진다."[34] 분명 그리스도교 고백은 유일신론적이지만, 성부 성자 성령으로 한 분 하나님을 이해하는 내재적 구성의 역동적 이해이다.[35]

어떤 사람들은 삼위일체론 때문에 유일신론을 정통 그리스도교로 받아들일 수 없었다. 우선 유대인들과 이슬람교인들은 아들인 예수 그리스도 때문에 하나님의 하나 됨에 타협을 해야 한다고 보았다. 일신론(unitarianism)의 발흥과 함께 개신교 종교개혁이 일어나면서 새로운 비평의 목소리가 터져 나왔다. 하나님의 단일 인격성에 대한 주장이 16세기 폴란드와 헝가리에서 제기 되었고, 같은 주장이 17세기에는 영국에서 18세기에는 미국에서 제기되었다.

---

34) Norman Pittenger, 『수육하신 말씀 The Word Incarnate』, (New York: Harper & Brothers, 1959), 216.
35) 나지안주스의 그레고리우스(Gregory of Nazianzus)는 "내가 말하는 하나님은, 아버지와 아들과 성령으로서의 아버지를 뜻한다. 왜냐하면 신성은 아버지와 아들과 성령 너머의 신들의 무리에 와해되지 않고, 아버지와 아들과 성령보다 더 작은 범주로 한정되어 보잘것 없는 개념으로 환원되지도 않기 때문이다. 또한 신성은 모나키아(성령은 오직 성부로부터 온다는 사상, *monarchia*)를 지키기 위해 유대화 되거나 혹은 여러 신들로 인해 우상숭배에 빠져서는 안 되기 때문이다. Gregory of Nazianzus, 『강연 선집 *Orations*』, XXXVIII: 8(*NPNF*, 2d Series, VII: 347.).

1819년 차닝(William Ellery Channing)의 설교와 "일신교"(Unitarian Christianity) 대헌장은 하나님의 일치는 삼위일체 교의와 화해될 수 없다고 선언하였다.[36] 정통적인 의미에서 존재와 인격의 구분은 세 신적 존재의 고백을 하게 했고, 다양한 의식과 의지와 의식을 가지게 했으며, 다양한 행위를 수행하고, 다양한 관계를 유지하게 하였다. 이는 성서적이지도, 합리적이지도 않다고 차닝은 불평하였다. 그는 하나님의 일치는 타협될 수 있는 성질의 것이 아닌데, 삼위일체가 이런 타협을 가능하게 한다고 주장하였다.[37]

정통 삼위일체론을 추구하는 신학자들 까지도 고전적인 고백을 다시 점검하고 있다. 예를 들면, 삼위일체와 관련하여 세 기본적인 입장이 현대에도 계속되고 있다. 슐라이어마허는 엄격한 유일신론의 극단에 서있고, 몰트만은 사회적 삼위일체론이란 또 다른 극단에 서 있으며, 바르트는 이들 중간에 서 있다고 볼 수 있다. 이들을 순서에 따라 살펴보도록 하자.

---

36) 차닝은 삼위일체가 인간 예수 그리스도를 신격화한 다신론적 우상숭배의 잔재라고 생각한다. "사람들은 사람처럼 보이는 예배의 대상을 원한다. 우상숭배의 비밀은 이 성향 속에 감추어져 있다." 『일신교 Unitarian Christianity』, in 『차닝 전집 The Works of William E. Channing』, (Boston: American Unitarian Association, 1875), 373.
37) 리처드 니버(H. Richard Niebuhr)는 차닝이 아버지 혹은 창조자 중심의 일신론자들(unitarians) 진영에 속한다고 주장한다. 니버는 그리스도교 신앙과 수행 안에 성부 중심의 일신론, 성자 중심의 일신론, 성령 중심의 일신론을 지향하는 세 경향에 주목한다. 차닝과 일신론자들과 함께, 니버는 제1위격 군주론, 즉 아리우스주의, 이신론, 소치니우스주의(Socinianism) 등의 일신론자들 진영에 참여하였다. 이들은 하나님에 대한 자연적 지식을 강조하여, 제1위격 안에 하나님의 일치를 유지하고자 한다. 또한 "예수 그리스도의 일신론"이 존재한다. 보통 "아들의 단일신론(여러 신중에 하나를 중요하게 모시는 것, henotheism)"이라 불리는 예수 그리스도의 일신론은 마르키온의 사상 속에, "사모할 주 예수 그리스도"(Fairest Lord Jesus, 한국 찬송가 48장 만유의 주재)와 같은 찬송가를 즐겨 부르는 경건주의의 예수-숭배 안에, 그리고 예수가 인간의 이상으로 그려지는 리

2. 현대의 논의들 61

슐라이어마허의 방법론은 인간의 절대의존에 대한 경험으로 시작하여, 이에 상응하는 신적 일치에 대한 강조로 직접 나아간다. 그는 우리가 절대적으로 의존되어 있다는 의식은 유일신론으로만 기술될 수 있다고 주장한다.[38] 그리스도교의 근본 신앙은 한 분 하나님을 가르친다. 우리가 삼위일체 논의에서 배운 것은 이차적인 것이다. 삼위일체는 우리와 하나님의 일치 경험을 반영하는 보다 기본적인 가르침들의 결합 혹은 종합이다.[39] 그러므로 슐라이어마허는 그리스도 안에 나타난 하나님의 임재와 성령 안에 나타난 하나님의 임재가 구분되지 않는다고 주장한다. 사벨리우스를 경외하는 슐라이어마허는, 아버지와 아들과 성령의 구분은 하나님의 외적인 세계와의 관계와 관계되며 하나님의 활동 영역과 관계된다고 주장한다. 그러나 하나님 자신 안에는 오직 일치만 있으며, 이 일치가 유일신론의 원리라고 보았다.[40] 그는 유대교, 이슬람교와 더불어 그리스도교는 세 유일신론 세계 종교 가운데 하나라고 주장하였다.[41] 유일신론적인 용어로 하나님의 일치를 강조하느라 슐라이어마허는 자신의 조직신학 책인 『그리스도교 신앙』의 끝부분에 거의 부록처럼 삼위일체 교의를 다루었다.[42]

    츨의 자유주의 윤리 속에 나타난다. 마지막으로 성령 일신론이 있는데, 여기에 속하는 단체는 그리스도교 심령주의(Christian spiritualism), 온건한 신비주의, 피오레의 요하킴(Joachim de Fiore), 영적 프란체스코회(the Spiritual Franciscans), 개신교 소종파들, 형제단, 로저 윌리엄스 등이다. 니버는 그리스도교 세계의 이런 경향 때문에, 우리는 삼위일체 신앙을 교회 일치적으로 고백하기를 추구해야 한다고 주장한다. H. Richard Niebuhr, 『삼위일체 교의와 교회의 일치 The Doctrine of the Trinity and the Unity of the Church』, *Theology Today* 3, no. 3(October 1946), 371-385.

38) Friedrich Schleiermacher, 『그리스도교 신앙 *The Christian Faith*』, (Edinburgh: T. & T. Clark, 1928, 1960), par. 8, 35.
39) *Ibid.*, par. 170, 738.
40) *Ibid.*, par. 56, 230.
41) *Ibid.*, par. 8, 37.
42) 모든 사람들이 내가 여기서 해석한 것처럼 슐라이어마허를 해석하는 것은 아니

슐라이어마허와 조심스런 대비를 이루는 바르트는 삼위일체 교의를 자신의 조직신학 책 『교회 교의학 *Church Dogmatics*』 서문(prolegomena)에서 다루고 있다. 바르트는 삼위의 구분은 그리스도인의 근본적 하나님 경험에 기초한다고 주장한다. 우리는 아버지로서, 아들로서, 혹은 성령으로서 하나님을 기본적으로 경험한다. 하나님의 삼위일체적 성격은 고유한 원계시에 속한다. 이는 본래의 신적 일치를 연합하거나 종합함으로 구성된 것이 아니다. 하나님은 삼위일체로 계시하며 신학자인 우리의 과제는 이 계시를 분석하는 것이다.

이는 그리스도교 삼위일체론이 유일신론의 아류에 속하는 것이 아님을 의미한다. 바르트는 유대교와 이슬람교가 회원으로 참여하고 있는 단체에 회원카드를 신청하지 않고 있다. 그리스도교 신학은 보다 넓은 유일신론 개념으로 하나님을 이해하지 않는다.[43] 그렇다고 이것이 신적 일치의 상실을 의미하지 않는다. 바르트는 하나님의 하나 됨을 강조한다. 하나님은 삼위일체 교의로 인해 하나의 단일한 본질이 삼중으로 되는것이 아니다.[44] 하나님은 존재의 세 양태로 나타나는 단일한 인격적 자아이다.

다. 예를 들면, 보이신(Carol Jean Voisin)은 삼위일체를 그리스도교 신학의 부록처럼 다루었다는 일반적인 해석과는 다른 해석을 한다. 그녀는 삼위일체 교의가 슐라이어마허 신학의 전체 체계를 여는 중심적 사상이 된다고 주장한다. 『슐라이어마허의 삼위일체 교의에 대한 재 고찰 A Reconsideration of Friedrich Schleiermacher's Treatment of the Doctrine of the Trinity』, (Th. D. diss., Graduate Theological Union, 1980). 보이신과는 달리 나는 여기서 웰치의 『삼위일체의 이름으로 *In This Name*』에 나타난 해석을 따르고 있다. 이 책에서 슐라이어마허는 한분 하나님에 대한 기본적인 가르침을 구성된 삼위일체 속으로 종합하는 인물로 그려지고 있다. 슐라이어마허가 사용한 종합의 방법은 칼 바르트의 분석적 방법과 예리한 대조를 이루고 있다.

43) Barth, 『교회 교의학 *Church Dogmatics*』, I/1:406.
44) *Ibid.*, 403.

몰트만은 바르트의 해석을 받아들인 후 좀 더 나아가 삼위일체론과 유일신론을 대결시킨다. 몰트만은 유일신론을 반박하고 삼위일체론을 긍정한다. 그러나 이 과정에서 삼위일체론은 삼신론이나 다신론은 아니라고 주장한다. 여러 신들이기보다는 한 하나님께서 십자가에서 스스로를 소외시키고 다시금 성령을 통해 일치로 회귀하였다. 세상을 향한 하나님의 사랑이 하나님의 존재 내에 분리를 가져왔다. 이같은 신적 존재의 내적 분할이 그리스도교 계시와 유일신론을 구분한다.

몰트만은 다원성으로 시작해서 일치로 되돌아간다는 점에서 아타나시우스보다는 카파도키아 교부신학자들을 선호한다. 그는 세 위격을 세 주체로, 즉 활동의 세 자리로 강조한다. 그리고는 하나님을 단일한 주체로 생각했던 바르트를 공격한다. 몰트만은 바르트의 입장이 유일신론에 백기를 든 것이라고 비판한다.[45]

이제 잠깐 눈을 돌려, 왜 몰트만이 이러한 과정으로 나아갔는지 살펴보자. 몰트만에 따르면 유일신론의 하나님은 인간의 고통에 냉담하고 관심을 갖지 않는다. 분할되지 않는 단일한 일치로서 하나님은 관계할 수 없는 절대적 개체이다. 그러나 삼위일체 하나님은 십자가 위에 달리신 예수 그리스도의 고통과 압제당하는 모든 사람들의 고통에 철저하게 현존한다. 하나님의 현존은 우리가 갖고 있는 유일신론적인 하나님 개념을 분쇄하고 삼위일체적으로 사유하게 한다.

몰트만은 여기에다가 해방신학이 가르쳐준 과제를 하나 덧붙인다. 그리고는 강경한 어조로 선언한다. "유일신론은 군주론이

---

45) Jürgen Moltmann, 『삼위일체와 하나님 나라 The Trinity and the Kingdom』, 139.

다."⁴⁶⁾ 유일신론은 정치적인 문제를 안고 있다. 즉 하늘에 계신 신적 군주의 개념은 이 땅에서의 지배를 정당화한다. 왕들은 위계질서를 만들어 "거룩한 통치"로써 지배한다. 우주의 전능한 통치자 개념은 이에 상응하여 인간 사회를 억압하는 위계적 힘의 구조를 정당화한다. "유일신론과 군주론은 동일한 것의 양면을 표현한 두 이름일 뿐이다."⁴⁷⁾ 그러나 삼위일체 하나님 이해는 위계적이지 않으며, 사회의 압제당한 사람들을 관심하게 한다. 이런 이유에서 몰트만은 이슬람교와 거리를 두면서 그리스도교가 유일신론을 반박한다고 주장한다.

> 엄격한 유일신론은 신정적으로 인식되고 충족되어야 한다… 한 분 하나님은 나누어지거나 분급될 수 없기 때문에, 한 분 하나님의 개념을 엄정하게 적용하면, 신학적 그리스도론을 전개할 수 없게 된다. 한 분 하나님은 말로 표현할 수 없는 분이다. 그러므로 그리스도교 교회는 유일신론을 내적으로 가장 위험한 것으로 보았다. 그럼에도 그리스도교 역사는 하나님의 군주론적 개념을 계승하여 왔다.⁴⁸⁾

몰트만의 생각을 잠시 정리해볼 가치가 있다. 일단 유일신론이 군주론이라고 하는 말의 의미가 무엇인지 생각해보자. 이 명제는 거짓이든가 아니면 사실이라 해도 별로 중요한 진술이 아니다. 만일 몰트만이 이 진술을 통해 유일신론이 군주론의 근거가 된다고

---

46) *Ibid.*, 191.
47) *Ibid.*, 130.
48) *Ibid.*, 131. 몰트만의 개념 가운데 여기 인용한 내용에서 모호성의 문제가 발견된다. 유일신론과 군주론이 같은 것이라면, 그리고 그리스도교가 삼위일체적이고 유일신론적이 아니라면, 왜 몰트만은 그리스도교가 하나님의 주권 개념을 주장할 때 조심해야 한다고 했을까?

강력하게 주장한 것이라면, 다신론적인 어떤 군주제를 찾아서 그의 진술이 거짓임을 판명할 수 있다. 이것은 그렇게 어려운 일이 아니다. 고대 사회는 거의 대부분이 다신론 사회로 알려져 있고, 왕과 위계질서를 갖고 있었다. 예를 들면, 고대 이집트에서 바로는 여러 이집트 신들과 여신들 가운데 하나가 인간의 모양으로 나타난 것이다. 바빌로니아의 왕은 만신전의 신들 가운데 하나인 마르둑(Marduk)을 표상하였다. 왕궁이나 황제가 머무는 곳은 유일신론에 근거하지 않았다.

몰트만은 아리스토텔레스의 유일신론적인 신성을 비판하고 있다고 보인다. 결국, 아리스토텔레스는 철학적 유일신론자였다. 그는 종교의 창시자가 아니었고, 공교롭게도 대 왕국 알렉산드로스 황제의 스승이었다. 아리스토텔레스의 유일신론은 알렉산드로스의 군주제를 낳게 하였는가? 아니다. 유일한 왕좌에 앉아 세계를 통치할 황제를 세운다는 개념은 알렉산드로스의 아버지인 마케도니아의 필립포스(Philip of Macedon)의 생각이었다. 알렉산드로스의 세계 제왕이란 개념은 아리스토텔레스로부터가 아니고 아버지로부터 온 것이었다. 아리스토텔레스가 차후 군주제에 대해 영향을 끼쳤을까? 어쩌면 잠간 동안 영향을 끼쳤는지 모르겠다. 아리스토텔레스의 정치 철학은 군주제를 건전한 정부 형태로 보았다. 그러나 주전 323년 알렉산드로스가 죽자마자 통일을 이룬 그리스 제국이 세 부분으로 스스로 분열한 것은 흥미로운 일이다.

몰트만이 "유일신론이 군주론이다."라는 논제를 강하게 주장할 수는 없다고 본다. 그러므로 몰트만은 군주제가 주어진다면, 유일신론은 군주의 힘을 지지하는데 사용될 수 있다는 약한 의미로 이 논제를 사용했을 것이다. 몰트만이 이처럼 약한 의미로 자신의 명제를 사용한 것이라면, 이 명제는 그렇게 중요한 명제가 되지 못한다. 사실, 군주는 자신의 힘을 공고히 하기 위해서 군사, 경제, 종교적 상징, 광고, 선거의 선전문구 등 모든 것을 사용할 수 있다. 심지어 그런 목적이라면 이미 역사를 통해 예증된 대로 다신론적 신학을 사용할 수도 있다. 물론 유일신론의 본래적 특성은 군주의 힘을 가장 군주적이게 한다.

이 사실이 두 번째 물음으로 이어진다. 몰트만이 "유일신론"이란 용어를 사용할 때 그 의미가 무엇일까? 성서의 유일신론 개념은 군주들의 억압적인 힘의 사용을 지지하지 않는다. 신명기 역사에서 사무엘 순환으로 정리된 중요한 선례들을 살펴보자. 이스라엘 열두 지파 동맹은 사람들에게 이스라엘의 적들 특별히 팔레스타인의 공격을 막아낼 수 없는 것처럼 비쳐졌다. 그래서 사람들은 예언자 사무엘에게 저들도 다른 나라들처럼 왕을 가질 수 있는지 물었다. 사무엘은, 하나님만이 이스라엘을 통치할 수 있고, 어떤 왕도 하나님의 힘을 부적절하게 찬탈할 수 없다고 주장하면서, 백성들의 요구를 받아들이지 않았다. 결국 사무엘은, 하나님의 충고를 받아들여, 이스라엘 백성들로 하여금 왕을 세우도록 양보하였다. 그러나 여기서 분열이 생겨났다. 이전에는 이스라엘의 사사들에게 속했던 힘이 두 영역으로 나누어져서 정치력은 왕들에게 돌아가고, 하나님의 영역은 예언자들에게 돌아갔다. 간단히 말해서, 왕은 세속화되었다. 사무엘상하와 열왕기상하에 나타난 신명기 역사 전체를 통해, 예언자는 자신의 힘을 오용하는 왕에 맞서 하나님이 제정한 비판자로서 등장하였다. 여기서 신학적 입장이 분명해진다. 곧, 하나님만이 힘을 가지며, 왕은 하나님의 청지기이다. 이스라엘의 한 분 하나님 신앙은 군주의 "거룩한 통치"(holy rule)로부터 우리를 풀어줄 비평적 잣대를 제공한다. 그러므로 몰트만이 유일신론과 군주론을 동일시한 것은 이스라엘의 하나님을 염두에 두고 한 것이었는지 물어야 한다. 만일 그렇다면 이것이야

말로 분명 실수였다고 여겨진다.

　이스라엘의 하나님을 언급하게 될 경우 몰트만이 유대의 하나님 이해에 의존하고 있다는 또 다른 문제가 제기된다. 몰트만은 처음에 하나님이 인간의 고통에 참여하는 문제를 삼위일체에 대한 그리스도교 이해에 기초하여 해답을 찾지 않았다. 오히려 아브라함 헤셸(Abraham Heschel)과 프란츠 로젠츠바이크(Franz Rosenzweig) 같은 유대교 학자들에게 귀 기울였다. 몰트만은, 히브리인들의 하나님은 애정이 있고 고통을 느낄 수 있는 분이었지만, 아리스토텔레스의 하나님은 애정도 없고 고통도 느낄 수 없는 분이었다고 주장하였다. 몰트만은 "철학자들의 감정이 없는 하나님"을 반대하였다.[49] 이런 면에서 보면 몰트만이 반대한 것은 철학자들의 유일신론이지 유대교나 이슬람교의 유일신론이 아닌 듯 보인다. 그렇다면 몰트만은 유대교와 이슬람교를 삼위일체 진영으로 분류하는 것인가? 물론 아니다. 유대교와 이슬람교도 유일신론이다. 때문에 몰트만이 히브리 유일신론의 맥락에서 이미 애정을 지닌 하나님과 인간 고통에 참여하고 있는 하나님을 고백할 수 있다면, 히브리의 유일신론적 하나님은 이미 삼위일체론을 위해 유일신론을 폐기할 충분한 근거를 그 안에 담고 있는지 물어야 한다. 히브리 유일신론은 그 자체가 잘못된 것인가? 아니면 단순히 유일신론에 대한 그리스 해석인가? 아니면 몰트만이 혼돈하고 있는 것인가?

　랍비 핀카스 라피데(Pinchas Lapide)는 몰트만과의 대화에서 몰

---

49) Jürgen Moltmann, 『유대교 유일신론과 그리스도교 삼위일체 교의: 핀카스 라피데와 위르겐 몰트만의 대화 *Jewish Monotheism and Christian Trinitarian Doctrine: A Dialogue by Pinchas Lapide and Jürgen Moltmann*』, (Philadelphia: Fortress Press, 1981), 46.

트만의 주장을 확신하지 않았다. 유대인 라피데는 쉐마를 포기할 수 없었다. "이스라엘아 들으라. 우리 하나님 야훼는 오직 하나인 야훼이니"(신 6:4). 라피데의 입장에서 보면, 몰트만의 삼위일체는 좋게 보면 하늘의 삼신 동맹처럼 보였고, 나쁘게 보면 우상숭배로 향하는 삼신론(tritheism)처럼 보였다.[50]

종합해보면, 유일신론과 삼위일체론을 분명하게 구분하려는 몰트만의 노력은 혼돈만을 가중시키는 결과를 가져왔다. 몰트만의 입장은 히브리의 하나님 개념과 그리스도교 하나님 개념 사이에 연속성을 고백하기도 하고, 그 연속성을 부인하기도 한다. 유일신론에 대한 정의가 분명하지 않기 때문에 그 의미가 무엇인지 확실하지 않다. 인간의 위계질서를 심하게 반대하는 그의 수사학은, 유일신론과 군주론의 차이를 명확히 분석치 못한 채 모호하게 남겨둔다. 더 좋은 논의가 있을 때까지, 당분간 그리스도인들은 삼위일체론과 유일신론을 함께 받아들여야 할 것이다.

더 좋은 논의가 이미 우리 앞에 나와 있다. 판넨베르크는 몰트만의 세계의 고난에 참여하는 사랑의 하나님을 향한 아주 소중한 고백으로 시작한다. 판넨베르크는 삼위일체의 내적 관계가 사랑으로 특징지워진다고 주장한다. 사실 "하나님은 사랑이시다."라는 구절은 아버지와 아들과 성령의 교제를 포괄적으로 표현한 것이다. 하나님의 사랑은 삼위를 하나로 묶는 신적 삶의 본질이다. 이런 맥락에서 판넨베르크는 한 분 하나님에 대한 삼위일체적 이해가 유일신론을 보다 충분하게 표현한다고 주장한다. 또한 "유대교와 이슬람교와는 달리, 그리스도교 신학은, 무한 속에서 세계를 초월하면서 세계 안에 내재하는 삼위일체 하나님만이 유일신론적

---

50) *Ibid.*, 32, 49, 55.

으로 일관성 있게 인식된다고 주장할 수 있다."51)

누구에게 기도해야 하는가?

누구에게 기도를 하여야 할까? 예수 그리스도께 기도를 하여야 할까? 아니면 하나님 아버지께만 기도를 드려야 할까? 하나님의 아들에게 직접 기도하기를 꺼려하는 현대 신학자들 가운데 이같이 묻는 이들이 있다. 흥미롭게도 성령께 직접 기도를 하여야 하나 하는 물음은 그렇게 뜨거운 논쟁거리가 아니다. 문제는 첫 번째 위격과 두 번째 위격에 초점을 맞춘다.52)

그리스도인들은 신약성서 시대 초기부터 예수 그리스도를 통해서 기도하였고, 또한 예수 그리스도께 직접 기도하였다. 이러한 전통은 스데반의 순교 현장과(행 7:59) "우리 주 예수여! 오시옵소서!"라는 성서의 마라나타 기도에 잘 나타나고 있고, 니케아 신경이 완성되는 시점을 전후하여 시행되었다. 이는 이후 그리스도교 예배 역사에서 계속되었다. 우리가 기도의 법(lex orandi)과 믿음의 법(lex credendi)의 관계를 추정한다면, 예배와 더불어 일관되게 나타나는 신경적 삼위일체 고백을 발견하게 된다. 예수 그리스도께 기도하는 것은 하나님께 기도하는 것이다.

그러나 오늘날 이 전통이 도전을 받고 있다. 엄밀히 말해서 기

---

51) Wolfhart Pannenberg, 『삼위일체 하나님 교의의 문제들 Problems of a Trinitarian Doctrine of God』, *Dialog* 26, no. 4(Fall 1987), 256.
52) 람페(G. W. H. Lampe)는 성서적이며 교부 신학적인 논의의 기초를 제공한다. G. W. H. Lampe, 『성령 하나님 *God as Spirit*』, (Oxford: Clarendon Press, 1977), 162-166. 그리고 Kasper, 『예수 그리스도의 하나님 *The God of Jesus Christ*』, 144-147.

도란 하나님께 직접 하여야 하는 것 아닌가? 그리고 여기서 하나님이란 하나님 아버지를 말하는 것 아닌가? 기도는 중재자 예수 그리스도를 통해서 할 수는 있어도 아들 예수께 할 수는 없다.

이 도전은 두 단계를 거친다. 첫째, 예수 그리스도는 하나님의 아들이라고 주장하는 신학적 용어가 비문자화 된다. 예를 들면, 힉(John Hick)과 와일즈(Maurice Wiles)는 예수가 하나님의 아들이라는 주장이, 니케아 시기에는 문자적이며 형이상학적인 차원에서 사실로 받아들였지만, 오늘날 우리는 더 이상 사실로 받아들일 수 없다고 주장한다. 예수가 하나님의 아들이라는 주장은 형이상학적 의미가 있는 것이 아니고, 신화론적 이야기로 생각해야 한다. 힉은 "예수가 수육한 하나님 아들이란 주장은 문자적인 의미에서 사실이 아니다."[53]라고 쓰고 있다. 오히려 아들 됨(sonship)은 예수와 하나님의 관계를 왕자와 왕의 관계로 상상하는 신화적이거나 시적인 방식이다. 아들 됨은 참 인간됨을 표상하고 우리가 하나님과 관계해야 하는 형상임을 우리에게 중재해준다.

둘째 단계는 하나님에 대한 인간의 모든 언어를 신비적으로 초월하는 일원론적 하나님 이해에 호소하는 것이다. "하나님"이란 말은 우리에게 신비이기 때문에, 인간의 상상이 만들어낸 구성이라고 생각해야 한다. 와일즈는 "예배 안에서 우리는 신학적 언어와 하나님의 신비를 불러일으키는 기도의 소리를 원한다."고 말한다. 때문에 조심스러울 필요가 있다. 하나님은 한 분뿐이시다. 그러므로 아버지를 언급하지 않고 그리스도께 기도하는 것은 하나님 안에 다양성을 암시하는 것이 된다. 와일즈는 "삼위일체론은

---

53) John Hick, 『예수와 세계 종교들 Jesus and the World Religions』, in 『수육하신 하나님의 신화 The Myth of God Incarnate』, (Philadelphia: Westminster Press, 1977), 178.

삼위일체의 다른 위격들을 배제하고 그리스도께만 기도하는 것을 허용하지 않는다. 왜냐하면 하나님은 한 분이시며, 그리스도인들의 모든 기도나 예배의 유일한 대상이기 때문이다."[54]라고 주장한다. 물론 와일즈는 그리스도를 향한 기도를 배제하자고 하는 것이 아니다. 오히려 그는, 우리가 기도할 때 그리스도께만 기도하는 것이 아니고, 그리스도를 넘어 한 분 하나님을 향해 기도해야 함을 늘 인식할 필요가 있다고 생각한다.

웨인라이트(Geoffrey Wainwright)는 이 논의를 다양하게 연구한다. 그는 두 가지 면에서 힉과 와일즈를 비판한다. 첫째, 그는 힉과 와일즈가 삼위일체 신학의 형이상학적 진리 주장과 예배의 언어를 신화와 시의 언어로 분류하는 일, 이 둘을 양분하는 것에 대해 비판한다. 만약 기도의 법과 믿음의 법이 진정한 관계를 가져야 한다면, 이 둘은 단순한 고백적 언어(mere expressive language)에 기초하기 보다는 진리 주장(truth claims)에 근거할 필요가 있다. 둘째, 웨인라이트는 힉과 와일즈가 예전적 삼위일체론(liturgical trinitarianism)은 허용하면서도 개념적 일신론(conceptual unitarianism)에 빠져있다고 비판한다. 다시 말하지만, 예전에서 일어나는 일과 신학적 성찰 사이에서 우리가 주장하는 바는 일관성이 있어야 한다.[55]

그러나 힉과 와일즈와 마찬가지로 웨인라이트도 예수 그리스도의 이름으로 하나님 아버지께 기도해야 하는 것이지, 예수 그리스도께 기도해서는 안 된다고 생각한다. 왜 그럴까? 그는 중재자 그

---

54) Maurice Wiles, 『신앙과 하나님의 신비 Faith and the Mystery of God』, (Philadelphia: Fortress Press, 1982), 96.
55) Geoffrey Wainwright, 『송영: 예배, 교의, 삶으로 드리는 하나님 찬양 Doxology: The Praise of God in Worship, Doctrine, and Life』, (New York: Oxford University Press, 1980), 57.

리스도론으로 시작한다. 웨인라이트의 신학적 체계에서 중요한 두 단어는 하나님과 세계이다. 그리스도는 이미 존재하고 있는 신-인 관계에 대한 본래적인 이해를 중재하며 하나님과 세계 사이에 존재한다. 그러나 웨인라이트의 경우 중재하는 아들은 본래 아버지로부터 온 것이기 때문에 일신론이 아니다. "그리스도교는 예수 그리스도가 우리의 불완전한 예배를 자신의 완전한 아버지 예배로 안내함으로써 우리와 하나님을 적극적으로 중재한다고 이해한다."[56]

그런 다음 웨인라이트는 우리가 기도를 올리는 위격이 실제 우리의 주님이 됨을 주목한다. 예수 그리스도께 기도하는 것은 예수 그리스도를 주님으로 여기는 것이다. 그러나 다함이 없는 주권은 아버지께만 속한다. 하나님이 궁극이라면 그리스도는 준궁극이다. 예배는 입체적으로 보아야 한다. 예배는 예수 그리스도를 통과해 하나님 아버지께 궁극적인 초점이 맞추어진다. 그러므로 웨인라이트는 우리가 아들을 통해 아버지에게 기도해야 한다고 주장한다. 이 때문에 웨인라이트는 종속론적 삼위일체론에 빠진다.

자신의 입장을 위해서 웨인라이트는, 기도는 아들을 통해 아버지께로만 가야한다고 주장했던, 오리게네스(Origen)를 끌어들인다. 오리게네스는 아버지께 드려지는 기도(*kyriolexia*)와 아버지께 기도를 전해주는 대제사장 그리스도께 드려지는 이차적인 기도(*katachrestikos*)를 구분한다. 이 구조는 아버지가 절대적인 의미에서 하나님이고, 아들은 하나님의 속성을 갖지만 파생된 혹은 상대적인 의미에서만 하나님임을 전제한다. 아리우스의 입장은 니케아 회의에서 거부되었는데, 아들을 아버지의 피조물이라고 본 종

---

56) *Ibid.*, 59.

2. 현대의 논의들 73

속론적 입장이었다. 웨인라이트는 오리게네스는 포용하였지만 아리우스는 껴안으려 하지 않았다.

아리우스주의는 무엇이 문제인가? 웨인라이트는 피조물을 예배하게 하는 것이 아리우스주의의 기본적인 잘못이라고 주장한다. 우리가 어떻게 피조물을 예배하는 일을 피할 수 있을까? 여기에는 두 갈래 길이 있다. 하나의 길은 그리스도께서 완전한 하나님임을 고백하고 그리스도 예배하기를 계속하는 것이다. 아타나시우스와 니케아-콘스탄티노폴리스 신경은 이 입장을 따랐다. 또 다른 길은 그리스도는 하나님보다 열등한 어떤 것이기 때문에 그리스도를 예배해서는 안 되고 엄격하게 하나님만을 예배하자는 입장이다. 웨인라이트는 힉과 와일즈가 함께 이 두 번째의 길을 간다고 주장한다.

그러나 여기서 의문이 생긴다. 어떻게 웨인라이트는 오리게네스와 아타나시우스 둘 다를 긍정할 수 있을까? 어떻게 종속론자이면서 니케아 신경을 고백하는 자가 될 수 있는가? 웨인라이트의 대답을 들어보자.

> 존재론적인 모험을 해보자. 나는 종속론에 기울어져 있다. 아들은 자기가 주어진 하나님이고(God as self-given, 하나님의 자기 수여는 그리스도 안에서 수육의 형태를 취한다), 아버지는 무한히 자기를 주시는 하나님(God as inexhaustibly self-giving)이다. 이는 아들은 아버지가 아니라는 것 말고는 만물 안에 계신 하나님이라는 아타나시우스의 입장과 동 떨어진 것이 아니다.[57]

---

57) *Ibid.*, 60.

웨인라이트에 따르면, 중재자 그리스도는 인간이면서 하나님이지만, 그리스도의 신성은 파생된 혹은 빌려온 신성이다. 그리스도의 신성은 아버지의 신성에 완전히 의존한다. 이와 반대로 아버지의 신성은 독립적이다. 아버지의 신성은 아들의 신성의 근거가 되며, 그 역은 아니다. 이 책 후반부에서 살펴보겠지만, 이 문제는 현대 삼위일체 신학이 가장 근본적으로 다시 거론하게 된 문제들 중 하나이다. 위격을 관계적으로 생각하는 몇몇 신학자들은 신성이 아버지와 아들과 성령의 상호 인격적 역동성으로부터 파생된 것임을 제안한다. 이 입장은 아버지의 신성이 역으로 아들에게 의존하기 때문에 반-종속론적 삼위일체론이 될 것이다. 나는 이 입장을 추천한다.

세 위격의 관계적 연합은 여전히 연합을 가정한다. 어떤 의미에서 이 입장은 예수 그리스도가 아버지와 성령과 분리된 하나님이 아니라고 보는 웨인라이트와 부분적으로 일치한다. 여기서 우리는 아우구스티누스의 사유를 따랐던 칼빈의 생각을 어느 정도 수정해서 계승할 수 있다. 그리스도는 우리와 관련해서는 하나님이고, 아버지와 관련해서는 아들이다. 또한 아버지는 우리와 관련해서는 하나님이고, 아들과 관련해서는 아버지이다. 마지막으로 성령은 우리와 관련해서는 하나님이고, 다른 두 위격과 관련해서는 성령이다.[58] 우리의 예배와 기도 생활에서 세 위격은 우리에게 각각 완전한 하나님이 된다. 우리는 세 위격이 공동으로 참여하거나 혹은 세 위격을 넘어 가상적으로 존재하는 신비로운 하나님의 본성을 향해 종교적인 헌신을 고백하지 않는다. 오히려 우리의 생각과 느낌과 예배는 아버지와 아들과 성령을 향하게 되며, 이 때 우리는 하나님 자신을 향해 있다고 생각할 수 있다.

---

58) Calvin, *Institutes*, I: xiii. (『기독교강요(상・중・하)』, 이종성 외 3인 옮김, 생명의 말씀사, 1988).

삼위일체 용어는 어쩔 수 없이 성차별적인가?

아버지, 아들, 성령이라는 전통적인 용어의 사용은 남성적인 호칭을 신성화하는 것인가? 삼위일체 고백은 현대 신학자가 피해가야 하는 가부장적 억압을 조장하는 것일까? 아버지와 아들로 이어지는 남성 위주의 용어 사용에 균형을 이루기 위해서는 성령을 여성으로 말해야하는가? 하나님을 남신(God) 혹은 여신(God/ess)이라는 양성적 표현으로 해야 하는가? 예전을 진행할 때, "창조자, 구원자, 성화자"(Creator, Redeemer, and Sanctifier)나 "부모님, 그리스도, 변혁자," 혹은 "아바, 종, 보혜사"와 같이 성과 관계없는 호칭으로 바꾸어 사용해야 하는가? 이 물음들은 페미니스트 신학의 영향이 이 시대 교회의 삶에 크게 미치면서 일어나고 있다. 이 물음들이 만들어내는 열띤 분위기는 다음의 대화에서 잘 나타나있다.

> 평신도: 저희 목사님께서 아이에게 창조자와 구원자와 성화자의 이름으로 세례를 베풀었어요. 이제 제 아이는 지옥에 가게 될까요?
> 신학자: 아뇨. 목사님이 지옥에 가게 되겠죠.

이 논의를 다음과 같은 물음으로 시작한다면 열띤 분위기를 가라앉히면서 현대 여러 입장을 분명하게 제시할 수 있을 것이다. 삼위일체 용어는 성차별적인가? 성차별적이라면 포용적인 용어로 대치해야 하는가? 이 물음에 대해 페미니스트들은 그렇다고 대답한다. 아버지-아들 이미지는 어쩔 수 없이 가부장적이어서 억압적인 내용을 담고 있다. 그러므로 인간의 성적 평등을 가져오는 이미지들로 바꿔주어야 한다. 나는 이 논의를 대용 논증(the substitution argument)이라 부를 것이다. 이 논의는 "아버지"와 "아들"이란 용어가 은유이기 때문에 다른 은유를 사용하는 것이 가능하다는 가설에서 시작한다. 페미니스트들과는 달리 이 물음에 "아니오!"라고 답하는 이들이 있다. 이들은 아바(Abba)와 함께 아버지-아들-성령의 삼위일체 고백이 하나님의 고유한 이름을 구성하기 때문에 다른 용어의 사용이 가능하지 않다고 주장한다. 나는 이 논의를 비-대용 논증(the non-substitution argument)이라 부른다. 이들 양 극단에 적어도 중도의 두 입장이 있다. 이들은 하나님의 칭호가 갖는 은유적 성격의 가설을 받아들인다. 그러나 삼위일체 용어가 대용될 수 없다는 근거에서 아버지-아들-성령의 용어를 계속 사용해야 한다고 주장한다. 또한 본래 삼위일체 고백이 가부장적이고 억압적임을 인정한다. 그러나 삼위일체 고백의 본래 의도를 해석한다면 성차별주의를 극복할 수 있다고 본다. 중도의 입장을 취하는 또 다른 사람들은 전통적 용어가 성차별주의를 담고 있다는 점을 인정하려 하지 않는다. 이들은 삼위일체 용어가 가부장적이긴 하지만 억압적인 것은 아니라고 생각한다. 그러나 이들 역시 하나님의 칭호가 갖는 상징적 성격이 예수 그리스도 안에서 계시된 하나님께 나아갈 수 있게 한다는 점에서 삼위일체의 용어를 다른 용어로 대체할 수 없다고 주장한다. 이제 좀 자세하게 이 논쟁들의 실례를 살펴보자.

전통적 삼위일체 용어를 수정하거나 대체하려는 극단적 입장의 대용 논증은, 위에서 언급한 힉과 와일즈의 가설로 시작한다. 즉, 하나님은 신비하며 인식 불가능하다. 그러므로 하나님에 대한 인간의 모든 논의는 인간의 상상력을 동반한 유비적 창작으로 구성된다. 하나님은 인간의 논지가 분별하는 이름과 본질을 갖고 있지 않다. 우리는 하나님의 실재를 문자적으로 말할 수 없다. 그러므로 하나님에 대한 모든 표현은 인간의 경험으로부터 나온 유비에 기초한다. 그리스도교 전통을 따라 하나님을 아버지라 말하는 것은 하나님을 인간의 아버지로 묘사하는 것이다. 그러나 하나님을 문자적 의미에서 우리 아버지로 말한다면 우상숭배가 될 것이다. 이렇게 되면 인간의 남성성을 신성화하게 된다. 그런데 사람들은 그리스도교 전통이 이처럼 인간의 남성성을 신성화했다고 주장한다. 그러므로 문자주의와 문자주의가 만들어낸 우상숭배는 극복되어야 한다. 문자주의의 우상숭배를 극복하는 길은 하나님에 대한 용어를 남녀 양성이나 성과 관계없는 용어로 표현하는 것이다. 이를 위해서 새로운 유비를 만들어 내어 그리스도교 신앙의 하나님을 "양성신(God/ess)"이나 "어머니"(Mother), 혹은 "해방자"(Liberator)로 표현하기도 한다.[59]

대용 논쟁은 두 번째 전제를 가정한다. 곧 현재 사용하고 있는 하나님 용어는 여성의 사회적인 억압을 지지한다. 삼위일체 용어가 가부장적 문화가 지배하던 시기에 만들어져서 지금까지 사용된 것이라면, 앞으로도 계속해서 가부장적 질서를 지지하게 될 것이다. 하나님을 부를 때 양성적이거나 성과 상관없는 칭호는 사회적인 평등성을 불러오는 효과를 가질 것이다. 여기서 용어의 사회개혁적인 힘이 중요하다. 특정의 언어학적 상징이 하나님께 나아가도록 보증하지는 않는다는 점을 생각할 때, 하나님에 대한 용어는 사회적인 상관관계에 의해 평가될 수 있다. 그러므로 "창조자, 구원자, 성화자"라는 칭호는 사회에서 남성과 여성의 평등한 역할을 불러온다.

---

[59] Rosemary Radford Ruether, 『성차별주의와 하나님 담론 Sexism and God-Talk』, (Boston: Beacon Press, 1983), 68-69.(안상님 옮김, 대한기독교출판사, 1985). Sallie McFague, 『은유신학 Metaphorical Theology』, (Philadelphia: Fortress Press, 1982), (정애성 옮김, 다산글방, 2001). 1장. 헬미니악(Daniel A. Helminiak)은 "'어머니-아버지'(Mother-Father)의 조합이 해법"이라고 주장한다. "이는 예수께서 우리에게 주었던 본래의 심상을 구체화한 것이며, 여성과 남성을 포함하

이러한 논증은 본디(Roberta C. Bondi)의 책에서 잘 소개되고 있다. 본디는 아버지 하나님과 아들의 수육이란 비유적 표현을 지닌 니케아 신경의 삼위일체 용어가 가부장적이라고 주장한다. 그 이유는 니케아 신경이 완성될 당시 문화적 상황이 가부장적이었기 때문이다. 따라서 니케아 신경의 용어가 다르게 표현될 수 없었다고 생각한다. 본디는 오늘 우리가 니케아 신경에서 사용한 용어를 계속 사용할 필요는 없다고 주장한다. 왜 그런가? 그 이유는 "하나님에 대한 모든 용어가 은유적"[60]이기 때문이다. 니케아 신경이 표현하려 했던 의도를 니케아 신경에 나타난 용어를 사용하지 않고도 표현할 수 있다. 또한 니케아 신경의 용어로 고백하지 않고도 니케아 신경이 지닌 신학을 고백할 수 있다.

본디는 "아버지, 아들, 성령"이란 용어가 성서적인 용어란 점을 들어 어떤 이들은 자신의 주장에 반대할 것이란 점도 잘 알고 있다. 이런 시점에서 본디는 아주 재미있는 변화를 시도한다. 그녀는 두 가지 점을 주목한다. 첫째, 아리우스주의자들은 정통주의자들과 마찬가지로 성서의 용어를 사용하였다. 아타나시우스와 니케아 교부들은 아리우스주의자들의 문제가 성서의 용어를 사용한 데 있는 것이 아니고 성서 용어의 의미를 왜곡해서 사용한데 있다고 보았다. 둘째, 니케아 교부들은 자신들의 입장과 아리우스의

기 때문에 성차별적 배타성을 피해간다. 그중에서도 이런 상상이 우리를 놀라게 한다. 우리는 처녀 생식이 가능한 몇몇 도마뱀의 경우를 빼고는 아버지-어머니인 동물에 대해 아는 바가 없다. 그러다 보니, 아버지-어머니란 칭호는 하나님이 우리와 같지 않음을 상기시킨다." Daniel A. Helminiak, "여성과 삼위일체를 통해 정의를 행하기 Doing Right by Women and the Trinity Too," *America* 160(February 11, 1989), 119.

[60] Roberca C. Bondi, "니케아 신경 언어의 현대 해석에 몇 가지 이슈들 Some Issues Relevant to a Modern Interpretation of the Language of the Nicene Creed, with Special Reference to Sexist Language," *Union Seminary Quarterly Review* 40, no. 3(1985), 23.

입장의 차이를 주장하기 위해서 비성서적 용어를 사용하였다. 이들은 아버지와 아들이 본질을 공유한다는 의미를 확실히 하기 위해서 '성부와 성자가 동일 본질'(homoousion to patri)이란 용어를 소개하였다. 이러한 선례에 기초하여, 본디는 오늘날도 니케아 신경이 요약해서 표현하고자 했던 동일한 신앙을 전달하기 위해서 하나님에 대한 용어를 바꿀 수 있어야 하고 비성서적 용어들을 사용할 수 있다고 주장한다.

그러나 본디는 니케아의 선례를 따라야 한다고만 주장하지 않는다. 그녀는 자궁(womb)과 같은 여성의 심상을 사용하여 하나님을 기술하는 성서의 표현을 주목한다. 또한 신약성서에 나타난 분명한 남녀평등의 표현을 주목한다. 본디는 자신의 입장을 다음과 같이 요약한다.

> 오늘날 교회는 여성의 지위를 강조할 필요가 있다. 4세기의 용어로 작성된 전통을 이해하는 길은 그 용어에 있는 것이 아니라, 내용에 있다고 본다. 우리는 용어나 개념으로 하나님을 이해할 수 없기 때문에 하나님을 인식할 수 없음을 계속해서 고백한다. 그러나 우리가 "아버지"와 "아들"이란 칭호를 고집하는 것은 남성의 권력, 힘, 혹은 명예의 부적절한 심상을 지닌 용어들을 사용하는 것이 된다. 나는 성과 관련된 용어들로 하나님을 표현한 모든 용어를 신경에서 빼기를 원한다.[61]

벨로닉(Deborah Malacky Belonick)은 본디의 주장에 반대한다. 두 극단의 중도를 대표하는 벨로닉은 니케아 신경에 나타난 남성 용어가 하나님의 남성성을 의미하며 여성을 억압하는 증거가 없

---

61) *Ibid.*, 28.

다고 주장한다. 가부장적 언설이 필연적으로 억압을 수반하는 것은 아니다. 벨로닉은 "아버지, 아들, 성령"의 상징이 우리로 하여금 예수 그리스도를 하나님께로 향하게 하기 때문에 다른 용어로 대체하는 것이 불가능하다고 주장한다.

벨로닉은 하나님이 신비하며 인식할 수 없다는 가설을 부분적으로 인정한다. 그러나 그녀는, 문자적 언설로부터 하나님의 신비를 보호하는 것은, 이미 니케아 콘스탄티노폴리스 신경이 형성될 당시 교회 교부들의 논쟁에서 아주 중요한 요인이었음을 지적한다. 벨로닉은 니사의 그레고리우스(Gregory of Nyssa)를 인용하여 인간인 우리가 하나님의 신성과 "언표 불가능한 것들을 표현할 수 없다."[62]고 주장한다.

좀 직접적으로 말한다면, 벨로닉은 4세기 논의 과정에서 "아버지"와 "아들"과 같은 용어들이 어떤 역할을 하였는지 면밀하게 분석한다. 역사의 자료에 따르면, 신경을 완성했던 이들이 인간의 경험과 유비하여 남성 혹은 아버지의 특성을 하나님에게 부여하려고 했던 것 같지는 않다. 그들은 남성성을 신성화하려고 하지 않았다. 사실은 그 반대였다고 보는 것이 옳을 것이다. 이 점은 아타나시우스주의자들과 아리우스주의자들이 벌인 논쟁에서 분명해진다. 이들이 벌인 논쟁은 오늘날 우리가 직면한 문제와 놀랍도록 평행구조를 이룬다.

아리우스주의자들은 삼위일체의 제1위격을 "창조자"로 불러야

---

[62] Gregory of Nyssa, 『유노미우스의 두 번째 책에 대한 답변 Answer to Eunomius' Second Book』, (NPNF, 2d Series, V:309); 하나님의 언표불가능성을 주장하는 그레고리우스는 하나님 상징이 갖는 어떤 한정성을 인정한다. "직관적으로 붙여진 하나님의 칭호가 없기 때문이다." Ibid.

지 "아버지"로 불러서는 안 된다고 주장하였다. 예수 그리스도는 하나님의 아들이 아니고 단순히 탁월한 피조물일 뿐이었다. 예수는 아들이 아니었기 때문에, 하나님은 아버지일 수 없었다. 그러므로 "아버지" 말고 다른 용어로 불려졌다.

아타나시우스는 "아버지, 아들, 성령"이라는 성서의 하나님 이름들이 갖는 중요성을 강조하면서 아리우스주의자들을 반박하였다. 그는 이 용어들 말고 다른 말로 대체 가능한 용어를 생각하지 않았다.[63] 이어서 논리적이며 신학적인 논증을 제시하였다. "아버지" 대신 "창조자"를 사용하는 것은 논리적인 문제가 된다. 이는 하나님을 피조물들의 존재에 의존케 한다. 창조자는 피조된 뭔가가 있어야 창조자가 될 수 있다. 만일 창조가 없었다면, "창조자-하나님"은 존재하기를 멈출 것인가? 물론 하나님이 존재하지 않을 수 없다. 하나님은 시원을 갖고 있지 않을 뿐 아니라 의존적이지도 않다. 그러므로 "창조자"란 용어를 대신 사용할 수 없다.

신학적으로 말해서, 창조적인 사역을 삼위일체의 제1위격에게만 돌리는 것은 잘못된 것이다. 성서에 따르면, 삼위일체의 세 위격 모두가 상호 교류하며 활동한다. 사실 창조와 구원과 성화의 세 활동은 삼위일체의 세 위격들과 상응한다(창 1:1-2; 요 1:1-3; 5:21; 행 2:24; 롬 1:4; 엡 5:26; 살전 5:23). 종합해보면, 하

---

[63] 결정적으로 아타나시우스는 예수께서 하나님을 주의 기도 가운데 "아버지"라 불렀고, 아버지와 아들과 성령의 이름으로 세례를 베풀었던 것을 인용한다. Athanasius, 『아리우스주의자들을 반박하는 첫 번째 담론 First Discourse Against the Arians』, IX:35(NPNF, 2d Series, IV:326). 동일한 이유로 퍼킨스(Pheme Perkins)는 "그러므로 아우구스티누스는 전통적인 삼위일체 용어를 창조자, 구원자, 성화자의 기능적 범주로 대치하려 한 페미니스트의 제안에 신학적 어려움을 겪었을 것이다. 삼위일체란 하나님이 하신 일을 보여주는 유기적인 도표가 아니다." Pheme Perkins, "주님 옆에서 Beside the Lord," The Christian Century 106(May 17, 1989), 521.

나님의 존재는 창조자 그 이상이다. 우리가 하나님을 "아버지"라 부를 때, 하나님은 피조물인 우리와의 관계보다 높은 어떤 것을 의미한다.

아타나시우스와 같이 니사의 그레고리우스는 삼위일체의 제1위격과 수육하신 아들 예수 그리스도의 상호 관계 때문에 하나님을 "아버지"로 불러야 한다고 주장한다. "아버지"와 "아들"이란 용어는 하나님의 삶 안에 담지된 역동성을 나타낸다. 물론 그레고리우스는 이 용어들이 은유라는 것을 인식한다. 그런데 "은유적 표현의 용어들이 사실적 용어보다 더 깊은 의미를 지니고 있다."[64] 하나님이 인간을 초월하는 것처럼, 하나님 아버지는 이 땅의 아버지를 초월한다. 그레고리우스는 "아버지, 아들, 성령"이란 용어를 통해 남자와 여자가 삼위일체의 내적 관계와 위격을 이해할 수 있는 하나님의 깊은 세계로 들어갈 수 있다고 주장한다.

니케아 신학자들의 신학을 살펴본 벨로닉은 다음과 같이 결론짓는다.

> 초대 교회의 신학에서, 전통적인 삼위일체 용어들은 바로 신학적 용어들이었다. 그러므로 이 용어들이 다른 용어들로 대체될 수 있는 것은 아니다. 이 용어들을 통해서 인간은 삼위일체의 위격들을 만나고, 신성의 위격들의 관계가 명확해진다....역사적으로 "아버지, 아들, 성령"은 가부장적 구조, "남성"신학, 혹은 위계적 질서의 교회가 낳은 산물이 아니다.[65]

---

64) Gregory of Nyssa, 『유노미우스에 반박함 Against Eunomius』, 1:23(NPNF, 2d Series, V:63.).

65) Deborah Malacky Belonick, "계시와 은유: 아버지, 아들, 성령 삼위 이름의 중요성 Revelation and Metaphors: The Significance of the Trinitarian Names, Father, Son and Holy Spirit," Union Seminary Quarterly Review 40, no. 3 (1985), 36.

라쿠나와 윌슨 캐스트너(Patricia Wilson-Kastner)도 벨로닉과 비슷한 논증을 편다. 벨로닉이 "아버지, 아들, 성령"의 용어가 지닌 본래적인 억압성을 부정하지만, 라쿠나는 남성적 용어가 사회에 해로운 영향을 미쳐왔음을 인정한다. "성서와 마찬가지로, 삼위일체 전통은, 하나님의 신비에 대한 계시 진리의 근거이면서, 가부장적 문화를 위한 강력한 수단이 된다."[66] 그러나 정확하게 이해한다면, 똑같은 삼위일체 신학이 지배구조의 족장정치라고 비난받을 만한 것을 극복할 수 있다. 어떻게 그럴 수 있을까? 카파도키아 교부들에게 거슬러 올라가보면, 삼위일체 신학의 본질은 관계성의 원리였다. 예수 그리스도를 통해 하나님께서 자기를 비워 인간이 되었다는 사실은 일신론적인 혹은 군주적인 유일신론을 반박한다. 삼위일체 하나님은 하나님의 안과 밖으로 인격적이며 관계적이기 때문이다. 아버지-아들 심상은 이 점을 생생하게 한다. 문제는 하나님의 성이 아니다. 그리스도교 신학의 역사에서 누구도 하나님을 남자로 진지하게 생각한 적이 없기 때문이다. 오히려 문제는 하나님의 삶에 담긴 관계적 요인이다. 윌슨 캐스트너도 동일한 점을 지적한다. "삼위일체는 엄격한 유일신론보다는 페미니스트 가치를 지지한다.… 간단히 말해서, 하나님을 세 위격들로 생각한다면, 거의 대부분 남성으로 생각되는 단일한 인격적 실재에 초점을 맞추기 보다는 하나님 실재의 핵심으로서 상호 관계성에 초점을 맞추게 된다."[67] 종합해보면, 고전적 삼위일체 용어가 역사적인 차원에서 가부장적-억압적이라는 가설을 우리가 인정하건 말건, 앞서 전개한 중도의 두 입장은, 카파도키아 교부들의 전통을 따라, "아버지, 아들, 성령"의 용어를 계속해서 사용하

---

[66] Catherine Mowry LaCugna, "세례 예문, 페미니스트의 반대, 삼위일체 신학 The Baptismal Formula, Feminist Objections, and Trinitarian Theology," *Journal of Ecumenical Studies* 26, no. 2(Spring 1989), 238.

[67] Patricia Wilson-Kastner, 『신앙, 페미니즘, 그리스도 *Faith, Feminism, and the Christ*』, (Philadelphia: Fortress Press, 1983), 122.

게 된 바를 정당화하기 위해서, 하나님의 삶 안에 있는 인격적이며 관계적인 특성을 강조한다.

비성차별적인 기원과 성서적 상징의 대체 불가능성을 옹호하는 신학자들은 "아버지, 아들, 성령"이 하나님의 "고유 이름"을 구성한다고 주장한다. 젠슨이 대표적인 인물이다. 구원에 이르는 길은 이스라엘의 하나님 곧, 예수를 부활절에 죽음으로부터 일으킨 하나님을 향한 우리의 분명한 고백에 달려있다. 이스라엘의 삶에서 야훼가 차지했던 자리를 교회의 삶에서는 "아버지, 아들, 성령" 삼위일체의 이름이 차지하였다. 예수가 이스라엘의 야훼를 아바(Abba)라 부름으로써, 하나님의 이름을 부르는 문제를 해결하였다. 세례를 통해 예수 그리스도의 새로운 삶으로 들어가는 것은 성령을 통해 아버지와 아들의 이름 속으로 들어가는 것이다.

젠슨의 비대용 논증은 성서에서 고백한 삼위일체 고백에만 의존하고 있다. 이는 계시와 구원의 사건에 관계한다. 젠슨의 논증은 인간의 경험에 유비하여 알 수 없는 하나님을 기술하는 일반적인 원칙에 기초하지 않는다. 젠슨의 방법은 사회 변화를 의도한 투영의 방법이 아니다. 사실 젠슨은 우리의 성이 하나님의 존재 안에 나타나지 않았기 때문에 인간의 공정한 평등성을 박탈당했다는 개념을 반박한다. 또한 인간의 특성을 하나님에게 동일하게 투영함으로써 사회적 평등을 이루려는 계획도 반박한다.

자신의 성으로 하나님을 표현하지 않는 것을 하나의 상실이라고 보는 가설은 인간의 완전함을 하나님의 특성과 직접 유비하려는 인간의 보편적인 종교적 가설이다. 우리의 구원을 증거하는 성서 신앙에서는 인간과 하나님을 직접 연결하는 관계가 무너진다. 그리스도교 전체 구원의 메시지도 마찬가지이다. 하나님이 십자가에 달린 이와 하나가 됨으로써, 우리는 우리 자신의 투영을 통해 하나님을 찾을 필요가 없게 되었다. 그러므로 인간의 가치와 하나님의 특성이 연결되었다고 보는 가설에 기초하여 전개하는 모든 논쟁은 교회에 설자리를 가질 수 없다.[68]

우리는 하나님이라는 스크린 위에 인간의 심상을 투영함으로써 하나님을 인식하는 것이 아니다. 우리가 하나님을 인식하는 것은 하나님 스스로가 우리에게 오셔서 십자가에 달리신 분 안에서 우리와 하나가 되었기 때문이다.

젠슨은 여기서 논점의 구성을 바꾸고자 하였다. 논점은 인식할 수 없는 하나님을 인식하는 방법에 대한 것이 아니다. 사회 속에서 여성의 해방을 위해 하나님의 은유를 상상적으로 구성하자는 것도 아니다. 논점은 정체성(identity)의 문제이다. 우리가 어떻게 하나님을 알아볼 수 있는가? 어떻게 예수 그리스도의 구원 행위 속에서 우리에게 다가오신 하나님의 실재를 알아볼 수 있는가? 그 유일한 방법은 "아버지, 아들, 성령"의 고유 이름들을 사용하는 것이라고 젠슨은 주장한다.[69]

---

[68] Jenson, 『삼위의 정체성 The Triune Identity』, 16. 칼 바르트의 작품에서도 "아버지"와 "아들"은 대체가 불가능한 이름이라고 하였다. 그러나 바르트는 "아버지"와 "아들"이 "비유적"(figurative)이어서 문자적으로 적용될 수 없음을 인정하였다. Karl Barth, 『교회 교의학 Church Dogmatics』, I/1:441-458, 495.

[69] 키멜(Alvin F. Kimel, Jr.)은, 남자다움이 필연적으로 초월성을 요청한다는 근거에서, 이름을 넘어 하나님의 남성성에 대한 실체론적 이해로 나아가는 것에 동의한다. "하나님의 아버지 됨은 인간이 마음대로 선택해서 신성에 투영한 은유가 아니다. 하나님은 그의 아들 예수 그리스도 안에서 그리고 예수 그리스도로 말미암아 아버지로 스스로 계시되었다." Alvin F. Kimel, Jr., "거룩한 삼위일체가 아스다롯을 만나다:성공회의 포괄적인 예전 비판 The Holy Trinity Meets Ashtoreth: A Critique of the Episcopal 'Inclusive' Liturgies," *Anglican Theological*

1990년 미국의 루터교회(Evangelical Lutheran Church in America)는 창조자와 구원자와 성화자의 이름으로 베푼 세례가 유효한가라는 물음으로 논쟁하였다. 이 논쟁은 『포괄적 영어 용례 사전 Guidelines for Inclusive Use of English Language』에 소개되고 있다. 이 용례 사전에서 학자들은, "모든 언어는 궁극적으로 하나님을 완전하게 표상하지 못한다."[70]는 하나님의 신비 혹은 인식할 수 없음에 대한 가설을 언급한 후에, "'창조자, 구원자, 성화자'는 '아버지, 아들, 성령'의 이름으로 행하는 전통적인 삼위일체 세례 예문과 동일한 것이 아니다."라고 기술하고 있다.[71] 칼 브라텐(Carl Braaten)은 이렇게 해서 문제가 정리되었다고 주장한다. "아버지, 아들, 성령 외의 다른 이름으로 베풀어지는 세례는 그리스도교 세례가 아니다."[72]

Review 71, no. 1(Winter 1989), 26, cf. 41.

70) 『포괄적 영어 용례 사전 Guidelines for Inclusive Use of English Language』, Office of the Secretary and the Commission for Communication, Evangelical Lutheran Church in America, 8765 W. Higgins Road, Chicago, IL 60631. 이 사전의 편집자 글에서 클라인(Leonard Klein)은 "문제는 어떤 언어로 하나님을 기술할 것인가이다… 문제는 언어의 은유적이며 유비적인 특성이 아니고, 성서의 언어가 우리의 하나님 담론을 지배하고 구성할 것인가이다… 성서는 우리의 말이 아니고 하나님 말씀이다." "ELCA 's Confessional Crisis Bottoms Out," Lutheran Forum 24, no. 1(Lent 1990), 4.

71) 놀랍게도 "아버지, 아들, 성령"이란 용어를 대신해서 "창조자, 구원자, 성화자"를 사용하는 학자가 거의 없다는 점이다. 영국 블루 북(The Anglican Blue Book)은 신성의 활동과 삼위일체의 위격들을 혼동한다는 이유에서 대용을 거부한다. 『보충 예전 텍스트 Supplemental Liturgical Texts』, (New York: Church Hymnal Corporation, 1988), 106. 라쿠나에 따르면, 창조자-구원자-성화자란 표현은, 아들을 통해(골 1:16) 성령으로 말미암은(창 1:1-2) 하나님의 창조나 그리스도를 통한 하나님의 구원(고후 5:19)을 말하는 성서의 언어와 관점을 적절하게 반영하지 않는다고 주장한다. 『세례 예문 The Baptismal Formula』 243. 윌슨 캐스트너는, "'창조자, 구원자, 성화자'란 표현이 유용하긴 하지만, 우리가 참여해야 하는 삼위일체 하나님의 내적 삶보다는 하나님과 우리의 관계만을 표현해주고 있다."고 기술한다. Patricia Wilson-Kastner, 『신앙, 페미니즘, 그리스도 Faith, Feminism, and the Christ』, 133.

라쿠나는 유효성에 대한 물음을 넘어 세례를 통해 무슨 일이 일어나는지 설명한다. 세례 사건은 하나님 앞에서 우리의 관계를 새롭게 한다. 성령의 능력으로 이제 우리는 그리스도 안에 삶을 살아감으로써, 예수께서 그러셨던 것처럼 하나님과의 관계를 시작한다. 말하자면, 성령으로 우리는 하나님의 가족 일부가 된 것이다. 우리는 하나님을 친밀하게 아바라 부른다(롬 8:15; 갈 4:6). 아버지-아들-성령은 살아있는 언어가 되어 우리로 하여금 하나님의 관계성이 갖는 역동성에 참여하게 한다.

삼위일체 용어는 어쩔 수 없이 성차별적인가?[73] 지금까지 논의된 논쟁들을 살펴본 결과, 나는 두 극단의 중도에 서있다고 생각한다. 한편으로 보면, "아버지"와 "아들"이란 용어가 하나님을 표현하기 위해 사용될 때, 이 용어들은 분명 은유처럼 보인다. "성령"도 어쩌면 은유일 것이다. 우리는 예수 그리스도를 아들이라

---

[72] Carl Braaten, "교의로서 삼위일체 Trinity as Dogma," *Dialog* 29, no. 1(Winter 1990), 3. 하나님의 이름에 대한 브라텐의 입장은 그리스도론을 통해 삼위일체에 접근하는 바르트의 입장과 라너의 규정에 기초한 "새로운 삼위일체 패러다임"을 추구하는데서 잘 나타난다. "경세적 삼위일체와 내재적 삼위일체는 하나이고 동일한 것이다." 이 말은 우리가 사용하는 하나님-용어가 계시의 구조를 반영하게 될 것이고, 지금까지 계시된 바는 삼위일체의 세 위격이란 의미이다. 브라텐은, 고유 이름이 "특정 인물을 지칭"한다는 사전적 정의를 인용하면서, 바로 "아버지, 아들, 성령"이 하나님의 고유 이름들이라고 주장한다. "하나님-언어의 문제 The Problem of God-Language Today," in 『하나님 이름 짓기 *Our Naming of God*』, ed. Carl Braaten(Minneapolis: Fortress Press, 1989), 29, 32.

[73] 여기서 우리는 미묘한 차이를 발견한다. 그 차이는 신학 자체 안에서 작업을 하고 있는가 아니면 문화적 분석에 호소하고 있는가이다. 예를 들면, 티슬레트웨이트(Susan Brooks Thistlethwaite)는 삼위일체 언어가 성 차별적이며 가부장적이라고 확신한다. "아버지나 아들과 같은 용어들은 남성을 지칭하는 것처럼 들린다." Susan Brooks Thistlethwaite, "삼위일체에 대하여 On the Trinity," *Interpretation* 45, no. 2(April 1991), 159. 라쿠나는 정 반대의 의견을 제시한다. "삼위일체 신학은 근본적으로 성차별적이고 가부장적이라고 볼 필요가 없다."

한 후에, 예수 그리스도와 이스라엘 하나님의 관계를 어떤 아들과 아버지의 관계로 비유한다. 이렇게 하는 이유는 주기도문에서 예수 자신이 "아바 아버지"라고 말한 선례가 있기 때문이다. 예수 그리스도가 문자적인 의미에서 하나님의 아들임을 주장한다 해도, 삼위일체 언어의 구조는 분명 은유적이다. 하나님이 아버지가 되는 것은 문자적인 의미에서 보다는 인간 아버지들과의 유비에 기초하기 때문이다.

그러므로 삼위일체 표현을 하나님의 고유 이름이라고 하는 것은 지나친 것이다. 삼위일체 표현을 구약에 나오는 야훼와 비유하는 것 또한 지나친 것이다. "아버지, 아들, 성령"이란 용어는 원초적으로 고백(address) 속에서 사용한 칭호들이다. 칭호란 고유 이름과는 구별될 수 있다. 칭호들은 언어에서 언어로 상징적으로 번역(translate)된다. 반면, 고유 이름들은 보통 음역(transliterate)된다. 삼위일체 표현인 "아버지, 아들, 성령"은 기계적으로 번역된다. 그럼에도 아무도 뭔가 상실되었다는 것을 느끼지 못한다. 우리가 알고 있는 유일한 고유 이름은 아들의 역사적 이름인 예수뿐이다. 예수란 이름은 음역된다. 그런데 예수라는 고유 이름은 삼위일체 표현 속에 나타나지 않는다.

다른 자료를 살펴보더라도, "아버지, 아들, 성령"은 하나님의 고유 이름일 수 없다. 신약에서 우리는 "하나님"이나 "주"와 같은

Catherine Mowry LaCugna, "삼위일체 하나님의 신비 The Trinitarian Mystery of God," 1:183. 이 둘의 차이는 부분적으로는 다른 청중을 염두에 두고 있기 때문이다. 티슬레트웨이트는 대중문화를 염두에 둔 반면, 라쿠나는 그리스도교 신학을 염두에 두고 있다. 티슬레트웨이트가 대중문화는 하나님을 남성으로 생각한다는 점을 밝히기 위해서 뉴욕의 보행자들에게 미디어 인터뷰를 한 것에 기초하고 있다. "삼위일체에 대하여 On the Trinity," 160. 반면 라쿠나는 삼위일체 가르침의 역사가 보여주는 실제적인 가르침들에 기초하고 있다.

하나님을 고백하는 여러 용어를 만난다. "주"(Lord)란 용어는 그 중에서도 탁월한 용어이다. 구약에서는 주(*adonai*)의 거룩함을 해치지 않기 위해서 신성한 네 개의 문자로 이루어진 신의 이름 (YHWH)으로 표기하였다. 야훼는 실제로 하나님의 이름을 뜻하였다. 신약에서는 "주"(큐리오스, *kyrios*)가 예수를 지칭하기 위해 사용되었고 결정적으로 중요한 위치를 차지하였다. 그리스도는 아주 거룩하고 우리의 전체 헌신을 요구하는 이름이다. 바르트는 "주"는 우리가 하나님을 지칭할 때 사용할 수 있는 모든 칭호나 이름의 뿌리라고 주장한다.[74] 만일 하나님께서 실제로 이름을 갖고 있다면, "주"는 가장 먼저 고려되어야 한다. 그러나 "주"라는 용어도 신약에서 사용한 여러 칭호 가운데 하나일 뿐이다. 그러므로 "아버지, 아들, 성령"이란 용어가 아직 사용되지 않았을 때는 성서 기자가 누구를 두고 하는 말인지 신경 쓸 필요가 없었다. 선택된 칭호가 성서에서 온 것이라면 어떤 칭호를 선택했든지 동일한 하나님을 뜻한 것이었다. 삼위일체 용어는 우리가 그리스도교 신앙의 하나님을 나타내기 위해 사용하는 성서의 상징들을 구성한다. 특별히 우리가 삼위일체를 염두에 두고자 할 경우 삼위일체 상징들을 사용한다.

또 다른 한편, "아버지, 아들, 성령"의 은유적 차원을 인정한다고 해서 본질상 이러한 상징들을 다른 용어들로 바꾸어 사용할 수 없다. 하나님의 아버지-아들 관계가 인간의 아버지-아들의 관계와 유비에 기초한다고 해서 다른 상상의 은유들로 대치할 수 없다. 삼위일체 고백은 오직 하나만 있을 뿐이다. 곧 아버지와 아들과 성령이다. 따라서 삼위일체 고백은 어쩔 수 없이 계시와 구원의 사건과 연결되어 있다. 다른 신약성서 상징과 더불어 삼위일체

---

74) Barth, 『교회 교의학 *Church Dogmatics*』, I/1:360, 400, 444-456.

고백은 그리스도교 신앙이 고백하는 하나님을 향한다. 다른 용어를 사용하기 위해서 성서의 용어를 무시하는 것은 예수 그리스도의 하나님이 아닌 다른 하나님을 인정하는 것이다.

또한, 다른 용어로 삼위일체를 고백하도록 허용하는 대용 논증은 암묵적으로 삼위일체 교의 자체를 거부한다. 회상컨대 아리우스가 제안한 대용 논증은 시원이 없는 창조자로 시작하였다. 그리고 구원자 예수 그리스도는 최초의 피조물로 명명되었다. 의식적이건 무의식적이건, "창조자, 구원자, 성화자"라는 현대 대용 논증의 표현은 아리우스의 입장을 상기시킨다. 이는 단순히 용어상의 이유 때문만은 아니다.[75] 앞서 언급했듯이 하나님은 신비하고 인식 불가능하기에, 하나님에 대한 모든 언어는, 하나님의 실재를 기술하기 위해 상상력 넘치는 은유를 만들어 내는 인간의 노력으로 이루어진다. 여기서 우리는 무한한 임재와 더불어 무한한 초월을 만난다. 이는 암묵적으로 수육과 계시의 사건은 부인하면서, 은유를 만들어 내는 자들에게 하나님을 인식할 책임을 지우는 것을 의미한다. 그러나 이와 반대로, 삼위일체 신학은, 하나님께서 예수의 인격 속에 육체를 입고 역사적인 사건이 되었다고 주장한다.

이 말은 조금 다르게 표현한다면, "아버지, 아들, 성령"의 표현

---

75) 지혜(*Sophia, Hokmah*)를 여신에 가까운 인물로 실체화하는 경우가 여기에 해당된다. 또한 지혜(wisdom)를 삼위일체의 여성적 성령으로 이해하는 경우도 이에 해당된다. Elizabeth Schüssler-Fiorenza, 『그녀를 기억하며 *In Memory of Her*』, (New York: Crossroad, 1984), 132-135. 『크리스찬 기원의 여성신학적 재건』, 김애영 옮김, 종로서적, 1986; 태초, 1993).과 Gelpi, 『하나님 어머니 *The Divine Mother*』, 9-11.을 참조하시오. 프라이(Roland Mushat Frye)는 영지주의와 아리우스주의의 경향을 띤 이 입장을 여러 차례 반박하였다. "프톨로마이우스(Ptolomaeus)가 '하늘의 어머니 소피아'가 세례 시에 예수에게 로고스를 수여하였다고 선언했을 때와 마찬가지로 피오렌자와 페미니스트 신학자들은 영지주의적 이설에 속한다. 더욱 흥미로운 것은 소피아-호크마(*Sophia-Hokmah*)가

을 "창조자, 구원자, 성화자"로 표현하는 것은 삼위일체의 위격을 그 기능으로 바꿔놓은 것이 된다. 이렇게 하여, 창조는 제1위격에, 구원은 제2위격에, 성화는 제3위격에 임의로 배당된다. 이는 세 위격의 상호 내재를 부인하고, 내적인 하나님의 삶의 언급 없이 세계 내 하나님의 활동 영역을 분별하는 군주론적 경향이 있다. 이 입장에 반대되는 것으로 아우구스티누스의 규정(Augustine's rule)이 있다. 아우구스티누스는 세계 안에 하나님의 활동은 각 위격 안에 나누어지지 않고 완전히 현존한다고 규정한다. 예를 들면, 아버지는 창조자가 될 뿐 아니라 구원자도 되고 성화자도 된다. 아들과 성령에 대해서도 똑같이 말할 수 있다. 고전적 삼위일체 고백은, 모든 구분을 초월하는 신비로운 신성에 의한 행위뿐 아니라, 존재와 활동 안에 나타난 하나님의 구조를 주목한다.[76] 본래의 삼위일체 언어를 기능적인 칭호로 바꾸게 될 때, 우리는, 의도하든 의도하지 않든 수육의 사건 속에서 하나님으로 충분히 드러나지 않은, 초월적 신성을 가정한다. 성차별주의를 피해가려다가 그리스도교 신앙의 본질적인 것을 잃어버릴 수 있다. 이는 치러야 할 희생치고는 너무 큰 것 아닌가?

어떤 면에서 신적 존재라고 주장하는 사람들은 예수 그리스도가 하나님의 수육이 아니고 하나님의 지혜의 수육이라고 해석함으로써 아들을 아버지에게 종속시켰던 아리우스의 주장을 반복하고 있는 것이다." Roland Mushat Frye, "하나님 언어와 페미니스트 언어: 문자적이고 수사학적인 분석 Language for God and Feminist Language: A Literary and Rhetorical Analysis," *Interpretation* 43, no. 1(January 1989), 50. 최근 아리우스주의의 경향이 두드러지고 있긴 하지만 의도된 것은 아니라고 생각한다. 삼위일체 사유에서 성령을 여성으로 표현하는 것은 이미 남성화된 삼두체제 안에 여성적 표상을 두려는 시도이다. 이는 페미니스트 관점에서 보면 분명 약점을 갖고 있다. 여성인 성령은 남성과의 비율에서 2:1로 밀리기 때문이다. Ruether, 『성차별과 신학 *Sexism and God-Talk*』, 60. 과 3장에서 전개되는 보프(Leonardo Boff)의 논의를 참조할 것.

76) Welch, 『삼위일체의 이름으로 *In This Name*』, 56-57, 220-225.

종합해보면, 예수 사건은 분리된 혹은 결여된 신적 신비를 기술하는 은유가 아니다. 예수 사건은 본래적인 하나님과 관계되어 있다. 이는 유한한 역사와 인간 언어의 조건 하에서 우리에게 현존하시는 하나님이다. 그러므로 예수 그리스도를 인식하는 것은 하나님을 인식하는 것이다. 하나님에 대해서 뿐 아니라 하나님 자체를 인식하는 것이다. 초월적인 신적 존재는 우리에게 분명 신비한 존재이다. 그러나 우리는 문자 그대로 아무것도 알지 못하는 상황에 내버려지지 않았다. 우리는 인간의 은유에 필적하는 무한한 영역에 아무렇게나 내던져지지 않는다. "아버지, 아들, 성령"은 고유 이름일 수가 없다. 오히려 그분은 예수 그리스도 안에서 육체를 입으신 한분 하나님이며, 지금 우리와 세계를 하나님의 운명과 묶어주는 한분 하나님이다.

"삼위일체"가 폭탄을 의미하는가?

　여기서 우리가 다루게 될 내용은 현실적이기보다는 가능한 내용이다. 이는 삼위일체 교의의 가부장적 언어가 지닌 부정적인 사회적 효과에 대한 논의를 거쳐 나온 내용으로, 상징이 연상하는 힘과 관계한다. 만일 종교적인 상징이 부정적인 인간의 경험과 관계되어 있다면, 이 상징이 현재의 신앙을 억압하거나 신앙을 가지지 못하도록 기능할까? 반-가부장적 논증에서는, 이 질문에 대해, 종종 그럴 수 있다는 대답이 등장한다. 어떤 젊은 여인이 폭력적인 아버지 아래에서 성장했다면, 교회에서 사용하는 아버지 하나님의 상징에 거부감을 느낄 것이다. 맥페이그(Sallie McFague)같은 학자들은 하나님에 대해 여성 은유를 포함한 여러 은유를 사용함으로써 이를 극복할 수 있다고 보았다.[77] 어떤 대안이 가능하다

---
77) McFague, 『은유 신학 *Metaphorical Theology*』.

면 폭력적인 영향을 미치는 은유를 피해갈 수 있을 것이다. 이를 위해서 분리시키고 정복하는 방법의 형태를 취하든지, 은유의 수를 늘리거나 다른 은유로 전환하는 방법을 택할 수 있다.

트레이시(David Tracy)는 현대의 경험과 상호 비평적인 변증을 통해 상징의 의미를 해석학적으로 회복하는 대안적 방법을 제시하였다.[78] 분리와 정복 혹은 수를 늘리고 전환하는 방법을 택하는 대신, 트레이시는, 비록 의문시 되고 있긴 하지만, 그리스도교 상징의 전통이 다시금 의미를 회복해야 한다고 생각한다. 전통적 의미를 회복하기 위해서는 당연히 이중 비평을 필요로 한다. 현대 상황에서 의심의 해석학은 전통을 비평적으로 묻는다. 특정 상징이 사회의 어떤 구조를 지지하였나? 아버지 하나님 상징의 경우와 관련해서, 우리는 이 상징이 교회 안에서 남성 제사장직을, 그리스도교 가정에서 어린이 학대를 지지하였는지 묻게 될 것이다. 그리고는 방향을 바꾸어서, 현재 상황을 분석하기 위해서 그리스도인들은 그리스도교 상징으로 무엇을 의미하고자 했는지 밝힐 것이다. 그렇게 하고 보면, 하나님 아버지의 상징이 여성과 어린이에 대한 남성들의 억압을 정당화시켜주지 않는 것으로 드러날 것이다. 이러한 트레이시의 방법은 삼위일체에 관해서도 뭔가 제시할 수 있을 것이다.

내가 이렇게 전망하는 것은, 아버지 하나님을 성차별주의와 어린이 학대와 관련시킬 경우, 이런 관련이 삼위일체에 대해서도 가

---

[78] 트레이시는, "우리의 현재 상황을 해석하기 위해 그리스도교 전통의 축을 이루는 상징을 해석하는 일"을 그리스도교 신학으로 정의한다. David Tracy, "Theological Method," in *Christian Theology*, ed. Hodgson and King, 35. 그런 다음, 좀 더 자세하게 설명을 덧붙인다. "신학은 그리스도교 전통에 대한 해석과 현대 상황에 대한 해석의 상호 비평적인 상관관계를 이루려는 시도이다." *Ibid.*, 36. 이는 회복, 비평, 의심, 설명, 이해를 포함한다. *Ibid.*, 57.

능하기 때문이다. 곧 삼위일체와 핵무기를 관련시키는 것이 가능해진다. 만일 하나님 아버지의 상징과 여성들이 아버지로부터 받은 부정적인 경험을 연결시키는 페미니스트들의 주장이 옳다면, 핵전쟁의 참화를 두려워하는 이들은 삼위일체 하나님의 상징과 핵전쟁의 참화를 연결시키려 할 것인가? 삼위일체와 핵폭탄을 관련시키는 사람들에게 삼위일체에 담지된 구원의 의미가 회복될 수 있을까? 어떻게 이런 물음들이 일어나게 되었는지 살펴보자.

1944년 3월 맨해튼 기획(Manhattan Project)에 참여하던 과학자들은 처음으로 원자 폭탄 폭파 시험을 계획하였다. 뉴 멕시코의 로스알라모스(Los Alamos)에 소재한 기획단 단장이었던 오펜하이머(Robert Oppenheimer)는 폭파 시험을 위해 암호 이름을 붙이자고 제안하였다. 그는 처음 시도하는 핵 폭발이 역사적인 사건이 될 것이고, 그 이름을 명명하는 것은 역사가 기억할 이름이 될 것임을 잘 알고 있었다. 그는 "트리니티"(Trinity)란 용어를 선택하였다. 이 사건을 회상하면서 후에 오펜하이머는 다음과 같이 진술하였다. "그 때 내가 왜 그 이름을 택했는지는 분명치 않습니다. 그렇지만 그 때 무슨 생각을 하고 있었는지는 분명하게 기억하고 있습니다. 존 던이 죽기 바로 전에 쓴 나의 애송하는 시 하나가 있습니다." 오펜하이머는 존 던의 "아픔 가운데서 나의 하나님께 찬송을 드립니다 Hymn to God my God, In My Sickness"라는 시에서 몇 구절을 인용할 수 있었다.

동과 서
열방의 지평선으로
나는 하나입니다.
죽음과 부활이
하나로 만납니다.

여기서 중요한 것은 죽음과 부활, 파괴와 갱생의 역설적인 긴장이다. 던의 종교 단시(Holy Sonnets) 14번째 시에서, 파괴를 통한 구원의 주제를 만나게 되고, 오펜하이머가 언급한 '트리니티'의 암시를 읽을 수 있다.

삼위 하나님이여
내 마음을 부수소서!
당신을 위하여.
내 마음을 두드리소서.
주님의 숨으로 나를 들이 마시고, 내게 빛을 비추어
고쳐주소서.
내가 일어서도록 나를 꺾으소서.
주님의 능력으로
나를 부수고, 때려, 태우소서.
새롭게 하소서.

존 던의 시에서 물리학자 오펜하이머가 발견한 것은 보어(Niels Bohr)의 상보성 원리를 생각나게 하는 무엇이었다. 맨해튼 기획을 탄생시킨 정치적 논쟁의 여정에서, 보어는 쉴 새 없이 군사비밀에 반대하였고, 국가간 핵무기를 억제하고 과학의 정보를 자유로이 교류하자고 주창하였다. 보어는 과학 공화국을 모델로 하는 개방 세계를 추구하였다. 그는 국가간 통제와 핵폭탄에 대한 충격적인 인식이 군비강화경쟁을 예방하게 하여 세계 평화 시대의 도래를 가져올 것이라고 생각하였다. 보어의 생각은 오펜하이머에게 영향을 미쳤다. 오펜하이머는, 군사 비밀을 지키고 있었음에도, 역사에서 가장 파괴적인 무기의 개발은 언젠가 전쟁이 아니고 평화를 가져올 것이라고 희망하였다.

오펜하이머는 인류를 파괴하는 무기를 만들어낸 부정적인 인물로 기억될 수도 있음을 염려하였다. 로드스(Richard Rhodes)는 오펜하이머가 "폭탄의 문제는 두 대답, 두 결과를 가져올 수 있는 바, 그중의 하나를 초월적인 문제로 인식함으로써, 핵 문제가 갖는 상보적인 보상을 소중히 여겼다."고 논평하였다. "이렇게 이해함으로써 오펜하이머는 로스알라모스에서 이루어진 핵폭탄 실험의 결과를 정당화하였고, 중심을 잃은 자아와 자신을 괴롭혔던 양심의 분열을 치유하였다."[79]

오펜하이머는 양심의 가책을 느끼는 종교적인 인물이었지만, 그리스도교 전통의 상징에서 힘을 얻은 것이 아니었다. 그가 종교적인 명상으로 택한 것은 바가바드 기타(Bhagavad Gita)의 전통이었다. 1945년 7월 16일 새벽 5시 30분 최초의 핵폭탄 실험이 이루어져, 빛과 돌풍과 바람이 지나간 후, 오펜하이머는 동료들에게 기타(Gita)에 나오는 비슈누(Vishnu)의 말을 언급하였다. "이제 나는 죽음이 되었노라. 세계의 파괴자가 되었노라." 베인브리지(Kenneth Bainbridge)는 다정하게 오펜하이머의 등을 두드리면서, "이제 우리 모두는 미친 사람들이 된 거야!"라고 중얼거렸다. 오펜하이머는 후에 그날 베인브리지의 말은 가장 적절한 표현이었다고 술회하였다. 뉴멕시코의 트리니티 단지에서 이루어진 실험이 성공한 후, 즉각 핵무기 제조에 들어갔고 B-29 폭격기에 탑재되어 히로시마와 나가사키에 투하되었다.

트리니티(삼위일체, Trinity)와 대량살상을 관련시키는 것, 이는 자신의 흔적을 감추어 죄의식과 양심을 숨기려는 연합이다.

---

[79] Richard Rhodes, 『원자 폭탄의 제조 *The Making of the Atomic Bomb*』, (New York: Touchstone, 1988), 572.

페미니스트 작가인 그레이(Mary Grey)는 이미 삼위일체와 대량 살상의 관련을 폭로한 바 있다. 그레이가 주목한 것처럼, 문제는 하나님의 초월과 관계된다. 그녀는 삼위일체가 내밀의 하나님이 아니고 너머의 하나님임을 가르치고 있다고 생각한다. 초월은 여성에 대한 성폭력과 여러 폭력을 정당화한다. 따라서 그레이는 데일리(Mary Daly)의 호된 비평을 인용한다.

> 가부장적 이해 때문에 성폭행의 대상이 된 여성들이 존재의 능력에 뿌리를 둔 여성의 새로운 자기-이해를 구체화하고 내면화하게 될 때, 가장 불경한 삼위일체가 창출한 그리스도교의 불완전한 삼위일체 상징 안에 반영된 파괴의 순환이 무너질 것이다. 악마적인 삼위일체의 옷을 벗고 여성이 되어갈 것이다.[80]

숨을 고른 후 그레이는 수사학적으로 다음과 같이 묻는다. "1945년 히로시마를 잿더미로 만든 원자폭탄 연구 기획이 트리니티라고 암호가 붙여진 것은 완전히 우연이었을까?" 그레이는 오펜하이머에게 영감을 주었던 존 던의 단시(sonnet)를 공격한다. "여기에서 외부로부터 포격을 가하고 있는 초월자 하나님은 무력으로 시인을 사로잡도록 초대받는다. 이것이 바로 성폭력과 유혹의 언어를 사용하는 그리스도교 사랑의 모델이 아닌가!"[81] 그레이의 관심은 죽음이 아니다. 오히려 여성을 성폭력의 희생자로 그리면서, 성폭력을 조장하고 있는 상징들을 비판하는 것이다. 이를 통해서 그녀는 삼위일체와 폭탄의 부정적인 연관을 이용한다.

---

80) Mary Daly, 『아버지 하나님을 너머 Beyond God the Father』, (Boston: Beacon Press, 1973), 122.(황혜숙 옮김, 이화여대 출판부, 1996).
81) Mary Grey, "우리 소원의 핵: 삼위일체의 재이미지화 The Core of Our Desire: Re-Imaging the Trinity," Theology 93, no. 755(1990), 363-365.

삼위일체 상징과 대량살상의 연관이 지속될 수 있을까? 나는 그럴 수 있다고 생각한다. 왜 삼위일체란 말을 선택하게 되었는지 오펜하이머가 분명치 않은 어조로 그 이유를 설명할 때, 우리는 이미 삼위일체 상징이 갖는 긴장을 보았다. 여기에 부수고, 분출하고, 태우는 하나님의 힘이 분명하게 언급되고 있다. 그러나 이것만이 아니다. 부활로 이어지는 죽음의 징조가 특별히 중요하다. 죽음과 부활은 삼위의 한 분 하나님의 포괄적인 일치 가운데 나타난다. 또한 얻어맞은 마음과, 오펜하이머 자신이 죽음의 입구에 들어서게 되면 현관을 지나 저 너머 부활로 안내될 것이라는, 희미한 희망 사이의 양심의 갈등이 나타난다. 여기서 부활이란, 그의 노력을 통해 폭탄을 세계 평화를 위한 미사일로 바꾸어 국가 간의 해방을 가져오게 될 것으로 이해된 부활이다. 오펜하이머는 경건한 그리스도교 신자가 아니었다. 그러나 중요한 것은, 삼위일체를 선하고 참된 것과 두루 연관된 어떤 것의 상징으로 보는 오펜하이머의 가정이다. 그는 어두운 죽음의 무덤을 하얗게 회칠하기를 원했고, 바로 삼위일체가 그 회칠에 해당한다.

그러므로 트레이시의 상호 비평적 상관관계의 방법을 적용하기 전에, 이미 삼위일체 상징이 처음부터 맨해튼 기획에 대해 예언자적인 비평을 하고 있음을 볼 수 있다. 오펜하이머가 삼위일체 상징을 채택한 것은 과학자들의 이중적 도덕 가치를 보여주고 있다. 이는 "우리는 다 미친 사람들입니다."라는 표현 속에 또한 잘 나타나 있다. 그러므로 삼위일체가 폭탄을 의미하는지 아닌지에 대한 문제가 신학적 논의에서 일어나야 한다면, 우리는 종횡으로 교차하는 물음을 물어야 할 것이다. 첫째, 의심의 해석학에 기초하여, 우리는 이 상징이, 몰트만이 유일신론과 군주론을 일치시킨 것처럼, 핵 테러를 통해 세계를 지배하고자 하는 초강대국들의 권익을 위한 무기 개발과 정말 어쩔 수 없이 관련되어 있는가를 물어야 할 것이다. 둘째, 영원한 신적 사랑의 순환을 지닌 삼위일체의 의미가 인간 사랑의 부재를 덮어 가리기 위해 삼위일체의 의미를 사용하는 사람을 반대할 만큼 충분한 내적 힘을 갖고 있는지 물어야 할 것이다. 우리가 둘째 물음에 긍정적으로 답하게 된다면, 첫째 물음에 대해서는 부정적으로 답할 수밖에 없다. 삼위일체 상징은 우리가 말할 수 있는 것보다 더 많은 의미를 함축하고 있다. 잘 길들여진 트로이의 말처럼, 삼위일체 상징은 아직은 여러 세기에 걸쳐 핵이 가져온 죽음의 요새 안에서 초월적 사랑을 계속해서 증언할 수 있을 것이다.

아리우스에게 실제로 어떤 일이 있었는가?

현대의 논의로부터 다시금 전통적인 논의로 돌아가 보면, 최근 교부학 분야에서 아주 열띤 논의가 일어나고 있음을 주목하게 된다. 지난 10년간, 학자들은 광폭한 아리우스주의자들을 이설로 결정한 니케아 신학을 정통으로 받아들인 그동안의 전통에 도전하기 시작하였다. 그리스도교 전통은 4세기에 일어난 소란을 승리자의 관점에서, 보다 정확하게 말하면, 381년 채택된 콘스탄티노폴리스의 신학의 관점에서 해석한다. 이같은 표준 교과서의 관점에서 보면, 아타나시우스의 정통 교의 세력은 아리우스주의 이단자들의 공격에 대해 가까스로 그렇지만 아주 의미 있는 승리를 거둔 것처럼 보인다. 진리의 성을 이설의 포위로부터 성공적으로 지켜낸 것이다. 일반적으로 그리스도교 전통은 325년 니케아의 위기가 있기 전 정통 삼위일체 신학과 같은 것이 이미 존재하였었고, 아리우스가 제기한 신학은 교회의 삶에 안내와 권위가 되는 정통 삼위일체 신학에 위협이 된다고 보았다. 적어도 그리스도교 전통은 이것이 콘스탄티누스가 통치하던 시절 일어난 것에 대한 공식적 입장이라고 생각하였다. 그러나 현대에 이르러 전통을 다른 시각에서 해석하고자 하는 학자들이 그간의 전통적 입장에 도전하고 있다. 도전은 역사가들이 흔히 묻는 물음으로 시작된다. "정말 무슨 일이 일어났는가?"

표준 교과서의 시각에서는 일어난 일에 대해 어떻게 해석되는지 살펴보자. 이야기는 이렇게 전개된다. 311년에서 320년 사이에 알렉산드리아의 아리우스는 하나님의 아들은 피조물이며 아들은 하나님과 동일 본질(ousia)을 공유하지 않는다고 설교하였다. 알렉산드리아의 감독이었던 알렉산드로스는 318년 모인 교회회의에서 아리우스의 가르침을 정죄하였다. 그 후 아리우스는 소아시아로 물러나 자신의 이단 교의를 신봉하는 많은 제자들을 얻었다. 325년 니케아 공의회는 아리우스의 입장을 정죄하고 동일본질을 정통의 입장으로 제출하였다. 그러나 동방교회의 감독들은 아리우스의 입장을 계속해서 미묘하게 표현하였다. 마침내 360년에 이르러서, 히에로니무스가 표현한대로, "전 세계가 동방교회의 입장이 아리우스주의의 입장인 것을 알고는 신음하며 충격을 받았다."[82] 아리우스주의자들의 위협에 대한 저항은 주로 알렉산드리아의 아타나시우스로부터 온 것이었다. 이 당시 아타나시우스는, 박해와 유배의 상황에 있었음에도 불구하고, 니케아 정통을 줄기차게 옹호하였다. 결국 아타나시우스로부터 지휘봉을 물려받

---

82) Jerome, 『루시퍼주의자들을 반박하는 대화 *The Dialogue Against the Luciferians*』, XIX. 표준적인 해석은, 니케아 공의회가 325년에 아리우스주의의 입장을 정죄했는데, 어떻게 그렇게도 많은 동방 교회의 감독들이 아리우스주의의 입장을 받아들이고 있는가와 같은 물음들에 대답하지 않고 있다. 최근의 연구들은 이 물음에 적절한 대답을 주고 있다. 첫째, 325년 이후 수십 년 동안 니케아 공의회는 정통의 권위를 가지지 못했다. 후에야 그 권위가 인정된 것이다. 둘째, 동방 교회의 감독들은 아타나시우스를 인정하지 못했고, 다른 사람들은 동방의 감독들을 아리우스주의자들이라 불렀다. 그리고 동방의 감독들은 341년이 되어서야 자신들에게 붙여진 아리우스주의자들이란 꼬리표에 반박하였

은 세 카파도키아 교부들이 381년 콘스탄티노폴리스 회의의 결승선까지 끌고 나가 아타나시우스의 입장을 최종적인 정통으로 선포함으로써 승리를 거머 쥐었다.[83]

표준적인 해석에 대한 도전은 1979년과 1981년 사이에 시작되었다. 이 때 책 분량의 연구들이 새롭게 쏟아져 나왔는데, 특별히 역사가 그레그(Robert Gregg)와 그로흐(Dennis Groh)가 출판한 『초기 아리우스주의: 구원관 Early Arianism: A View of Salvation』이란 책이 주목을 끈다. 이 연구서가 나오기 전, 아리우스주의에 대한 근대의 연구는 다음과 같이 정리된다. 첫째, 아리우스가 무대에 등장하기 전, 정통이 이미 존재하였었다. 둘째, 4세기 논쟁에서 중심적인 주제는 하나님과 세계의 존재에 대해 물었던 존재론 아니면 우주론이었다. 존재론에 대한 강조는 아타나시우스와 알렉산드로스 감독으로부터 온 것이다. 이들은 아리우스가 하나님의 단일성과 군주제를 옹호하기 위해서 어떤 희생도 감수하고자 했다고 보았다. 그래서 아리우스는 아들을 피조물의 상태로 좌천시켰다고 보았다. 알렉산드로스와 아타나시우스는 그리스도를 공격했다는 이유로 아리우스를 공격하였다. 알렉산드로스는 아리우스주의자들을 아들의 신성을 반대하여 전선을 형성한 군인들로, 또는 그리스도를 반대하여 구름처럼 일어나 포효하는 야수들로 묘사하였다. 마찬가지로 아타나시우스도 유대인과 같이 아리우스가 하나님의 철저한 하나 됨을 주창하는 사람들에 속한다고 보았다. 그리고는 그리스도를 미워하도록 사람들에게 영향을 끼치고 있다

다. 셋째, 아타나시우스는 "아리우스주의자"라는 칭호를 자기와 반대되는 모든 사람을 지칭하는 것으로 아주 광범위하게 사용하였다.

83) Joseph T. Lienhard, S. J., "아리우스 논쟁: 몇 개의 범주는 재고되어야 한다 The Arian Controversy: Some Categories Reconsidered," *Theological Studies* 48(1987), 415.

는 이유로 아리우스를 공격하였다.[84] 우리가 알렉산드로스와 아타나시우스의 말을 받아들이는 한, 아리우스는 엄격한 유일신론에 관심하였기 때문에 지고의 한 분 참 하나님에 주목하고자 예수 그리스도를 보조적인 자리에 위치시키려 하였다.

그러나 이와 반대로 그레그와 그로흐는, 신적 존재론을 부정하지는 않았지만, 아리우스주의자들의 동기가 구원론에 있다고 보았다. 논지를 살펴보자.

> 초기 아리우스주의는 구원의 체계로 보면 가장 지성적인 운동이다. 구원론적 관심이 화제의 중심을 이루고 있고 논쟁의 중요 대목을 차지하고 있다. 아리우스주의의 구원론 중심에는 창조자의 뜻에 순종하는 구원자가 있다. 그의 덕스러운 삶은 완전한 피조성과 모든 그리스도인들을 위한 구원의 길에 본보기가 된다.[85]

아리우스주의자들은 그리스도의 인격에 적대적 영향을 미쳤다는 주장과는 거리가 먼 사람들이었다. 이들은 그리스도를 경외하였고 그리스도에 헌신하였다. 실로 아리우스주의자들은 그리스도 안에서 구원에 이르는 길을 발견하였다. "우리는 아리우스가 아들

---

[84] 아타나시우스는 당시의 아리우스주의자들과 신약성서 시대의 유대인들을 공공연하게 동일시하였다. "신약시대의 유대인과 오늘날의 유대인은 조상 때부터 그리스도를 반대하는 악마를 유산으로 이어 받았다." Athanasius, 『디오니시우스의 견해에 대하여 On the Opinion of Dionysius』, 3. 이러한 표현은, 그레그와 그로흐가 지적하는 것처럼, 후에 반-셈족주의로 이어졌다. Robert C. Gregg and Dennis E. Groh, 『초기 아리우스주의: 구원관 Early Arianism: A View of Salvation』, (Philadelphia: Fortress Press, 1981), 46. 실제로 여기서 아타나시우스의 요점은 유대인과 직접 관련이 없다. 아타나시우스는 아리우스를 그리스도를 증오하는 사람으로 보았고, 그레그와 그로흐는 이점을 입증하려 한 것이 아니었다.

[85] Gregg and Groh, Early Arianism, x.

을 경외하고 명예롭게 하는데 인색했다는 실질적인 증거를 찾을 수 없다."[86] 예수께서 양자로 받아들여졌던 것처럼, 이들은 우리가 우리의 삶을 완성하기 위해 하나님의 아들로 받아들여져야 하는 공덕의 본보기를 그리스도 안에서 발견하였다. 정통의 입장이 아직 형성되고 있는 과정에서, 아타나시우스와 정통의 입장에서 보면, 아들은 정확히 아버지의 심상이었다. 그러나 아리우스에게는 엄밀한 의미에서 아들은 우리와 마찬가지로 하나의 피조물이었다. 그리고 아들의 피조성은 바로 그의 구원 사역을 효과적이게 하는 필수 요인이었다. 아리우스의 구원은 모방에 의한 것이다. 예수는 자신의 의지를 완전히 아버지의 의지에 순응시켰다. 우리도 우리의 의지를 아버지의 의지에 순응시킴으로써 예수를 따를 수 있다. 그리스도가 아들로 승격된 것은 순응에 대한 보상이었다. 아버지의 뜻에 순응할 수 있는 능력은 하나님을 믿는 사람들의 능력 안에 있다.[87] "우리와 아들의 공통된 점은" 양자(adoption) 됨이다. 이것이 그리스도인의 희망의 기초가 된다.

아리우스주의의 해석학이 달리 해석될 수 없다. 구원자에게 술어가 되는 것은 구원을 받은 자에게도 술어가 된다… 아리우스 체계의 중심은 그리스도께서 다른 피조물들과 똑같은 방식으로 아들 됨을 얻어 간직한다는 점이다. 그리스도께서 양자가 됨으로 하나님께 나아가게 되었다는 아리우스의 교의는 믿는 자들의 믿음과 소망의 근거와 정의가 된다. 초기 아리우스주의자들은 그리스도를 자신의 모양으로 표현하였다. 이들의 그리스도론은 구원의 내용과

---

86) *Ibid.*, 49.
87) 아리우스주의는 말 그대로 양자론이 아니다. "아들"에 대한 그리스도의 미래 칭호는 아버지의 예지로부터 선취적으로 그에게 주어진 것이기 때문이다. 원리상 역사적 예수가 아버지를 불순종하고자 원할 수 있었다 해도, 아버지는 미리 아들이 불순종하지 않을 것이라는 것을 알고 계셨다. *Ibid.*, 22.

역동성에 대한 그들 자신의 이해를 충분히 표현한 것이었다.[88]

정통주의자들이 아리우스를 반박한 것은 1세기가 지난 후 아우구스티누스가 펠라기우스를 반박하는 동기를 제공하였다. 아우구스티누스는 구원이 하나님의 은총의 선물이며 인간이 성취한 결과가 아니라고 보았다. 그레그와 그로흐는 아우구스티누스와 펠라기우스의 논쟁을 정통과 아리우스주의의 싸움으로 보았다. "정통에서는 은총이 구원받은 창조의 안정된 질서 속으로 들어왔다고 보았고, 아리우스주의는 은총이 교류하는 우주 안에서 도덕적인 진보를 바라는 사람들에게 힘을 불어넣는다고 보았다."[89]

4세기 동안 아리우스주의자들과 반-아리우스주의자들 사이의 갈등의 요점은 신학을 형성하는 구조가 달랐다는 점이다. 하나는 의지에 기초하고 있었고, 다른 하나는 존재에 기초하고 있었다. 아리우스주의자들은 의지를 강조하였다. 하나님은 아들을 갖기를 소원하였다. 이는 하나님의 자유로운 선택이었다. 이 소원이 있기 전에는 하나님만이 존재하였다. 하나님께서 아들을 원하게 되자, 하나님은 아버지가 되었다. 아리우스주의자들과는 반대로, 아타나시우스는 하나님이 아들을 갖기를 원하지 않았다고 주장했다. 대신 아버지는 자신의 신적 존재로부터 아들을 낳았다. 아들을 낳은 사건은 영원 속에서 이루어진 것이기 때문에, 하나님이 아들이 아닌 때가 없었다. 신성은 본성상 낳는다. 그러나 하나님의 자발적인 낳음은 세상을 창조하려는 의도적인 의지와 구별될 수 있다.

분명 4세기 이전의 신학자들은 존재와 의지의 문제에 관심하였다. 그러나 그레그와 그로흐는 여기서 새로운 목소리가 들려온다

---

88) *Ibid.*, 50.
89) *Ibid.*, 193.

고 주장한다.[90] 의지와 존재 각각이 구원의 질서(*ordo salutis*)를 인식하는 모형적 틀을 제공하였다는 점이 처음으로 분명해진다. 그러므로 우리가 오늘날 4세기의 논쟁을 아버지의 존재와 아들의 존재를 중심으로 이루어진 논쟁이라고 보는 것은 아타나시우스가 논쟁의 틀을 정의한 것을 앞뒤 생각 없이 잘못 받아들인 결과이다.[91]

종합해보면, 우리가 니케아의 정통으로 받아들인 것은 아리우스의 가르침이 있기 전 이미 존재했던 것이 아니다. 사실, 니케아의 정통이란 아리우스가 촉발한 것이다. 아리우스 논쟁이 신학적 구성을 자극하였고, 그 결과 오늘날 우리가 알고 있는 정통의 입장으로 발전된 것이다. 아리우스 논쟁은 그 자체가 창조적인 논쟁

---

[90] 린하드(Linhard)는 이 이야기를 다른 방식으로 풀어간다. 니케아 이전에 두 사유 학파를 만나볼 수 있다. 곧 아리우스의 의지에 대한 강조를 포함하는 두 실체 학파(dyohypostaic school, two *hypostases*)와 아타나시우스의 존재에 대한 강조를 포함하는 단일 실체 학파(miahypostatic school, one *hypostasis*)이다. 니케아 회의를 둘러싼 이 두 입장의 충돌은 어쩔 수 없이 하나의 본질(one *ousia*)과 세 실체들(three *hypostases*)이라는 새로운 사유와 창조적 해법을 가져왔다. 린하드는 니케아 이전 두 사유의 흐름이 존재했음을 강조하면서도, "이 두 사유가 충돌함으로 해법의 방도를 준비하였다."라고 아리우스 논쟁을 평가한 그레그와 그로흐에 암묵적으로 동의한다. Linhard, "아리우스 논쟁 The Arian Controversy," 437. 마찬가지로 윌리엄스(Rowan D. Williams)도, 아리우스의 가르침에 대한 자료를 사용하는데 아타나시우스에 너무 의존한다는 이유에서 그레그와 그로흐에 비평적이면서도, 아리우스 논쟁이 그리스도교 신앙의 고백을 진술하는데 더욱 복합적이면서도 심오한 길을 열어놓았다고 평가하였다. 그는 "신학은 신학의 아리우스를 계속 필요로 한다."고 주장한다. Rowan D. Williams, "아리우스주의 논리 The Logic of Arianism," *Journal of Theological Studies* 34 (983), 81.

[91] 도너번(Mary Ann Donovan, S.C.)은, 그레그와 그로흐는 이 사실을 보지 못했는지 모르지만, 여기에 하나님에 대한 두 가지 다른 개념이 존재한다고 덧붙인다. 아리우스의 입장은 군주적이고, 알렉산드리아의 입장은 다원적 이해를 허용한다. Mary Ann Donovan, S.C., "삼위일체 세미나 Seminar on the Trinity," *CTSA Proceedings* 36(1981), 182.

이었다. 따라서 그리스도교 교의는 논쟁과 개념적 구성을 거쳐 이루어진 것임을 기억할 필요가 있다.

필리오케란 무엇인가?

필리오케 문제는 현대 삼위일체 논의의 중심에 등장해 본적이 없다. 그러나 삼위일체 논의의 날갯짓에서 들려오는 필리오케에 대한 희미한 메아리는 들을 수 있다. 오늘날 교회 일치를 지향하는 사람들은, 하나님의 삶 안에 나타난 인격성의 관계적 이해를 받아들이고 또한 이를 좀 더 잘 이해하려는 노력에서, 필리오케 문제를 다시금 거론하고 있다. 왜냐하면, 관계적 인격성은 성령이 아버지뿐 아니라 아들과도 변증법적인 관계 안에 있다는 것을 암시하기 때문이다.

그렇다면 무엇이 성령의 기원인가? 성령은 아버지와 그리고 또 아들로부터(*ex Patre Filioque*) 나온 것인가? 아니면 아버지로부터만 나온 것인가? 381년 완성된 니케아 콘스탄티노폴리스 신경은 "성령께서 아버지로부터 발현된다."라고만 진술하였다. 그러나 힐라리우스(Hilary of Poitiers)의 진술을 깊이 생각하였던 아우구스티누스는 이중 발현이란 용어로 사유하기 시작했다. 히포의 감독은 성령을 아버지와 아들을 하나로 연합하는 아버지와 아들의 상호 사랑으로 생각하였다. 그러므로 성령은 한 분의 영이 아니고, 관계성 안에 있는 두 분의 영이다. 아버지는 아들을 낳음으로써 성령의 발현을 가능하게 하는 창조자가 되신다. 그러나 아들의 출생과 그 출생 때문에 생긴 관계성이 성령의 발현을 보증한다.

이 논증은 아주 조직적이다. 조직적인 논증과 함께 성서적인 논증도 있다. 아우구스티누스는 아버지와 아들로부터 성령이 발현한 것은 성서의 가르침이라고 주장한다. 성서는 아들의 성령과 더불어 아버지의 성령에 대해 증언한다. 그러므로 아버지와 아들은 성령과의 관계에서 단일한 원리가 되어야 한다. 이것을 염두에 둔다면, 우리는 성령이 아버지로부터 뿐 아니라 아들로부터도 발현하였다고 고백할 수 있지 않을까?[92] 이러한 생각의 흐름이 "또한 아들로부터의 발현"이란 의미를 갖는 라틴어 용어인 필리오케(*filioque*) 교의를 탄생시켰다.

처음에는 동방 교회를 첨예하게 공격하고자 필리오케란 용어를 사용한 것이 아니었다. 복음적 해설의 경우와 같이, 처음의 의도는 좀 더 명쾌하게 삼위일체 상징을 설명하기 위한 것이었다. 어쨌든 이 해석은, 교회 정치와 맞물려 서방 라틴 교회가 교회를 지배하려는 의도에서 하나의 무기가 되었다. 성령의 이중 발현 개념은 447년과 589년 톨레도 회의의 표면에 떠오르게 되었다. 그리고 후에 샤를마뉴 대제가 즐겨 사용하는 개념이 되었다. 당시 로마와 콘스탄티노폴리스는 불가리아와 같이 유럽 내 새롭게 그리스도교화 되어가는 지역에 영향권을 확대하기 위해 경쟁하고 있었다. 809년 샤를마뉴 대제는 교황 레오 III세에게 필리오케를 넣어서 니케아 신경을 다시 써줄 것을 요청하였다. 레오 III세는 이러한 일방적 태도는 제1차 콘스탄티노폴리스 교회 회의의 권위를 위반하게 될 것이라는 근거에서 샤를마뉴의 요청을 거부하였다. 그러나 레오 III세의 뒤를 이은 로마의 감독들은 사태를 다르게 해석하였다. 그래서 결국은 필리오케가 서방 교회에서 신경을 고백할 때 자연스럽게 삽입되어 사용되었다. 그러다가 1014년 예배 중에 필리오케를 사용해도 좋다는 교황의 승인이 주어졌다. 필리

---

[92] Augustine, 『삼위일체 *On the Trinity*』, VI:x:11.; V:xiv:15.; XV:xxvi:45-48; 참조. Hilary of Poitiers, 『삼위일체에 대하여 *On the Trinity*』, II:29.

오케를 예배 중에 사용하면서 교회는 분열되기 시작했고, 1054년에는 그 절정에 이르러, 교황 레오 9세는 동방 정교회가 니케아 신경에서 필리오케를 생략했다는 이유로 콘스탄티노폴리스의 총대주교인 세룰라리우스(Cerularius)를 파면하기에 이르렀다.

9세기에 동서방의 힘겨루기에서 정치논쟁의 불씨가 된 콘스탄티노폴리스의 대주교 포티오스(Photios)는 신경에 넣은 라틴어 용어들을 "신성모독"이라고 비난하였다. 포티오스는 필리오케를 삽입하는 것에 대해 세 가지 반대이유를 개진하였다. 그중의 하나는 교회의 차원에서 제기되는 반대였고, 나머지 둘은 신학적인 이유에 기반한 반대였다. 교회적인 논증은 분명하고도 설득력이 있었다. 381년 콘스탄티노폴리스 회의와 같은 전체 그리스도교 교회를 대표하는 교회 회의에서 신앙의 진술을 세웠다면, 이에 버금가는 교회 회의만이 그 내용을 수정하고 변경할 수 있는 권한이 있는 것이다. 그런데 로마에 있는 감독들이 일방적으로 취한 이런 조치는 수치스럽고 방자한 것이라 생각될 수밖에 없다.

포티오스가 제시한 신학적인 논증 가운데 첫 번째는 주석적인 논증이다. 요한복음 15장 26절에 예수는 성령이 "아버지로부터" 온다고 말한다. 이 구절을 두고 포티오스는 수사적으로 묻는다. 만일 성령이 아버지와 아들로부터 온 것이라면, 왜 예수께서 "또한 나로부터도"(and from me)라는 구절을 삽입하지 않았는가? 만일 "아버지로부터"라는 표현이 예수에게 충분한 표현이 된다면, 교회를 위해서도 마찬가지여야 한다.[93]

---

93) Photios, 『성령의 신비에 대하여 *On the Mystogogy of the Holy Spirit*』, (Astoria, N.Y.: Studien Publications, 1983), 71-72, 51-52. 아우구스티누스는 요한복음 15장 26절에 이르자, 잠시 숨을 고른 후 요한복음 20장 22절로 연결해서 계속 읽

포티오스가 제시한 신학적인 논증 가운데 두 번째는 필리오케 개념 때문에 생긴 삼위일체 개념의 해체에 초점을 맞춘 조직적인 논증이다. 필리오케 개념은 성령이 삼위일체의 다른 두 위격보다 열등한 것을 의미하는 것처럼 보인다. 이 개념에 의하면, 성령은 다른 두 위격들로부터 발현하지만, 두 위격이 성령에 의해서 발현되는 것은 아니기 때문이다. 이렇게 되면 삼위는 평등성을 잃게 된다. 그래서 아버지와 아들로 이루어진 이위일체 하나님이 남게 된다. 거기다가 성령이 두 위격들로부터 발현되기에 앞서 아들이 아버지로부터 출생하였다면, 아버지는 군주가 되고 아들은 중재자에 지나지 않는 왕자가 된다. 포티오스는, 필리오케가 아버지로부터 아들을 거쳐 마지막에는 성령으로 연결하는 종속적 계승을 시사하고 있기 때문에, 서방 교회가 사벨리우스주의로 전락하고 있다고 비판하였다. 그는 만일 그리스도께서 아버지의 아들이라면, 성령은 아버지의 "손자"가 되어야 한다고 염려하였다.[94] 포티오스에게 필리오케는 성령의 신성을 속이는 것으로 보였다.

웨어(Kallistos Timothy Ware)와 같은 현대 정교회 신학자들도 교부시대와 본질적으로 동일한 영역에서 필리오케 논쟁을 이끌어 가고 있다. 웨어는 먼저 삼위일체의 제1위격인 아버지가 신성의 원인이거나 근거임을 강조하였다. 아버지는 세 위격 가운데 연합

어나갔다. "예수께서 이 말씀을 하시고 저희를 향하사 숨을 내쉬며 이르시되 성령을 받으라." 아우구스티누스는 예수의 이 말씀은 성령이 성령 자신으로부터 발현되는 것임을 보여주기 위한 것이라고 보았다. Augustine, 『삼위일체에 대하여 On the Trinity』, XV: xxvi:45. 바르트는 요한복음 15:26절의 내용을 본문의 전체적인 맥락에서 읽지 않았다는 이유로 동방 교회의 주석을 비판하였다. Karl Barth, 『교회 교의학 Church Dogmatics』, I/1:549.

94) 성령을 아버지의 손자로 보는 우스꽝스러운 생각은 적어도 나지안주스의 그레고리우스에게서 출처를 발견할 수 있다. Gregory of Nazianzus, 『5차 신학적 언설: 성령에 대하여 Fifth Theological Oration: On the Holy Spirit』, VII(NPNF, 2d Series, VII: 319).

의 원리(principle, archè)이다. 이점에서 정교회는 제1위격의 "군주제"를 말한다. 다른 두 위격의 뿌리는 아버지이고, 아버지와의 관계에서 정의된다. 다음으로 아들은 두 번의 출생을 경험한다. 하나는 영원한 출생이고, 다른 하나는 시간 안에서의 출생이다. 로고스는 시간이 있기 전 아버지에게서 출생하였고, 또한 유대 왕 헤롯 시절에 동정녀 마리아에게서 출생하였다. 마찬가지로, 성령도 영원한 성령의 발현과 시간 속에서의 사역이 분명하게 구분되어야 한다. 제1위격은 신성 안에서의 관계들과 하나님과 창조의 관계에 관심한다. 제2위격은 성령을 세상 가운데 보내는 것에 관심한다.

이러한 논증을 통해, 웨어는 라틴 서방 교회가 이-신론(二-神論, di-theism)과 반-사벨리우스주의(semi-Sabellianism)에 빠졌다고 비난하였다. 성령이 아버지와 아들로부터 발현되었다고 하는 것은 독립적인 두 개의 근거, 곧 삼위일체에서 두 구별된 기원의 원리가 있음을 의미한다. 이는 두 신을 믿는 신앙에 해당하지 않은가? 다행스럽게도 웨어는 라틴 서방 교회가 두 신의 개념은 거부한다고 인정할 수 있었다. 그러나 필리오케를 고백하면서 이-신론을 거부하는 것은 작은 재난을 피하다가 큰 재난에 빠지는 꼴이었다. 이는 아버지와 아들을 단일한 기원의 원리인 아르케에 용해시키는 결과를 낳는다. "결국 이렇게 된다면, 사벨리우스나 그 비슷한 괴물이 다시 출현한 것 아니고 무엇이냐?"고 웨어는 불평하였다.[95]

나는 포티오스와 같은 정교회 신학자들이 제기한 교회적 논증이 옳다고 본다. 니케아 신경을 서방 교회가 번역하면서 필리오케를 삽입한 것은 교회가 정한 정당한 절차를 거쳐 이루어진 것이

---

95) Timothy Ware, 『정교회 The Orthodox Church』, (New York: Penguin Books, 1963), 221.

아니었고, 교회의 일치를 관심하며 이루어진 것도 아니었다. 교회 공의회는 전체적인 문제를 결정하기 위한 것이다. 그런데 서방 그리스도교인들이 이러한 교회 회의의 결정을 무시하고, 마치 동방 교회와 동방 교회의 관심은 존재하지 않은 양 행동한 것은 작게는 정직하지 못한 행동이고, 크게는 교회 분열의 모습을 드러낸 것이다. 미래 어떤 시점에서 성령이 우리를 보다 새로운 차원의 교회 일치로 이끌어 갈 수 있도록, 이제 서방의 그리스도인들은 신의를 저버린 자기 조상들의 잘못에 대해 사과하고 동방 교회의 형제와 자매들로부터 용서를 구해야 할 것이다.[96]

그러나 우리가 특별히 필리오케의 신학적 의미에 관심하게 되면, 서방 교회의 입장으로부터도 배울만한 것이 많이 있음을 발견하게 된다. 만일 신학을 복음적 해설의 계속되는 과정으로 생각한다면, 381년 콘스탄티노폴리스에서 다소 급하게 결정된 내용을 성령에 대한 최종 결론인양 고정시킬 필요는 없다고 본다. 문제를 지속적으로 탐구하고 기본적인 그리스도교 상징의 의미를 더 깊이 살펴봄으로써 우리는 새로운 통찰을 얻을 수 있을 것이다. 이런 점에서 필리오케는 또 하나의 통찰이라고 볼 수 있다.

성령이 아버지로부터 뿐 아니라 아들로부터 발현되었다고 생각하는 것은 두 가지 점에서 받아들일만하다. 관계성(relationality)과 [공동체의] 일치(communality) 개념은 이를 분명히 한다. 우선, 신

---

[96] 몇몇 서방의 그리스도인들은 이 점을 마음에 새기고 있다. 1985년 영국 성공회 총회는, 성공회 자문위원회(Anglican Consultative Counsel)와 램버스회의(Lembeth Conference)가 승인해야 한다는 것을 전제로, 필리오케가 빠진 니케아 신경 원본을 예전에 회복시키자는 A-50 결의안을 채택하였다. 이 결의안의 근거는 예문의 원본으로의 역사적인 회귀에 있었다. 하지만, 교의적 혹은 신학적 문제에 대한 판단은 유보하였다. 여기서 우리에게 일어나는 물음은, 예전과 교의가 그토록 분명하게 구분될 수 있는가? 이다. 몇몇 동방 정교회 교회 일치 운

앙의 삶과 관련하여 필리오케는 성령을 부활하신 그리스도와 밀접하게 연결시킨다. 부활절 그리스도는 신앙 안에서 우리에게 현존하며, 성령은 그리스도 현존의 원인이 된다. 성령이 그리스도의 현존이다. 예수 그리스도의 역사적인 사건을 우리의 인격적 삶으로 넘겨주고 적용하는 성령의 사역 속에서, 우리는 성령이 예수 그리스도로부터 발현되었다고 생각해야 한다.

다음으로, 본래 하나님의 삶 안에서, 내재적 삼위일체든 경세적 삼위일체든, 아버지가 아니고 성령이 관계성과 일치(연합, unity)의 원리이다. 아버지를 아버지라 하고 아들을 아들이라 하는 아버지와 아들의 분리는 성령으로 치유된다. 성령은 차이 가운데 일치를 유지한다.[97] 성령은 하나님의 삶 안에 둘 됨 혹은 이중성에 구성적으로 의존한다. 성부, 성자, 성령을 발전적 세 단계로 보는 양태론적 기획과는 달리, 성령의 의존은 시간적이기 보다는 논리적인 것이다. 관계성의 원리는 관계하는 두 위격에 의존한다.

동가들은 서방 교회가 단순히 예전의 변화만을 추구해서는 안 된다고 주장한다. 이들은 서방 교회가 필리오케 교의를 거부하기를 원한다. 바우어슈미트(John C. Bauerschmidt)는 16세기와 17세기 영국 성공회 신학자들은 필리오케를 사용하였고, 서방의 삼위일체 전통과 완전히 하나가 되었으며, 기도하는대로 믿는다(기도의 법과 믿음의 법, *lex orandi, lex credendi*)고 고백함으로써, 예전과 교의를 분리할 수 없었다고 주장한다. 신학적 논의는 놔두고 역사적 논의만을 수정하는 것으로는 정교회의 지지를 얻을 수 없을 것이다. 또한 성공회 신학자들을 서방의 친구들로부터 소외시키는 결과를 가져올 것이다. John C. Bauerschmidt, " '필리오케'와 성공회 'Filioque' and the Episcopal Church," *Anglican Theological Review* 73, no. 1(Winter 1991), 7-25.

97) 로스키(Vladimir Lossky)는 내가 여기서 전개하고 있는 논의에 동의하려 하지 않을 것이다. 정교회 다른 신학자들과 마찬가지로 로스키는 성령이 아니고 아버지 안에서 신성의 일치를 찾고자 한다. "이런 이유에서 동방 교회는 언제나 아버지의 군주제를 해치는 것처럼 보이는 필리오케 고백을 반대하였다." Vladimir Lossky, 『동방 교회의 신비 신학 *The Mystical Theology of the Eastern Church*』, (London: James Clarke, 1957), 58.(『동방교회의 신비 신학에 대하여』, 박노양 옮김, 한국장로교출판사, 2003).

성령은 신성이 삼위일체적이란 의미에서 영속적이거나 영원하다. 내재적 삼위일체 안에 관계성의 원리로서, 성령은 아버지가 아들과의 관계에서 아버지가 되게 하고, 역으로 아들이 그 상응하는 관계로서 아들이 되게 한다. 서방 교회가 그리는 형상은, 하나님 아버지가 아들을 출생하였고 계속해서 손자인 성령을 발현하였다고 익살맞게 표현한 포티오스의 형상이 아니다. 성령은 아들의 출생을 가능하게 하는 조건이다. 그러나 아버지가 관계하는 아들이 없다면, 성령도 존재하지 않을 것이다.

성령은 아버지와 아들의 상호 사랑인가?

필리오케에 대한 전통적 논의는 성령이 아버지와 아들의 사랑으로 이해되어야 하는가라는 물음을 태동하고 있다. 성령이 아버지와 아들의 사랑이란 주장은 아우구스티누스로부터 유래한 것으로, 여기서 아버지와 아들은 서로를 암시한다. 필리오케가 현대 삼위일체 논의에서 중심적인 주제는 아니다. 그러나 성령론에 관심이 높아지면서 결국 논의의 무대에 오르게 되었다. 판넨베르크와 같은 현대의 몇몇 신학자들은, 관계적인 순환의 이해와 잘 어울린다는 이유로, 아우구스티누스의 신학적 통찰 위에 신학을 전개하였다.

아우구스티누스는 성령을 선물(gift), 연합(communion), 사랑(love)이란 용어로 기술한다. 성령은 아버지로부터 아들에게 오고, 또한 아들로부터 아버지에게 온다는 의미에서 선물이다. 성령은 아버지와 아들로부터 구원의 선물로서 우리에게 임한다. 선물이 상호 교류함으로 연합을 이룬다.

성령은 말로 표현할 수 없는 아버지와 아들의 연합이다....아버지가 영이고 아들도 영이다. 아버지가 거룩하고 아들도 거룩하다. 그러므로 아버지와 아들에게 어울리는 이름으로 아버지와 아들의 연합인 성령을 표현하고자 할 때, 성령을 아버지와 아들의 선물이라 부른다.[98]

이처럼 말로 표현할 수 없는 연합은 또한 사랑으로 인식된다.

그러므로 성령은 그것이 무엇이든 아버지와 아들에게 공통된 어떤 것이다. 그러나 아버지와 아들의 연합 그 자체는 동체(consubstantial)이고 영원히 공존(coeternal)한다. 그러므로 아버지와 아들의 연합을 사귐(friendship)이라 하고 싶으면 그렇게 하도록 해라. 그러나 좀 더 적절하게는 사랑이라 할 수 있다.[99]

---

[98] Augustine, 『삼위일체 On the Trinity』, V:11(NPNF, 1st series, III: 93.). 여기서 아우구스티누스를 논평하면서, 카피(David Coffey)는 "성령이 조건 없이 수여된 선물의 본질을 구성하고 있기 때문에 내재적 삼위일체 안에서는 아버지와 아들의 연합의 선물일 수 없다. 따라서 내재적 삼위일체 안에서 일어나는 것은 본성의 필연성과 관계한다."고 주장한다. David Coffey, "아버지와 아들의 상호 사랑으로서의 성령 The Holy Spirit as the Mutual Love of the Father and the Son," *Theological Studies* 51, no. 2 (1990), 197. 카피의 평가가 갖는 문제는 내재적 삼위일체와 경세적 삼위일체를 분리시킴으로써, 역사적 예수가 내재적 삼위일체의 삶으로부터 배제된다는 점이다. 카피의 주석에 따르면, 예수는 성령을 아버지에게 내어준다. 그러므로 우리가 두 개의 삼위일체가 아니고 하나의 삼위일체가 있다고 고백한다면, 예수의 삶 그 자체가, 카피의 기준을 충족시키는, 수여하는 선물의 자유로운 활동을 구성한다.

[99] Augustine, 『삼위일체 On the Trinity』, VI: 5(NPNF, 1st series, III: 100). Augustine, 『신앙과 신경 Faith and Creed』, XIX을 참조할 것. 라틴 서방 교회의 전통은 그리스 동방 신학자들이 당황할 정도로 아우구스티누스를 추종하였다. 그리스 동방 신학자들은 여기서 "성령은 아버지와 아들의 상호적 유대 외에 다른 것이 아니다."라고 불평하였다. Lossky, 『동방 교회의 신비 신학 The Mystical Theology of the Eastern Church』, 62.

여기서 아우구스티누스는 성령 자체가 아버지와 아들의 관계성이라고 지적한다.[100] 성령은 본질상 관계성과 독립하여 관계성을 지지하는 어떤 부차적인 실체가 아니다. 만일 그렇다면, 우리는 삼위일체보다는 사위일체를 고백하는 것이 된다. 즉 아버지, 아들, 성령, 그리고 이 셋을 묶어주는 관계성이 덧붙여진다.[101] 그러나 정확히 말하면, 본질적 사랑의 연합인 성령은, 관계성 안에서 수여되고 결속시켜 주는 상호성의 힘으로서, 그 자체가 하나님의 현존이다.

성령을 아버지와 아들의 상호 사랑으로 이해하는 것이 성서적일까? 카피는 그렇다고 생각한다. 그래서 자신의 이러한 생각을 뒷받침하기 위해 주석적인 논증을 추구한다. 한편으로는, 성령이 예수를 향한 아버지의 사랑으로서 공관복음서 신학 안에 강조되었다고 주장한다. 성수태고지에서, 성령이 마리아에게 임하여 마리아가 낳는 아이는 하나님의 아들이 될 것이라고 예고한다.(마 1:18-25; 눅 1:26-38) 마찬가지로 예수께서 세례를 받을 때에 아버지의 성령이 내려와 아들에게 위임을 주고 있다. 카피는 본문

---

100) 바르트는 이 내용을 다음과 같이 표현하였다. "하나님이 본질상 영원부터 아버지인 것처럼, 하나님은 영원부터 아들로서 스스로를 출생한다. 하나님이 영원부터 아들인 것처럼, 아들은 영원부터 아버지인 하나님 자신으로부터 출생된다. 이처럼 영원한 하나님 자신의 출생과 출생됨 속에서, 하나님은 스스로를 성령으로 자리한다. 곧 하나님 자신 안에 하나님을 연합하는 사랑으로서 스스로를 자리한다." Karl Barth, 『교회 교의학 Church Dogmatics』, I/1: 483. 브뤽(Michael von Brück)은 "이 구절이 지니는 문제는… 아버지와 아들을 연합하는 끈으로, 그래서 결국은 실체가 아니라고 말함으로써 도리어 성령을 정의하는 데 있다."고 주장한다. Michael von Brück, 『실재의 일치 The Unity of Reality』, (New York: Paulist Press, 1991), 130-131.
101) 아우구스티누스는 사위일체(quaternity)를 피하고자 한다. "그러므로 이들은 셋을 넘지 않는다. 곧 스스로 존재하는 사랑하는 이, 스스로 존재하는 이로부터 존재를 얻은 사랑받는 이, 그리고 사랑 자체이다." Augustine, 『삼위일체 On the Trinity』, VI: 5.

에서 "아들"이라 하지 않고, "사랑하는 아들이여"라고 한 점에 주목한다. "사랑하는 아들이여"라는 말은 성령이 사랑의 영임을 암시한다. 더 나아가 아버지의 영은 고난 받는 종으로서 또한 우리의 구원자로서의 예수의 사역을 완성하도록 한다. 종합한다면, 카피는 아버지께서 자신의 영을 부어주심으로 예수를 아들로 삼으시고, 예수에게 영감을 주어 아버지의 뜻에 복종하게 하며, 주어진 사명을 완성하게 한다고 보았다.

마찬가지로, 묘사하기 좀 어렵지만, 성령은 아버지를 향한 예수의 사랑을 구성한다. 카피는 성서의 몇몇 구절에서(빌 2:8; 히 5:8-9; 2:10) 성령이 예수로 하여금 어떻게 고난에 복종하게 하였는지, 그리고 예수가 어떻게 고난을 통해 거룩하게 되었고, 마침내는 죽음에 이르러 완전한 하나님의 아들이 되었는지 주목한다. 그러나 요한이 쓴 글에는 선재(preexistence)와 수육(incarnation)의 개념이 강해서 이러한 성장 과정이 나타나 있지 않다. 예수는 이미 완전한 이로 이 땅에 왔다. 요한복음에 의하면, 성령은 이미 예수에 "머물러 있었고," 예수의 세례는 다른 이들을 위한 성령의 근거가 된다(요 1:33). 카피가 말하는 요한의 "성례전주의"(sacramentalism)는 예수의 몸이 하나님께서 제정하신 수단이 됨을 가리킨다. 예수의 몸을 통해 남자와 여자는 신앙에 의해 성령의 차원으로 침투해 들어간다(요 6:53-57, 63; 19:30; 요1서 4:2; 5:6-8). 여기서 절정이 되는 성서구절은 요한복음 19장 30절이다. 십자가 위에서 예수는 "머리를 숙이시고 영혼이 돌아갔다." 카피는 이 구절을 예수께서 "자신의" 영을 포기하였다는 뜻으로 해석하였다. 여기서 예수 자신의 영은 아들이 아버지께 자유로이 드린 선물이며 곧 성령이다.

예수께서 성령을 다른 이들에게 수여했다는 말은 여기서도 적합하게 보인다. 예수는 그를 따르는 이들에게 성령을 보내었다(요 4:14; 7:37-39; 15:26; 20:22; 눅 24:49; 행 2:33; 고전 15:45). 이 구절들에서 보듯이, 성령은 "예수의 영"이거나 "그리스도의 영" 혹은 "또 다른 보혜사"가 되었다. 이 말은 성령이 이제 예수의 인격성으로 수태되었다는 뜻이며, 정확히 말하면 성령은 아들이 아버지를 향함으로 존재한다. 그러므로 이제 성령은 그리스도께서 오늘날 우리 가운데 구원하시는 현존의 양식이 되고, 그리스도 자신은 성령의 경험에 대한 내용이 된다. 따라서 신성 안에 있는 내적인 사랑과 우리를 사랑하는 피조물로 받아들이는 외적인 사랑은 한 분 성령의 사역으로 인해 연결된다. 카피는 다음과 같이 정리한다.

> 예수는 본래 아버지로부터 받은 영을 자신의 영으로 받아들인 그 성령 안에서 아버지와 관계한다. 만일 신약성서가 계시하는 바 대로 성령이 하나님의 사랑의 그릇이라면, 우리와 함께 하시는 성령은 아버지와 아버지의 아들 예수 사이를 잇는 사랑의 띠 그 이상이다. 성령은 아버지와 아들의 상호적인 사랑이다. 예수께서 자신의 영을 교회에 보내셨다는 말은 성령 안에서 예수는 자신을 교회에 주었다는 뜻이다. 이것이 바로 예수가 하나님에 대하여 자신의 삶의 과정에서 또한 십자가 위에서 하신 일이다. 성령 안에서 예수는 아버지에게 자신을 주신다. 이 모든 행위가 사랑이다.[102]

세 위격 각각을 "향함"(facing)이란 말로 표현해본다면, 아들은 아버지를 향하지 않을 수도 있고 아버지를 향할 수도 있다. 아버지를 향하지 않을 때, 아들은 아버지로부터 나와 세상으로 보내진다. 여기서 아들은 아버지와 더불어 성령을 발현하는 공동의 원리

---

102) Coffey, "아버지와 아들의 상호 사랑으로서의 성령 The Holy Spirit as the Mutual Love of the Father and the Son," 218.

가 된다. 곧 아들은 아버지와 더불어 성령을 교회에 보낸다. 그러나 아들이 아버지를 향하게 되면, 아들은 성령인 상호 사랑 안에서 아버지께 참여한다. 이 관계성 속에서 우리가 아들에게 사로잡히게 되면, 우리는 하나님의 삶 안에 있는 영원한 사랑의 연합으로 인도함을 받는다.

카피는 여기 상호-사랑의 이론이 필리오케를 다시 긍정하게 한다고 주장한다. 이렇게 되면 서방 신학은 결국 동방 신학으로부터 더욱 멀어지게 될 것인가? 카피는 그러지 않기를 희망한다. 사실 카피는 상호 사랑의 이론이 삼위일체 교의에 대한 동방과 서방의 입장을 화해시키는데 중요한 역할을 했으면 하고 희망한다. 상호 사랑의 이론이 정교회에서 받아들여질 수 있는 것은, 성령이 궁극적으로는 아버지로부터만 발현되기 때문이다. 아들을 향한 아버지의 사랑이 성령을 발현하고, 성령 안에서 아들은 아버지에게로 돌아간다. 그러나 동방 신학이 이 입장을 받아들이기를 주저한다면, 카피는 다음과 같은 도전적인 질문을 던짐으로써 동방 신학에 반응하고자 한다. 예수께서 성령을 점유하였다는 성서적 사실은 어떻게 되는가? 신약성서에 기초한 이 물음은 진지하게 고려되어야 한다고 카피는 생각한다. 왜냐하면 신약성서의 증언은 구원의 경륜으로 시작하여 내재적 삼위일체에 대한 우리의 이해를 향해 나아가기 때문이다. 그리고 내재적 삼위일체에 대한 우리의 이해는 구원의 경륜에 기초되어야 하기 때문이다.

그러나 내 판단에 카피의 입장이 완전히 만족스러운 것은 아니다. 특히, 성령을 선물로 말하는 대목에서는 더욱 그렇다. 카피는 다음과 같은 식으로 논증할 수 있다고 생각한다. "만일 예수가 자신의 영과 사랑인 성령을 아버지께 되돌려 줄 수 있다면, 그리고 다시금 자신의 영과 사랑인 성령을 동료 인간에게 보낼 수 있다면, 이는 예수가 아버지와 마찬가지로 하나님임을 보여준다."[103] 여기서 나는 그의 결론을 비난하는 것이 아니라, 성령의 본성에 대한 그의 가설에 의문을 제기한다. 그는 마치 성령을 소유할 수 있는 것이어서 두루 분배될 수 있는 것처럼 생각한다. 그는 성령을 주고받을 수 있는 일종의 하나님의 축구공으로 생각한다. 하나님의 실체를 "지나치게 물화"한 카피의 실체론적 가설이 아직도 받아들여질 수 있을까?

최근 삼위일체 논의는 관계성을 중요시한다. 예를 들면, 판넨베르크가 받아들인 아우구스티누스의 점유에서, 관계성으로서의 성령이 관계성으로서의 아버지와 아들보다 우선한다. 사랑의 연합이 신성을 신성되게 하고, 삼위일체의 다른 두 위격을 진정한 아버지와 아들이 되게 한다. 타자로서의 아들을 향한 아버지의 사랑이 하나님을 아버지 되게 한다. 예를 들면, 순종을 통해 표현된 아들의 사랑은 하나님이 주가 되도록 한다. 아버지의 타자성과 아들의 타자성을 상호 규정하는 힘은 성령인 사랑의 연합을 통하지 않고는 신성에 영향을 미칠 수 없다. 판넨베르크는 성령을 역동적인 힘의 장(a dynamic force field)이란 극적인 표현을 한다. 성령 안에서 아버지와 아들은 이전에 말로 표현할 수 없었던 사랑의 연합의 구체적인 표현이 된다.[104]

이 주제를 넘어가기 전에, 물음 하나를 더 던져보자. 여기서 우

---

103) *Ibid.*, 219.
104) Wolfhart Pannenberg, 『조직신학 *Systematic Theology*』, (3 vols.; Grand Rapids: Wm. B. Eerdmans, 1991), 1: 383, 430. 최근 모든 신학자들이 아우구스티누스의 상호-사랑 이론을 받아들이는 것이 아니다. 예를 들면, 콩가르(Yves Congar)는 토마스 아퀴나스로부터 지지를 얻지 못한다는 이유에서 또한 인간의 관계성에서 빌려온 유비에 의존한다는 이유에서 아우구스티누스의 입장을 완곡하게 반대한다. 콩가르는 하나님의 관계성에 대한 형이상학적 진리는 인간의 유

리는 아버지와 아들과 성령의 평등성을 해칠 것인가? 만일 성령이 관계성 뿐이라면, 하나님의 삼각관계(*ménage à trois*)에서 제3자가 아니란 말인가?

이는 생각보다 비중있고 지속적인 물음 가운데 하나이다. 사람들은 성령이 종종 부적절한 주목을 받는다고 생각한다. 아우구스티누스 당시에는, 성령이 다른 두 위격과 동일하게 "완전함과 돌봄"을 받지 못했다고 하는 것은 정당하다고 보았다.[105] 그러나 여기서 삼위일체 사유의 과제에 대한 혼돈 때문에 오해가 있을 수 있다. 삼위일체 신학의 과제는 하나님의 창조사역과 구원 사역을 인식하기 위한 적절한 개념을 얻도록 성서의 상징들을 해설하는 것이다. 세 위격이 본성상 일치하거나 동일시되어야 한다고 생각해야 할 근본적인 이유는 없다. 삼위일체론이 성령을 위해 시민운동을 구성할 이유도 없다. 세 위격 안에 있는 하나의 존재 개념은 예수 그리스도 안에 일어나는 구원의 드라마를 이해하기 위한 개념적 도구가 된다. 세 위격 안에 있는 하나의 존재라고 해서 세 위

형과는 분명 다르다고 주장한다. Yves Congar, 『나는 성령을 믿습니다 *I Believe in the Holy Spirit*』, (3 vols.; London: Geoggrey Champman; New York: Seabury Press, 1983), 1:88-90.

105) Augustine, 『신앙과 신경 *Faith and the Creed*』, XIX. 여기서 옛 관심이 다시 거론된다. 세 위격에 대한 아우구스티누스의 모델 가운데 하나는 사랑하는 자(아버지), 사랑받는 자(아들) 그리고 이 둘 사이를 지나서 연합하는 사랑(성령)이다. Augustine, 『삼위일체에 대하여 *On the Trinity*』, VIII: 10. 칼리스토스(Kalistos of Diokleia)는 "성령을 비인격화하는 경향이 있다는 이유로" 아우구스티누스의 모델을 반대한다. "아우구스티누스 자신은 성령을 인격으로 생각한다. 그러나 그가 여기서 채택한 유비는 인격으로서의 성령을 의미하지 않는다. 사랑하는 자와 사랑받는 자는 둘 다 인격이지만, 이 둘 사이를 지나는 상호 사랑은 다른 두 인격과 나란히 하는 제3의 인격이 아니다. 아우구스티누스의 모델은 삼위적이 되기보다는 이위적이 되는 약점을 갖고 있다." Kalistos of Diokleia, "삼위일체의 성상으로서의 인격 The Human Person as an Icon of the Trinity," *Sobernost* 8, no. 2(1986), 9.

격 각각이 모든 면에서 동일해야 함을 의미하는 것은 아니다. 라너는 "하나님에게 적용된 실체 개념은, 세 위격 각각에 동일한 방식으로 적용되는, 보편적인 개념일 수 없음을 상기시킨다."[106]

동방 정교회와 라틴 서방 교회가 화합할 수 있을까?

동방 정교회와 라틴 서방 교회로부터 내려오는 거대한 두 흐름이 단일한 사유의 줄기로 완전히 합류할 것인지는 예언할 수 없다. 그러나 우리는 현대 삼위일체 담론 중 라쿠나의 연구에서 새로운 개념의 샘을 만나게 된다. 이 개념 가운데 하나는 비유를 담은 삼위일체 모델로서 동방과 서방의 대화의 흐름을 안내한다. 또한 내가 이 책에서 전개하고자 하는 시간적 관계성의 개념에 공헌할 수 있는 여지를 갖고 있다.

동방과 서방에서 이루어지고 있는 최근 삼위일체 담론은, 인격성으로 하나님에 대해 말하고, 인격과 존재를 연합하며, 인격을 독립된 개체로서가 아니고 관계성 안에서 정의할 필요를 인정한다. 정교회 신학자 지지울러스(J. D. Zizioulas)는 인격성을 엑스타시스(ekstasis) 곧, 연합을 향한 개방성으로 정의한다. 이렇게 정의함으로써 지지울러스는 인격(위격)을 실체(substance)가 아니고 본체(삼위의 하나, hypostasis)와 일치시킨다. 특별히 아리스토텔레스의 존재론으로 이해된 자존적인 실체(a self-existent substance)는 실체의 경계에 의해서 결정된 존재이다. 그러나 인격(위격)들은 그 경계를 초월한다는 사실 때문에 실체들이 아니고 인격(위격)들이다. 그는 "'본체'는 인격성과 일치하고 실체와 일치하는 것이 아니기 때문에, 본체의 존재가 존재 자체가 되고, 존재하는 것은

---

106) Rahner, 『삼위일체 The Trinity』, 12 n. 6.

본체의 '자존'(self-existence) 안에서가 아니라, 연합 안에서"라고 주장한다. "그러므로 연합은 인격적(위격적) 특수성을 위협하지 않고 구성한다."[107] 여기서 지지울러스는 존재론을 피해가지 않는다. 오히려 하나님의 본질(ousia or esse)은 앞선 하나님의 인격성으로부터 구성된다. 하나님의 위격들의 존재는 이들이 향유하는 관계성들로 구성된다. 동방과 서방에서 삼위일체 담론의 목적은 관계성 속에 있는 위격으로 삼위일체를 이해하는데 있다.

동방 정교회의 대표적 신학자들은 이러한 이해가 아들이 아버지의 존재로부터가 아니라 아버지의 인격(위격)으로부터 출생됨을 강조함으로써만 이루어질 수 있다고 주장한다. 그러므로 아버지는 아들과 성령의 신적 본질(ousia)이며 위격들의 유일한 근거이고 원인(aitia)이 된다. 또한 아버지는 세계 창조의 유일한 근거이며 원인이다. 그러나 라틴 서방 교회의 대표 신학자들은, 하나의 신적 본질(ousia)이 근거와 원인 그 자체인 관계성의 상호내재(coinherence)로 이해될 때에만, 인격성이 궁극적일 수 있다고 주장한다. 때문에 아들은 아버지의 인격으로부터 출생한 것이 아니고, 아버지의 신적 존재나 본성으로부터 출생한다.[108]

로스키는 제1위격이 신성과 다른 두 위격이 발현되는 근거라고

---

107) Zizioulas, "인간의 능력과 인간의 무능력 Human Capacity and Human Incapacity," 409. 지지울러스는 부패와 죽음에 종속된 피조물의 개방성인 인간의 인격성과 개방되어 있지만 부패와 죽음에는 종속되지 않는 하나님의 인격성을 구분한다. 하나님의 개방성(ekstasis)은 감정이 없고 냉담하다. Ibid., 419.
108) 옥스퍼드의 리젠트 팍 대학의 학장인 피데스(Paul S. Fiddes)는 1990년 11월 뉴올리언스에서 개최된 미국 종교학회의 동방 정교회 연구 심의회에서 발표한 "관계성 안에 있는 위격들: 삼위일체에 대한 동방과 서방의 관점들 Persons in Relationship: Perspectives on the Trinity from East and West"이란 논문에서 여기서 사용한 용어들로 논의를 정리하였다.

강조하였다. "그리스 교부들은 언제나 삼위일체에서 일치의 원리가 아버지의 인격(위격)이라고 주장하였다. 다른 두 위격들의 원리인 아버지는, 동시에 본체들(위격들, *hypostases*)의 독특한 성격을 획득하게 하는 관계들의 근거이다."[109]

라너는 서방과 동방의 다른 두 입장을 설명한다. 라틴 서방 신학은 본성의 일치로 시작한다. 반면, 그리스 동방은 단일한 신적 본성을 공유하는 세 위격들로 시작한다. 그리고 여기 신적 본성은 아버지가 그 전체적인 본성을 전달한다는 사실의 귀결이다.[110] 간단히 말해서, 라틴 서방 교회는 위격들을 보다 근본적인 본성이나 본질의 양식으로 생각한다. 반면, 그리스 동방은 본성이나 본질을 제1위격의 내용으로 생각한다.

내재적 삼위일체로부터 경세적 삼위일체와 하나님과 세계의 관계로 관심을 돌려보면, 14세기 그레고리우스 팔라마스(Gregory Palamas) 이후 그리스 신학자들은 본질(*ousia*), 본체(*hypostasis*),

---

109) Lossky, 『동방 교회의 신비 신학 *The Mystical Theology of the Eastern Church*』, 58쪽. 지지울라스(J. D. Zizioulas)는 하나님이 실체(substance) 때문이 아니라, 아버지의 인격(위격, person) 때문에 존재한다고 주장한다. Zizioulas, 『연합으로서의 존재 *Being as Communion*』, (Crestwood, N.Y.: St. Vladimir's Seminary Press, 1985), 42.

110) Karl Rahner, 『신학적 탐구 *Theological Investigations*』, (21 vols.; Baltimore and London: Helicon and Darton, Longman & Todd, 1961-1976; New York: Seabury, 1974-1976; New York: Crossroads, 1976-1988, 1:46. 하브리락(Gregory Havrilak)은 라너와 정교회가 만나는 점을 주시한다. "라너는 4세기 이후 그리스 교부들이 고백한 고전적 고백을 따른다. 라너는 동방의 접근을 자신의 삼위일체 신학의 발판으로 삼는다. 또한 '위격들'을 공동의 본질보다 우선하는 것으로 표현한다. 따라서 삼위일체의 각 위격들(본체들, hypostasis)에 대한 인격주의적 강조가 이루어진다." Gregory Havrilak, "칼 라너와 그리스 삼위일체 Karl Rahner and the Greek Trinity', *St. Vladimir's Theological Quarterly* 34, no 1(1990), 76-77.

에네르기아(*energia*)라는 용어를 구분하여 사용하였음을 알 수 있다. 하나님의 실재는 유출(emanating)과 계승(descending)의 과정에서 세 국면을 갖고 있다. 1. 영원히 이름할 수 없고(unnameable) 공유할 수 없는(imparticipable) 하나님의 본질; 2. 세 본체(*hypostases*) 혹은 위격들(persons); 그리고 3. 하나님께서 창조한 것에 직접 하나 됨의 양식을 제공하지만 창조되지 않는 에너지들이다. 창조된 세계는 하나님의 에너지들 안에 참여하지만, 하나님의 본질에는 참여하지 않는다. 피조된 세계는 하나님의 에너지들과는 연합할 수 있지만, 하나님의 본질과는 연합할 수 없다. 에너지들이 본체로 옷 입혀진다 해도, 즉 에너지들이 위격이 무엇인지 표현한다 하더라도, 세 위격들은 구원의 경륜과는 관계가 먼 단계이다.[111]

이 점을 염두에 두면서, 현대 로마 가톨릭 신학자 라쿠나는 동방의 삼위일체 모델과 서방의 삼위일체 모델을 구분한다. 그녀는 유출 모델을 연속적인 계승으로, 즉 아버지로부터 아들을 거쳐 성령으로, 그리고 마침내 세계로 날아가는 화살로 묘사한다. 동방의 모델과는 반대로, 라쿠나는 서방의 모델을 삼위일체의 삼위 모두를 끌어안는 원으로 묘사한다. 그리고 이 원이 그 전체성 안에서 세상을 향해 화살을 방사한다. 이 심상은 세계 내 역사하는 하나님의 삼위일체적 사역이 나누어지지 않는다는 아우구스티누스의 원리를 상기시켜준다. 그러므로 동방과 서방의 화해를 시도하는 라쿠나는 그녀 나름의 종합인 포물형(포물선 모양의, parabolic) 혹은 교차 대칭형(X형, chiastic)의 모델을 제시한다. 포물선의 의미를 이용하여 앞으로 던지기 위해서, 그녀는 하나님 아버지로부

---

111) Catherine Mowry LaCugna, 『우리를 위한 하나님: 삼위일체와 그리스도인의 삶 *God for Us: The Trinity and Christian Life*』, (San Francisco: Harper & Row, 1991), 192-193.

터 시작된 화살 하나를 잡아 아들과 성령을 거쳐 세상을 향해 던진다. 그러나 이때 화살은 성령과 아들을 통해 상승 운동을 계속하여 마침내는 아버지와 더불어 날기를 끝맺는다. 라쿠나의 이미지는 만물이 나오고 돌아가게 되는, 곧 아버지로부터 아버지로 이어지는(a Patre ad Patrem) 하나님의 신비합일적(ecstatic) 운동을 표현한다. 수육과 신성화의 경륜은 본래적인 하나님의 삶 안으로 통합된다. 시간의 어느 한 점에서 동결되기보다는 전체로서의 운동이 중요하다. 그러므로 성령론도 그리스도론만큼이나 중요하게 받아들여진다. 내재적 삼위일체 또한 구원의 경륜과 분리된 것으로 생각되지 않는다. 그러므로 여기서 하나님의 신비(theologia)와 구원의 신비(oikonomia)가 하나가 된다. 라쿠나는 이 모델이 하나님 자신(God in se)과 "우리를 위한"(for us) 하나님의 분리를 피할 수 있는 강점을 갖고 있다고 주장한다.[112]

정교회 신학자들이 라쿠나의 제안에 호의를 가질지는 두고 볼 일이다. 여기서 나는 라쿠나의 제안이 두 가지 점에서 결정적인 가치를 갖는다고 본다. 구원의 경륜은 본래 삼위일체 하나님에 대한 우리의 이해에 달려있다고 보는 주장과 창조와 수육과 완성 안에 나타난 하나님의 운동의 신비합일적 특성에 대한 이해가 그것이다. 하나님은 너머이면서 내밀이고, 영원하면서 시간적이다. 하나님의 자기-정의는 세계의 역사를 포함하는 하나님의 운동을 통해 일어난다. 이는 관계성을 포함한다. 그런데 하나님의 자기 정의가 시간성을 포함할까? 우리는 이 물음을 3장에서 다시 거론하게 될 것이다.

---

112) *Ibid.*, 223; LaCugna, "삼위일체 하나님의 신비 The Trinitarian Mystery of God", 1: 177.

삼위일체란 종교일치적인가?

삼위일체 하나님은 그리스도교의 독자적인 소유인가? 아니면 여러 세계 종교와 공유하는 자산인가? 여러 종교들 혹은 세계 종교들이 삼위일체 사유를 한다는 주장은 아우구스티누스의 삼위일체의 흔적(*vestigia trinitatis*)과 같은 내용을 전제로 삼는다.[113] 삼위일체의 흔적은, 삼위일체 구조가 모든 인간의 정신 안에 있다는 점에서, 보편적이라고 생각할 수 있다. 만일 삼위일체적 사유구조가 보편적이라면, 어느 곳에서든 그 구조를 찾을 수 있을 것이다.

베르자예프(Nicholas Berdyaev)는 "생명이 있는 곳에는 하나 안에 셋의 신비가 존재한다."고 주장한다. "하나와 다른 하나와의 만남은 언제나 제3자 안에서 결정된다."[114] 삼각 구도의 사유는 보편적이다. 마찬가지로, "종교 경험의 역사"라는 포괄적인 범주를 사용하는 틸리히(Paul Tillich)는 삼위일체 사유가 실재에 기반(a foundation in reality, a *fundamentum in re*)을 갖는다고 주장한다. 틸리히는 세 가지 요인을 통해 셋을 보편적인 구조로 본다. 첫째, 우리의 궁극적 관심 안에 있는 절대성과 구체성의 긴장; 둘째, 생명 개념을 하나님께 상징적으로 적용함; 셋째, 창조적 능력, 구원

---

113) 『삼위일체 *On the Trinity*』의 9권에서, 아우구스티누스는 (사랑하는 자[lover]와 사랑받는 자[beloved]와 사랑 자체[love itself]와 같이) 인간의 경험에 타나난 삼위일체의 흔적에 주목한다. 이 흔적들은 인간 조건에 보편적이다. 그러나 아우구스티누스는 셋 됨에 대한 인간의 보편적 경험 그 자체가 참된 하나님을 이해하는데 충분하다고 생각하지 않는다. 여기에 특별 계시가 요구된다. 이 흔적으로 인해서 우리는 계시를 추구한다. "분명 우리는 삼위일체를 추구한다. 그렇다고 모든 삼위일체를 추구하는 것이 아니라, 참되며 지고하고 유일한 하나님인 삼위일체를 추구한다." Augustine, 『삼위일체에 대하여 *On the Trinity*』, IX:i:1.
114) Nicholas Berdyaev, 『그리스도교 실존주의 *Christian Existentialism*』, trans. W. Lowrie(New York: Harper & Row, 1965), 53.

하는 사랑, 신비 합일적 변혁이라는 하나님의 삼중적 현시이다. 왜 숫자 3을 여기서 고집하는 것처럼 보이는가? 틸리히는 숫자 "3은, 경험한 삶의 본래적 논리에 상응하기때문에 하나님의 삶을 상징하는데 가장 적절하다."[115]고 대답한다.

이러한 주장에 신학적 기초를 놓아가는 밀러(David L. Miller)는 삼위일체를 "인간적인 것" 혹은 "아주 인간적인 것"과 일치시킨다. 셋 됨은 인간 자아를 구조화하는 것처럼 보인다. 이러한 관찰을 통해 포용적인 종교 연구 방법을 찾아낸다. 따라서 밀러는 여러 종교 전통, 세속적 시, 드라마에서 삼위일체 이미지들을 찾아낼 수 있었다.[116] 그리고는 "삼위일체 신학이 그리스도교에만 나타나는 독특한 것이 아니다."라고 주장한다.[117]

파니카(Raimondo[Raimon] Panikkar)는 "삼위일체는 모든 종교의 본래적인 영적 차원이 만나는 교차점으로 생각할 수 있다."[118]고 본다. 파니카의 방법은, 그리스도교의 소종파적인 경계를 넘어 비-그리스도교 전통과 연대하는 신학과 영성을 전개함으로써, 그리스도교의 보편화를 지향한다.[119] 그러므로 파니카는 그리스도교 삼위일체의 아버지를 힌두교의 절대자 브라흐만이나 도교의 도와 같은 것으로 본다. 아버지는 모든 이름을 뛰어 넘는 이름할 수 없

---

115) Tillich, 『조직신학 Systematic Theology』, 3:283, 293.
116) David L. Miller, 『하나님의 세 얼굴: 문학과 삶에 나타난 삼위일체 흔적들 Three Faces of God: Traces of the Trinity in Literature and Life』, (Philadelphia: Fortress Press, 1986), 13-14. 밀러는 "삼위일체에 대한 시적이며 극작가적인 관점을 취한다." 그리고는 우아하게 "삼위일체 자체는 매일 삶의 경험을 담은 극장에 대한 관점일 수 있다."고 선언한다. Ibid., 129.
117) Ibid., 17.
118) Raymond Panikkar, 『삼위일체와 세계 종교들 The Trinity and World Religions』, (Madras: The Christian Literature Society, 1970), 42.
119) Ibid., 5-6.

는 초월적 진리이다. 아버지는 아들을 낳는다. 이 때 출생은 아버지가 스스로를 완전히 아들에게 주는 철저한 출생이다. 즉, 아버지는 아들에게 스스로를 비워준다. 파니카는 이를 두고 "삼위일체의 십자가" 혹은 "하나님의 온전한 희생"(the integral immolation of God)이라 부른다.[120] 이렇게 되면, 아버지는 존재를 가지지 않으며, 아들이 아버지의 존재가 된다. 파니카에게, 절대적 존재의 비움은, 불교의 열반(nirvana)과 공(sunya)의 경험과 통한다. 이에 상응하는 종교적 수행은 무를 향하는 영적 운동과 언제나 열려져 있는 기도를 포함한 부정의 수행법(apophatism)이다. 그렇다면, 영적 존재인 인간으로서 우리가 누구와 관계하는가? 아들과 관계한다. "그러므로 유신론의 하나님은 아들이다. 아들은 우리와 말할 수 있고, 대화할 수 있고, 교류할 수 있는 하나님이다."[121] 그리스도는 무한자와 유한자를 연결하면서 절대자를 우리에게 상대적이도록 한다. 이렇게 고백할 때, 파니카는 나사렛의 역사적 예수를 염두에 두지 않는다. 오히려 파니카는 보편적 로고스인 그리스도를 고백한다. 파니카는 타종교의 전통들 안에 영원과 시간의 신비적 중재자로서 그리스도의 현시를 찾을 수 있다고 보았다. 그는 힌두교의 이슈와라(Isvara), 불교의 여래(Tathagata), 유대교의 야훼(Jahweh), 이슬람의 알라(Allah)가 절대자와 인간 사이의 로고스 중재자가 된다고 보았다.

파니카에 따르면, 성령은 아버지와 아들의 연합이다. 어떤 면에서 성령은 아버지로부터 아들에게로 나아가고 동시에 아들로부터 아버지에게로 되돌아간다. 아버지가 스스로를 비워 아들이 되었듯이, 아들은 아버지로부터 아무것도 되돌려 받지 않는다. 자기

---

120) *Ibid.*, 46. 일반적으로 그리스도교 전통은 케노시스(kenosis) 혹은 자기-비움 (self-emptying)을 아버지에게 적용하지 않고 아들에게 적용한다.
121) *Ibid.*, 51.

비움의 순환은 성령을 통해 성취되고 완성된다. 그 결과 반성적 의미에서 하나님의 자아는 존재하지 않는다. 아버지의 자아는 아들이고, 아들은 아버지의 "당신"(Thou)이 되는 것 말고는 "자아"를 갖지 않는다. 마찬가지로, 우리는 성령에 대해서도 성령 "그 자체"(in himself)를 말할 수 없다. 다만 하나님의 성령, 아버지와 아들의 성령만이 있을 뿐이다. 여기서 파니카는 베단타(Vedanta) 철학의 불이론(Advaita, nonduality)을 빌려 이것이 무엇을 뜻하는지 그리스도인들에게 설명한다. "만일 아버지와 아들이 둘이 아니라면, 이들은 또한 하나라고 할 수도 없다. 성령은 아버지와 아들을 하나로 연합시키면서 또한 분리시키기도 한다."[122]

파니카가 이 모델을 사용한 것은 그리스도교 사유의 지평을 넓혀 세계 종교들의 의식을 포함하려는 그의 욕망 때문이었다. 아울러 그는 종교간 대화의 물꼬를 터보려는 생각을 갖고 있었다. 이를 통해서 종교 각각의 전통을 풍요롭게 하기 원할 뿐 아니라, 통전적 일치의 요소를 덧붙이기 원했다. 파니카는 "세계 종교들의 삼위일체적 가능태 속에서, 종교들 각각이 영적 태도들의 종합을 향해 그들 나름의 노력을 경주하는 가운데, 이 시대의 카이로스인 종교간 만남은 가장 심오한 차원에서 영감을 얻고 분명한 희망을 보게 될 것"이라고 생각하였다.[123]

파니카의 방법을 자세히 살펴보면, 그는 엄밀한 의미에서 모든 종교로부터 삼위일체를 찾아내는 다원적 삼위일체를 추구하는 것이 아니다. 종교적 경험이 언제나 성격상 삼중적이기 때문에, 삼위일체의 변형이 다른 전통들 가운데 나타나는 것이어야 한다고 생각하지 않는다. 오히려 파니카가 추구한 것은 비-그리스도교의

---

122) *Ibid.*, 61.
123) *Ibid.*, 54.

용어와 개념의 빛에서 그리스도교의 삼위일체 이해를 설명하는 것이다. 나는 이것이 조직신학자들이 세계 종교에 대해 현실적으로 수행해야 하는 분명한 과제라고 본다.

예를 들면, 니니안 스마트(Ninian Smart)와 스티븐 콘스탄틴(Steven Konstantine)은 이 경로를 따랐던 이들이다. 그리스도교 경험이 타종교의 경험과 통한다고 생각한 이들은 그리스도교 신학은 세계의 정황에서, 곧 세계 종교들의 맥락에서 시도되어야 한다고 주장한다. 삼위일체 하나님에 대한 그리스도교 이해를 다루기 전에, 이들은 비인격적 존재인 브라흐만(*Brahman*), 인격적 주인 이슈와라(*Isvara*), 일원론적 유사원리(quasiprinciple)인 도, 열반(*nirvana*)으로 경험된 공(emptiness)과 같이 다양한 개념을 살펴본다. 이들 개념들은 서로 다른 의미를 갖고 있다. 이를 좀 더 자세히 살펴보기 위해서, 스마트와 콘스탄틴은 대승불교와 아드바이타(불이론, *Advaita*) 베단타로부터 빌려온 "진리의 양면 이론"(two aspect theory of truth)을 받아들인다. 이 이론은 이 세계 성인들의 빛으로 가득 채우는 빛줄기를 흘려내보내는 휘황찬란한 저 세상이 존재한다고 가정한다.[124]

빛의 근원을 찾아내기 위해서, 스마트와 콘스탄틴은 먼저 예수의 경험을 탐구하고 삼위일체 교의형성의 기초가 되는 예수의 제자들의 경험을 탐구한다. 여기서 예수께서 하나님을 아바 아버지로 부른 것은, 아버지를 향한 깊은 헌신과 사랑의 의미를 담고 있는 힌두교의 박티(*bhakti*)와 디야나(*dhyana*)와 같다. 성령의 내적인 증거와 함께 부활하신 예수를 향한 제자들의 외적인 증거는,

---

[124] Ninian Smart and Steven Konstantine, 『세계의 정황에서 본 그리스도교 조직신학 *Christian Systematic Theology in a World Context*』, (Minneapolis: Fortress Press, 1991), 21.

성령께서 그리스도인의 인격을 그리스도의 형상으로 변화시키는 능력을 제공하고 있음을 보여주고 있다.[125] 이것이 예배로 안내되기 때문에 예배는 교의의 구성에 앞선다. 좀 더 구체적으로 말한다면, 성만찬과 같은 성찬예배에서 아버지와 성령께 직접 기도가 올려지고, 세례식에서 삼중적 삼위일체 고백이 낭송된다.[126] 이 종교적인 경험들은 삼위일체로 안내하는 빛줄기이다.

스마트와 콘스탄틴은 니케아의 삼위일체 해석을 언급하면서, "브라흐만은 세 본체(*hypostases*)들로 구성된다."[127]고 주장한다. 여기서 이들이 고백하는 방식을 주목해보자. 우리는, 힌두교와 대화하면서 그리스도교 삼위일체의 이해를 해설하다보면, 브라흐마(Brahma), 쉬바(Shiva), 비슈누(Vishnu) 곧, 힌두교의 현존하는 삼중적 신의 현현 교의로 향하게 될 것이라고 생각할 수 있다. 그러나 스마트와 콘스탄틴은, 힌두교의 세 신들이 "영속하는 삼위일체와는 달리 신의 세 가지 다른 활동양식을 반영하는 논리"[128]에 의해 연합된다고 보았기 때문에, 우리의 생각과는 다른 여정을 택하였다. 대신에 이들은 브라흐만의 개념으로 향하였다. 이들은 아버지, 아들, 성령은 하나님의 자기 현시의 세 양식 혹은 세 국면을 가리킬 뿐 아니라, 브라흐만의 내적 혹은 내재적 본성 안에 있는

---

125) 여기서 스마트와 콘스탄틴은 라틴 전통에 반대하여 그리스 전통의 편에 선다. 이들은 성령이 단순히 부활하신 주님과 일치될 수 없다고 생각한다. 이들은 특히 성령과 그리스도의 영을 하나로 보도록 혼란을 부채질했다는 이유에서 칼 바르트를 공격한다. *Ibid.*, 157-158, 187-189. 스마트와 콘스탄틴은 자신들이 성령을 분명히 구별된 인격으로 보는 사회적 삼위일체 교의를 발전시켰던 톤턴(L. S. Thornton)의 해석을 따른다고 주장한다. *Ibid.*, 157, 173.
126) 스마트와 콘스탄틴은 기도의 법과 믿음의 법(*lex orandi, lex credendi*)의 해석을 사용한다. 이 해석에 따르면 예배의 규정은 믿음의 규정으로 안내되고 지배한다. *Ibid.*, 193-194.
127) *Ibid.*, 163.
128) *Ibid.*, 176.

삼중성을 가리킨다고 보았다. 영원한 브라흐만은 삼중적이다. 그리고 이 삼중성은 브라흐만과 세계의 관계에 기초하지 않는다. 삼중성은 경세적 현시의 양식에 앞선 내재적 삼위일체이다. 스마트와 콘스탄틴은 양태론을 반대하였고, 누구보다도 양태론자였던 바르트를 분명하게 거부하였다. 이들은 삼중적 관계성이 시간에 기원을 두지 않은 영원한 것이라고 주장하였다. 나는 삼중적 관계성을 브라흐만의 개념과 연결시키는 것은 의미가 있다고 생각한다. 삼중적 관계성이란 미분화된 존재의 근거라고 생각되는 것 안에서 이루어진 분화(differentiation)를 의미한다.

스마트와 콘스탄틴의 방법과 비슷한 방법을 택했던 뮌헨의 신학자 브뤽(Michael von Brück)은, 삼위일체 하나님에 대한 그리스도교 이해를 넓히기 위해서 힌두교 내에 있는 아드바이타 전통을 사용함으로써, 미묘하지만 결정적인 논의를 제공한다. 그는 교차 문화적 거울의 방법을 사용한다. 다른 두 전통이 서로 거울을 들여다보듯, 두 전통의 상징과 사유 형식을 마주보게 될 때, 두 전통의 개념들은 각각의 개체 정체성을 잃지 않으면서, 서로를 명확하게 한다. 브뤽의 방법은 힌두교와 그리스도교 신개념 등을 제3의 혹은 보다 높은 관점으로 종합하려는 종교간 대화의 해석이 아니다. 오히려 브뤽은 "불이적 삼위일체 개념 (an advaitic notion of the trinity)을 통해 그리스도교 신학에 공헌"하고자 한다.[129]

아드바이타(Advaita)는 샹카라(Sankara, c. A.D. 800)와 현대 베단타회(contemporary Vedanta Society)에서 제시한 불이성의 철학

---

[129] Von Brück, 『실재의 일치 The Unity of Reality』, 10; 참조. 87, 143. 브뤽은 여러 종교 전통 안에 삼각 구도의 사유(triadic thinking)가 편재해 있음을 인식하였다. 그러나 이러한 인식이 그의 방법에 결정적인 역할을 하지는 않았다. 때문에 그리스도교 신앙에 결정적인 것은 삼각 구도의 사유가 아니라, 예수 그리스도의 사건이다. Ibid., 78-79.

이다. 브뤽은 불이성이 일원론은 아니라고 주장한다. 불이성이란 주객의 이원성과 하나님과 세계의 이원성을 극복하는 명상의 의식 차원이다. 실재의 궁극적 근거는 브라흐만이다. 브라흐만은 만유이고 만유 안에 존재한다. 브라흐만은 우리와 대면한 어떤 대상으로 만나질 수 있는 것이 아니고, 이원성의 극복 안에서 경험적으로 실현될 수 있는 것이다. 일(一)과 다(多)의 관계에 대한 철학적 물음은 비이원성의 경험을 통해 해소된다. 이 경험이 바로 지복의 상태(satchiananda, sat는 존재, cit는 의식, ananda는 지복)이다.

여기서 우리는 브뤽이 이원성뿐 아니라 분열을 초극하고자 하는 열망이 있음을 볼 수 있다. 그는 삶의 의미가 실재의 일치에 기초하고 있으며, 이 일치는 주체성을 단순히 포함시키는 것을 넘어 주체성에 의해 이루어져야 한다고 생각한다. "만일 실재가 여러 부분들로 쪼개어지고 나누어져, 우연히 결정된 채, 결국 삶의 분열을 의미하는 의미 없음의 위협에 노출된다면, 우리는 모든 것을 포함하는 주체성에 대해 말해야 한다."[130] 삼위일체적 사유를 분명히 하기 위해서 아드바이타(불이론)를 사용하는 것은, 목적 곧 실재의 일치에 비중을 두고 있어서 방법론적으로 가치가 있다.

이런 이유 때문에, 브뤽은 아드바이타와 아우구스티누스의 삼위일체 교의의 평행구조를 지적함으로써 기반을 얻을 수 있다고 생각하였다. 아우구스티누스는 하나님의 일치를 강조하였다. 하나님은 세계와의 관계에서 한 존재이고, 한 의지이며, 한 주체이다 (*inseparabilia sunt opera trinitatis*). 전체 삼위일체는 구체화된다. 전체는 각각의 위격들 안에 현존한다. 한 분 하나님은 출산하

---

130) *Ibid.*, 129. 브뤽은 "하나님이 실재의 연합의 근거이고, 실현이며, 완성이다."라고 결론짓는다. *Ibid.*, 163.

는 주체이고, 스스로-출생된 대상이며, 이 둘의 항구적인 교류 속에서 한 분 하나님이다. 하나님 안에 주객의 일치는 합리적인 지식을 초극한다. 이 말은 아우구스티누스가 유비와 삼위일체 흔적을 말하고 있지만, 결국 하나님은 유비로 이해될 수 없음을 의미한다. 그러므로 브뤽의 판단에 따르면, 아우구스티누스는 막다른 골목에 이른 결과가 되었다. 아우구스티누스는 어떻게 세 위격 각각이 전체이면서 동시에 나름의 정체성을 가질 수 있는지 만족스럽게 설명할 수 없었다. 만일 아우구스티누스가 합리적인 인식이 아니고 세 면을 가진 하나님의 하나 됨에 대한 관상에 관심한다면, (여기서 세 면이란 전체가 특정 개념들 각각에 현존하게 되는 관계적 계기들이지 속성을 뜻하는 것이 아니다), 지복의 상태(satcitananda) 안에서 하나의 평행 구조를 인식할 수 있다. "내용의 다양성을 인식하는 한, 의식은 하나이며 의식 그 자체와 일치한다."[131]

브뤽은 헤겔을 해설하면서 동일한 과정을 거친다. 그러나 헤겔의 삼위일체 하나님은 생성 되어가는 하나님이다. 이 때 시간성이 그림에 들어온다. 셋 됨이 나타나고 특별한 과정의 순간들이 드러난다. 아버지로서의 처음 결정은 세계 창조에 앞서 하나님의 부동의 침묵이다. 아들의 영역인 두 번째 결정은 분할과 구별을 통해 세계를 창조하는 하나님이다. 또한 이원성으로 구성된 이 세계의 구체적 사건인 육체를 입은 신성의 출현이다. 하나님은 본질적이고 독자적인 자기만의 존재를 부인한다. 그리고는 하나님과 나란히 존재한다고 생각되는 현상의 세계에 들어간다. 세 번째 결정 혹은 성령의 영역은 특수성의 부정과 극복이다. 특수성은 성령의 통합된 일치안에서 그리고 하나님과 세계의 구분이 극복되는 하나님의 의식 안에서 무너진다. 그러나 헤겔의 무너진 삼위일체와

---

[131] *Ibid.*, 91.

베단타의 아드바이타의 긍정적인 평행 구조는 부정적인 대비 때문에 간과되는 것처럼 보인다. 헤겔의 비이원성은 시간적 과정의 결과인 반면, 샹카라 철학의 비이원성은 영원한 것의 경험이다. 통합하는 하나님의 영으로 이원성을 극복하는 역사적 과정은, 무시간적 영원성의 휘장을 거두어 내고 현상(드러남, appearing)과 관찰(봄, viewing)이라는 허상의 이원적 방식을 따르는 아시아의 통찰과 똑같이 될 수는 없다.[132]

브뤽은, 자신의 구성적인 연구에서, 아버지와 샹카라의 비인격적 미분화된 존재인 무속성 브라흐만(*nirguna Brahman*)의 개념을 동일시한다. 아버지는 다양한 피조물들의 분할할 수 없는 기원인 존재의 유래(whence)이다. 아버지 하나님은 완전하게 단일하다. 삼위일체의 제1위격은 단일한 존재(*sat*)이다. 아버지와의 관계에서 무로부터 창조(*creatio ex nihilo*)가 출현한다.

"아들은 실현된 존재이며,"[133] 존재의 "자리"(where)이다. 아들은 창조적인 자기-실현에 참여하는(*creatio in participatione*) 창조의 중재자이다. 창조 안에 분화를 통한 하나님의 자기실현은 기원과 관계없이 이루어질 수 없다. 그러나 기원 또한 창조된 특수성 안에서 스스로를 실현하는 것과 무관하게 별도로 존재할 수 없다. 이 둘은 상호 침투하는 관계이다. 그러므로 아버지는 완전한 하나님이다. 샹카라의 유속성 브라흐만(*Saguna Brahman*)에 상응하는 아들은 인격적이며 특수한(particular) 존재이다. 삼위일체의 제2위격은 시트(*cit*) 혹은 의식이다. 아들은 그 자체가 존재(*sat*)에 덧붙여진 어떤 것이 아니다. 오히려 타자에 의해서 타자 안에서 이해되고 구성된 아버지의 결정이다. 자기 비움이 따르는 자기-희생

---

132) *Ibid.*, 127-128. 138, 155. 참조.
133) *Ibid.*, 152.

을 의미하는 십자가는 전체(the whole)와 특수(the particular)의 분리를 극복하는 사건이다.

성령은 존재의 미래(이르러야 할 곳, whence)이다. 성령은 창조를 내어 생명을 만들어 내는 기(energy) 안에 내재하는 하나님, 곧 "만물 안에 계신 하나님"(God in all)이다. 성령을 통해 모든 존재는 하나님의 계속되는 삼위일체적 삶의 역동성 안에 참여한다. 이러한 방식으로, 성령은 아들의 실재를 통해 아버지의 근거로 되돌아감으로써 다자의 일치를 가능하게 한다. 이것이 곧 지복(ananda)의 경험이다. 지복 속에서 시간이 극복되고, 성령 안에서 그리스도의 특수성은 "역사적 한계로부터 해방되어 그 본질적 보편성을 회복한다."[134]

역사적 시간의 문제는 브뤽이 풀지 못한 문제이다. 그 이유는 "수육, 십자가, 부활 안에 나타난 하나님의 계시가 구체적인 역사적 사건을 묘사하기 때문이다. 이 말은 그리스도교 계시 신학은 계시의 역사성을 반영해야 함을 의미한다. 세계는 허상으로 간주될 수 없다." 따라서 삼위일체와 아드바이타를 병행시키는 방법에는 한계가 있다. 그리스도교 삼위일체 신학에서 세계 역사의 역할과, 하나의 존재이면서 다자의 허상을 만들어 내는 브라흐만의 창조적이며 현재(顯在)적인 능력인, 산스크리트의 환영(maya)은 일치될 수 없다. 시간의 변화와 다양성을 허상이라고 이름함으로 존재의 일치를 밝힐 수도 없다. 오히려 일치는 시간을 구체화하고 다자를 일자 속으로 통합함으로써 찾아져야 한다. 헤겔의 영향을 받은 것으로 보이는 브뤽은 세계의 분열과 고통은 세계의 역사가 하나님의 삼위일체적 일치 속으로 잠기게 될 때 극복될 수 있을

---

134) *Ibid.*, 158.

것이라고 예견하였다. "그리스도교 계시는 하나인 실재의 불이적 (advaitic) 관계성을 역사를 통합하는 중간 과정으로 간주한다. 이렇게 될 때 역사는 구원사가 된다."[135] 시간성과 관계성은 둘 다 하나님의 본래적인 삶에 속한다.

제2장에서 현대 논의의 주종을 이루고 있는 문제들을 체계적으로 정리해봄으로써 삼위일체 담론의 흐름을 살펴보았다. 또한 그 동안 논의된 중심 논제와 내용을 우리가 관찰한 것에 따라 구성해 보았다. 이제 3장에서는 동일한 내용을 갖고서 다른 구성을 시도해볼 것이다. 칼 바르트 이후 수 십 년 동안 신학적 논의를 거쳐 현대에 이르기까지 진행되어온 신학적 담론의 여정을 따라가 볼 것이다. 그리고 마지막 장은 그 여정을 따라 우리가 이르게 될 미래적 예견이 전개될 것이다.

---

135) *Ibid.*, 156.

3
20세기 후반에 있었던 삼위일체 담론

그분 하나님은 우리가 하나님이 되도록 인간이 되셨다.

- 아타나시우스(Athanasius),
『말씀의 수육 *Incarnation of the Word*』, 54.

1952년 클라우드 웰치가 『삼위일체의 이름으로 *In This Name*』란 책을 썼을 때 변화가 시작되었다. 당시에는 웰치가 지적하듯이 사람들이 삼위일체 하나님 교의에 거의 관심하지 않고 있었다. 더이상 삼위일체 교의에 대해 논의하지도 않았고, 기껏해야 사유의 아류로 치부해 버리는 분위기였다. 과거 그리스도교 사유에서 삼위일체 교의가 감당했던 중요하고도 통합적인 역할은 보이지 않았다. 계몽주의는 현대 신학으로부터 고대의 뿌리를 잘라내었고, 고전적 삼위일체 교의는 열매를 맺지 못하고 시들어 가고 있었다. 이러한 상황에서 웰치는 삼위일체 사유를 살려내는 신학적 방법을 찾기 시작하였다. 그가 발견한 것은 칼 바르트가 사용한 계시-

분석(revelation-analysis)의 방법이었다. 웰치는 바르트의 접근이 잘 경작이 된다면 삼위일체 사유의 수확을 가져다 줄 옥토가 될 것이라고 믿었다.

그 후 40년이 지난 지금 삼위일체 사유는 크게 발전하였다. 이제 삼위일체는 대부분 신학적 논의 가운데 중심 주제가 되었고, 통합적인 삼위일체 개념은 보편적 하나님 개념으로부터 고유한 그리스도교 신앙을 구분하는데 사용되었다. 삼위일체 개념은 현대 신학적 논의에서 고전적 형이상학을 극복하는 무기가 되었다. 곧, 변화할 수도 없고 세계와 관계하지도 않는 고전적 철학자의 신성을 극복하는 무기가 되었다. 많은 그리스도교 신학자들은 예수 그리스도의 하나님이 인간 역사의 사건과 사랑으로 밀접하게 관계하며, 이 사랑의 관계가 삼위일체적 삶의 본질을 구성한다고 생각한다. 현대 신학의 논의는 이러한 삼위일체적 내용을 이해할 수 있도록 풀어가는 것이다.

그런데 최근 웰치는 이런 입장을 취하지 않았다. 흥미롭게도 웰치 자신은 변화를 거쳤다. 그는 독자적인 구성적 시도를 통해 바르트의 그리스도론적 출발점을 지나 트뢸치(Ernst Troeltsch)나 리처드 니버(H. Richard Niebuhr)에 더 가깝게 다가갔다. 웰치는 근본적으로 전체의 신비에 대한 일반적 경험으로 시작하고자 한다. 그럼에도 불구하고, 이 책의 의도 때문에 나는 웰치의 초기 연구에 관심하려 한다. 웰치는 바르트의 연구가 중요하게 될 것임을 예언적으로 시사한바 있다. 정말 20세기 후반은 웰치가 예언한 대로였다. 현대 신학자들은 바르트가 그의 『교회 교의학』에서 주장한 사상의 맥을 따라 삼위일체 교의를 다시 생각하자고 하였다. 이들은 특별히 계시-분석의 우선성과 예수 그리스도의 역사적 사건은 본래적 하나님의 되어감에 속한다고 믿었던 바르트의 신앙에 의존하였다.

나는 여기서 1952년으로 다시 돌아가 당시 웰치가 내린 평가를 살펴보고자 한다. 그리고는 바르트가 뿌린 씨앗이 어떻게 최근의 그리스도교 사상 속에 싹이 나고 꽃이 피었는지를 보기 위해, 융엘, 라너, 몰트만, 젠슨, 판넨베르크, 가톨릭 신학자 라쿠나의 사상을 살펴볼 것이다. 이 과정에서 보프(Leonard Boff)와 과정신학자들이 택한 비교적 덜 생산적인 다른 방향도 살펴볼 것이다. 그 결과 현대가 당면한 핵심 물음에 다다르게 될 것이다. 위격들 사이의 관계로 구성된 하나님의 본질적인 존재를 우리가 어떻게 인식하는가? 현대 신학자들은 고전적 사유의 실체 형이상학을 극복하고자 하였기 때문에, 세 위격들의 관계가 어떻게 하나로 귀일하는 하나님의 삶의 개념을 구성하는가를 문제시 하였다. 여기서 우리가 제시하는 해법은, 자기-구성(self-constitution)의 과정 곧, 하나님이 누구인가라는 정의 속에서, 하나님이 세계를 구원하시는 관계를 포함하여 하나의 과정으로 하나님을 인식하는 것이다.

클라우드 웰치의 예견: 우리의 미래에 바르트가 있다.

『삼위일체의 이름으로 In This Name』라는 책에서 웰치는, 전통적으로 독특한 그리스도교 하나님 개념인 삼위일체에 대해 현대 신학은 어떤 방향으로 나아가야 하는지를 물었다.[1] 웰치는 이 물음이 19세기 사상의 여러 흐름에서 나온 것이기 때문에, 20세기의 주류를 이루게 될 것이라고 예견하였다.

19세기의 물줄기들은 아직도 분수령 위로 흘러넘치고 있다. 분수령은 계몽주의의 도전으로, 삼위일체 사유가 불가능하거나 불

---

1) Welch, 『삼위일체의 이름으로 In This Name』, 217.

필요한 것처럼 보이게 한다. 칸트(Immanuel Kant)의 후예인 근대의 자유주의 신학자들은 내재적 삼위일체의 내밀한 삶에 대해 사색적으로 혹은 형이상학적으로 말할 수 있다고 생각하는 것은 주제넘은 것임을 알고 있었다. 신적 존재가 갖는 내면의 역동성은 본체의 영역에 속한다. 반면, 인간의 인지는 현상적 영역에 엄격히 한정되어 있다. 칸트는 삼위일체 사색의 물줄기를 만들어 내며 19세기를 열었다. 이 물줄기는 세 갈래 반응으로 나뉘어져 20세기로 흘러들어갔다. 1. 슐라이어마허를 따랐던 몇몇 신학자들은 삼위일체 교의가 그리스도교 신학의 표현에 본질적이 아니라고 생각하여 이차적 교의의 수준으로 격하시켰다. 2. 헤겔을 따랐던 신학자들은 삼위일체 교의가 그리스도교 계시와는 별개로 구성될 수 있는 형이상학적 진리와 동일하다고 생각하였다. 3. 정통 그리스도교를 대표하는 보수주의 신학자들은 고전적 입장을 계속 견지하였다. 이들은 고전적 입장이, 권위를 지닌 성서나, 교회가 성서에 기초하여 해석한 전통의 직접적이고도 틀림없는 오류가 없는 표현이라고 믿었다. 웰치는 오만하고 건조하다는 이유로 진지한 삼위일체 사유를 폐기하기 위해 제시된 거짓된 가설들과 잘못된 명제들이 앞서 말한 세 물줄기를 막아버렸다고 생각하였다.[2] 웰치는 문들이 열리고 물꼬가 다시 한 번 터지기를 원했다.

웰치는 진지한 삼위일체 사유가 "하나님께서 스스로 그리스도 안에 계시하였다는 고백"으로 시작한다고 보았다. 이 계시로 인해서 "하나님의 존재 안에 (존재론적으로 혹은 본질적으로) 아버지,

---

2) 웰치는 계몽주의의 도전 말고도 근대에 들어 신학 자체 안에 삼위일체 논의를 실질적으로 사라지게 했던 두 요인을 지적하였다. 첫째는 슐라이어마허가 삼위일체 교의의 중요성을 간과한 것이고, 둘째는 역사적 비평 때문에 성서에 대한 신뢰가 상실된 점이다. 특별히 원시 역사의 자료인 요한복음에 대한 신뢰가 상실된 점이다. *Ibid.*, 4-5.

아들, 성령이 한 분 하나님이라는 삼위일체 개념"[3)]이 일어난다. 웰치는 이처럼 그리스도 중심의 계시에 기초한 삼위일체론이 주류가 되기를 원했다. 그러나 이런 일이 어떻게 일어났는가?

헤겔의 사상으로는 이런 일이 일어날 수 없었다. 헤겔에게 그리스도교 삼위일체는 철학적 진리를 그림처럼 묘사한 것이다. 헤겔은 삼위일체 교의를 해석할 때 계시와 그리스도인 경험에 기초하려 하지 않았다.[4)] 헤겔의 철학적 삼위일체론(philosophical trinitarianism)과는 반대로, 웰치는 우리가 이미 하나님의 자기-계시에서 발견한 삼위일체 개념으로 삼위일체적 철학화(trinitarian philosophizing)를 시도해야 하며, 그런 다음 이 개념이 유한한 실존의 다양한 면들을 조명하는지 보아야 할 것이라고 주장한다. 이는 아우구스티누스가 삼위일체를 설명하기 위해 사용하였던 유비의 해석을 넘어선다. 여기서 웰치는 삼위일체에서 우리에게 계시된 것은 존재 자체의 구조인 궁극적 실재와 관계가 있다고 본다. 그러므로 계시된 삼위일체는 우리가 매일 살고 있는 실재의 이해를 조명하는 것이어야 한다.

만일 헤겔의 사상이 만족스럽지 못하다면, 보수 사상이나 정통 사상은 어떤가? 웰치는 근본주의와 로마 가톨릭 신학의 방법에 대해서도 만족해하지 않았다. 이들이 시대에 뒤떨어진 권위주의에 의존하고 있기 때문이었다. 보수 사상과 정통 사상은 삼위일체 교의가 직접적인 계시라고 주장하였다. 개신교 보수주의자들은 삼위일체 교의가 하나님의 영감으로 쓰여진 성서 안에 완전하게 나타난 신앙의 보고라고 생각하였다. 또한 제2차 바티칸 공의회 이전의 로마 가톨릭 신학자들은 삼위일체 교의가 교회 회의에서

---

3) *Ibid.*, 219; 218.
4) *Ibid.*, 243.

오류 없이 해설되었다고 주장하였다. 이에 대해서 웰치는, 가톨릭 신학이 좀 더 섬세하고 정교하다지만, 개신교 보수주의자들과 제2차 바티칸 공의회 이전의 가톨릭 신학자들 모두 성서 비평에 대해 아주 냉혹한 태도를 취하였다고 논평하였다. 개신교 자유주의 신학자들은 성서 문자주의에 기초하여 계시에 대한 단편적이고 명제적인 관점을 지닌 성서 구절을 증빙으로 사용하는 방법으로는 삼위일체 교의가 정당화될 수 없다고 주장하였고, 웰치는 이들을 반박하였다.[5]

삼위일체 사유의 전개를 위한 근대의 독특한 방법은 계시가 성서 본문보다는 성서 본문이 가리키는 것과 일치해야 함을 전제한다. 명제로서의 계시이론보다는 활동으로서의 계시이론을 전제한다. 그러므로 "삼위일체 교의는 하나님의 영감으로 주어진 진리라고 이해된 삼위일체적 증빙 구절들을 짜맞추어 구성되는 것이 아니고, 전체적인 복음의 내용으로 구성된다." 웰치는 "모든 그리스도교 교의는 공동체의 신앙으로부터 계속해서 재창조되어야 한다."고 주장한다. "곧 무오한 성서를 전달하는 것에 기초하지 않고, 성서가 증언하는 구체적인 역사적 사건 속에서 하나님의 계시를 찾는 것에 기초한다."[6] 좀 더 간결하게 표현한다면, 삼위일체 교의는 고대의 계시와 경험을 분석하고 이를 기초로 해서 현대적으로 재구성한 것이어야 한다.

그러면 개신교 자유주의는 웰치가 원하는 방향으로 흘러갔는가? 아니다. 정말 아니다. 웰치는 개신교 자유주의의 창시자 슐라이어마허를 우리에게 누누이 상기시킨다. 슐라이어마허에게 하나님 안에 나타난 삼위일체적 구분은 "그리스도교의 자기-의식(self-

---

5) *Ibid.*, 119.
6) *Ibid.*, 126; 119.

consciousness)에 대한 직접적 표현이기보다는, 이 표현들을 조합한 것에 불과하다."[7] 그러므로 슐라이어마허의 삼위일체적 사유는 종합적 구성의 결과이다. 여기서 중요한 것은, 슐라이어마허가 그리스도교의 기본적인 경험과 상징들이 단일한 하나님 곧 유일신론의 하나님을 우리에게 상징해준다고 주장하는 점이다. 따라서 삼위일체론이란, 사실에 의거하여 삼위일체 개념을 만들어 내는 다양한 신앙 표현들의 종합이다. 달리 말하면, 하나님의 삼중성은 신앙의 원초적인 증언의 일부가 아니고, 엄격히 말해 원초적 계시의 여러 요인들을 함께 묶거나 종합하려는 시도의 결과이다.

그러므로 슐라이어마허는 웰치가 제시하는 동일한 문제를 우리에게 설명해주고 있다. 우리가 슐라이어마허의 주장을 받아들여 삼위일체 교의가 창조자 하나님, 그리스도의 신성 혹은 성령의 신성과 같은 원초적 상징들과 동일한 것이 아니라고 주장한다면, 왜 삼위일체가 이차적인 것으로 간주되는지 이해할 수 있을 것이다. 교의가 결국 근본적인 유일신론에 대한 일방적인 확신을 종합한 것이라고 한다면, 삼위일체는 근본적인 것이 아니다. 따라서 삼위일체 하나님은 우리 신앙고백의 중심이 되지 못한다.

웰치는 삼위일체 교의가 어떻게 원초적인 차원의 계시에 뿌리를 두고 있는지, 더 나아가 삼위일체 교의가 어떻게 근대에서조차 모든 그리스도교 교의들을 조명하는 근거가 되는지를 살펴보기 원했다. 그는 간접적이거나 종합적인 방법이 사용된다면, 삼위일체 교의는 중심 자리를 차지할 수 없고 그리스도교 사상의 제1원인이 될 수도 없다고 보았다. "종합적인 교의의 관점은 어쩔 수 없이 교의를 방어적으로 제시하는 경향이 있다. 따라서 신앙의 삶

---

7) Schleiermacher, 『그리스도교 신앙 *The Christian Faith*』, sec. 170:1, 738.; Welch, 『삼위일체의 이름으로 *In This Name*』, 5.에서 인용함.

과 거리가 생기는 경향이 있다." 종합적 접근은 우리가 유대 전통에서건 그리스 전통에서건 유일신론으로 시작한 다음, 예수가 하나님이고 성령이 하나님이라는 신약성서의 주장과 유일신론을 일치시켜야 한다고 주장하는 것처럼 보인다. 삼위일체는 이처럼 서로 모순적인 개념들을 종합적으로 일치시킴으로 나타난 결과이다. "교의에 대한 [종합적인] 입장은 거짓되고 현혹적인 그리스도교 계시의 요인들의 분리에 기초한다. 나는 이것을 궁극적으로 거부한다.… 신약성서 언어의 입장에서 보면 종합적인 입장은 사실이 아닌 것으로 판명되어야 한다."[8]

웰치는 여기서 삼위일체 언어가 이미 신약성서의 원초적 상징의 표현 안에 깊이 새겨져 있다고 주장한다. 거기다가 삼위일체 언어는 결코 유일신론을 반박하지 않는다. 유일신론은 그리스도와 성령을 고백하는 신약성서에서 아주 분명하게 고백된다. 그러므로 성서 밖의 종합적인 구성을 통해 해소될 긴장도 없고, 화해될 갈등도 없다.

웰치는 "현대의 삼위일체 재구성 속에 나타난 근본적인 문제는, 계시 가운데 나타난 삼위일체의 근거에 대한 물음"이라고 본다. 웰치는 삼위일체 교의가 "계시의 직접적인 내용이기 때문에, 삼위일체와 계시의 내용을 본질적인 하나"[9]로 보는 방법을 추구한다. 바르트는 가장 도움이 되는 해법을 제시한다. 바르트는 삼위일체 교의의 근거 혹은 "뿌리"는 성서 속에 분명하게 표현되었다고 본다. 교리의 역사는 이 뿌리가 성장해 간 것과, 교의의 형식이 이미 성서 원문 안에 싹트고 있었음을 주목하였다. 바르트의 삼위일체 사유는 원 계시에 대한 해설로 구성된다. 삼위일체 사유

---

8) Welch, 『삼위일체의 이름으로 In This Name』, 159-160; 227-229; 229-230.
9) Ibid., 161.

는 이미 거기 있었던 것에 대한 분석이지, 새로운 어떤 것을 구성하는 여러 요인들의 종합이나 화해가 아니다. 간단히 말해서, 바르트의 방법은 기본적인 계시의 사실에 대한 분석적 전개이다.[10]

바르트는 두 곳에서 삼위일체의 뿌리를 발견한다. 첫째는 계시의 형식적인 구조 속에서이고, 둘째는 아버지, 아들, 성령의 원초적인 표현 속에서이다. 계시 사건의 형식적인 구조에 대해, 바르트는 "하나님이 말씀하신다."(Deus dixit) 혹은 "내가 나를 보여준다."와 같은 문장들을 분석한다. 하나님의 말씀이 하나님 자신과 동일하다고 생각하는[11] 바르트는 하나님을 계시 활동의 주체(주어)이며 대상(목적어)이고 술어(보어)로서 이해한다. "하나님"이란 말은 이 세 영역에 모두 해당된다. 곧 하나님은 계시하시는 하나님이며, 계시의 사건이며, 계시를 받은 우리에게 임하게 될 계시의 결과이다. "그러므로 하나님 본성 안에 손상되지 않은 다양성으로 나타나는 존재의 삼중적 양식은, 손상되지 않은 일치로서 계시자이며, 계시이고, 계시되어진 것인 동일한 하나님께 속한다."[12] 바르트는 계시적 언설의 문법에 대한 형식적 분석이 삼위

---

10) 바르트에게 삼위일체 교의는 성서에 그 "뿌리"를 둔 교회의 구성이다. Barth, 『교회 교의학 *Church Dogmatics*』, I/1:353-354, 383-404.
11) *Ibid.*, 349.
12) *Ibid.*, 344. 말씀의 개념에 기초한 형식적 논의는 다양하게 나타난다. 세이어스(Dorothy Sayers)는 인간의 창조성과 하나님의 형상(*imago dei*)을 동일시하고, 하나님의 삼중적 활동과 이야기 작가의 삼중적 활동과 비교한다. 곧 아버지는 작가의 개념과 상응하고, 아들은 이야기 속에 나오는 개념의 표현과 상응하며, 성령은 완성된 이야기에 상응한다. 이 때 완성된 이야기는 작가의 의도나 독자의 반응을 충족시키기도 하고 그렇지 못하기도 한다. Dorothy Sayers, 『조물주의 정신 *The Mind of Maker*』, (London: Religious Book Club, 1942). 젠슨은 하나님의 삼위일체적 관점에 대해 언어를 예로 들어 설명한다. 언어는 첫 번째 본체이고, 표현은 두 번째 본체이며, 새로운 이해는 세 번째 본체이다. Robert Jenson, "하나님 논의에서 본 미래의 선택 The Futurist Option in Speaking of God", in

일체 자체를 만들어 내지 않고, 오히려 "예비적인 방법으로 삼위일체 교의의 문제에 근접하게 한다."[13]고 주장한다.

바르트에 의하면, 두 번째 계시적 뿌리의 자리는, 결국 교회의 삼위일체 교의로 발전되었던 바, 하나님에 관하여 계시된 성서의 핵심적 표현들 속에서 발견된다. 성서는 창조자 하나님이 우리의 영원한 아버지이며, 화해자 하나님이 영원한 아들이며, 우리에게 자유를 주시는 구원자 하나님이 성령이라고 계시하였다. 여기서 바르트가 "존재의 양식들"(modes of being)이라 부르는 하나님의 세 이름은 한 하나님의 일치를 가정할 때에만, 구분을 유지한채 충분한 분별을 가능케 해준다. 종합해보면, 계시의 내용에 대한 분석은 하나됨 안에 셋 됨이란 삼위일체 고백을 낳는다.

웰치는 슐라이어마허의 종합의 방법보다는 바르트의 분석의 방법을 따르라고 제안한다. 성서의 표현을 분석함으로써 우리는 삼

New Theology No. 7, ed. Martin Marty and Dean Peerman(New York: Macmillan Co., 1970), 219쪽. 나룸(William H. K. Narum)은 세이어스와 젠슨이 "인간의 표현 속에 나타난 삼위일체 구조가 하나님에 대한 그리스도교 경험을 이해하는데 사용될 수 있는" 방법을 제안했다고 생각한다. William H. K. Narum, "삼위일체, 복음, 인간 경험 The Trinity, the Gospel, and Human Experience". in *Word and World* 2, no. 1(Winter 1982), 50. 바르트는 이들과는 다른 길을 간다. 바르트는 분석 방법을 통해 하나님 계시의 구조 자체 안에 신적 실재의 삼중성이 드러남을 보증하려 한다.

13) *Ibid.*, 343. 하나님의 주체성에 기초한 바르트의 논증은 헤겔의 의식의 분화와 아우구스티누스의 심리학적 유비에서 그 선례를 찾을 수 있다. 여기서 판넨베르크는 바르트를 비판하면서 삼위일체 사유는 아들의 상징에 대한 반성과 아들과 아버지의 관계에 대한 물음으로 시작해야 한다고 주장한다. Pannenberg, 『조직신학 *Systematic Theology*』, 1:304. 그러나 반복해서 말하지만, 바르트의 계시 담론에 대한 형식적 분석은 삼위일체를 위한 예비적 과정으로서만 기능한다. 그리고는 삼위일체 사유의 중심을 다루기 위해, 바르트는 예수 그리스도의 인격과 아버지와 성령과 예수 그리스도의 관계로 관심을 돌린다.

위일체 교의가 논리적 필연성으로 출현함을 알 수 있다. 하나님께서 예수 그리스도를 통해 세상을 자신과 화해시켰다는 고백은 결국 삼위일체적 이해를 불러온다. 하나님이 삼위일체적이라는 고백의 내용은 "예수가 주님이다."라는 소박한 성서의 고백과 같은 것이다. "아버지, 아들, 성령이란 용어로 지칭되는 삼중성은 그리스도 안에 나타난 하나님의 한 활동의 구조 혹은 유형 안에, 모든 하나님의 활동과 하나님 존재 구조 안에 나타난다."[14] 삼위일체는 거기 성서적 계시 안에 이미 묻혀있다. 분석으로서의 신학은 성서라는 밭에서 삼위일체를 캐내어 드러내 보이는 작업이다.

그러므로 웰치는 바르트가 이미 삼위일체에 대한 고전적 그리스도교 입장을 받아들이고 있음을 인정하면서, 그가 일으킨 불길을 따르고 있다. 바르트는 삼위일체 교의의 근거를 성서의 계시에서 찾았고, 웰치는 바르트의 이러한 해석을 고마워했다. 하나님이 삼위일체적이란 말은 그리스도 사건 안에 계시된 사실을 떠나서 말할 수 없다. 웰치가 일반 계시 혹은 히브리의 유일신론의 공헌을 결코 부정하지 않지만,[15] 일반적인 유일신론으로 시작해서 그

---

14) Welch, 『삼위일체의 이름으로 In This Name』, 234. 리처드슨(Cyril Richardson)은 웰치의 방법을 좋아하지 않는다. 그는 아버지, 아들, 성령 상징론이 이미 신약성서 안에 현존함을 인정한다. 그러나 아버지, 아들, 성령은 상징들로서 그 의미가 너무 모호하기 때문에 분석의 방법을 통해서는 세 위격의 균형 잡힌 삼위일체를 만들어내지 못하게 한다. 리처드슨은 또한 웰치 자신이 역설에 빠져 있음을 인정하지 않은 채 단일의 삼위일체적 자기-의식(a single trinitarian self-consciousness)과 사회적 삼위일체(a social Trinity)를 모두인정하는 삼위일체를 구성하기 위해서, 재주를 부리고 있다고 웰치를 비판한다. Cyril Richardson, 『삼위일체 교의 The Doctrine of the Trinity』, 127-132. 그러나 리처드슨은, 웰치와 바르트가 성서적 상징들 안에 발견된 삼위일체의 "뿌리"와 만개한 삼위일체가 꽃향기를 흩날리기 전 꼭 있어야 하는 구성적 성장을 구분했던 점을 보지 못했다.
15) Welch, 『삼위일체의 이름으로 In This Name』, 235-237, 250.

리스도론을 덧붙이는 식으로 가지 않겠다고 주장한 점에서 바르트를 따르고 있다. 우리는 하나님을 아버지로 인식한다는 점에서 아들로 시작한다. 그리스도교의 하나님 개념은 다른 하나님 개념과 동일하지 않다. 심지어는 구약의 하나님 개념과도 차이가 있다. 이점에서 웰치는 성서적 증언의 일치에 대해서 바르트와 칼빈과는 어느 정도 다른 견해를 갖고 있다. "삼위일체적 용어의 의미에서, 아버지는 아들의 아버지 말고는 알려지지 않는다." 그리고 아들은 신약성서의 증언을 통해서만 우리에게 알려진다.[16] 웰치는 삼위일체 교의를 다음과 같이 정리한다.

> [삼위일체 교의]는, 정확하게 말해서 하나님 스스로가 예수 그리스도 안에서 우리에게 계시하였다는 직접적인 고백의 해설이며, 그 고백으로부터 뒤따라 나오는 직접적인 교의로서, 그 자체가 원초적인 신앙의 고백이다… [삼위일체 교의]는 모든 교의의 출발이 되는 계시가 삼위일체 용어를 통하지 않고는 진술될 수 없기 때문에 복음의 직접적인 결과이다. 삼위일체 교의는, 복음 자체의 객관적 표현이며 구체화이기 때문에, 모든 것을 망라해 가장 중요하다. 이는 하나님 교의의 한 부분에 지나는 것이 아니고, 하나님 교의의 모든 영역과 모든 교의를 통합한다.[17]

종합해서 말하면, 웰치의 제안은 기본적인 그리스도교 경험이 형식에 있어서 이미 삼위일체적임을 가정한다. 실제로 웰치는 슐라이어마허를 논박하지 않는다. 오히려 그는 예수 그리스도를 주로 고백할 때 슐라이어마허의 입장이 논리적으로 필요한 요인이라고 가정한다. 삼위일체 교의에 대한 이러한 접근은 지금까지 논의에 분열이 생기는 것을 피해간다. 이는 하나님을 단순히 자연과

---

16) *Ibid.*, 206; 218.
17) *Ibid.*, 238.

자연신학의 창조자 하나님과 일치시키지 못하게 할 뿐 아니라, 전혀 신-중심적이지 않은 그리스도론이나, 전혀 그리스도-중심적이지 않고 신-중심적이지 않은 성령론을 불가능하게 한다.[18] 삼위일체 교의는 "계시된 교의"(a revealed doctrine)이다. 물론 삼위일체에 대한 명제가 문자 그대로 하나님에 의해서 주어졌다는 의미에서가 아니고, 삼위일체 교의가 계시의 상황에 서있는 사람들의 경험을 진정으로 표현해 준다는 의미에서 삼위일체 교의는 계시된 교의이다.

종합과 분석의 방법은 서로 배타적인 관계여야 할까? 우리는 종합의 방법과 분석의 방법 중 하나를 선택해야 할까? 내 생각에 삼위일체적 사유의 형식을 지닌 신학적 해설은 종합적이면서 분석적이다. 물론 여기서 내가 사용하는 용어는 슐라이어마허와 바르트의 용어와 같은 의미는 아니다. 성서의 상징들을 해설하는 것이 신학적 과제라고 보는 나는 슐라이어마허와 더불어 성서의 증언 안에 다양한 원초적 표현들이 있다고 생각한다. 분명 이 표현들이 하나로 조합되어 삼위일체를 만들어 낸다. 그러나 이 표현들이 자동적으로 우리가 전통적으로 전해 내려오는 삼위일체를 만들어내지 않는다. 말하자면, 처음 4세기 동안 삼위일체 교의가 특별한 형식으로 발전한 것은 부분적으로는 역사의 사건들 때문이다. 우리가 물려받은 삼위일체 교의는 적어도 부분적으로는 로마 제국의 문화적인 환경이라는 독특한 삶의 정황에서 오는 지적 도전 때문이다. 그 결과로 얻어진 교의는 어쩔 수 없이 하나의 종합이다. 여러 면에서 삼위일체 교의는 종합적이다. 이는 여러 성서적 상징들의 내적인 종합을 표상하고, 그리스의 철학적 사색과 성서적 사유 유형의 종합을 표상한다. 결국, 구성적인 삼위일체 사

---

18) *Ibid.*, 240.

유가 이 시대에 끊임없이 변화하는 지적 상황 때문에 우리 시대에도 계속되어야 한다는 의미에서, 삼위일체 교의는 종합적이다.

그럼에도 불구하고, 구성적인 삼위일체 사유가 바르트의 분석 배후에 있는 의도를 마음으로 받아들이지 않는다면, 그 사유는 본래적일 수 없다. 내가 말하는 복음적 해설이란 최초의 상징화 안에 순수하게 존재하는 것을 해설하는 것이다. 복음적 해설이란 하나님 신앙을 위한 이차적 뿌리 곧 성서의 증언 밖이나 성서적 증언 외의 뿌리를 추구하는 것이 아니다. 우리는 성서적 증언을 따랐는지를 알아보기 위해서 우리가 말한 것을 신학적으로 점검해 보아야 한다. 그러므로 나는 삼위일체 교의를 유일신론의 보잘 것 없는 부록 정도로 치부한 슐라이어마허와 분명 의견을 달리할 수밖에 없다. 나는 분석의 방법이 삼위일체가 그리스도교 하나님 이해에 본질임을 보여준다고 생각한다.

여기서 우리는 방법론에 대해 좀 더 논의할 수 있다. 신학은 구성적이다. 신학은 세워지고, 그 뿌리를 넘어 성장해 간다. 신학은 성장해가면서 주변 환경에 의해 양분을 공급받기도 하고, 성장의 방해를 받기도 한다.

분석과 종합은 신학에 본질적이다. 신학의 본질로서 분석과 종합은 계시적 뿌리인 성서와 관계한다. 그러나 신학은 외적 근거와 힘도 담지한다. 신학적 구성이 이루어지는 시대적 정황은 인식되든 인식되지 않든 어쩔 수 없이 신학의 구성에 중요한 역할을 한다. 시대적 정황이 인식될 때, 신학의 구성적 사유는 상황화와 참여의 원리를 만들어낸다. 신학의 구성적 사유는 현대의 지적 맥락에서 이해 가능하도록 그리스도교 고백을 형식화한다. 최종적인 삼위일체 신앙고백이 완성되었던 그리스-로마의 상황은, 다른 어떤 것보다도, 다른 종교들과 철학들로부터 고도의 지적인 도전을 담고 있었다. 이들은 신성을 너무 높인 나머지 수육은 앞뒤가 뒤바뀐 것으로 보았다. 가현설주의자들(docetics)과 영지주의자(gnostics)들은 육체 안에 있는 내밀을 멀리하고, 저 세상 너머에 대해 말하였다. 이레나이우스(Irenaeus)와 다른 변증가들은, 저 너머 지고의 존재가 예수의 혈육 안에서 실로 우리와 하나가 되었음을 강조하면서, 이 믿음 체계를 해석하고 적용하였다. 상황의 도전이 커지면서 수육의 강조가 더 필요한 것처럼 보였다.

현대의 정황에서, 근대와 새롭게 일고 있는 포스트모던의 지적 분위기는 삼위일체 논의와 관련된 주제들을 이해하도록 돕고 있다. 이제 우리는 사회과학과 인문학의 도움으로 관계성 안에 있는 상호성의 역동성을 새롭게 인식하게 되었다. 우리가 보다 개인적인 관점으로부터 인격성이 우리 관계들의 결합체(nexus)에 의존한다는 의미로 옮겨가면서, 인격 개념도 변화를 겪고 있다. 또한 자연과학, 특별히 시간의 본성에 대한 20세기의 발견도 우리의 논의와 관련된다. 그러므로 우리가 세 위격 안에 한 분 하나님에 대해, 혹은 영원한 삼위일체에 대해 말할 때 그 논의가 납득할 만한 것이기 위해서는, 현대적 상황을 고려해서 구성적인 개념들을 제시해야 할 것이다.

분석, 종합, 신학의 구성적 과제를 염두에 두면서, 20세기 후반부에 있었던 삼위일체 담론에 대한 우리의 이야기로 다시 돌아가 보자. 웰치가 바르트를 받아들이는 것과 관련하여 우리의 진정한 관심은 분석 방법 그 자체에 있는 것이 아니고, 바르트 이후 수 십 년간 분석 방법이 가져온 결과 곧 삼위일체의 경세적 차원과 내재적 차원의 관계를 탐구하는데 있다. 만일 우리가 계시 안에 나타난 하나님의 말씀이 하나님에 대한 어떤 말씀이 아니고 하나님이라고 하는 바르트의 주장을 진지하게 받아들인다면, 계시 방정식의 양면에서 하나님을 발견할 것이다. 하나님은 또한 영원-시간 방정식의 양면에 존재한다. 바르트는 이점을 아주 분명히 한다. "하나님이 되는 것을 멈추지 않으면서, 하나님은 스스로 자신이 지으신 이 세상과의 관계에서 세속적이고, 인간적이며 시간적인 하나님이 된다."[19)]

마찬가지로 하나님은 경험 방정식의 양면에 존재한다. 역사에 출현한 예수에 대한 우리의 경험과 교회 안에 역사한 성령에 대한 우리의 경험은 실제로 현존하는 하나님 경험이다. 한마디로 말한다면, 우리의 하나님 경험은 하나님의 우리 경험과 대면한다. 신-인 교류는 우리의 삶에 속하는 만큼이나 하나님의 삶에 속한다. 구원 사건이란 특별히 소외된 창조 역사를 본래적인 하나님의 삶 속으로 통합하는 것이다. 하나님의 삶은 관계적으로 이해되고, 세상과 하나님의 관계와 하나님의 삶 자체 안에 있는 관계적 역동성은 서로 관계한다. 하나님께 외향적으로(*ad extra*) 일어난 일이 하나님을 내재적으로(*ad intra*) 구성한다. 삼위일체의 경세적 차원과 내재적 차원 사이의 관계는 하나의 매듭이 된다.

---

19) Barth, 『교회 교의학 *Church Dogmatics*』, III/2:457. 군턴(Colin Gunton)은 바르트에 대한 분석에서 "하나님 안에 세상으로부터 하느님을 존재론적으로 구분하는 것과 하나님과 세상의 실제적인 관계를 보전하는 일종의 시간성이 있다."고 기술한다. "하나님의 영원성은 비-시간성이 아니고, 삼위일체 삶의 영원성이다." Colin Gunton, "바르트, 삼위일체, 인간의 자유 Barth, the Trinity, and Human Freedom", *Theology Today* 18, no. 1(April 1986), 318.

에버하르트 융엘과 일치의 원리

문제가 되는 근대의 빛에서 삼위일체 사유를 위해 바르트가 지닌 중요성을 예견한 사람은 웰치만이 아니었다. 튀빙겐의 신학자 융엘도 웰치와 같이 바르트의 중요성을 인식하였던 사람이다. 융엘은 성서를 통해 우리에게 전해진 계시에 대한 분석으로 삼위일체 사유를 시작해야 한다는 것을 통칙으로 받아들였다. 그런 후 융엘은, 계몽주의 이후는, 있음(존재, being)과 관계없음(unrelatedness)보다 되어감(becoming)과 관계 됨(relatedness)이 우선하는 상황이라고 묘사하였다. 이러한 상황 이해를 통해 융엘은 자신만의 독특한 삼위일체를 재구성하였다.

융엘은 삼위일체 교의가 하나님의 자존성(aseity)과 관계성 사이의 딜레마를 해결할 수 있다고 생각하였다. 융엘은 골비처(Helmut Gollwitzer)를 비판하면서 딜레마를 표출시키고 난 다음 바르트의 저술을 논평하면서 딜레마에 대한 해법을 제시한다. 그는 "생성 가운데 있는 하나님의 존재 God's Being Is in Becoming"를 자신의 책 『삼위일체 교의 *The Doctrine of the Trinity*』의 부제로 삼았다. 이는 본래적인 하나님의 삶 안에 이미 역동적인 관계성이 위치하고 있음을 암시하는 것이다. 이것이 바로 융엘이 시도했던 바다.

현대적 논의는 하나님을 인격적이라고 고백하고픈 열망으로 시작한다. 인격적이란 말은 당연히 한 인격이 다른 인격들과 관계한다는 것을 의미한다. 그러므로 우리는 하나님의 인격성의 상태가 어떠한지 물어야 한다. 우리가 이 물음에 대답하고자 할 때 딜레마가 일어난다. 한편으로, 우리가 하나님이 독립적이며 어떤 방식으로든 창조에 의존하지 않고 자존적이라고 주장하면, 관계성이 하나님 존재에 본질적이 됨을 부정하는 것처럼 보인다. 다른 한편으로, 창조와 하나님의 관계성이 하나님 자신의 존재를 구성하는 것이라고 주장하면, 하나님을 하나님 밖의 어떤 것에 의존하게 하여 하나님의 자존성을 상실하게 한다.[20] 이런 상황에서 융엘의 해법은 관계성이 이미 하나님의 존재 안에, 내재적 삼위일체 안에 존재한다고 고백하는 것이다.

융엘은 원칙상 하나님이 세상을 창조하지 않았을 때조차 인격적 관계성들 안에 참여할 수 있었다고 주장한다. 이것이 바로 융엘의 논점이다. 하나님과 세계의 외향적 관계는 하나님의 삶 안에 상호 인격적인 내재적 관계와 상응한다. 이러한 융엘의 논점은, 하나님의 자존성을 유지하면서 여전히 하나님과 세계의 관계가 갖는 인격적 차원을 고백함으로써, 딜레마를 해결한다. 간단히 말해서, 하나님의 내적인 삶과 하나님의 창조를 향한 외적인 관계가 상응하기 때문에 딜레마가 해결된다.[21]

융엘은 특별 계시의 우선성을 원칙으로 주장한다. 이전의 바르트와 마찬가지로 융엘은 우리가 일반 철학의 사색으로 시작하지 않고, 시간적인 역사 안에서 일어난 하나님의 자기-해석의 행위 곧 예수 그리스도의 인격으로 시작한다고 주장한다.[22] 달리 말하

---

20) 자신에게 이르는 존재로서 하나님을 표현하기 위해 "자존성"이란 말을 사용함으로써, 융엘은 우리가 절대적으로 하나님과의 관계에 의존해 있지만, 하나님은 어떤 방식으로든 우리에게 의존해 있지 않음을 우리에게 가르쳐 주기를 원했다.
21) 많은 독자들은 이점이 융엘 연구가 지닌 가치라고 생각한다. "융엘의 주요 신학적 업적은 하나님과 세상의 상보성을 탐구한 것이다." J. B. Webster, "에버하르트 융엘 Eberhard Jüngel", in *The Modern Theologians*, ed. David F. Ford(2 vols.; Oxford and New York: Basil Blackwell, 1989), 1:105.(『현대신학과 신학자들』, 류장열 외 3인 옮김, 기독교문서선교회, 2006).
22) Eberhard Jüngel, 『삼위일체 교의: 생성 가운데 있는 하나님의 존재 *The Doctrine of the Trinity: God's Being Is in Becoming*』, (Grand Rapids: Wm. B. Eerdmans,

면, 우리가 하나님에 대해 말하는 것은 그리스도론에 근거되어야 한다. 이 주장은 엄청난 결과를 몰고 온다. 이제 예수의 삶을 특징 짓는 유한성, 역사성, 인간성, 고통과 죽음에 내어줌은 하나님의 본래적 존재의 속성으로 생각된다. "예수 그리스도는 하나님이 스스로를 한 인간인 하나님으로서 한정시켰던 바로 그 인간이다."[23] 어떤 식으로 우리가 하나님을 정의하건, 우리는 그 정의 안에 인간 예수의 경험을 포함해야 한다. 그리고 인간 예수는 수육, 곧 세상 안에 있는 하나님을 표상하기 때문에, 우리는 하나님과 세상의 관계가 하나님의 존재 혹은 하나님의 되어감을 구성하게 될 것이라고 기대한다.

이러한 사유의 맥락을 발전시키는 중에, 이 논제에서 잠시 벗어나 생각해보자. 융엘은 자신의 입장과 루터의 십자가 신학에 나타난 역설 개념과의 화해가 쉽지 않음을 발견한다. 계시된 하나님과 감추어진 하나님을 구분하는 루터에게 하나님은 하나님의 반대편에서 계시된다. 즉, 하나님의 능력은 예수 그리스도의 약함 속에 계시되고, 하나님의 영광은 예수의 굴욕 속에서 계시된다. 이것이 역설이다. 이제 융엘은 이전의 바르트와 마찬가지로 십자가의 신학을 주장한다. 그러나 루터와는 다른 십자가 신학을 전개한다. 바르트와 융엘은 역설적 요인을 제거한다. 역설은 하나님이 하나

1976), 16-17. 융엘, 몰트만, 젠슨, 판넨베르크에 대한 탁월한 박사학위 논문에서, 쇼트(Faye E. Schott)는 "이들 네 신학자들을 하나의 독특한 운동으로 묶는 근본적인 주장은, 삼위일체 하나님의 계시가 인간적으로 인식된 철학적 구조와 범주를 통해서가 아니고, 예수의 역사적 인물을 통해서만 성립될 수 있다."고 강조한다. Faye E. Schott, "하나님은 사랑이시다: 삼위일체를 하나님의 관계적 존재로 해석하는 현대의 신학적 운동 God Is Love: The Contemporary Theological Movement of Interpreting the Trinity as God's Relational Being", (Th. D. diss., Lutheran School of Theology at Chicago, May 1990), 9.

23) Eberhard Jüngel, 『세계의 신비이신 하나님 God as the Mysery of the World』, (Grand Rapids: Wm. B. Eerdmans, 1983), 343.

님의 반대편에서 계시한다는 것을 부인함으로써 제거된다. 예수의 약함과 굴욕은 신성에 반대되는 것이 아니다. 오히려 이들이 신성을 구성한다.[24] 하나님은 수육을 통해서 하나님 자신에게 유한한 역사적 삶의 조건을 입혔기 때문에, 우리는 자신의 존재 안에 있는 하나님은 역사적이라고 인정해야 한다. 하나님은 시간적인 창조와 관계를 통해 하나님 스스로가 되어가는 과정 가운데 있다.

그럼에도 불구하고, 융엘은 하나님의 존재가 이미 영원성 안에 존재하지 않는다면 시간적 사건들과의 관계에서 자기-구성적일 수 없다고 본다. 하나님이 시간적 세계와 갖는 관계성은 영원한 하나님의 삶 안에 이미 존재하는 관계성과 상응한다는 것이 융엘의 논제이다. 융엘은 하나님은 자신의 존재 안에서 관계적일 수 있기 때문에 창조와의 상호 교류를 통해 관계적이 된다고 주장한다. 하나님은 본성상(in Godself) 단일할 수 없기 때문에, 상호적이다. 하나님은 언제고 상호적이었음이 틀림없다. 그러므로 세계를 경험한 하나님의 삶과 세계와 상관없이 하나님의 삶 안에 진행되는 것 사이에는 상응이 있어야 한다.

따라서 하나님의 삶 안에 어떤 일이 벌어지고 있는지 물어보자. 그 대답은 삼위일체 각 위격이 다른 위격들과 스스로를 구분하면서 다른 위격들의 존재에 참여하는 영원한 상호 침투(perichoresis) 혹은 순환(circumincessio)이 된다. "이러한 상호 참여를 통해 존재의 세 양식들은 구체적으로 일치되고(become), 이러한 구체적 일

---

[24] Jüngel, 『삼위일체 교의 The Doctrine of the Trinity』, 84-86; Jüngel, 『세계의 신비이신 하나님 God as the Mystery of the World』, 345-346; 하나님은 "하나님 자신과 갈등하지 않는다."고 주장하는 바르트를 참조할 것. Barth, 『교회 교의학 Church Dogmatics』, IV/1: 185; 참조. II/1:287.

치 안에 세 양식은 하나님이다(be)." 세 위격들은 항구적으로 "서로에게 변화해 들어가며, 이를 통해서 한 존재의 양식이 다른 존재의 양식을 향해 무단으로 침투하는 것은 불가능하게 된다."[25]

여기서 융엘은 하나님의 하나 됨에 대한 바르트의 강조를 반복한다. 바르트는 삼위일체의 외적 활동은 나누어지지 않는다(*opera trinitatis ad extra sunt indivisa*)는 고전적인 원칙을 계속해서 반복한다. 하나님의 일치는 부서질 수 없다. 그럼에도 불구하고 하나님의 일치는 단일한 일치가 아니며, 미분화된 일치가 아니다. 오히려 융엘이 해설하는 바대로, 하나님의 일치는 통일(unification)에 더 가깝다. 이는 통일이 되어가는, "하나 되어감"의 영원한 과정이다. 또한 하나님의 본질과 사역이 이중적이 아니고 하나이기 때문에, 하나님과 세계의 관계는 세계와 하나가 되는 관계이다. 이처럼 세계와 하나 되어감이 우리의 구원을 이루고, 인간의 삶을 하나님 존재의 사건이 되게 한다.[26]

이것이 하나님의 존재와 내재적이며 외향적인 하나님의 관계성에 대한 존재론적 표현이다. 이를 인식론으로 표현하면, 융엘의 논증은 평행을 이룬다. 융엘은 하나님 안에 객관성이 이미 존재한다고 주장한다. 그러므로 상응의 원리를 통해 피조물들은 창조자에 대한 순수 객관적인 지식을 얻을 수 있다. 하나님은 "자신의 존재를 아버지와 아들과 성령으로 스스로에게 할당하고 상응시킨다." 삼위일체의 세 위격 각각은 다른 위격을 객관적으로 알 수 있다. (바르트는 객관적인 지식이 이미 본래적인 하나님의 삶 안에 존재한다고 앞서 주장하였다. 물론 하나님의 객관적 지식은 인간의 중재적 객관성과는 달리 직접적인 객관성이다.) 하나님은 본

---

25) Jüngel, 『삼위일체 교의 *The Doctrine of the Trinity*』, 32-33.
26) *Ibid.*, 61.

래적인 모습으로 스스로를 계시한다. 하나님 자신이 스스로를 인간 사유의 대상으로 계시하기 때문에, 우리도 우리의 사유 안에서 하나님을 객관화할 수 있다. 우리가 하나님을 아버지와 아들과 성령으로 객관화하는 방식은 하나님이 실제로 존재하는 방식과 상응한다.[27]

하나님께서 자기와 관계되어 있기 때문에 세계와 관계된다는 것이 융엘의 가설이고 주장이다. 되어감(becoming)이라는 하나님 존재의 특수성 때문에, 하나님의 존재는 스스로를 반복할 수 있다. 하나님이 우리와의 관계를 반복하는 것은 하나님의 관계됨, 곧 관계의 유비(analogia relationa)에 상응한다. 융엘의 논제는 다음과 같이 종합된다.

우리는 하나님의 존재를 본질적으로 이중 관계 존재로 이해해야 할 것이다. 하나님의 존재가 내적으로 스스로와 관계되기 때문에, 외향적으로는 하나님이 다른 존재와 관계를 가질 수 있다. (그리고 바로 이 관계 속에서 하나님의 존재는 존재론적으로 다른 존재에 의존함이 없이 존재적으로 존재할 수 있다.) 왜냐하면 내재적인 하나님의 존재는 스스로에게 관계된 존재이기 때문이다. 삼위일체 교의는 하나님 존재의 스스로 관계 됨(self-relatedness)을 표현한 것이다.[28]

융엘의 논제는 상응 개념의 신빙성에 의존한다. 융엘은 하나님이 스스로 관계된 것이 아니라면, 세계와 관계될 수 없다고 분명하게 주장한다. 또한 하나님이 세계와 관계하는 방식은 하나님이 스스로와 관계하는 방식과 다르지 않다고 주장하는 것처럼 보인

---

27) *Ibid.*, 39.; 42-44.
28) *Ibid.*, 104.; 99.

다. 만일 하나님이 스스로와 관계하는 방식과는 다른 방식으로 세계와 관계할 수 있다면, 상응의 원리를 필요로 하지 않을 것이다. 상응의 원리가 필요하지 않다면, 스스로 관계됨이 없는 하나님이 세계와 관계하는 것이 논리적으로 가능해질 것이다. 이러한 딜레마를 표현하면서, 융엘은 상응의 원리의 필연성을 함축하고 있다. 전통적인 표현으로 한다면, 융엘은 경세적 삼위일체에 참인 것은 상응의 원리를 통해 내재적 삼위일체를 위해서도 참이어야 함을 요청한다.

그러나 만일 우리가 일반적인 논제를 넘어 좀 더 자세히 상응에 대해 탐구하려 한다면, 하나의 문제가 일어나게 된다. 문제는 "인격"(위격, person)이란 말 속에 담긴 모호함과 관계한다. 비록 융엘이 이 중요한 개념을 정의하고 전개하는데 시간을 쏟지 않았지만, 골비처를 통해 이 용어를 표현하는 과정에서 어떻게 이 용어를 이해하는지 암시를 주고 있다. 골비처에 의하면, "인격적 존재는 관계 속에 있는 존재를 뜻한다. 인격은 스스로 존재하는 (existing for self) 크기의 본성을 표현하는 실체 개념이 아니고… 관계를 표현하는 개념이다."[29] 여기서 인격과 관계를 연상시키는 것은 인격적인 존재는 관계 안에 있는 존재여야 한다는 점이다. 우리 자신의 인격성은 필연적으로 우리가 관계하는 이에게 의존해야 하는 것으로 보인다. 우리는 혼자서는 결코 인격적일 수 없다. 여기서 하나님은 인격적인가라는 물음이 일어난다. 이와 더불어 모호함이 시작된다.

여기서 잠시 바르트를 살펴볼 이유가 있다. 근대의 신학자들 대

---

29) *Ibid.*, 91.에서 인용되었음. 여기 선택된 단어들은 자동적으로 "인격적 존재"는 삼위일체의 세 위격들(*tres personae*)에게 적용되는 것이고 하나의 실체(*una substantia*)에 적용되는 것이 아님을 주시할 것.

부분과 마찬가지로 바르트는 "인격"이란 용어의 정의가 여러 세기를 통해 변화되었음을 인식한다. 인격성의 개념과 인격성이 갖는 독립적인 자기-의식(self-consciousness)이란 특성 때문에, 우리는 이제 아버지, 아들, 성령의 세 본체에 자격을 부여하지 않고는 더 이상 인격성을 논할 수 없게 되었다. "그리스도교 교회는 하나님 안에 세 위격들이 존재하며, 삼중적 자아 혹은 삼중적 주체란 의미에서 세 인격성이 존재한다고 가르쳤다. 이것이 삼신론이 될 수도 있다."30) 바르트는, 삼신론을 피하기 위해서, 우리가 전체성 안에서 하나님 자신(Godhead)은 하나님의 인격으로, 세 본체들은 "존재의 양식"(mode of being, Seinsweise)으로 생각해야 한다고 주장한다. 하나의 본질과 세 위격(*mia ousia, treis hypostases; una substantia, tres personae*)이라는 교부 시대의 표현을 염두에 두면서, 바르트는 현대 상황에서 하나님의 인격을 본체들(*hypostases*)이나 위격들(*persona*)보다는 본질(*ousia*) 혹은 실체(*substantia*)와 동일시하는 것이 낫다고 생각한다.31)

이러한 바르트의 사상이 융엘이 말하는 하나님의 스스로 관계됨(self-relatedness)의 논제와 무슨 연관이 있는가? 융엘은 어떻게 인격과 관계성의 개념을 연결시키기 원하는가? 한편에서 융엘은 바르트를 따라 하나님이 하나님의 일치, 곧 하나님의 실체 안에서

---

30) Barth, 『교회 교의학 *Church Dogmatics*』, II/1:297.; I/1:407-415.을 참조할 것.
31) 플란팅가(Cornelius Plantinga, Jr.)는 융엘, 몰트만, 보프가 전개한 사회적 삼위일체의 경향의 빛에서 바르트의 존재의 양식(*Seinsweise*)을 비판한다. "하늘에서 바르트는 남자와 여자 사이에 있을 것으로 상상할 수 있는 상호성의 원형으로서 또한 아가페 윤리의 근거로서 계약적 교제의 모델을 원한다. 그러나 진실을 말한다면, 바르트의 이론은 바르트가 원하는 바를 가져올 수 없다. 왜냐하면 양식들은 결코 사랑하지 않기 때문이다. 그러므로 양식들은 서로를 사랑할 수 없다." Cornelius Plantinga, Jr., "삼위일체의 셋 됨/ 하나 됨의 문제 The Threeness/Oneness Problem of the Trinity", *Calvin Theological Journal* 23, no. 1(April 1988), 49. 플란팅가는 바르트가 원했던 것과는 반대의 결과가 도래하

인격적이라고 고백해야 한다면, 하나님은 오직 하나의 인격만을 갖게 될 것이다. 그러면 여기 하나인 하나님의 인격은 누구와 관계할 것인가? 세계와 관계할 것인가? 아니면 그 외 누구와 관계할 것인가? 만일 하나님이 단일한 인격이고 관계성은 하나의 인격 그 이상을 요구하게 된다면, 하나님은 내재적인 하나님의 존재와 외향적인 세계와 하나님의 관계 사이에 존재하는 상응을 잃게 될 것이다.

그러나 다른 한편에서 융엘이 인격성의 차원을 세 본체들 각각에 적용한다면, 하나님의 내적 존재는 세 본체들의 관계를 나타내는 용어들의 공동체가 되고, 하나님의 내재적인 관계와 하나님이 우리와 맺은 외향적인 관계 사이에 상응이 이루어질 것이다. 그러나 이렇게 되면 융엘은 삼신론에 빠졌다고 지적하는 바르트의 비판을 만나게 될 것이다. 그러므로 우리는 다시금 새로운 형태의 딜레마에 빠진 것이다. 하나님의 인격성과 하나님의 실체를 동일시하다보면 상응의 원리를 부인하는 결과가 될 것이고, 반대로 하나님의 인격성과 세 위격들을 동일시하다보면 하나님의 일치를 부인하는 결과가 될 것이다.

내가 연구한 바로는 융엘은 『삼위일체 교의 *The Doctrine of the Trinity*』라는 책에서 이 둘 중 어느 한 방향으로 자기 입장을 삼지

는 것을 보았다. 몰트만과 융엘 같은 바르트의 제자들은 사회적 삼위일체 교의를 주장하는 결점을 갖고 있었다. 반면 바르트는 아주 단순하였다. 그의 양식들이 갖는 개념이 이를 잘 말해준다. 대부분의 바르트 비평가들은 바르트가 삼신론자가 아니고 양태론자라고 주장한다. 힐(William Hill)은 바르트를 일러 "삼위일체적 양태론자"(a trinitarian modalist)라고 부른다. 삼위일체적인 이유는 셋을 연합하는 네 번째 신적 본질이 존재하지 않기 때문이며, 양태론자가 되는 이유는 오직 하나의 신적 주체성이 있기 때문이다. William Hill, 『세 인격을 가지신 하나님 *The Three-Personed God*』, 113-124.

않았다. 이 때문에 또 다른 딜레마를 남겨놓았다. 만일 융엘이 계속해서 자기 입장을 분명히 하지 않는다면, 어정쩡한 모호함을 남겨놓게 될 것이고, 이 둘 중 어느 한 방향으로 자기 입장을 삼는다면, 관계 유비라는 그의 논제는 무너지고 말 것이다.

우리는 본질적인 딜레마가 처음부터 정말 문제였는지 물을 수도 있다. 융엘은 이미 특별 계시, 곧 예수 그리스도 사건의 해석에 한정하여 하나님을 이해하였다. 그는 바르트와 마찬가지로 자연적 사유의 결과 나타난 신성, 곧 철학자의 신성이 적합하지 않다고 보았다. 일반적으로 철학자의 신성은, 단일하고 초월적이며 불변하고 영원한 자존자 곧 스스로 안에 그리고 스스로를 위해(in-and-for-himself) 존재하는 하나님으로 특징지어진다. 달리 말하면, 스스로 안에 그리고 스스로를 위해 존재하는 하나님은 융엘이 지향하는 하나님이 아니다. 철학자의 하나님은 우리와 관계하시는 (in-relation-to-us) 하나님이 아니다. 이 하나님은 분명 그리스도 사건 안에서 우리에게 계시한 하나님이 아니다. 만일 하나님이 그리스도 사건 안에서 우리에게 계시한 하나님이라면, 어째서 융엘은 "자신의 되어감의 존재 안에서" 우리와 관계하시는 계시된 하나님과 우리와 관계하지 않는 철학적 사색의 신성과의 화해가 필요하다고 느끼는 것일까? 어째서 인격성 자체가 하나님의 계속적인 창조와의 관계를 통해 구성되는 하나님을 고백하지 않는 것일까? 만일 우리가 융엘의 가설을 인정하고 스스로를 관계적인 계시의 하나님에게 한정하여 철학자들이 주장하는 자존하는 신성과 결별한다면, 첫째 무엇 때문에 그런 딜레마에 빠지게 될까?

더 나아가, 우리는 왜 상응의 원리를 필요로 하는가? 왜 하나님은 외향적으로 세계와 관계되기 전에 내재적으로 스스로와 관계되어야 하는가? 왜 융엘은 관계되지 않은 관계됨이란 말로 하나님을 묘사해야 한다고 생각하는가? 되어감 속에 존재하는 하나님을 말한다면, 어째서 우리는, 인간의 관계에서 나타나는 것처럼, 하나님께서 타자와의 관계를 통해 인격적이 되는 가능성을 탐구하지 않는가? 혹은 역으로 말한다면, 하나님이 인격적이기 위해 있어야 할 관계의 대상이 없이 홀로 인격적이게 하는 것이 무엇인가? 융엘이 역사적 예수 그리스도의 사건이란 "하나님께서 스스로 인간이 되신 하나님"을 의미한다고 진지하게 주장하였다면, 어째서 하나님이 세계와 갖는 수육의 관계를 계속되는 하나님의 자기-정의의 과정의 일부로 하지 않았는가?

후기 작품인 『세계의 신비이신 하나님 God as the Mystery of the World』에서 융엘은 자신의 관계되지 않은 관계됨의 하나님은 결국 포기되어야 한다고 암시하였다. 여기서 그는 라너의 규정에 무조건적으로 동의하고 있다. 경세적 삼위일체는 내재적 삼위일체이고 내재적 삼위일체는 경세적 삼위일체이다.[32] 라너의 규정은 그리스도께서 세계와 구원의 관계를 통해 하나님이 경험하는 관계성이 본래적 삼위일체적 관계를 구성한다고 본다. 하나님의 외향적인 관계는 하나님의 내재적인 관계가 된다. 우리가 이 둘의 거리를 이어주게 되면, 관계의 유비는 더 이상 필요 없게 된다. 이것이 융엘의 논제에 파괴적인 영향을 주게 되었다. 일단 우리가 내재적 삼위일체와 경세적 삼위일체를 일치시키게 되면, 더 이상 상응이 필요 없게 되기 때문이다.

이제 라너의 규정을 말한 라너에게 돌아가, 바르트로부터 현대의 담론으로 향하게 하는 다음 여정을 살펴보도록 하자.

---

32) Jüngel, 『세계의 신비이신 하나님 God as the Mystery of the World』, 369-370.

칼 라너와 라너의 규정

경세적 삼위일체가 내재적 삼위일체이고 내재적 삼위일체가 경세적 삼위일체라는 라너의 규정은 삼위일체 논의를 새로운 세계로 안내 하였다.[33] 라너는 존재의 일치로서의 하나님이 아니라, 위격으로서의 하나님이 세계와 관계한다는 자신의 논제를 발전시키기 위해 이 규정을 제안한다. 우리가 하나님을 경험하는 방식은 역사 안에 나타난 하나님의 구원 행위를 통해서, 구원의 경륜을 통해서이다. 그러므로 우리는 그리스도 안에서 구원을 주시는 말씀으로, 성령 안에서 연합을 이루시는 사랑으로 하나님을 인식한다. 우리는 일반적으로 하나님을 인식하지 않는다. 우리는 먼저 구원의 경륜 속에서 하나님을 경험한다. 그리고 라너는 우리가 이 경험을 신뢰할 수 있다고 생각한다. 구원의 경륜 속에서 하나님은 하나님 자신과 교류하고 있다. 내재적인 하나님은 곧 우리와 관계하시는 아버지, 아들, 성령으로서 하나님을 경험하는 방식이다.

---

33) Rahner, 『삼위일체 The Trinity』, 21-22. 10여년 후에 라너의 규정에 대해 글을 썼던 카스퍼(Walter Kasper)는 "라너가 기본적인 원리로서 시작한 것은 여러 교회의 신학자들 사이에 널리 통용되고 있었던 의견의 일치를 보여주고 있다."고 하였다. Walter Kasper, 『예수 그리스도의 하나님 The God of Jesus Christ』, 274. 쇼트(Faye Schott)는 "현대 삼위일체 운동의 기초를 삼위일체와 세계 역사 과정의 연결로 본 헤겔, 모든 신학적 선언의 기초를 삼위일체와 계시의 연결로 본 바르트, 하나의 일치된 실재로서 경세적 삼위일체와 내재적 삼위일체를 연결시킨 라너 이들의 사이에 교차했던" 여러 요인들을 주목한다. Faye Shott, "하나님은 사랑이시다: 삼위일체를 하나님의 관계적 존재로 해석하는 현대의 신학적 운동 God Is Love: The Contemporary Theological Movement of Interpreting the Trinity as God's Relational Being", (Th. D. diss., Lutheran School of Theology at Chicago, May 1990), 62. 올슨(Roger E. Olson)의 책으로부터 용어를 빌려온 나는, 먼저 올슨이 현대신학 칼럼에 두 차례 연재하였던 『삼위일체 담론』이란 글에서 사용한 "라너의 규정"이란 용어를 차용하였다. Roger E. Olson, 『삼위일체 담론 Trinity Talk』, in Dialog, 26, no. 1(Winter 1987), 44-48. 그리고 26, no. 2(Spring 1987), 133-138.

라너가 아직 직접적으로 표현하지 않았지만, 후에 몰트만과 젠슨은 영원적 혹은 내재적 삼위일체는 시간적인 구원 사건의 경륜 속에 그 정체성이 찾아진다고 하였다. 그러나 삼위일체의 경세적 차원과 내재적 차원의 융합을 주장하는 것처럼 보임에도 불구하고, 실상 라너는 하나님의 영원성은 역사적 자기-구성과 관계하지 않는다는 고전적 주장을 고집하였다.

여기 라너의 규정에서 중요한 것은 하나님의 세계와의 관계 방식은 세 본체 각각으로 식별되는 것이지, 일치로서의 하나님으로 식별되는 것이 아니라는 점이다. 세 하나님의 위격 각각은 스스로 인간성과 교류한다.

> 자신의 인격적인 특수성과 다양성 안에 자유로이 주시는 은총 가운데… 이는 하나님의 내주하시며 창조되지 않은 은총이다… 달리 말하면, 여기 세 가지 자기-교류는 세 가지 상대적인 방식으로 존재하는 한 분 하나님의 자기-교류이다… 하나님은 삼중적으로 우리와 관계한다. 그리고 여기 [하나님께서] 삼중으로 무상으로 자유로이 베푸시는 우리와의 관계는, 단순히 내적 삼위일체의 복사나 유비만이 아니라, 자유로이 무상으로 교류됨에도 불구하고, 삼위일체 그 자체이다.[34]

라너는 여기서 본질로서의 하나님과 타자와 관계하는 하나님이 일치될 수 있는 가능성을 열어놓고 있다. 하나님이 우리와 관계하시는 삼중적 방식은 "단순히 하나님의 내적인 삼중적 관계됨의 복사나 유비"만이 아니고, 오히려 본질적인 관계이다. 이점에 대해서 라너는 융엘을 넘어서고 있는 듯이 보인다. 융엘은 단지 이 둘

---

[34] Rahner, 『삼위일체 The Trinity』, 34-35.

사이에 상응만이 존재한다고 보았다. 라너는 하나님께서 구원의 경륜 속에서 우리와 관계하는 것을 통해 하나님 자신과 관계한다고 말할 참이었다.

방법론에 대해서, 라너는 슐라이어마허보다는 웰치와 바르트와 융엘에 더 다가간 듯 보인다. 라너는 은총의 경험 속에서 이미 내재적 삼위일체가 실제로 우리에게 주어졌다고 주장한다. "우리를 위한 삼위일체는 교리로서 표현될 수 있는 실재가 아니다. 삼위일체 자체가 우리와 함께 한다."[35] 라너는 이렇게 주장해야 한다고 생각한다. 그렇지 않으면 성서로부터의 입증은 어쩔 수 없이 미묘한 변증적 기술을 사용함으로써 몇 개의 흩어진 진술을 묶어 결론을 내리려는 방법처럼 보이기 시작할 것이다. 여기 성서적 입증이란, 하나님께서 실제로 이처럼 난해하고도 모호한 것들을 우리에게 계시하였는지 의문할 수밖에 없는 어떤 체계 안에 산개된 진술들을 묶는 방식이다. 따라서 성서적 입증은 여러 복합적인 설명을 필요로 한다. 간단히 말해서, 라너의 방법은 종합의 방법이기보다는 분석의 방법이다.

그러나 라너에게는 웰치가 사용한 "분석"이라는 용어보다는 "논리적 설명"(logical explanation)이란 용어가 더 어울린다. 라너는 "논리적 설명"과 "존재적 설명"(ontic explanation)을 대비시킨다. 논리적 설명은 진술을 보다 자세하게 함으로써 그 의미를 분명하게 한다. 논리적 설명이란 사건의 다른 면을 설명하기 위해서 어떤 한 면만을 사용하지 않는다. 하나의 진술을 설명하기 위해 사용된 모든 개념들은 그 진술에서 나올 수 있다. 이와 반대로 존재적 설명은, 설명되고 있는 바를 이해하도록 돕는 방식으로서,

---

35) *Ibid.*, 39.

사태의 또 다른 상태를 관심하는 설명이다.[36] 이에 대한 라너의 견해는 다음과 같다. 모든 사람이 성서의 정확한 의미로 말하고 싶어 한다. 그렇다고 성서에 쓰여진 대로 반복하여 말할 수는 없다. 교회의 삶을 다른 시기에 다시 진술하는 것은 성서에 대한 존재적 설명보다는 논리적 설명을 구성한다. 이는 분석적인 영역으로 그 기원으로 돌아가는 작업이다. 곧, 본질상 이해할 수 없는 하나님이 실제로 그리스도와 성령이라는 이중적 실재로 우리에게 오셨다고 확신하게 하는 신앙의 경험으로 돌아가는 작업이다.

교회 교의의 형식을 입고 성서 이후 전통을 통해 전해지는 공식적인 논리적 설명의 역할을 생각해보자. 한편으로 보면, 라너는 불변의 교의에 결정적인 권위를 주는 것처럼 보인다. "본래적으로 인격적이면서 신학적으로 정당화된 신앙의 행위는, 단순히 교회의 공식적인 교의를 앵무새처럼 외운다고 해서 가능한 것이 아니다. 신앙의 모든 행위는 어쩔 수 없이 어떤 신학의 범주에서 일어나기 때문이다. 그러나 여기에서 신학은 교회의 신학임을 분명히 하기 위해, 우리는 처음부터 교회의 교의를 따라 신학을 구성하여야 한다."[37] 그러나 또 다른 면에서 보면, 라너는 현대의 달라진 상황이 주는 도전 때문에 변화에 개방적인 것처럼 보인다. "교회와 교회의 공식적인 선언은 언제나 새로운 과제를 안고 있다. 그 이유는 어떤 실재에 대한 주어진 개념의 적합성과 이해 가능성이 변할 수 있기 때문이고, 일반 사람이 이해할 수 있도록 선포해야 하는 교회가 달라진 상황의 변화를 피해갈 수 없기 때문이다."[38]

---

36) *Ibid*., 55. 이는 예증(illustration)보다는 해석(interpretation)이 좋고 탁월하다고 보는 바르트의 생각과 견줄 만한가? 해석은 분석으로 이루어지고, 예증은 유비로 이루어진다. Karl Barth, 『교회 교의학 *Church Dogmatics*』, I/1:396-397.
37) Rahner, 『삼위일체 *The Trinity*』, 49쪽.
38) *Ibid*., 108.

여기서 우리는 웰치가 라너의 방법에 대해 어떻게 평가하는지 살펴야 한다. 예컨대 "구제 불가능할 정도로 완고한" 가톨릭 신학자들과 근본주의자들의 범주로 라너를 분류할지, 아니면 바르트와 함께 분석의 범주로 분류할지 살펴야 한다. 나는 라너가 분명 후자에 속한다고 본다. 그렇다고 전자의 징후가 없는 것은 아니다.

라너는 예수 그리스도께서 인간 역사에서 감당한 독특한 역할을 하나님의 본래적인 삶 안에서도 동일하게 하였다는 것을 "논리적 설명"을 통해 논증하려 한다. 우리가 구원의 경륜을 말할 때, 구원자의 역할은 삼위일체의 제2위격에 의해서만 이루어질 수 있는 것이지, 그 외 다른 두 위격이나 영원성 안에 있는 신성에 의해서 이루어질 수 있는 것이 아니다. 라너는 로고스만이 육체를 입을 수 있다고 주장한다. 따라서 우리는 "다른 하나님의 위격들과 구별된 로고스가, 정확하게 말한다면 로고스로서, 인간이 되었다."는 것이 무엇을 뜻하는지 물을 필요가 있다. 라너는 "아우구스티누스로부터 시작하여, 신학자들 가운데는 (하나님이 그렇게 결정한다면) 하나님의 위격 각각이 인간이 될 수 있기 때문에, 제2위격이 육체를 입은 것은 신성 안에서 독특한 것일 수 없다."[39]고 주장하는 그리스도교 신학의 전통을 반대한다.

문제는 성령이 수육 없이도 존재할 수 있고, 하나님의 위격 각각이 원리상 인간이 될 수 있다는 개념이 아우구스티누스 이후 용납될 수 있는 것처럼 보인다는 점이다. 이렇게 되면, 세계와 하나님의 관계 양식이 제멋대로 되고, 은총의 경륜에 대한 우리의 경

---

39) *Ibid.*, 11.; 86. 또한 Rahner, "수육의 신학 On the Theology of the Incarnation", in *Theological Investigations*, 4:106-107.과 Rahner, 『그리스도교 신앙의 기초 Foundations of Christian Faith』, (New York: Seabury, Crossroad, 1978), 214-215.도 참조할 것.

험은 하나님의 삶 안에서 이루어지고 있는 것을 정확하게 보도하지 않게 된다. 라너는 이점을 염려하였다. 라너는 수육의 의미가 하나님의 말씀이 참으로 육체가 된 것을 뜻한다면, 로고스만이 인간의 역사를 시작했고 시작할 수 있다고 보았다. 실로 세계가 하나님과 구별된 피조물일 뿐 아니라 하나님 자신의 실재가 된다면, 하나님의 말씀이 무엇인지 분명하게 인식하게 될 때 수육을 이해할 수 있으며, 수육이 무엇인지를 인식하게 될 때 하나님의 말씀이 무엇인지 충분히 인식할 수 있다.

예수는 일반적인 의미에서 하나님일 뿐 아니라 특별하게 아들이기도 하다. 하나님의 제2위격인 로고스가 인간이 되었고, 오직 로고스만이 인간이 되었다. 하나님의 다른 위격이 아니고 오직 제2위격만인 본래적으로 점유하는 하나의 과제, 세계 안에 하나의 임재, 구원 역사의 하나의 실재가 존재한다. 이는 로고스에게만 속한다. 하나님의 다른 두 위격이 아니고, 제2위격의 역사에만 속한다. 이에 비추어보면, 구원 역사의 경륜이 전체적으로 삼위일체 하나님께 속하며 특별하게는 모든 위격에 속한다는 진술은 정당한 것이 아니다.[40]

이런 맥락에서 우리를 거룩하게 하는 이는 바로 성령이라고 결론지어야 한다. 거룩하게 하는 분은 일반적인 하나님이 아니다. 우리가 이것을 확신하지 못한다면, 경세적 삼위일체에서 배우는 것을 내재적 삼위일체에 적용할 수 없다. 즉, 하나님의 순수 계시는 일어나지 않는다. 그러므로 라너는 하나님께서, 겉으로만 하나님과 관계하고 하늘의 지배를 충분히 받지 않는 이 땅의 존재들을 올바로 세우기 위해, 인간 본성이나 영적 본성으로 스스로를 포장

---

40) Rahner, 『삼위일체 *The Trinity*』, 23.

하여 이 땅에 왔다는 생각에 반대한다.

이러한 논증의 의도는 우리가 역사 안에서 경험하는 하나님의 본체는 본래적인 신성 안에 있는 동일한 본체와 상응한다는 확신을 주기 위해서이다. 그러면 세 본체들 각각을 "인격들"이라고 불러야 하는가? 라너는 "그렇다"라고 답하였다. 라너는 "인격"이란 용어의 현대적 의미가 의도된 실재를 적절하게 표현할 수 없기 때문에 인격이란 용어 사용을 싫어하였던 바르트에 동조하지 않았다. 또한 라너는 교회 용어에서 오해의 여지가 있는 인격이란 용어 대신에 오해를 줄일 수 있는 다른 용어로 바꾸어야 한다는 바르트의 생각을 거부하였다.[41] 라너는 인격이란 용어를 지난 1500년간 교회에서 사용하였고, 그 결과 이 용어가 거룩한 용어가 되었다고 보았다. 따라서 라너는 모든 사람들이 인격이란 용어를 이해할 수 있고 오해의 여지가 적기 때문에 인격이란 용어보다 더 적절한 용어는 없다고 주장하였다.

그러나 만일 우리가 "인격"이란 용어를 다른 용어로 바꾸어야 한다면, 바르트의 "존재의 방식"(manner of being)보다 우월한 것으로서 "독특한 자존의 방식"(distinct manner of subsisting)[42]이란 표현을 추천한다. 이 표현을 해설하면서, 라너는 근대의 인격 개념을 사용하지 않는다면, 세 위격에 상응하는 세 주관성을 말할 수 있다고 생각한다. 세 위격은 세 개체 존재들이 아니다. 다른 것에 적용하는 것과 똑같은 방식으로 하나님의 세 위격들을 말할 수는 없다. 여전히 세 위격들은 공동의 한 본질을 공유한다. 여기서 라너는 고전적인 실체론적 존재론을 파기하려 하지 않는다. 때문

---

41) *Ibid.*, 44.; Barth, 『교회 교의학 *Church Dogmatics*』, I/1:412-413; II/1:296-297.
42) Rahner, 『삼위일체 *The Trinity*』, 110.; Welch, 『삼위일체의 이름으로 *In This Name*』, 190-191.

에 라너는 주체성에 대한 독특한 구분을 시도한다. 곧, 구상적 명사로서 각각의 위격은 자기-의식을 소유한다. 그러나 본질에 있어서는 위격의 자기-의식이란 서로 서로 구분되지 않는다. 따라서 하나의 신적 주체만 있다고 주장하는 바르트의 입장과 아주 가까운 입장이 된다. 우리는 "하나님 안에 세 구별된 의식, 세 영적 활력, 세 활동의 중심이 존재한다."고 생각할 필요가 없다. "하나님 안에는 아버지와 아들과 성령 그리고 하나님의 고유한 방식으로 세 위격 각각이 공유하는 하나의 실제적인 의식만이 존재할 뿐이다."[43]

삼위일체 안에서 로고스 혹은 아들이 먼저 발현하였기 때문에, 하나님의 외향적인 피조세계 창조와 수육이 존재론적으로 가능한 것이다. 이 주장은 관계의 유비를 말하는 융엘의 입장과 아주 가까운 듯 보인다. 그러나 여기에 오류는 없는지 살펴보아야 한다. 내재적으로 하나님의 실재 안에 이미 창조적인 관계성이 없다면, 하나님은 창조를 할 수도 없고 수육할 수 없던지(라너), 아니면 외향적으로 피조세계와 관계할 수 없다(융엘)고 가정하는 것처럼 보인다. 하나님의 삶이 창조적 관계성을 가질 때에만, 외향적으로 세계를 창조할 수 있거나 관계할 수 있다. 그러나 다시 말하거니와 이에 대한 보증이 무엇인가? 융엘과 마찬가지로 라너도 우리가 다시금 철학자들이 말하는 자존적 신성을 다루고 있다는 불필요한 가정에 빠지고 있는 것은 아닌가? 만일 그렇다면, 다시금 우리는 다음과 같은 유사 문제를 만나게 된다. 곧 어떻게 한분 하나님께서 외부 세계와 복잡한 관계에 들어갈 수 있을까? 이 신학자들은 한분 하나님께서 이미 내재적으로 복잡하게 되었다고 주장하고 있다. 그러나 이런 주장이 무슨 도움이 될까? 오히려 이전의

---

43) Rahner, 『삼위일체 The Trinity』, 43., 107.; Rahner, 『그리스도교 신앙의 기초 Foundations of Christian Faith』, 134-135. 참조.

차원으로 문제를 되돌리는 것은 아닌가? 이제 우리는, 삼위일체적인 방식으로 세계와 관계할 때 어떻게 한분 하나님이 복잡하게 되었는지 묻지 말고, 하나님께서 세계와 여전히 관계하지 않으면서도 어떻게 단일함에서 복잡함으로 전이를 만들어 낼 수 있는지 물어야 한다. 이렇게 했을 때 실제로 얻는 것이 무엇인가? 여기에 관계하지 않은 하나님을 관계되지 않은 채로 남겨두려는 숨은 의도가 있는 것처럼 보인다.

라너가 문제를 풀어가는 방식은 현실적인 논증 효과를 갖는다. "하나님의 말씀이 육체를 입었다."라는 구절을 납득시키기 위해 어떻게 불변의 하나님께서 변화할 수 있을까? 라너는 하나님께서 불변하며 불변성이 완전이라는 우리의 가정을 포기할 수 없다고 주장한다. 그러나 라너는 또한 로고스가 인간이 되었고, 인간 실재의 변화하는 역사가 로고스 자신의 신적 역사이며, 우리의 시간은 영원의 시간이 되었고, 우리의 죽음은 불멸의 하나님 자신의 죽음이 되었다고 주장한다. 라너는 내재적 변화와 외재적 변화를 구분함으로써 앞서 제기된 난제를 풀어간다. "하나님은 변화할 수 없기에, 본질상 변화할 수 없는 하나님은 다른 곳에서 변화할 수 있다고 해야 한다. 그러나 '다른 곳에서의 변화'는 본질상 하나님의 불변성을 부인하는 것이어서도 안 되고, 단순히 타자의 변화에 환원되어서도 안 된다⋯ 수육의 신비는 하나님 자신 안에 존재한다. 곧 '본질상' 불변하지만 '다른 곳에서' 어떤 것이 될 수 있다는 사실 안에 존재한다."[44]

그러면 라너는 문제를 실제로 해결한 것인가? 아니면 그저 새로운 용어로 덮어버린 것인가? 라너는 불변하는 것이 변화한다는

---

44) Rahner, "수육의 신학 On the Theology of the Incarnation", in 『신학적 탐구 Theological Investigations』, 4:113-114 n. 3.

역설을 제거하였는가? 나는 그렇게 생각하지 않는다. "내적인 변화"와 "외적인 변화"와 같은 용어들을 사용해서 라너는 문제를 다른 곳으로 옮겼을 뿐이다. 내적으로 변화하지 않는 하나님이 어떻게 외적으로 실제 변화할 수 있을까? 라너는 두 정의를 명기하고 전체 문제를 하나님 존재의 신비로 돌린다. 우리가 융엘에 대해서 했던 것과 마찬가지로, 라너에게 제기해야 할 진짜 물음은, 왜 하나님이 불변하다는 전제로 신학적 작업을 해야 하는가이다. 만일 우리가 성서에 보도된 계시를 이 신학자들처럼 진지하게 다룬다면, 그리스 철학의 사색이 갖는 고상한 속성을 예수 안에 드러난 하나님에게만 단조롭게 적용할 필요가 없을 것이다.

어쨌든 우리는 라너가 진전시킨 논의의 요점을 주목한다.[45] 라너는 자신이 의도했던 것보다 더 많이 논의를 진전시켰다. 경세적 삼위일체는 내재적 삼위일체이고 내재적 삼위일체는 경세적 삼위일체라는 라너의 규정은 20세기 삼위일체 사유에 분수령을 이루었다. 그 영향력은 아직도 계속되고 있다. 이러한 상황에서 카스퍼(Walter Kasper)는 잘못된 해석에 빠지지 않도록 경고한다. 첫

---

[45] 논의를 진전시켰다는 점에 누구나 동의하는 것은 아니다. 예를 들면, 몰나(Paul D. Molnar)는 라너의 규정이 순수 바르트주의를 오염시켰다고 주장한다. 그러므로 융엘과 몰트만과 판넨베르크는 바르트와 라너를 종합하면서 경세적 삼위일체를 갖고 내재적 삼위일체를 변질시킨다. 몰나는 "몰트만과 라너는 수육한 로고스의 참된 본성을 배제하는 범재신론을 받아들인다."고 불평한다. "판넨베르크는 가현적인 계시의 정의를 받아들이고, 융엘은 하나님의 사랑을 사랑에 대한 현상학적 정의로 재해석하려한다. 이 모든 경우에 인간을 넘어선 하나님의 우선성이 무너진다." Paul D. Molnar, "칼 바르트 신학에서 내재적 삼위일체의 기능: 현대적 의미 The Function of the Immanent Trinity in the Theology of Karl Barth: Implications for Today", *Scottish Journal of Theology* 42, no. 2(1989), 398. 여기서 무슨 일이 벌어지고 있는 것일까? 몰나는 문제가 방법론과 관계된다고 잘못 생각한다. 곧 계시의 우선성과 관계한다고 생각한 것이다. 그는 "경험과 계시가 갈등관계에 있다."(*Ibid*)고 주장한다. 이점이 그의 잘못된 점이다.

째, 카스퍼는 우리가 경세적이라는 말을 단순히 영원한 내재적 삼위일체의 시간적 현시로만 이해한다면, 라너의 일치(identification)를 잘못 이해한 것이라고 주장한다. 여기서 역사가 중요하다. 나사렛 예수 안에 수육한 제2위격은 하나님이 새로운 방식으로 세계 안에 존재함을 의미한다. 수육은 하나님이 실제로 하나님 됨을 의미한다.

둘째, 카스퍼는 첫 번째 경고와는 정 반대의 방향으로 갔을 때 일어나는 잘못된 해석에 대해 경고한다. 곧 일치(identification)가, 마치 영원적 삼위일체가 먼저 역사 안에 역사를 통해 들어온 것처럼, 내재적 삼위일체가 경세적 삼위일체 안에 해체된 것이라고 생각하는 것에 대해 경고한다. 극단적인 경우, 내재적 삼위일체가 완전히 무대에서 사라지게 하여 구원의 경륜에만 삼위일체를 한정시킬 때, 실수는 더욱 악화된다. 카스퍼는 이러한 과정이 경세적 삼위일체로부터 모든 의미와 중요성을 빼앗아 간다고 보았다. 왜냐하면 경세적 삼위일체는 영원부터 존재하는 하나님께서 구원의 역사에 현존할 때에만 의미와 중요성을 갖기 때문이다. 그러므로 이러한 잘못된 해석을 피하고자 카스퍼는 라너의 규정을 자신의 말로 다시 표현하였다. "경세적인 자기-교류 속에서 삼위일체 내의 자기-교류는 세계 안에 새로운 방식으로, 곧 역사적인 논쟁

바르트 이후의 삼위일체주의자들이 경험에 대해서 논할 때, 공통의 혹은 자연적인 경험을 의미하는 것이 아니고 특별 계시를 뜻하는 예수 그리스도에 대한 그리스도교 교회의 경험을 의미한다. 계시와 경험을 나누는 것은 현대 논쟁의 논제가 아니다. 논제가 될 수 있는 것은 내재적 삼위일체가 경세적 삼위일체로 붕괴된다면 하나님의 자유가 붕괴될 수 있다는 점이다. 나는 신학자들이 두 가지 방법으로 문제를 피해간다고 생각한다. 첫째, 이들 모두는 하나님의 자유와 내재적 삼위일체의 영원한 차원을 인정한다. 둘째, 하나님의 자유는 시간 안에 표현되기 때문에 내재적 삼위일체 안에 표현되는 것이 아니라 경세적 삼위일체 안에 표현된다. 그러므로 순수 자유는 무시간적인 영원성을 요구하지 않고 열려진 미래를 요구할 뿐이다.

과 기사와 활동의 이름하에, 궁극적으로는 나사렛 사람 예수 안에 현존한다."[46]

그러나 이렇게 했다고 해서 실제로 문제가 해결된 것인가? 카스퍼는 내재적 삼위일체의 내면적 관계들이 이미 영원성 속에서 이루어졌다고 생각하는 것처럼 보인다. 때문에 새로운 것은 이들 관계들이 역사의 "옷"을 입고 나타난다는 점이다. 곧, 역사 안에 나타난 삼위일체의 의미와 중요성은 영원성 안에서의 삼위일체가 드러났기 때문이다. 결국 최종적인 분석에서 카스퍼는 첫 번째의 잘못된 해석에 안주함으로써만 두 번째 잘못된 해석을 피해간다.

시간과 영원성의 관계를 다시 생각하게 하는 제3의 방법이 있을 수 있다. 그래서 구원의 역사에서 일어난 일이 영원한 삶의 내용을 구성한다. 고전적인 고백이 갖는 문제는 하나님이 영원하다고 할 때 내재적 삼위일체가 수육을 통해 역사에 들어오기 전 이미 고정되고 불변한 것으로 생각한다는 점이다. 영원성 속에서 삼위일체적 관계들의 전역사적이거나 초역사적인 완전함을 생각하다보면, 예수 안에 나타난 수육은 구현된 하나님의 실재이기보다는 초월적인 실재를 가리키는 가현적 도깨비로 해석될 수밖에 없다. 내재적 관계들과 경세적 관계들을 일치시킴으로써, 라너는 바르트의 문을 좀 넓게 개방한다. 그래서 우리는 수육의 역사가 역사로서 어떻게 하나님의 순환 그 자체에 내면화되었는지 생각할 수 있다. 수육과 더불어 아들은 구원을 위해 세상에 왔다. 그래서

---

[46] Kasper, 『예수 그리스도의 하나님 *The God of Jesus Christ*』, 4. O' Donnell, 『삼위일체 하나님의 신비 *The Mystery of the Truine God*』, 37-38.을 참조할 것. 마찬가지로 콩갈(Yves Congar)도 라너의 규정에 대해 조건적인 승인을 한다. 콩갈은 경세적 삼위일체가 완전한 하나님의 자기-교류가 될 수 없다고 주장함으로써, 내재적 삼위일체에 우선권을 주는 비대칭적 구조로 라너의 규정을 수정한다. Yves Congar, 『나는 성령을 믿습니다 *I Believe in the Holy Spirit*』, 3: 13-18.

시간적인 창조의 전체가 하나님의 자기-계시의 영원성 속에 들어간다. 이제 이를 염두에 두면서 몰트만의 개방적 삼위일체를 살펴보도록 하자.

위르겐 몰트만의 [역사를 향해] 개방된 삼위일체

몰트만은 하나님의 셋 됨에 우선권을 주고 그 안에서 관계적 일치를 향해 나아간다는 점에서, 실체론적인 하나님의 일치를 뛰어넘는 가장 큰 도약을 이루고 있다. 몰트만은 유일신론과 삼위일체론의 경계를 긋고 난 후, 그리스도교가 결코 유일신론적이어야 할 이유가 없다고 주장한다. 그렇다고 삼신론 형태의 다신론을 주장하려는 것도 아니다. 그는 삼신론은 그리스도교 신앙에 결코 유혹이 된 적이 없었다고 정확하게 인식한다. 몰트만에 따르면, 삼위일체론은 유일신론도 아니고 다신론도 아니다. 삼위일체론은 그 나름의 독특한 신론이다. 곧 예수의 십자가에서 고통을 당한 하나님을 특별하게 경험함으로 탄생된 독특한 그리스도교 교리이다.

"하나님은 우리와 더불어 고통을 당하시고, 우리로부터 고통을 당하시며, 우리를 위해 고통을 당하신다. 이러한 하나님의 경험이 삼위일체 하나님을 계시한다."[47] 십자가의 고통 한 가운데 예수는 아버지로부터 버림을 받는 고뇌를 경험한다. 또한 아버지는 아들로부터 나누어지는 아픔을 경험한다. 그러나 죄인을 위해 고통에 자신을 내어준 예수와 아버지는 성령 안에서 서로 새로운 일치를 경험한다. 외적인 역사 참여를 통해 내적인 일치가 이루어진다. 삼위일체가 개방된 삼위일체이기 때문에 역사는 하나님의 삶 속

---

47) Moltmann, 『삼위일체와 하나님 나라 The Trinity and the Kingdom』, 4. 몰트만은 성부 수난설(patripassianism)을 포용하는 것처럼 보이지만 분명하게 주장하지

으로 쓸려 들어간다. 예수 그리스도의 역사는 종말론적인 완성을 통해 미래의 하나님의 영화에 이르는 약속이다. 그리고 과거와 미래는 성령을 통해서 현재의 교회 삶 속으로 중재된다. 여기서 몰트만은 바르트로부터 시작하여 융엘로 이어지는 사유의 맥락, 곧 그리스도의 역사적 사건이 본래적인 하나님의 삶을 구성한다는 사유의 맥락을 이어가고 있다.[48] 이러한 맥락에서 몰트만은 하나님의 삶이 유일신론적이 아니라고 표현하였다.

몰트만은 유일신론의 하나님이 우리와 더불어 또한 우리를 위해 고난당할 수 없다고 생각한다. 그러나 하나님은 성서 속에서 우리에게 계시한 사랑 때문에 사랑이시며 고통을 당하신다. 그러므로 몰트만의 방법은 니케아 이전의 신학자들과 니케아 신학자들이 말하는 형이상학적 실체론의 배후로 돌아가서 성서의 원 증언으로 향한다. 니케아 신학자들의 문제는, 저들이 하나님의 일치라는 가정으로 시작한 후, 하나님의 다원성이 가능한가를 묻고 있다는 점이다. 니케아 신학자들은 본질(*ousia*)과 실체(*substantia*)와 같은 그리스 철학의 중성적이며 비인격적 용어들을 사용하기 시작하였다. 이러한 용어 사용을 통해 니케아 신학자들은 하나님을

는 않는다. "아들은 십자가 위에서 고난을 당하고 죽는다. 아버지는 아들과 더불어 고통을 당하지만 아들과 동일한 방법으로 고통을 당하는 것은 아니다." Moltmann, 『십자가에 달리신 하나님 *The Crucified God*』, (New York: Harper & Row, 1974), 203.(김균진 옮김 한국신학연구소, 1979). 몰트만은 신 수난설(theopaschite)의 입장을 비판하는 상황에서 이를 주장한다. 그러나 후에는 몰트만 자신이 "신-인 공감"(theopathy)이라 불리는 용어를 만들어 사용하였다. Moltmann, 『삼위일체와 하나님 나라 *The Trinity and the Kingdom*』, 25.

48) 존 캅(John Cobb)은 몰트만을 부드럽게 비판하는 학자 중 한 사람이다. 그는 예수와 아들을 일치시키는 몰트만을 좋아하지 않는다. 캅은, 나사렛의 역사적 예수가 아니고, 칼케돈에서 발견한 초역사적인 로고스를 삼위일체의 일원으로 생각한다. John Cobb, "'삼위일체 하나님의 일치라는 몰트만의 논문에 답하여 Reply to Jürgen Moltmann's The Unity of the Truine God,'" *St. Vladimir's Theological Quarterly* 28, no. 3(1984), 173-177.

절대적인 개체 주체로 사유하였다. 그러나 몰트만은, 니케아 신학자들과는 반대로 성서가 살아계신 세 인격으로 시작해서 연합을 이룬다는 다소 문제성 있는 입장을 개진한다. 아타나시우스를 극복하려 했던 카파도키아 교부들은 이 입장을 분명히 선호한 듯 보인다. 또한 몰트만도 성서의 입장을 따르고자 하였다.[49]

몰트만은 하나님의 행위에 세 주체 혹은 세 영역이 있는 것이지 하나의 주체 혹은 하나의 영역이 있는 것이 아니라고 하였다. 우리도 세 인격을 갖는 것이지 하나의 인격을 갖는 것이 아니다. 몰트만은 그리스도인들이 유일신론적인 양식으로 말하면서 하나님을 자기-수여(self-giving)로 표현한다고 불평한다. 그러나 이것은 잘못된 것이다. 신약성서는 하나님께서 "자기의 아들을… 우리 모두를 위해"(롬 8:32) 내어주었고, 또한 아들이 "스스로 나를 위해 내어주었다."(갈 2:20)고 증언한다. 이 증언에 의하면 하나님에게는 하나의 주체만 있는 것이 아니다. 역사는 아들이 아버지와 성령과 협력하여 이루어진다. "예수께서 '아들'로서 나타난 역사는 단일한 주체에 의해서 완성되고 성취된 것이 아니다. 그리스도의 역사는 신약성서 안에서 삼위일체적으로 이미 관계된다."[50]

그러면 무엇이 하나님의 일치의 본성인가? 몰트만은 세 본체들이 동일한 실체를 공유한다고 본다. 따라서 존재론적 일치가 선행한다고 하는 생각을 배제한다. 여기서 일치는 통전적인 일치이며 역동적인 상호성과 관계성을 통한 통일이다. "스스로와 다른 두 위격을 연합하는 하나님, 곧 삼위일체 하나님에 대한 성서적 증언에 상응하는 일치 개념은 하나의 실체 개념과 동일한 주체 개념을 필요로 하지 않는다… 일치 개념은 하나님의 세 위격들의 상호순

---

49) Moltmann, 『삼위일체와 하나님 나라 *The Trinity and the Kingdom*』, 149.
50) *Ibid.*, 64.

환 속에서 인식되어야 한다."[51] 몰트만은 다원성에서 시작한 후 이어서 일치를 말하기 때문에, 그의 삼위일체 교리를 일러 "사회적 삼위일체 교리"[52]라 칭한다.

사회적 삼위일체 교리를 확신하였던 몰트만은, 바르트와 라너가 유일신론의 전통에 서 있다는 이유에서 이들을 비판하였다. 몰트만은 바르트와 라너가 비슷한 전제에 기초하여 동일한 삼위일체 교리를 제시하였다고 보았다. 몰트만은 이 두 신학자가 하나님의 주체를 다원성이 아니고 일치와 동일시하는 기본적인 실수를 똑같이 범하였다고 보았다. 그 결과 절대적인 개체 존재로서, 아버지와 아들과 성령의 세 양식으로 한 하나님 주체를 표현하는, 차갑고 관계를 갖지 않는 하나님이 되었다고 보았다. 바르트와 라너는 저속한 삼신론을 피하고자 하였다고 주장하였다. 그러나 몰트만은 삼신론이 그리스도교 신학에 결코 위험이 된 적이 없었다고 반박하였다. 위험한 것은 유일신론이다. 몰트만의 입장에서 보면, 바르트와 라너는 양태론의 형식을 가진 유일신론의 함정에 빠져있었다.

몰트만의 바르트 비판은 하나님의 주권이라는 바르트의 출발점을 반박함으로써 시작한다. 하나님의 주권을 강조함으로써, 바르트는 하나님 안에서 세 존재의 양식을 지닌 오직 유일한 한 분의 인격적 주체를 만나게 된다고 주장하였다. 바르트는 근대인들이 인격을 의식의 독립적인 주체이며 자리로서 이해하였다고 생각하였다. 따라서 그는 아버지와 아들과 성령이 적절하게 소통하지 않

---

51) Ibid., 149-150. 몰트만은 본래적인 혹은 존재론적인 일치를 뜻하는 아인하이트(하나 됨, *Einheit*)라는 용어보다는 통일이나 통합의 과정을 지칭하는 아이니히카이트(*Einigkeit*)나 페어아이니궁(*Vereinigung*)이란 용어를 선호한다.
52) Ibid., 19.

는 근대의 인격 개념은 니케아의 인격 개념과 일치하지 않는다고 생각하였다. 그러나 몰트만은 세 존재 양식 안에 하나의 주체를 갖는다는 바르트의 표현이 사벨리우스주의 양태론(Sabellian modalism)에 속한다고 생각하였다.[53] 바르트는 슐라이어마허가 말하는 절대 의존의 감정과는 정반대로 하나님의 주권으로 시작한 것처럼 보인다. 바르트는 인간 의존의 감정으로 시작하지 않고, 인간이 의존해야 하는 것으로 시작한다. 몰트만은 바르트와 슐라이어마허가 동일한 잘못에 빠졌다고 보았다. 이 둘은 근본적인 그리스도교의 하나님 경험이 유일신론적이라고 전제한다. 곧 우리가 의존해야 하는 분은 한 분 하나님뿐이다. 그러나 이와는 반대로 몰트만은 원초적인 그리스도교 경험은 이미 삼위일체적이라고 생각한다.

라너에 대한 몰트만의 비판은 그의 바르트에 대한 평가와 평행을 이룬다. 라너도 역시 근대의 인격 개념을 세 본체들(*hypostases*)에 적용하는 것을 두려워한다. 그래서 그는 하나님을 세 구별된 실재(subsistence)의 양식 안에 단일한 하나님의 주체로서 묘사한다. 라너는 아버지와 아들과 성령과 관련하여 다른 세 의식, 다른 세 영성, 다른 세 활동의 중심, 다른 세 개체성 등이 존재한다는 생각을 거부하고자 하였다. 몰트만은 라너가 말하는 근대의 인격 개념은 실제로 극단적인 개인주의라고 반박한다. 그는 이에 대해 독일 사상가들의 철학적 인격주의를 대안으로 생각한다. 철학적 인격주의란 인격성이 나와 너의 관계성과 밀접하게 관계하며, 인격성과 공동체가 상호적이라고 보는 사조이다. 사랑이 상호적이려면 삼위일체 안에 "너"도 하나 이상이어야 하고 "나"도 하나 이상이어야 한다. 왜냐하면, "상호적"이란 말은 두 행위와 두 행위

---

53) *Ibid.*, 139.

자를 전제하기 때문이다. 우리가 세 본체를 의식 활동의 중심이라 하지 않는다면, 성령이 아버지와 아들의 사랑으로부터 발현하여 이 둘 사이의 사랑의 띠를 이룬다고 말할 수 없을 것이다.[54]

몰트만은 라너가 삼중적 하나님이란 의미의 '삼중성(Dreifaltigkeit)'이란 용어를 사용한 것에 대해 비판한다. 여기서 그는 삼위일체성(하나 안에 셋, three-in-oneness, Dreieinigkeit)이 삼위일체(trinitas)의 탁월한 번역이라 주장하면서 이 용어 사용을 제안한다. 몰트만은 삼중성(Dreifaltigkeit)이 양태론적이라고 비판한다. 삼중성이란 삼신론을 피하기 위해 너무 멀리 나간 경우이다. 여기서 몰트만은 바르트도 역시 삼위일체성(Dreieinigkeit)이란 용어를 좋아한다는 것을 간파하지 못했다. 그래서 바르트를 라너와 함께 양태론적 입장에 선 학자로 평가하였다.[55]

앞서 살펴본대로, 몰트만은 삼신론의 위험을 말하는 것은 허위라고 생각한다. 삼신론은 그리스도교 신학에 존재한 적이 없었다. 그러므로 삼신론은 문제가 되지 않는다. 중요한 문제는 하나님의 주권과 하나님의 일치를 강조하는 유일신론에 있다고 보았다. 몰트만은 유일신론적 하나님이 인간에게 자유의 여지를 허용하지

---

54) *Ibid.*, 147.
55) Barth, 『교회 교의학 *Church Dogmatics*』, I/1:423. 몰트만을 평하면서 라이트 (John Wright, S. J.)는 다음과 같이 주장하였다. "어떤 의미에서 '하나님의 연합' (the union of God)이 삼위일체 역사의 목적이 되는지 내게는 분명하지 않다. 만일 이 연합이 우리가 삼위일체적 교제에 들어감으로써 아버지와 아들과 성령이 우리와 세계 안에 그리고 우리와 세계를 통해 서로 새롭게 관계되는 것을 의미한다면, 나는 이것을 받아들일 수 있다고 생각한다. 그러나 이 연합이 아들과 성령의 신적 과제가 우리의 구원을 통해 치유 받게 되는 하나님 안에서의 분리나 분할을 설정하는 것을 의미한다면, 나는 이것을 받아들일 수 없다." John Wright, S. J., "성삼위일체: 구원의 신비 The Holy Trinity: Mystery of Salvation", *CTSA Proceedings* 35(1980), 199.

않는다고 비판하였다. 유일신론은 이 땅의 군주론과 정치적 압제를 정당화한다. 따라서 몰트만은, 이미 분화된 상호성이 존재하고 그 안으로 창조의 피조물들이 참여하는, 열려진 신성이 우리에게 필요하다고 주장한다. 따라서 바르트와 라너와는 달리 몰트만은 삼위일체가 민주적이며 협력적으로 세 구별된 주체를 구성한다고 주장한다. 그는 담대하게 행위의 중심인 주체로서 인격성에 대한 근대의 이해를 받아들인다. 그러나 여기에다가 인격성과 상호성이 함께 속한다는 개념을 덧붙인다. 우리가 누구이고 하나님이 누구인가가 나와 너의 관계를 구성한다.[56)]

라너를 비판하면서도 몰트만은 여전히 라너의 규정을 힘 있게 주장하고 있다. "나는 스스로 내재적 삼위일체와 경세적 삼위일체를 구분하는 전통을 따르지 않고 있음을 본다. 전통적 구분에 따르면, 십자가는 구원의 경륜안에 서 있는 것이지 내재적 삼위일체 안에 서 있는 것이 아니다. 때문에 나는 경세적 삼위일체가 내재적 삼위일체이고 내재적 삼위일체가 경세적 삼위일체라는 라너의 규정을 긍정하고 따른다."[57)] 왜 내재적 삼위일체와 경세적 삼위일체의 구분이 먼저 오게 되는가? 그 이유는 하나님의 자유와 독립과 자존을 지키기 위해서이다. 둘 사이를 구분함으로써 하나님이 완전하며 자족적이라는 개념을 지킬 수 있다. 또한 하나님은 스스로를 계시할 필요가 없다. 이 점을 바르트는 반복하여 강조하였다. 그러므로 하나님은 자유하시며, 우리가 하나님을 인식하는 것은 자기-계시로서 우리에게 베푸시는 하나님의 은총의 결과 때문이다. 마찬가지로 융엘도, 관계 유비를 통해 하나님과 세계의 관계와 상관없이 하나님 안에 관계성을 말할 수 있도록, 내재적 삼위일체와 경세적 삼위일체의 구분이 지켜지기를 요구하였다. 그

---

56) Moltmann, 『삼위일체와 하나님 나라 *The Trinity and the Kingdom*』, 126, 145.
57) *Ibid.*, 160.

런데 몰트만은 이 모든 것을 거부하였다.

몰트만은 하나님이 사랑이라면, 하나님의 자유는 사랑할 자유나 사랑하지 않을 자유일 수 없다고 주장한다. 하나님은 사랑할 수밖에 없다. 하나님은 외적인 필연에 의해 사랑하는 것이 아니고, 자기의 존재 스스로를 사랑으로 밖에 표현할 길이 없어 사랑하는 것이다. 그러므로 삼위일체 하나님은 하나님 본성 안에 있는 본질적인 사랑으로 세상을 사랑한다. 따라서 내재적 삼위일체와 경세적 삼위일체의 상응을 필요로 하지 않는다. 사실 이렇게 되면 내재적 삼위일체가 거의 필요 없게 된다. "하나님 자신인 내재적 삼위일체의 개념에 구원을 가져오는 사랑이 없다면, 내재적 삼위일체는 그리스도 개념의 와해를 가져오는 하나님 개념이 될 것이다… 이같은 내재적 삼위일체에 대한 개념은 내재적 삼위일체와 경세적 삼위일체의 관계를 모순되게 한다. 곧, 세상을 사랑하는 하나님은 스스로 자족하는 하나님과 상응하지 않는다." 또 다른 곳에서 몰트만은 다음과 같이 정리한다. "삼위일체 하나님은 다른 모습으로서가 아니고 본질적인 자신의 모습으로서 역사 안에 나타날 수 있다… 하나님은 모든 것을 할 수 있지만, 자기를 부인할 수 없다(딤후 2:13)."[58]

몰트만은 내재적 삼위일체와 경세적 삼위일체를 철저히 융합하지 않는다. 그는 예배의 영광 가운데 경세적 삼위일체와 내재적 삼위일체의 구분을 허용한다. 내재적 삼위일체에 대한 고백은 초월의 하나님을 경배하고 찬양하는 상황에서 나온다. 분명 하나님의 구원 사역에 대한 좋은 소식을 듣는 것이 중요하다. 그러나 우리가 하나님께 나아갈 때, 우리의 구원을 위해서만이 아니고, 궁

---

58) *Ibid.*, 151; 153.

극적으로 하나님 그분 자신을 예배하기 위해서이다. 경세적 삼위일체는 하나님의 구원 사역을 선포하는 케리그마 신학의 동기에서 고백된다. 반면 내재적 삼위일체는 예배신학(doxology theology)의 내용이 된다. 이러한 조건을 제시하면서, 몰트만은 내재적 삼위일체에 대한 주장이 경세적 삼위일체 신학에 대한 주장과 모순이 되어서는 안 되고, 경세적 삼위일체에 대한 주장은 내재적 삼위일체에 대한 예배의 고백적 표현과 상응해야 한다고 생각한다.[59] 이러한 몰트만의 입장은 서로 상응하는 두 삼위일체를 말하는 융엘의 『삼위일체 교의 *The Doctrine of the Trinity*』의 입장과 비슷한 입장으로 회귀하는 것처럼 보일 수 있다. 그러나 나는 몰트만에게는 결국 경세적 삼위일체라는 하나의 삼위일체만 존재할 수 있다고 생각한다. 찬양의 경건한 분위기에서 우리는 본질로서의 하나님을 인식하고, 세계와 무관한 하나님의 내재적 삶을 인식할 것이다. 그러므로 내재적 삼위일체란 역사 안에서 실현된 하나님의 구체적인 삶의 경륜으로부터 추상된 경건한 상상이다.[60]

---

59) *Ibid.*, 152-154. 몰트만을 비판하는 모든 신학자들이 이런 분위기를 감지하는 것은 아니다. 오도넬(John O' Donnell)은 "몰트만이 경세와 내재의 구분을 폐기하여 몰트만이 역사를 하나님의 자기-실현의 구성적 차원이라고 보는 헤겔주의에 빠졌다고 비판한다." 이러한 헤겔주의의 오염을 예방하는 차원에서, 오도넬은 "하나님은 그 자체가 신비이다."라고 말한 라너의 처방을 받아야 한다고 주장한다. John O' Donnell, "하나님의 공동체인 삼위일체 The Trinity as Divine Community", 20. 힐의 비판도 같은 맥락에서이다. Hill, 『세 인격을 가지신 하나님 *The Three-Personed God*』, 172-173. 나는 세 가지 점에서 오도넬의 반응이 부적절하다고 생각한다. 1. 오도넬은 적어도 내재와 경세를 구분하려 했던 몰트만의 노력에 적합한 평가를 하지 못하고 있다. 2. 교리적 논쟁을 풀어감에 있어서 하나님의 신비에 쉽게 넘겨버리는 것은 반-지성적 태도이다. 3. 이러한 입장은 두 삼위일체를 가정하지 않을 수 없다. 또한 성서에 기록된 역사적 사건들을 통해 계시된 것 배후에 있는 유령의 내재적 삼위일체를 피할 수 없게 된다. 오도넬과 힐에게는 십자가 상의 예수 그리스도를 바라보며 "진실로 그는 하나님의 아들이었도다"라고 외쳤던 백부장의 용기가 부족하다.

우리가 몰트만의 삼위일체론을 웰치의 정신에서 평가해야 한다면, 두 가지 물음을 물어야 할 것이다. 1. 하나님의 상징에 대해서 성서는 근본적으로 다원적이며 일방적이 아니라고 증언하는가? 2. 사회적 삼위일체 교의가 하나님의 일치를 계속 담지하고 있는가?[61]

성서는 세 위격이 원초적 표현 속에 존재한다고 증언한다. 그러나 이렇게 증언한다고 해서 신약성서는 하나님의 하나 됨을 부인하거나, 한 분 하나님 주체가 구원의 활동을 주도한다는 점을 부인하지 않는다. 예수 자신이 쉐마를 선포한다. "이스라엘아 들으라. 주 곧 우리 하나님은 유일한 주시라."(막 12:29) 요한복음에서도 예수는 "나와 아버지는 하나"(요 10:30)라고 하였다. 하나님의 활동 배후에 그분의 의도가 단일함을 분명히 보여주고 있다. 곧 하나님께서 아들을 보내시고, 말씀이 육신이 되었으며, 십자가는 하나님께서 세계와 자신을 화해시키는 하나님의 활동이다.(고후 5:18) 그리스도 안에 하나님이 온 것은 결코 하나님의 하나 됨에 의심이 되지 못한다. 신약성서는 아들이 아버지와 나란히 동등하게 하나님의 활동 근거라고 말하지 않는다. 아버지는 아들 안에서 활동한다. 아들은 하나님의 말씀이다. 하나님의 주권 개념과 하나님 활동의 일치를 근본적인 것으로 받아들이려 하지 않는 몰트만의 입장은, 어떻게 그의 반유일신론이 성서적 증언의 근거를

---

60) 티슬레트웨이트(Susan Brooks Thistlethwaite)는 몰트만이 형이상학의 추상론을 피하여 구체성을 갖고 시작한 점을 높이 평가한다. 또한 페미니즘에 관심한 것에 대해서도 좋아한다. "하나님은 예수를 그리스도로 창조하지 않았다. 하나님은 하나님과 동일한 실체로부터 그리스도를 낳았다....몰트만은 하나님께서 예수를 출생한 것은 어머니의 활동이면서 아버지의 활동이란 점을 분명히 한다." Susan Brooks Thistlethwaite, "몰트만의 『삼위일체 하나님의 일치』에 대한 논평 Comments on Jürgen Moltmann's *The Unity of the Triune God*", *St. Vladimir's Theological Quarterly*, 28, no. 3(1984), 182.

61) Welch, 『삼위일체의 이름으로 *In This Name*』, 253.

가질 수 있는지 의문하게 한다.

웰치는 몰트만의 입장에 반대한다. 그는 "신약성서가 하나님의 다원성을 원초적으로 증언하고 있다고 주장하는 것은… 옳지 않다."고 주장한다. "오히려 신약성서는 계속해서 우리 모두의 한 분 하나님 아버지를 증언하고 있다. 신약성서는 하나님 아버지의 활동과 상관없는 예수에 대해서는 관심하지 않는다." "성서의 하나님은 한 주체이며, 한 분 당신이며, 한 인격적 존재이다."[62] 그리스도의 신성은 분리하여 분할 가능한 신성이 아니다. 심지어 그리스도가 하나님이라는 것도 분명하지 않다. 하나님은 그리스도 안에 숨어 계신다. 곧, 하나님은 드러나면서 동시에 숨어계신다. 우리가 그리스도의 신성을 고백할 때, 그분의 인격성을 단순하게 신성이라고 하지 않는다. 그렇게 하는 것은 수육의 실재를 의문시하는 것이 된다. 하나님이 육체를 입으신 것이다. 이점에서 웰치는 몰트만이 바르트를 바르게 계승하고 있는 것이 아니라고 결론하려 할 것이다.

마찬가지로, 하나님 주체의 다원성에 대한 몰트만의 반복되는 강조와 관련해서, 우리는 하나님의 일치가 지켜지는지 또한 어떻게 지켜지는지에 대해 물을 수밖에 없다. 정통 삼위일체 교의는 당연히 유기체적 혹은 통전적 일치를 제공한다. 아타나시우스와 니케아 신학자들은 삼위일체와 관련하여 단순하거나 미분화된 일치(simple or undifferentiated unity)를 가르친 적이 없다. 그리스도

---

[62] *Ibid.*, 264; 268. 브라텐(Carl Braaten)은 "물론 몰트만은 삼위일체적 방식으로 하나님을 말하는 것에 대해 자신의 입장을 고집하지는 않는다."고 논평한다. "그는 계속해서 단일한 하나님 개념으로 되돌아간다. 하나님은 그 자체가 어떤 삼위일체적 분할도 없는 주체이다. 단일한 하나님 개념은 바르트와 마찬가지로 몰트만도 피할 수 없었다." Carl Braaten, "삼위일체적 십자가 신학 A Trinitarian Theology of the Cross", *Journal of Religion* 56, no. 1(Winter 1976), 117.

의 완전의 속성으로부터 단순하거나 미분화된 특성이 아버지에게는 적용되었을 수도 있다. 그러나 삼중적 하나님이나 신성에는 적용되지 않았다. 분명 아버지와 아들과 성령이신 한 분 하나님에 대해 성서에 기초된 계시의 필요를 충족시키기 위해, 그리스 철학의 범주들이 사용되지 않았지만, 이들이 재정의되고 변형되었다. 니케아의 하나님은 소박하게 아리스토텔레스나 이슬람교의 하나님과 동일시되도록 의도되지 않았다. 이점에서 몰트만은 삼위일체를 부인하는 유일신론을 반박한다. 그런데 이러한 몰트만의 반박은 그다지 주목할 필요가 없는 신학자의 오류 가운데 하나일 수 있다.

몰트만은 유일신론을 반박하기 위해 사회적 삼위일체 교의를 사용하였고, 그 결과 하나님의 일치를 희생할 만큼 불필요할 정도의 극단으로 나아갔다. 분리된 세 주체나 행위의 세 중심을 강조함으로써 몰트만은 궁극적인 다원성으로 나아가는 모험을 감행하였다. 물론 몰트만은 세 하나님의 존재를 생각하려 한 것은 아니었다. 그는 다신론자가 아니다. 그러면 몰트만의 의도는 무엇인가? 세 주체적 중심 각각은 한 분 하나님의 일부분이며, 하나의 사회가 그 구성원들과 이들의 관계로 이루어지듯이, "하나님"은 위격들과 이들의 관계로 구성됨을 의미하는 것일 수 있다. 위격들은 서로 공존해야 하며 서로를 서로간의 관계 속에서 정의하여야 한다. 간단히 말해, 각각의 위격은 유한한 것임이 분명하다. 우리가 하나님과 관련하여 무한성은 위격에 적용되는 것이 아니고 하나님의 사회에 적용되어야 할 것이다. 몰트만은 세 유한한 신들로 구성된 단일의 무한한 신성을 제안하고 있는 것인가?

그것은 아니라고 생각한다. 몰트만은 어떤 다원적 해석도 배격하고자 한다. 그는 근대의 인격 개념에 기초하여 위격의 정체성은 사회적으로 기인한다고 생각한다. 때문에 세 위격이 하나를 구성하는 하나님의 일부로 생각하는 것은 옳지 않다. 오히려 위격들이 갖는 관계의 본성이 위격 각각의 구분된 정체성을 구성한다. 반면, 위격의 정체성들이 모여 신성을 구성한다. 그럼에도 불구하고, 몰트만이 활동의 세 구분된 주체들이나 중심을 계속해서 반복하는 것은, 다원성의 원리와 비교해서 일치의 원리를 인식하기 어렵게 한다. 결국 신적 유명론으로 끝나는 것처럼 보인다.

이런 이유로 몰트만은 어느 정도의 비판을 받게 된다. 예를 들면, 노이하우스(Richard Neuhaus)는 유일신론을 적대할 이유가 없다고 주장한다. 그는 몰트만이 "성서적 신앙의 기본적 고백인… 이스라엘의 쉐마를 진지하게 받아들이지 못했다."고 주장한다. "원한다면 우리는 삼위일체적 유일신론자들이면서 유일신론적 삼위일체론자들일 수 있다. 우리는 유일신론을 반대하는 것도 아니고, 한 분 하나님이 아버지이고, 아들이며, 성령이라고 고백한다."[63] 그러나 이러한 비판은 실체의 문제이기보다는 말의 문제처럼 보인다. 좋든 나쁘든, 몰트만은 세계 역사와 하나님의 교류를 진지하게 보고자 했던 바르트의 입장을 생생하게 끌어내었다.

튀빙겐의 신학자 몰트만이 하나님의 역사를 진지하게 여긴 것은 결정적인 것이며 승계되어야 할 가치이다. 헤겔의 정신을 이어가는 몰트만은 삼위일체 자체가 그 통합적 일치를 세계의 역사와 연합함으로써 병행적으로 성취한다고 주장한다. 하나님의 내적인 일치는 구원의 경륜을 통합한다. 하나님의 일치는 미분화된 시원적 일치이기보다는 종말론적인 일치이다. 인류는 하나님의 타자 속으로의 참여 혹은 분리를 통해 살아계시고 사랑이 많으신 하나

---

[63] Richard John Neuhaus, "몰트만과 유일신론 Moltmann vs. Monotheism", *Dialog* 20, no. 3(Summer 1981), 241.

님을 경험하였다. 이러한 참여를 통해 창조자는 창조된 세계 안에 참여하였고, 사랑하는 자가 사랑을 받는 자의 입장에 참여하였으며, 고통의 비참함 한 가운데서 치유의 근거가 되었다. 우리는 하나님이 순수하게 우리와 함께 하시는 임마누엘을 경험하였다. 우리가 역사 속에서 경험한 것은 본래적인 하나님 삶 안에서의 부서짐이다. 하나님께서 우리의 시간적 존재의 흐름 속으로 부수고 자유로이 들어온 부서짐이다. 몰트만 신학은, 현실적인 신적-역사적 사건의 과정에 영향을 받지 않으면서도 그 배후에 운행하는 어떤 이류의 하나님, 삼위일체적 이중, 유령의 내재성이 존재한다는 것을 반박한다. 몰트만은 영원과 시간의 관계가 이제 부서졌고, 하나님은 그 부서짐 양면에 현존함을 우리에게 상기시킨다. 우리는 하나님의 삶이 그 자체를 통합하고, 그리고 그 과정 속에서 부서짐의 역사를 그 구원의 영원성 안으로 통합하게 될 종말론적 치유를 기대한다.

레오나르도 보프의 신적 사회

몰트만은 그의 반-유일신론과 사회적 삼위일체를 통해 우회로 돌아가긴 하지만, 역사를 통한 하나님의 자기-정의에 대한 강조를 통해, 바르트가 가리키는 길을 따라 아주 힘 있게 올라가고 있음을 보여주고 있다. 젠슨과 판넨베르크도 계속해서 같은 길을 걸어왔고, 그 여정이 어느 곳으로 향할 것인지 후에 살펴볼 것이다. 그러나 그 이전에 잠시 숨을 고르면서 보프와 과정 유신론을 살펴보도록 하자. 과정신학은 그리스도교 삼위일체 사유의 막다른 길로 인도하는 우회로를 보여주고 있다. 또한 브라질의 해방 신학자인 보프는 몰트만과 같은 방향에서 여정을 출발하였지만 연료가 떨어진 것처럼 보인다. 보프는 몰트만이 우리를 태운 곳으로부터 멀지 않은 곳에서 멈춰서고 말았다. 그러나 그가 사회적 삼위일체 교의와 라틴 아메리카의 해방에 대한 중요한 사회적 관심을 통합하려는 시도를 하였기 때문에, 노변에 잠시 차를 세우고 그가 말하고자 하는 바를 살펴보는 것은 가치 있는 일이라고 생각한다.

보프는 사회를 삼위일체 사유의 출발점으로 삼고자 한다. 이런 이유 때문에 보프는 실체와 위격의 범주에 기초하여 형이상학적 혹은 인격론적 사유를 기본으로 하는 고전적 삼위일체론과 결별하게 된다. 고전적 삼위일체론과는 달리 보프는 공동체와 사회 안에서 남자와 여자가 함께 살아가는 것을 먼저 생각한다. 그는 사회가 단순히 사회를 구성하는 개체 존재들의 총합이라고 생각하지 않는다. 오히려 사회는 사회 나름의 존재를 가지며 정치적 공동체를 함께 구성하는 개체 존재들과 제도들 사이의 관계들이 지줄과 낱줄로 엮어진 존재이다. 사회의 모든 구성원들 사이에 협력과 합력이 공동의 선을 만들어 낸다. 보프는 이러한 사회의 특성이 삼위일체의 흔적(*vestigia trinitatis*)을 구성한다고 주장한다. 사회의 특성은 하나님의 사회로 이해된 삼위일체와 비교된다.[64]

몰트만은 보프의 스승이다. 그는 하나님을 미분화된 하나가 아니고 위격들로 이루어진 공동체로 묘사한다. 하나님의 일치는 세 위격들 사이에 또한 역사와 더불어 연합하는 가운데 이루어진다. 몰트만의 개방적 삼위일체 개념을 받아들임으로써, 보프는 창조를 하나님의 순환 속으로 통합할 수 있었다. "삼위일체는 화려한

---

64) Boff, 『삼위일체와 사회 *Trinity and Society*』, 119-120. 스택하우스(Max L. Stackhouse)도 삼위일체 흔적의 개념을 받아들여 보프의 삼위일체가 "반-위계적이고 반-가부장적이며 또한 결정적으로는 인격론적이며 공동체적"이라고 찬사를 보낸다. 이런 이유 때문에 가톨릭 신부인 보프는 "지구적 이상에 대한 새로운 인식뿐 아니라 심리학, 사회주의, 신정통주의의 가르침에 영향을 받은 교회일치의 정신을 가진 개신교 교회들"과 좋은 조화를 이루고 있다. "공공신학으

삼위일체 연합으로 남기를 원치 않는다. 하나님의 세 위격들은 서로 사랑할 뿐 아니라 연합과 사랑 가운데 동료가 되고자 한다. 창조는 이러한 열망에서 일어난 것이다… 창조는 삼위일체 안에 들어오기 위해서 삼위일체에 대해 형식적인 관계를 갖는다."[65] 이러한 보프의 주장은 아직까지 받아들일만하다.

사회적 출발점과 함께, 보프는 하나님의 삶 안에 성의 상징적 의미를 묻는다. 보프는 "엄격한 신학적 이해의 빛에서 볼 때, 하나님 아버지는 성을 초월한다."고 인정하면서도, 하나님의 성의 상징적 의미는 사회적인 연관을 갖기 때문에 중요하다고 주장한다. 그는 하나님이 인간 아버지와 동일시 될 때, 아버지가 자녀, 부인, 본성상 여성인 것에 군림하는 것을 정당화하거나 우상이 되는 위험에 빠질 수 있다고 주장한다. 이러한 이미지들은 의식을 형성하고 사회를 구획화하는 중요한 역할을 한다. 그러므로 보프는 하나님을 아버지와 어머니 양성으로 생각해야 한다고 주장한다.

신성을 양성으로 보는 보프의 전개방식은 삼위일체의 위격 중 하나를 여성으로 이름하는 페미니스트 제안과는 차이가 있다. 일

로서의 삼위일체: 자유교회와 비신경적 공동체를 위한 진리와 정의 The Trinity as Public Theology: Its Truth and Justice for Free-Church, Noncredal Communities", in 『신앙에서 신경까지: 4세기 사도 신앙고백에 대한 교회일치적인 전망 Faith to Creed: Ecumenical Perspectives on the Affirmation of the Apostolic Faith in the Fourth Century』, ed. S. Mark Heim(Grand Rapids: Wm. B. Eerdmans, 1991), 186.

65) Boff, 『삼위일체와 사회 Trinity and Society』, 222. 이하.
66) 류터(Rosemary Radford Ruether)는 여성으로서의 성령이 남성으로서의 아버지와 아들과 함께 삼위일체를 공유하는 것으로 생각한다. 류터는 성령이 2:1로 형평성에서 불균형을 갖게 된다고 불평한다. 이렇게 되면 결국 남성의 지배 질서를 더욱 강화하는 것이 될 것이다. 그러면서 그녀는 하나님 주권이라는 최고의 상징이 배타적으로 남성적인 것으로 남게 된다는 가설에 대해 계속 도전한다.

반적으로 지혜의 본체나 성령의 위격은 하나님 안에 여성의 차원을 표상한다.[66] 그러나 보프는 세 위격 각각 안에 남성의 성향과 여성의 성향이 연합한다고 본다. 그는 하나님을 "모성적 아버지와 부성적 어머니"[67]로 표현한다. 우리는 하나님의 창조적 생산 활동을 표현하기 위해서 여성의 모습과 남성의 모습 둘 다를 필요로 한다. 보프는 675년 톨레도 회의에서 사용되었던 "아버지의 자궁"(the womb of the father)이란 표현을 인용하기 좋아한다. 마찬가지로 아들도 여성이 보여주는 사랑과 돌봄을 보여주고 있기 때문에 엄격하게 남성적인 것으로 이해되지 않는다. 더구나 성령은 위로와 위안의 사역 때문에 여성적 용어(히브리어 루아흐[*ruach*]는 여성명사임)로 이해될 수 있다. 간단해 말해 보프는 성 그 자체에 관심하기보다는 세 위격들 각각이 갖고 있는 남성적 특성과 여성적 특성에 관심한다.

불행히도 보프는 이러한 논의를 할 때 자기-모순적(self-contradictory)인 곤경에 스스로 빠져있다. 다음의 내용에서 그 예를 찾아볼 수 있다.

우리는 성 나지안주스의 그레고리우스가 말한 바대로 하나님이 성을 넘어섬을 기억할 필요가 있다. 하나님은 남성도 아니고 여성도 아니다. 그러나 남성성과 여성성은 둘 다 그 원형을 하나님 안에서 찾는다… 세 위격 각각이 남성의 차원과 여성의 차원을 포함한다고 해서, 우리는 삼위일체 신비에 성의 특성을 부여한다거나 삼위일체 신비 안에서 성의 특성을 찾으려 하지 않는다. 우리는 남성과 여성의 구현에서 삼위일체가 인간에게 부여한 가치의 궁극

Rosemary Radford Ruether, 『성차별과 신학 *Sexism and God-Talk*』, 60-61. 내 생각에 보프는 류터가 나아가기를 원했던 방향으로 나아갔다고 본다.

67) Boff, 『삼위일체와 사회 *Trinity and Society*』, 121; 170.

적인 근거를 찾아내고자 한다.[68]

한편 보프는 인간의 남성성과 여성성의 원형을 하나님 안에서 찾고자 한다. 다른 한편, "하나님께서 성을 넘어선다면," 남성성과 여성성의 원형은 하나님 안에서 찾아질 수 없다. 하나님이 성을 넘어서고 하나님의 원형이 없다면, 내 생각으로는 인간의 성은 신적인 영역이 아니고 철저하게 인간의 현상이라고 결론해야 할 것처럼 보인다. 곧, 성은 존재하는 것들의 창조 질서에 속한다. 분명 이것이 나지안주스의 그레고리우스가 그리스도인들은 양성동체인 신을 믿는다는 생각을 반박했다고 보프가 제시한 구절의 의미이다.[69]

이는 삼위일체에 대한 보프의 전체적인 입장이 지닌 문제를 보여주고 있다. 먼저 보프는 몰트만과 유사한 사회적 삼위일체 교의로 이끌어갈 사회 공동체가 출발점이 된다고 주장한다.[70] 그런 다음 보프는 집요할 정도로 고전적인 군주적 고백을 고집한다. 이런 이유 때문에 보프는 전통적인 종속론에 빠질 위험에 처한다. 그러나 삼위일체의 영원한 신비에 모든 어려운 문제들을 돌려버림으로써 자신의 입장을 옹호한다.

비록 보프가 자신의 방법이 사회에 대한 사유로 시작했다고 주장함에도 불구하고, 사실은 고전적인 내재적 삼위일체 교의로 되돌아가 시작하고 있다. 따라서 삼위일체는 영원하며 시간을 넘어

---

[68] Ibid., 198.
[69] Gregory of Nazianzus, 『성령론 On the Holy Spirit』, VII.
[70] 사회적 삼위일체 교의는 하나님의 일치를 잘 표현해주지 못한다. 리처드슨 (Cyril Richardson)은 "어느 정도 궁극적 의미에서 하나님이 실로 한 분이라고 주장하면서 또한 여전히 서로 반대의 입장에 서서 구분된 의식의 중심들을 지닌 개념을 유지하는 것은 불가능하다."고 기술한다. "…사실, 하나님을 한 분이면

선다. 아버지는 다른 두 위격들에 대해 시원이 없는 신성의 근거이다. 말씀이 출생되고 성령은 발현한다. 아버지는 신성의 근거일 뿐 아니라 사랑의 근거이기도 하다. 아들과 성령은 아버지의 사랑에 상호적으로 반응함으로써 존재한다. 이로써 하나님의 삶 안에 연합을 구성한다. 보프는 "이들 관계 안에 질서가 존재한다."고 기술한다. "아버지가 언제나 우선이고, 다음은 아버지에 의해 출생한 아들이며, 세 번째는 사랑 안에서 발현하고 연합하는 이인 성령이다."[71]

물론 이러한 입장은 아버지를 군주가 되게 하고 하나님의 위계 질서라는 종속론에 빠지게 한다. 보프는 이점을 잘 알고 있다. 그는 두 방향으로 종속론을 피할 수 있다고 생각한다. 첫째, 위격들 사이의 관계가 사랑으로 특징지어진다고 밝힘으로써, 그리고 사랑을 "서로를 위한, 서로에 의한, 서로와 더불어, 서로 안에 있는 존재"로 정의함으로써, 보프는 어느 한 위격을 다른 두 위격 위에 둘 수 있다는 생각을 극복할 수 있다고 생각한다. 둘째, 보프는 이 위격의 연합 관계가 영원하다고 주장한다. 이 관계는 시작이 없고 아버지가 시간적인 우선권을 갖지 않는다고 주장한다. 그러므로 세 위격은 동등성을 향유한다. 아들과 성령이 아버지에게 종속되지 않는다.[72]

서 하나의 사회로 생각해야 하는 역설을 극복할 수는 없다. 논리적으로 하나님이 한 분이면서 하나의 사회여서는 안 된다. 그러나 우리는 이 둘을 말해야 한다." 리처드슨은 사회적 교의가 삼신론으로 와해되는 일을 피해야 한다고 주장한다. "그리스도교 진리를 지키기 위해 인간 사유의 한계를 고백하고 자기-모순적인 것을 말해야 하는 역설을 인정하는 것이 낫지 않겠는가?" Cyril Richardson, 『삼위일체 교의 *The Doctrine of the Trinity*』, 94-95. 사실 보프도 모순을 하나님의 신비로 돌림으로써 이와 비슷한 주장을 하였다.

71) Boff, 『삼위일체와 사회 *Trinity and Society*』, 140.
72) *Ibid.*, 83; 146.

그럼에도 불구하고, 보프의 논증은 확신을 주지 못하고 끝난다. 아버지의 시간적 우선성을 포기하지만, 보프는 여전히 제2위격과 3위격의 신성이 제1위격에 의존한다고 본다. 때문에 제1위격은 다른 두 위격과 독립적인 관계를 갖는다. 이러한 논리는 사랑에 대해서도 적용된다. 이런 상황에서 아버지의 군주제를 피하는 것이 쉽지 않다. 내재적 삼위일체의 영원성을 강조한 보프는 라너의 규정의 의미를 충분히 펼치지 못했다. 보프는 이 점을 고민한 듯 보인다. 우리는 보프가 몰트만과 같이 창조가 삼위일체의 삶 안에 들어왔다고 주장하였기 때문에 라너의 규정을 받아들일 것이라 기대하였다. 그러나 보프는 고전적인 입장을 고수하였다. 따라서 보프는 삼위일체가 영원한 신비에 감추어지기 때문에, 창조를 뛰어넘어 우리가 다다를 수 없는 지고의 삼위일체를 고백하는 쪽으로 후퇴한다.

> 그러나 절대적이고 성만찬적 신비로서의 삼위일체는 드러난 것 그 이상이다… 본성상 삼위일체는 우리의 한계를 넘어, 이해할 수 없는 신비 속에 숨어 계신다. 삼위일체가 인간에게 뿐만 아니라 본성상 신비이기 때문에, 이 신비는 부분적으로는 영원한 삶의 지복 속에 우리에게 계시되지만, 언제나 완전하게 우리를 피해갈 것이다. 그러므로 우리는 경세적 삼위일체가 내재적 삼위일체이지만 내재적 삼위일체의 전체는 아니라고 말해야 한다.[73]

사실 보프는 시간에 우선성을 부여하는 사회적 위계질서는 창조 안에만 존재한다고 주장한다. 더 나아가 삼위일체 하나님은 위계질서가 유지될 수 없는 영원성 안에 우선적으로 존재한다고 주장한다. 또한 그는 창조나 역사 안에 무슨 일이 일어나든지 하나

---

73) *Ibid.*, 215.; 참조 114.

님의 삶의 영원한 순환에 어떤 것도 영향을 미칠 수 없다고 주장한다. 보프가 이점을 분명하게 인식하지 못했음에도 불구하고, 실제로는 인격성과 관계성과 같은 근대적 개념의 영향을 거부하는 고전적 유일신론의 입장에 완전하게 빠져든 것이다. 보프가 근대의 인격 개념보다는 전통적인 인격 개념을 선호하는데서, 그리고 "우리는 아버지, 아들, 성령이 함께 연합하여 하나가 되는 세 개체 존재라고 생각해서는 안 된다. 이들을 세 개체 존재로 생각하게 되면 삼신론을 피할 수 없게 될 것이다."[74]라는 그의 중심 논제를 부정함으로써, 어렴풋이나마 이러한 퇴거를 인식한 것처럼 보인다.

종합해보면, 보프는 몰트만을 따라 길을 나섰음에도 불구하고, 이내 멀리까지 따라가는 것을 포기하고 만다. 보프는 계급이 없는 기반 위에 신적 사회와 인간 사회의 상관관계를 세우기 원했지만, 그가 말하는 신적 사회는 실상 하나의 군주제였다. 여기서 군주제가 우리가 사는 시간의 영역과 상관없는 영원한 신비 속에 감추어져 있기 때문에, 인간 사회와의 진정한 상관관계는 이루어질 수 없다.

과정 유신론과 둘이 셋이 됨

앞서 제시한 것처럼, 보프의 여정에 기름이 고갈된 것으로 생각할 수 있다면, 화이트헤드의 과정 유신론은 삼위일체 논의의 중심으로부터 멀리 우회한 길이었다고 생각할 수 있다. 그러나 이점이 분명하게 드러나는 것은 아니다. 처음에는 과정신학자들이 관계

---

[74] *Ibid.*, 112, 118; 84.

적 하나님 이론을 구성하는데 아주 열정적이었고 창조적이어서 삼위일체 사유에 실제적인 공헌을 할 것이라고 생각하였다. 과정 사상가들은 고전 유신론의 실체론적 존재론을 공격하였고, 역동적 관계성을 강조하는 신고전적 형이상학을 지지하였다. 실제로 철학자 화이트헤드(Alfred North Whitehead)는 알렉산드리아 학파 신학자들로부터 영감을 받았다. 그는 삼위일체와 수육에 대한 알렉산드리아 전통의 사변은 플라톤을 뛰어넘는 유일한 형이상학적 발전이라고 생각하였다. 이 때문에 알렉산드리아 전통의 사변은 한 인격이 어떻게 다른 인격 안에 현존할 수 있는지를 제시하였다. 화이트헤드의 형이상학은 이러한 입장을 확장시켜 어떻게 한 현실적 존재가 다른 현실적 존재 안에 현존할 수 있는지를 물었다. 과정 유신론은 이러한 관계적 연합에 의해 뒷받침된다.

그러나 현대의 과정신학자들이 보다 심오한 삼위일체 통찰로 이끌어갈 것이란 우리의 기대는 좌초되고 말았다. 그 이유는 신약성서 안에 나타난 하나님 상징 작용이 갖는 삼중성이 실제로 간과되었기 때문이다.[75] 과정신학자들은 이미 형성된 형이상학적 범주들 안에 성서적 상징들을 끼워 맞추는 식으로 서투른 작업을 하였다. 이 작업때문에 니케아 신학자들은 당시 형이상학에 넘어갔다는 비난을 받는 반면, 현대의 신고전적 사상가들은 이 비난과는 무관하다는 주장을 무색하게 하고 있다.

과정 사상의 범주들과 성서의 상징을 짜 맞추는 일은 화이트헤드 형이상학의 이중성을 삼위일체 담론의 삼중성과 일치시키기가

---

[75] 피텐저는 예외에 속한다. 그는 "하나님께서 본래의 모습으로 스스로를 계시했다고 주장하면서 온전한 삼위일체 교의"를 고백한다. Norman Pittenger, 『수육하신 말씀 The Word Incarnate』, 235. 그는 웰치(Claude Welch)가 충고한대로 그리스도인의 계시 경험에 이미 함축된 한 분 하나님의 삼중성으로 시작한다.

어렵다는 근본적인 문제를 낳는다. 화이트헤드의 『과정과 실재 Process and Reality』에 소개되는 하나님은 두 본성 곧 원초적 본성 (primordial nature)과 결과적 본성(consequent nature)을 갖는다는 점에서 이중적이거나 양극적이다. 마찬가지로 하트숀(Charles Hartshorne)도 하나님의 절대성과 상대성, 하나님의 필연적 존재와 우연적 현실성, 창조자로서의 하나님 존재와 수용자로서의 하나님 존재의 양극적인 변증으로 양극을 일치시키는 일에 계속 관심한다. 하나님의 이중적인 차원에 대한 하트숀의 통찰은 철학적 신학에서 한 전기를 이룬다. 그러나 그는 멈추어 선다. 그는 역사 속으로 상대화 된 이스라엘 하나님의 절대적인 삼위일체 상징들에 관심하지 않는다. 분명 삼위일체는 과정 형이상학에 본래적인 것이 아니다. 그러므로 삼중적 계시의 가치는 의문에 붙여진다. 캅과 그리핀(David Griffin)은, "과정신학이 전통적인 삼위일체 개념들에 순응하기 위해서 하나님 안에 구분을 공식화하는 일에 관심하지 않는다고"[76] 주장함으로써, 삼위일체를 다루지 않는 이유를 정당화한다.

그러나 포드(Lewis Ford)는 삼위일체 문제에 관심한다. 그는 어떻게 셋이 하나일 수 있으며 하나가 셋일 수 있는지에 대한 고전적 수수께끼를 해결하고자 한다. 하나의 실체 곧 하나의 현실태가 다른 현실태 안에 존재할 수 없다는 아리스토텔레스의 언명을 전제로 신학하였던 신학자들은 이 수수께끼를 해결할 수 없었다. 그

피텐저는 웰치를 출발점으로 사용하며 이 사실을 인정하고 있다. *Ibid.*, 217. 브라켄(Joseph Bracken)과 수하키(Marjorie Suchocki)는 삼위일체적 상징들에 관심한다. 그러나 이들이라고 해서 언제 화이트헤드 형이상학에 적합한 삼위일체가 등장할 것인지 밝힐 필요는 없었다. 화이트헤드적 삼위일체는 앞으로 등장할 것이다.

76) John B. Cobb, Jr., and David Ray Griffin, 『과정신학 *Process Theology: An Introductory Exposition*』, (Louisville: Westminster/ John Knox Press, 1976), 110.

러나 화이트헤드의 철학은 하나의 구체적 현실태가 다른 현실태의 합생 안에 객체적으로 현존할 수 있다고 가르친다. 이 사실을 염두에 두면서 포드는 상응 구조를 끌어내어 로고스와 하나님의 원초적 본성을 연결시키고 성령을 하나님의 결과적 본성과 연결시켰다. 아버지는 신성의 다른 구성원이 아니고 미분화된 하나님이다. 아버지는 원초적인 본성과 결과적 본성을 지닌 명시적 구조의 궁극적인 초월적 근거이다. 자신의 입장을 설명하기 위해서, 포드는 한 분 아버지께서 두 손을 뻗어 한손으로는 아들을 또 다른 손으로는 성령을 향하고 있는 중세의 그림 안에 나타난 삼위일체의 계기적 기술을 소개한다.

포드는 문제가 되는 것을 해결하면 삼위일체론을 보증할 수 있다고 생각했다. 그는 고전 유신론의 근본적인 문제는 어떻게 하나님이 세계에 대해 초월적이면서 동시에 세계 내에 내재할 수 있을까를 이해하는 것이었다. 그런데 화이트헤드는 이러한 고전 유신론의 문제에 또 다른 문제를 제기하였다. 곧, 어떻게 세계가 하나

이 책 말고 다른 곳에서도 캅은 "교회가 삼위일체를 정확하게 고백하였지만," 아버지와 로고스와 성령을 자유로이 "재형상화"(reimage) 할 필요를 느껴야 한다고 주장한다. John B. Cobb, Jr., 『다원주의 시대의 그리스도 Christ in a Pluralistic Age』, (Lousville: Westminster/ John Knox Press, 1975), 259-264. 이러한 분위기에서 캅은 "창조자, 말씀, 성령"과 같은 성차별이 없는 용어를 사용하였다. 또한 캅은 예수와 그리스도 혹은 말씀을 예리하게 구분하였다. 예수와 그리스도를 구분하지 못했기 때문에, "그리스도인들은 때때로 그리스도교의 오만한 자세를 견지하였고, 배타적이고도 제한적인 구원관을 주장하게 하였다." Cobb, "'삼위일체 하나님의 일치'라는 몰트만의 논문에 답하여 Reply to Jürgen Moltmann's 'The Unity of the Truine God,'" St. Vladimir's Theological Quarterly 28, no. 3(1984), 176. 캅은 삼위일체적 관계가 공-구성적이라고 평가한다. 그러나 그는 전통적인 삼위일체 문제를 사용하려 하지 않는다. 왜 그런가? 저항의 한 형식으로 그런 것이다. 그는 삼위일체 교의가 예수 그리스도의 복음을 분명히 하고 발전시키는 길로서가 아니고 정통을 가리는 기준으로 사용되었다고 불평한다. "테드 피터스에 답하여 Response to Ted Peters", Dialog 30, no. 3(Summer 1991), 243-244.

님을 초월하면서 여전히 하나님 안에 내재할 수 있는지를 이해하는 문제였다. 여기 두 번째 관심을 덧붙임으로써, 포드는 삼중적 구분이 필연적이 되었다고 주장한다.[77] 하나님은 모든 창조성의 근거로서 초월적이다. 그러나 합생을 이룬 현실적 사건들은 그들 나름대로 창조적이다. 우리는 창조적 활동이 무정형의 혼돈에 빠지지 않게 하기 위해서 체계화하는 원리를 필요로 한다. 우리는 원초적 본성을 통해 이를 성취한다. 또한 우리는 모든 사건들이 다시 한 번 하나님의 조화 속으로 통합되는 재통합의 원리를 필요로 한다. 우리는 결과적 본성을 통해 이를 성취한다.

로고스는 원초적 본성과 상응한다. 그 이유는 화이트헤드가 인식한 바대로 원초적 본성이 유한한 계기들의 모든 최초 지향들을 근거지우는 영원한 객체들을 포함하기 때문이다. 원초적 본성은 크고 작은, 적합하기도 하고 적합하지 않기도 한 모든 신적 지향들의 전체성이다. 원초적 본성은, 하나님의 "창조적 말씀"으로서 모든 창조성의 근거로부터 비시간적으로 유래한다. 또한 원초적 본성은, 단일한 비시간적 합생의 결과라는 점에서, "세계가 시작되기 전 아버지로부터 출생한" 영원한 아들과 상응한다.

성령은 하나님의 수용적 활동인 결과적 본성과 상응한다. 이 수용적 활동으로 하나님은 세계의 시간적 계기들을 경험하며, 이에 응답하여 하나님은 우리의 경험 속으로 향하는 계속적인 새로움의 지향들을 재투사한다. 포드는 여기서 잠시 머뭇거린다. 화이트헤드 사상에서 결과적 본성의 개념은 세상이 어떻게 하나님 안에 내재적일 수 있는가는 설명해주는데, 하나님이 어떻게 세상 안에 내재적일 수 있는가에 대해서는 설명해주지 않는다는 문제점을

---

77) Lewis S. Ford, 『하나님의 유혹 *The Lure of God*』, (Philadelphia: Fortress Press, 1978), 99-111.

안고있다. 때문에 포드는 성령과 결과적 본성 사이에 일대일의 상응관계를 볼 수가 없었다. 그럼에도 불구하고, 포드는 하루하루의 삶 속에서 만나는 일상적인 지향들을 통해 우리가 하나님을 경험한다고 주장한다. 그리고 바로 이것이 하나님께서 우리를 경험한 증거가 된다고 주장한다. 성령은 우리를 안내하거나 유혹한다. 성령은 새로운 지향들을 제공함으로써 생명의 주님이 되고 수여자가 된다. 이로써 유기체들은 역동적인 주변을 향해 살아있는 반응을 실현한다. 물론 이 원리는 모든 창조에게 적용되지만, 우리 인간은 특별히 윤리적인 명령을 통해 성령의 유혹을 인식하게 된다. 하나님으로부터 수여받은 가치들을 인식하는 것을 통해, 우리는 하나님의 근거를 추구하도록 영감을 받게 되고 그래서 결국은 하나님과 화해를 이루게 된다.

포드의 제안은, 다른 두 위격을 연합하는 것이 성령이 아니고 아버지란 점에서, 전통적인 삼위일체 고백과 다르다. 아버지를 변론하기 위해 종속론적 성향을 지닌 동방 정교회 삼위일체론과 단일한 신성을 공유하는 세 위격들의 동일함을 강조하는 아우구스티누스의 성향을 지닌 삼위일체론 사이에서, 포드의 입장은 동방 진영에 가깝다 하겠다. 포드가 말하는 아버지의 포용성은 삼위일체 안에 세 구분된 주체를 말할 수 없게 한다. 이는 화이트헤드가 하나님 안에 하나의 주체 그 이상이 존재할 수 없다고 한 것과 상통한다. 모든 현실적 연합은 그 자신의 주체성을 향유하며, 하나님도 이점에서 하나의 개체적 현실태이다. 결과적으로 포드는 아버지를 다른 두 위격에 덧붙여진 또 다른 위격으로 기술할 필요가 없다. 오히려 포드는 아버지가 원초적 본성과 결과적 본성을 포용하는 한 주체성이라고 본다.[78]

---

78) 옥덴의 신-고전주의적 입장도 포드와 같은 입장이다. 옥덴은 하나님의 본질이 "아버지"란 용어로 정확하게 표현되었다고 본다. 그 이유는 아버지가 전체 삼

브라켄은 포드와 마찬가지로 화이트헤드의 형이상학적 범주를 사용함으로써 삼위일체 사유를 전개한다. 그러나 비교해 보건대 브라켄은 고전적인 해석을 넘어선다. 그는 실체보다는 과정을 기본적인 형이상학적 범주로 사용하여 개정된 삼위일체 교의를 발전시키려 한다. 그러면서도 자신의 교의적인 해석이 그리스도교 정통에 가까운 안전한 길을 택하려 한다. 이런 의도에서 그는 화이트헤드의 사회적 인격 이해를 확장하여 하나님의 삶에 적용한다. 그 결과 사회적 삼위일체 교의는 사회들로 구성된 사회가 된다.

브라켄은 세 하나님의 위격들 각각은 다른 두 위격을 "당신"(Thou)으로 부를 수 있는 구별된 "나"(I)라고 생각한다. 각각의 위격은 남아 있는 다른 두 위격을 연합하는 끈으로서 기능한다. 위격들의 공동 본성인 자기를 내어주는 사랑의 계속적인 과정을 통해, 세 위격들은 세 신들이 되지 않고 하나의 신성으로 연합하게 된다. 화이트헤드의 사회 개념에다가 철학자 로이스(Josiah Royce)가 전개한 공동체의 형이상학을 보충한 브라켄은, 하나님의 공동체인 삼위일체가, 개체 존재의 차원에 속한 위격들의 고유한 영역이기보다는, 보다 높은 차원의 존재와 활동을 표상한다고 주장하

위일체의 기반이기 때문이다. 아버지인 하나님은 사랑하는 자이면서 사랑받는 자이고, 하나님 사랑의 주체이면서 객체이다. 아들은 사랑의 객체인 아버지에 의해 출생된 하나님의 객체성이다. 성령은 스스로를 사랑하면서 모든 개체 존재들을 사랑하는 하나님이기 때문에 하나님의 주체성이다. Schubert Ogden, "삼위일체에 대하여 On the Trinity", *Theology* 83(March 1980). 여기서 단일한 하나님의 본질 안에 존재의 양태들이 존재한다는 가설을 보고, 오도넬은 옥덴이 양태론자라고 주장하였다. John O'Donnell, 『삼위일체와 시간성 *Trinity and Temporality*』, (Oxford: Oxford University Press, 1983), 81. 옥덴은 하나님의 본질을 "한 없는 사랑"(boundless love)이라고 정의하면서 이 사랑 안에 하나님의 객체성과 주체성을 구분한다. 이러한 옥덴의 구조는 아버지의 포용적인 본질 안에 원초적 본성과 결과적 본성을 위치시키는 포드의 구조와 평행구조를 이룬다. 이점에서 오도넬이 말하는 양태론은 포드에게도 적용될 수 있을 것이다.

였다. 공동체는 그 개체 구성원들 없이 존재할 수 없다. 그러나 구성원들은 공동체에 참여하지 않고는 스스로를 완성할 수 없다. 이 점에서 공동체는 개체성과 구별된 위격들 간의 상호성을 부인하지 않으면서 초개체적 위격이 된다.[79]

화이트헤드의 형이상학을 사용하는 브라켄의 삼위일체 하나님은, 좀 더 구체적으로 말하면, 인격적인 질서를 가진 세 사회가 한 분 하나님으로서 연합을 이룬 것으로, 이때의 연합은 민주적으로 조직되고 체계화된 사회의 연합이다.[80] 하나님은 사회들로 구성된 사회이다. 하나님의 연합은 연합들로 구성된 공동의 연합이다.

브라켄은 하나님과 세계가 하나의 합성된 개체를 구성한다고 보는 하트숀의 입장에 반대한다. 하트숀은 하나님은 세계의 정신 혹은 영혼으로 활동하며, 세계는 하나님의 몸으로 활동한다고 보았다. 이러한 유기체적 정신-몸의 모델을 하나님-세계 관계에 적용시키는 것은 하나님을 단일 인격적인 분으로 보게 한다. 브라켄은 이러한 입장은 결국 전통적인 그리스도교 신앙이 고백하는 하나님의 세 위격적인 이해와 화해될 수 없다고 생각한다. 또한 브라켄은 하트숀의 모델에서 화이트헤드의 사회개념에 담지된 불충분성이 영속화된다는 이유에서 거부한다. 이러한 상황을 해결하기 위해, 브라켄은 화이트헤드의 사회를 구조화된 환경 혹은 계속

---

[79] Joseph A. Bracken, S. J., 『사람들은 삼위일체에 대해 무어라 말하는가? What Are They Saying About the Trinity?』, (New York: Paulist Press, 1979), 67. 이하. Bracken, "하나님의 위격들로 구성된 공동체로서 성 삼위일체 The Holy Trinity as a Community of Divine Persons", 166-182., 257-270.을 참조할 것.

[80] Bracken, "과정철학과 삼위일체 신학 Process Philosophy and Trinitarian Theology", 224.과 "과정철학과 삼위일체 신학 II Process Philosophy and Trinitarian Theology II", 83. 하나의 민주적으로 체계화된 사회인 하나님의 세 위격 각각을 작인(agency)과 일치시키고 있는 브라켄은 스스로를 화이트헤드와 연속선상에 있다고 평가한다. 그럼에도 현실적 존재들만이 작인을 갖고 있다고

적인 현실적 존재들의 출현을 위한 통합된 활동의 장으로 생각할 것을 제안한다. 그는 장(field) 이해가 화이트헤드의 형이상학을 내적으로 보다 일관성 있게 한다고 주장한다. 왜냐하면 장으로서의 사회는 현실 계기들의 생성과 소멸을 존속시키기 때문이다. 그러므로 브라켄은 이처럼 개정된 사회 개념을 하나님께 적용한다.

> 위계적으로 질서 지워진 활동의 장으로 하나님-세계 관계를 삼위일체적으로 이해하는 일은 제법 가능한 것처럼 보인다. 예를 들어, 하나님의 세 위격을 위격적으로 질서 지워진 현실적 계기들의 세 사회들로 해석한다면(매 순간 이들 사회들은 역동적인 상호 관계를 통해 민주적으로 조직화되고 체계화된 사회를 유지한다), 활동의 사회들이 만나는 장은, 매 순간 모든 유한한 현실적 존재들의 상호 관계된 활동에 의해 존재속으로 들어오는 활동의 장을 포용하고 지지한다고 할 수 있다.[81]

브라켄은 여기서 활동의 세 장들이 하나님인 네 번째 포괄적인 장을 형성한다고 주장하는 것처럼 보인다. 그 결과 세 초점들 혹은 상호 관계된 활동의 중심들을 지닌 단일의 통일된 활동의 장이

주장하는 몇몇 화이트헤드 제자들과는 결별한다. 브라켄은 원자론을 피하고 통전론(전체론, holism)을 강조한다. 그 결과 현실적 존재들 자체로부터 하나님의 위격 각각이 체계화된 현실적 존재들의 사회를 향해, 또한 종속된 차원들을 포함하여 하나님의 연합으로 향해 올라가는, 작인의 위계질서가 등장한다. 여기서 브라켄은 현실적 계기들만이 작인을 갖는다는 화이트헤드의 존재 원리를 부분적으로 받아들이면서, 또한 집산적 작인(collective agency)의 개념, 곧 각각의 순간에 현실적 계기가 갖는 독특한 조직과 일치를 유지하기 위해서 조직화된 사회가 작인으로서 기능한다는 개념을 덧붙이고 있다. 하나님의 작인은 이처럼 집산적 유형을 갖는다.

81) Joseph A. Bracken, S. J., "세계: 하나님의 몸인가? 우주적 활동의 장인가? The World: Body of God or Field of Cosmic Activity?" in 『하트숀의 하나님 개념 Charles Hartshorne's Concept of God』, ed. Santiago Sia(Dordrecht: Klower Academic Publishers, 1990), 96.

나타난다. 브라켄은 이러한 생각이 설득력이 있다고 생각한다. 왜냐하면 한 분 하나님은 스스로가 민주적으로 질서 지워진 하나의 사회이며, 세 하부 사회들에게 상호 의존된 사회이기 때문이다. 이 말은 하나님의 위격들이 공동체로서 함께하는 삶이 아니고서는 존재할 수 없음을 의미한다. 그러므로 세 위격들은 친밀한 협력을 통해 세 하나님이 아니고, 한 분 하나님을 구성한다.

내적-삼위일체의 역동성에 대해, 브라켄은 인식과 사랑을 통해 세 위격 각각은 내재적 삼위일체 안에서 스스로를 초월한다고 주장한다. 각각의 위격은 자기-인식(self-knowledge)을 갖고 있으며 다른 두 위격을 무제약적으로 이해한다. 위격들 사이의 사랑은 분명 상호적이지만, 그 이상이다. 위격들 사이의 사랑은 공유된 사랑이다. 공유된 사랑은 사랑하는 자(lover)와 사랑 받는 자(beloved)와 상호적인 것을 공유할 제 삼의 위격(a third person)을 요청한다.[82] 이러한 이해의 빛에서 브라켄은, 각각의 위격을 민주적으로 질서 지워진 하나의 분리된 사회로 이해함에도 불구하고, 세 위격 각각을 개체적 위격으로 보기보다는 보다 고차원의 연합이나 보다 큰 현실태를 주장한다. 여기서 삼위일체가 의미하는 것은 신적 공동체인 구조화된 사회 안에서 서로 서로 관계를 통해서만 셋은 진정 하나님이 된다. 신적 공동체인 하나님은 더 이상의

---

82) 브라켄은 성령을 아버지와 아들의 사랑의 관계와 동일시하는 몰트만, 뮬렌(Herbert Mühlen), 융엘에 반대한다. 브라켄은 이들의 주장이 인격(person)과 본성(nature)을 혼동하게 한다고 주장한다. 세 분리된 위격들은 필연적으로 하나님의 본성, 곧 자기를 내어주는 사랑의 과정을 구성한다. 그러나 자기를 내어주는 사랑의 과정이란, 위격들을 하나로 묶어주는, 위격들로 구성된 하나가 아니고, 연합하는 본성이다. Bracken, "과정철학과 삼위일체 신학 Process Philosophy and Trinitarian Theology", 219. 여기서 브라켄은 하나님의 본성을 네 번째 위격과 기능적으로 일치하는 것으로 보며 삼위일체가 아닌 사위일체를 주장하고 있다. 세 위격들은 하나님으로 판명되지 않는다. 다만 세 위격들의 구성이 하나님이다. 브라켄의 입장에서 보면, 몰트만과 뮬렌과 융엘은 삼신론에 가깝다고 볼

큰 존재를 생각할 수 없는 지고의 존재이다.[83]

세 위격 각각은, 특별히 경세적 삼위일체와 관련해서, 신적 공동체 안에서 구별 가능한 역할을 한다. 아버지는 초월적 신성으로 세계 과정의 창조자이다. 원초적 원인인 아버지는 화이트헤드의 체계에서 하나님의 원초적 본성과 연관된다. 아버지는 우주 안에 있는 모든 창조성의 원초적 조건(aboriginal condition)이다. 아버지가 유일한 원인은 아니지만, 모든 사건에 있어서 원초적 원인이다. 그는 끊임없이 자신의 창조성을 공유한다. 먼저는 다른 두 하나님의 위격들과 공유하고 다음으로는 모든 유한한 현실적 계기들과 공유한다. 아버지는 먼저 존재하고 이어서 다른 존재들을 내었다는 의미에서 창조자가 아니다. 오히려 그가 창조자란 말은 스스로가 모든 존재하는 것들의 존재를 규정하는 원초적 조건이란 의미이다. 아버지는 스스로를 파악하며, 아들과 성령과 세계에게 순간 순간 공유된 존재됨의 새로운 가능성을 계속해서 제안하는 분으로 아들과 성령에 의해 파악된다.

예수와 동일시된 아들은 여러 세기를 거쳐 모든 공동체의 모델로서 사랑받는 공동체가 된 교회의 창시자이다. 아들은 아버지의 창조성이 초래한 원초적 결과이다. 따라서 브라켄은 아들과 결과적 본성을 연관시킨다. 창조의 사역과 본래적인 하나님의 삶 안에서, 아들은 순수 가능성을 하나님의 세 위격들 모두를 위한 현실태로 전환시킴으로써 아버지의 지향에 적극적으로 반응한다. 아

수 있다. 왜냐하면 이들은 세 분리된 존재들로 시작하여 후에 중재자인 성령으로 이 셋을 연합하고 있기 때문이다. Bracken, "과정철학과 삼위일체 신학 II Process Philosophy and Trinitarian Theology II", 83.

83) Bracken, "과정철학과 삼위일체 신학 Process Philosophy and Trinitarian Theology", 226.

들은 스스로를 파악하며, 아버지의 제안에 대해 언제나 예라고 대답하는 이로써 아버지와 성령에 의해 파악된다. 아들은 순간 순간 수많은 세계의 현실 계기들의 특정 결단을 하나님의 결과적 본성에서 일어나는 계속적인 합생에 통합함으로써 하나님의 삶에 구체적인 일치를 제공한다.

성령은 어떠한가? 성령은 역사 안에서 하나님의 공동체의 주요 해석자로서 역사를 자신의 감독 하에 움직여간다. 이런 이유 때문에 브라켄은 성령과 자기-초월체(superject)를 동일시한다. 하나님의 삶 안에서 성령은 아버지로 하여금 하나님 존재의 새로운 가능성들을 제공하게 하며, 또한 아들로 하여금 아버지의 제안에 예라고 답하게 한다. 성령은 이처럼 아버지와 아들의 교류를 위한 실체화된 조건이다.[84] 창조 안에 있는 하나님의 경륜과 관련하여, 성령은 아버지로 하여금 모든 현실적 계기들에게 최초의 지향을 제공하도록 하고, 각각의 계기들로 하여금 아버지의 지향에 예라고 답하게 한다. 이제 화이트헤드는 하나님의 자기 초월적 본성에 대해 한번 언급하는데, 브라켄은 창조된 질서에 미치는 하나님의 인과적 영향을 표현한다는 점에서 하나님의 자기 초월적 본성을 아주 중요하게 생각한다.[85] 브라켄은 아버지와 아들보다는 성령이

---

84) 내가 보기에 브라켄은 스스로가 모순에 빠진 것처럼 보인다. 한편 그는 아버지와 아들 사이의 사랑의 끈으로 성령을 기술했다는 이유로 몰트만과 뮬렌과 융엘을 비판한다. 그러나 다른 한편 브라켄은 이들과 동일한 입장을 주장하는 것처럼 보인다. 브라켄은 "공동의 본성 그 자체인 성령이 하나의 위격이 된다."고 주장한다. "…아버지와 아들의 사랑의 끈은 원초적 원인과 원초적 결과의 상호 작용에 원초적 조건이 된다." Bracken, "과정철학과 삼위일체 신학 II Process Philosophy and Trinitarian Theology II", 84.; 87.
85) "하나님의 자기 초월적 본성은 여러 시간의 순간 안에 초월적 창조성을 과시하며 하나님의 특별한 만족을 가진 실용적 가치의 특성이다." Alfred North Whitehead, 『과정과 실재 Process and Reality』, ed. David Ray Griffin and Donald W. Sherburne(Corrected ed.; New York: Macmillan Co., 1929, 1978), 88.

순간순간 하나님-세계 관계의 통합에 책임이 있다고 주장한다.

종합한다면, 브라켄은 하나님 존재의 원인, 결과, 조건이 있다고 본다. 원인은 아버지와 동일시되는 하나님의 원초적 본성이고, 결과는 아들과 동일시되는 하나님의 결과적 본성이며, 조건은 성령과 동일시되는 하나님의 자기초월적 본성이다.

수하키(Marjorie Hewitt Suchocki)는 아버지, 아들, 성령의 일대일 상관관계와 과정 형이상학의 범주를 반대한다. 분명코 과정 유신론자들은 원초적 본성, 결과적 본성, 자기초월적 본성이라는 삼중적 방식으로 하나님을 말해야 한다. 그러나 "삼위일체를 해석함에 있어서 이 용어들을 사용하는 것을 거부하는 이유는 이 용어들이 우리의 이해를 위한 추상들이며, 하나님이신 실재를 기술하는 방식들이기 때문이다."[86] 수하키는 추상적인 형이상학적 용어로서는 하나님의 삶 안에 있는 주체성의 풍요로운 의미를 충분히 표현할 수 없다고 지적한다. 그래서 그녀는 상징들을 있는 그대로 보존하여 상징들로 하여금 하나님인 복합성과 관계하게 하려 한다.

메이슨(David Mason)은 포드와 브라켄이 사용한 방법과 추론한 결론에 대해 수하키보다 수위를 높여 반대한다. 1985년 캘리포니아주 애너하임에서 모인 미국 종교학회에서, 메이슨은 형이상학적 구성에 맞추고자 그리스도교 상징들이 사용되어야 한다는 생각에 반대하는 내용의 글을 발표하였다. 메이슨은 이 글에서 종교 상징들은 결코 형이상학적 구성을 맞추기 위해 의도된 적이 없었

Bracken, "과정철학과 삼위일체 신학 II Process Philosophy and Trinitarian Theology II", 91.
86) Majorie Hewitt Suchocki, 『하나님, 그리스도, 교회 *God, Christ, Church*』, (New York: Crossroad, 1982), 215. 이하.

고, 둘째, 형이상학은 그 자체로 사유하도록 자유로워야 하며 상징적 제약에 의해 방해를 받아서는 안 된다는 두 가지 이유를 제시하였다.[87]

포드와 브락켄의 분명한 차이가 우리에게 뭔가를 시사해주고 있다. 이 두 신학자는 모두 동일한 성서적 상징과 동일한 형이상학적 구조로 출발한다. 그렇지만 이들은 하나님의 내적 삶에 관하여 전혀 다른 결론에 도달하였다. 포드는 아들과 하나님의 원초적 본성을 동일시하고, 성령과 하나님의 결과적 본성에 동일시하며, 원초적 본성과 결과적 본성 둘 다를 포함하는 원초적 직시(primordial envisagement)와 아버지를 동일시한다. 그러나 브락켄은 아버지를 원초적 본성과, 아들을 결과적 본성과, 성령을 자기초월적 본성과 동일시하고, 세 위격 각각을 사회적으로 연합된 하나의 분리된 위격으로 생각한다. 포드는 양태론자라는 인상을 주고 있고, 브락켄의 사회적 삼위일체는 삼신론에 빠질 위험이 있다.[88]

화이트헤드 계열의 학자인 메이슨도 역시 삼위일체적 상징들이 신화적으로 기능하며 또 그렇게 기능하도록 허락되어야 한다고 생각한다. 상징들은, 하나님께서 우리의 삶을 향한 의미를 가리키는 것으로서, 실존론적으로 해석되어야 하지, 형이상학적 개념과

---

87) David R. Mason, "삼위일체 교의의 비신화화 Demythologizing the Doctrine of the Trinity", (Paper delivered at the annual meeting of the American Academy of Religion, Anaheim, Calif., 1985)

88) 힐(William Hill)은 브락켄이 "삼신론의 그늘 the shadow of tritheism"에 있다고 주장한다. William Hill, 『세 인격을 가지신 하나님 *The Three-Personed God*』, 220. 하지만 이 표현은 좀 과장된 점이 있다. 브락켄이 삼신론에 빠지지 않은 것은 그가 통전적인 입장에 서있었기 때문이다. 하나님의 전체는 부분의 총합보다 큰 것이다. 여기서 전체는 그 자체가 고차원에서 이루어지는 일치이다.

관계된 것으로서, 문자적으로 받아들여서는 안 된다. 상징은 본래 비신화화될 수 있다. 그러나 화이트헤드의 형이상학은, 하나님의 존재와 본성, 피조물들의 본질적인 존재, 하나님-세계 관계의 일반적인 특성에 대한 우리의 이해를 조명하기 위해서 자유로워야 한다. 메이슨은 삼위일체적 상징들이 실존적 연관을 갖는 반면, 형이상학은 객관적 연관을 갖는다고 생각한다. 이런 이유에서 메이슨은 우리의 상징들을 특정 형이상학의 개념에 한정하려 하지 않는다.

종합한다면, 과정 유신론 세계에서 이루어지는 대화는 최근 삼위일체의 흐름으로부터 멀리 빠져나간 썰물의 흐름과 같다. 과정 유신론이 고전 형이상학적 체계를 신 고전 체계로 해석하거나 보충하는 것이 아니고 대치시키려고 할 때, 최근 삼위일체 흐름으로부터 멀리 떠나버리는 꼴이 될 것이다. 여기서 문제는 과정 유신론이 아버지와 아들과 성령의 일반적인 상징들이 신성을 지닌 분화된 경험들을 지칭한다는 종교적 사실에 주목하지 않는다는 점이다. 형이상학적 구성에 앞서 우리는 직접 이 상징들을 주목해야 한다.

다른 한편, 과정 사상가들도 주류에 한발을 디디고 있다. 화이트헤드 계통의 학자들은, 고전적 삼위일체 상징들과 동일시되기를 원하지는 않지만, 하나님의 삶 안에 있는 시간성에 대해서 많을 것을 가르치고 있다. 예를 들면, 그리핀은 하나님이 세상을 경험하며 이는 곧 하나님이 시간적이어야 함을 의미한다고 주장한다. 경험은 시간을 요청한다. 시간적인 세계를 경험하기 위해서, 하나님은 본성상 시간적이어야 한다. 그리핀은 하나님 안에 있는 시간성을 결함이 아니라 하나의 축복이라고 덧붙인다. 하나님의 시간성은 세계와의 친밀한 관계를 가능하게 한다.

그리핀은 우리의 경험 안에 있는 시간성과 하나님의 경험 안에 있는 시간성을 구분한다. 하나님은 우리가 처한 한계에 종속되지 않는다. 우리의 기억은 선택적이고 희미하게 된다. 그러나 하나님은 모든 사건을 기억한다. 희미한 과거까지도 하나님에게는 가장 최근의 일처럼 생생하다. 이점에서 그리핀은 하나님을 무시간적인 분으로 생각할 수 있다고 주장한다. 그리핀은 하나님의 기억이 시간의 과정을 통해 사라지지 않는 것으로 본다.

하나님은 시간적이긴 하지만 불안해하지 않는다는 점에서 우리와 다르다. 불확실성과 미지의 미래에 대한 두려움은 때때로 우리 인간에게 불안을 가져다주는 근거이다. 우리의 생존에 대한 염려는 시간의 황폐함으로부터 우리를 지키기 위해 다른 이들을 먼저 공격하는 쓸모없는 노력을 하게 한다. 곧, 불안은 다른 사람에 대해서 죄를 짓게 할 수 있다. 그러나 그리핀은 하나님에 대해서는 그렇지 않다고 주장한다. 하나님은 불안으로부터 자유롭다. 하나님은 미래에 대한 불확실성 한 가운데에서도 우리를 사랑할 수 있다. 이런 이유 때문에 그리핀은 우리의 시간성의 불완전함과는 상관이 없는 하나님의 시간성에 대해 생각한다. 그러나 여기 하나님의 삶의 시간적 차원이 하나님과 세계의 경험적인 관계성을 가능하게 한다.[89]

종합해보면, 그리핀과 같은 과정 유신론자들과 바르트의 신학은 하나님의 실재에 대한 시간적인 특성, 과정의 특성, 관계적인 특성을 함께 탐구한다. 화이트헤드와 하트숀의 연구는 하나님이 세계 과정에 깊이 참여하고 있다는 점을 보여주고 있다. 하나님과

---

[89] David Ray Griffin and Huston Smith, 『원초적 진리와 포스트모던 신학 Primordial Truth and Postmodern Theology』 vol. 3, SUNY Studies in Constructive Postmodern Thought(Albany: SUNY, 1989), 121-125.

세계의 관계는 외향적이면서 내재적이다. 그러나 이 개념이 과정학파의 전유물은 아니다. 이는 최근 삼위일체 논의에 참여하고 있는 대부분의 학자들이라면 누구나 공감하는 내용이다.

예를 들면, 라쿠나는 하나님의 삶이 갖는 관계적 특성에 가장 관심을 갖는다. 그녀는 바르트와 특별히 라너의 전통에 서서 충분히 연구한다.

캐서린 모리 라쿠나의 『우리를 위한 하나님』

최근 삼위일체 담론에 대한 연구 가운데 보석과 같은 책은 라쿠나가 쓴 『우리를 위한 하나님: 삼위일체와 그리스도인의 삶 God for Us: The Trinity and the Christian Life』이다. 노트르담 대학 교수인 라쿠나는, 보석 세공인의 세밀함으로써 여러 세기의 교의적 대화를 거쳐 대충 형성된 미완의 울퉁불퉁한 면들을 잘 다듬어 내고 있다. 그녀는 "삼위일체 교의란 궁극적으로 그리스도인 삶에 아주 중요한 실천적 교의이다."라고 주장한다. 그리스도인 삶의 목적은 "성령 안에서 예수 그리스도를 통해 하나님의 삶에 참여하는 것"이다. 따라서 삼위일체 신학은 "그리스도의 인격과 성령의 활동 안에 나타난 하나님의 자기-계시의 구조 속에서 사랑, 관계, 인격성, 연합의 신비를 탐구하는 가장 탁월한 관계의 신학이다."[90]

라쿠나는 "어째서 삼위일체 교의가 밀려난 것일까?"라는 물음으로 시작한다. 이는 내가 앞서 "어째서 우리 신학자들이 엉뚱한

---

90) LaCugna, 『우리를 위한 하나님 God for Us』, 1쪽. "삼위일체 교의는 구원의 경륜 안에 나타난 하나님의 계시에 기반을 둔 하나님의 영원한 신비를 이해하는 시도이다." Ibid., 22.

문제를 야기시켜 대답을 이해할 수 없는 하나님의 신비로 돌림으로써 우리를 좌절시키는가?"라고 질문했던 물음의 변형이다. 라쿠나의 연구는 이 문제들에 대한 역사적 분석을 하고, 바르트의 통찰을 실천적 영성으로 확장하는 구성적 제안을 하고 있다. 라쿠나는 바르트를 직접 인용하지는 않는다. 오히려 그녀는 라너의 규정을 이용하여 구원의 역사적 경륜을 기초로 하나님의 영원한 삶을 이해하기 위한 건설적인 제안을 전개하고 있다.

라쿠나는 니케아 공의회에서 하나님의 신비(*theologia*)와 구원의 신비(*oikonomia*)가 나누어졌기 때문에 삼위일체 교의가 밀려나게 되었다고 주장한다. 우리가 경세적 삼위일체라는 용어에서 보듯이 경세 혹은 오이코노미아(*oikonomia*)란 용어는 예수 그리스도의 인격 안에서 이루어진 하나님의 자기소통(self-communication)을 의미하고 구원의 역사 안에 나타난 성령의 활동을 의미한다. 우리가 하나님을 아는 것은 하나님의 경세적인 활동 때문이다. 영원한 하나님의 존재에 대한 인간의 인식인 테올로기아(*theologia*)는 원칙상 하나님의 경륜 속에 나타난 계시로부터 우리가 배운 것과 같은 줄기여야 한다. 우리는 계시된 것을 너머 하나님의 내재적 삶에 접근할 수 없다. 그러므로 우리가 삼위일체적 삶을 계시된 것 너머의 영역으로 돌린다면, 이는 이해할 수 없는 신비로 돌릴 수밖에 없다.

그러나 라쿠나는 이것이 실수라고 주장한다. 테올로기아(*theologia*)와 경륜(*economy*)은 하나여야 하기 때문이다. 실제로 테올로기아와 경륜은 4세기까지는 하나였다. 그런데 니케아 신경을 문서로 완성하는 과정에서 신론과 구원론이 분리되었고, 테올로기아는 구원의 사역과 관계없는 하나님의 삶의 내적인 사역을 의미하게 되었다. 세 위격들 사이에 일어나는 하나님의 내적 관계들은 세계 안에서 이루어지는 하나님의 활동과 단절되게 되었다.

니케아 신경이 만들어지고 있던 때, 아직 해결되지 않는 하나님의 고통이 특별히 중요한 문제로 떠올랐다. 아리우스주의자들과 아타나시우스주의자들은 모두 성부 수난설(아버지의 고난, patripassianism)을 거부하였다. 이러한 입장은 본래적인 하나님의 삶과 상관없는 차가운 세계에 구원자의 고통을 내버린 것처럼 보였다. 심지어 삼위일체와 로고스도 분리되고 배제된 것으로 생각되었다. 이러한 역사를 보고 라쿠나는 "하나님이신 로고스가 고통을 당할 수 없었기 때문에(아리우스의 생각), 그리스도론과 삼위일체론의 영역에서 신학이 발전할 수 없었다고 결론지었다. 그 이유는 하나님의 부고성(고통당할 수 없음, impassibility)을 살펴 수정하지 않는다면, 그리스도교 신학은, 열등하지만 여전히 하나님이신, 아리우스의 고통당하는 로고스 사상과 통일성을 찾을 수 없을 것이기 때문이다."[91]

이러한 문제는 오늘까지 계속되어 삼위일체 교의를 창조, 구속, 혹은 완성과는 상관없이 하나님의 내적인 삶을 다루는 것으로 생각하게끔 만들었다.

> 아리우스주의와 신-아리우스주의에 대한 논쟁과 관련하여 니케아에서 시작된 행보를 따라, 신학자들은 점점 테올로기아 그 자체의 본성, 곧 하나님의 세 위격이 갖는 상호 관계성에 주목하였다. 그 동기는 처음부터 구원론적이었다. 그러나 때때로 경세는 삼위일체의 내적 관계들에 대한 결론을 형성하는데 결정적으로 작용하지 못했다… 그 결과 하나님의 내재적인 차원만을 강조하는 신학은

---

91) *Ibid.*, 42.

그리스도와 성령의 경륜과 관계가 없게 되었고, 수육과 은총과도 상관없게 되었으며, 결국 그리스도인의 삶과도 무관하게 되었다.[92]

간단히 말해서, 내재적 삼위일체와 그에 수반되는 테올로기아의 관계는 경세적 삼위일체와 구원의 경륜으로부터 멀어지게 되었다.

이에 대해서 라쿠나는 우리가 삼위일체 교의를 재인식해야 하고 삼위일체의 내적 관계들과 구원의 경륜이 갖는 원초적 관계를 되살려 내야 한다고 주장한다. 그녀는, 하나님은 본성상 자기-소통적이라는 라너의 개념이 삼위일체를 재인식하도록 하였다고 지적한다. 신비하고도 이해할 수 없는 하나님은, 하나님 자신을 표현하고 공유하는 활동 가운데 나타나는 하나님이다. 하나님의 활동은 하나님이 누구인지를 계시한다. 우리는, 하나님의 신비가 절대적인 것으로 남아 있다고 하더라도, 구원의 역사 안에 계시된 하나님이 실제로 진짜 하나님이라고 확신할 수 있다. 이는 결국 계시된 하나님(*Deus revelatus*) 배후에 잠복해 숨어계신 하나님(*Deus absconditus*)의 가능성을 없애버린다.

여기서 라너의 규정이 중심이 된다. 곧, 경세적 삼위일체가 내재적 삼위일체이고 내재적 삼위일체가 경세적 삼위일체이다. 라쿠나는 "신학이란 구원론과 나뉘지 않으며, 구원론 또한 신학과 나뉘지 않는다."[93]고 결론짓는다.

라쿠나는 라너나 윙엘과 다른 신학자들이 이 문제를 정리한 것보다 한 발 더 멀리 나아갔다. 라너의 규정은 신학자들이 내재적

---

92) *Ibid.*, 209-210.
93) *Ibid.*, 211.

이고 경세적인 삼위일체의 두 개념이 필요다하는 것을 전제하는 것처럼 보인다. 용어를 조금 수정하여 테올로기아(*theologia*)와 오이코노미아(*oikonomia*)를 하나로 보는 라쿠나의 개념화는 -- 좀 더 정확히 말하면 성서와 니케아 이전의 사유 세계로 되돌아가는 것인바 -- 내재적인(*ad intra*) 하나님의 삶과 외향적인(*ad extra*) 하나님의 삶을 구분하지 않는다. 시간적 역사의 전체 범위를 하나로 하는 오직 하나의 삼위일체 하나님의 삶이 존재할 뿐이다.

라쿠나는 유출(emanation)과 회귀(return)라는 교차대칭 모델(X, a chiastic model)을 구상한다. 경세적 삼위일체나 내재적 삼위일체가 존재하기 보다는 시간, 공간, 역사, 인격성의 구체적인 사건들 안에 나타난 테올로기아의 신비만이 존재할 뿐이다. 아버지 하나님은 아들 예수 그리스도를 출생하며, 아들로부터 성령을 발현하고 그리고 나서 세계를 발현한다. 성령은 예수 그리스도의 종말론적인 연합 안으로 세계를 완성하고, 예수 그리스도는 만물을 아버지 하나님께 돌려드린다. 라쿠나의 교차대칭 모델이란 하나님께서 창조, 구속, 완성으로 나아갔다가 다시금 아버지 하나님께로 되돌아가는 운동이다. 곧 아버지로 시작해서 아버지에 이르는(*a Patre ad Patrem*) 운동이다. 이 운동 과정의 어떤 시점에서 멈출 이유가 없다. 그리스도론이나 성령론 사이를 구분할 이유가 없고, 하나님의 경세적 관계들과 내재적 관계들을 구분할 이유가 없다.

오이코노미아(*oikonomia*)는 외향적인(우리를 향한, *ad extra*) 삼위일체가 아니고 창조에서 완성에 이르는 하나님의 전체적인 계획이다. 경륜 안에서 하나님과 모든 피조물은 사랑과 연합의 신비 안에 함께 존재하도록 운명 지어진다. 따라서 테올로기아는 삼위일체 자체(Trinity *in se*)가 아니고, 보다 소박하게 표현한다면, 하나님의 신비이다. 하나님께서 예수 그리스도를 통해 우리를 구원

하시는 경험을 통해 아는 바대로, 하나님의 신비는 하나님께서 우리와 함께 하심의 신비이다.[94]

이러한 입장은 영성과 관련하여 결정적인 의미를 갖는다. 내재적 삼위일체와 경세적 삼위일체의 구분을 없앰으로써, 하나님의 내적 삶은 더 이상 하나님에게만 속한 것으로 볼 수 없게 되었고, 더 이상 고립된 하나님을 말할 수 없게 되었다. 따라서 하나님의 삶은 또한 우리의 삶이 된다. 우리가 삼위일체를 내재적이고(ad intra) 외향적인(ad extra) 두 차원으로 생각하는 것으로부터 자유하게 되면, 삼위일체 하나님의 하나의 삶만이 존재하며, 하나님의 삶은 하나님과 우리의 관계를 포함함을 알 수 있게 된다. 라쿠나는 동방 정교회의 언어를 받아들여 하나님의 자기 소통의 동기가 신성화(theosis)를 통해 피조물인 우리와 연합하는 것임을 고백한다. 하나님의 구원의 경륜은 신성화(divinization)와 영화(glorification)의 경륜이다. 이는 우리 인간들이 하나님과 그리고 우리 상호간에 완전한 사랑과 연합의 삶에 참여함을 의미한다. "하나님의 삶은 하나님에게만 속한 것이 아니다. 삼위일체의 삶은 또한 우리의 삶이기도 하다."[95]

여기 사용된 인격의 개념은 현대 신학에서 가장 잘 발전된 개념 가운데 하나이다. 라쿠나는 인간이건 하나님이건 인격들은 인격들 간의 관계들로 이루어진다고 주장한다. 인격적이기 위해서는 상호 인격적이어야 하고 상호 주체적이어야 한다. 그러나 인격이란, 말로 표현할 수 있는 것이 아니다. 한 인격이 누구이고 무엇인가를 온전히 알리는 것은 불가능하다. 위격 각각의 신비는 끝이 없다. 또한 지지울러스와 마찬가지로 라쿠나도 인격들이 "보편

---

94) *Ibid.*, 223-224.
95) *Ibid.*, 228.

적"(catholic)이라고 주장한다. 이 주장은 우리 인간이 존재하는 모든 것들에 개방적이도록 창조되었고, 동시에 인격 각각은 독특하면서도 동시에 인간적인 것을 구현한다는 두 가지 의미를 담고 있다. 마찬가지로 삼위일체의 각 위격은 독특하면서도 동시에 신적인 것을 구현한다. 바른 관계의 삶, 곧 연합의 삶이 구원의 의미이며 그리스도교 신앙의 이상이다. 우리의 인격성은 하나님과의 완전한 연합인 신성화 안에서 완전함에 이른다.

라쿠나는 경세적 삼위일체가 내재적 삼위일체이고 내재적 삼위일체가 경세적 삼위일체라고도 하고 혹은 하나님의 활동(energies)이 하나님의 본질을 표현한다고 고백하면서, 우리와 관계하시는 하나님의 존재 방식이 곧 하나님의 인격성이라고 주장하고 있는 것이다. 더 나아가 라쿠나는 이것이 하나님 존재를 하나님으로 완전히 표현한 것이라고 주장한다. 또한 인격성과 존재, 본체와 본질의 완전한 상응은 하나님 안에서만 나타남을 볼 수 있다. "우리를 위한 하나님은 하나님으로서 하나님이다."[96]

이제 "인격"이란 용어를 "한 본성이나 세 위격들" 중 어디에 적용해야 할까라고 물음할 수 있다. 라쿠나의 대답은 우리에게 충격이 될 수도 있다. 그녀는 바르트와 몰트만 혹은 다른 학자들 어떤 누구도 편들지 않는다. "하나님이 세 양태들 안에 있는 한 인격이라고 말하든 혹은 세 인격들 안에 있는 한 본성이라고 말하든 별 문제가 되지 않는다. 왜냐하면 이 두 주장은 같은 방식으로 이해될 수 있기 때문이다. 정말 중요한 것은 하나님이 인격적이라는 주장이다. 그러므로 삼위일체 교의가 갖는 본래적인 주체적 문제는 구원의 경륜 안에서 하나님과 인간의 인격들의 만남이다."[97]

---

96) *Ibid.*, 305.

라쿠나는 삼위일체 교의가 하나님의 신비에 가깝다는 입장을 취한다. 이 책 1장에서 보았듯이 신비는 교의로서 삼위일체 교의에 속하지 않는다. 서로 갈등 구조를 갖는 신학적 입장을 설명할 수 없다는 이유에서 그 변명으로 신비를 사용해서는 안 된다. 신비란 구원의 경륜 안에 계시된 것과 창조에 상관없는 삼위일체의 내적 삶을 의미하지 않는다. "신비"라는 용어를 계시되지 않은 초월적 실재에 적용하다보면 신학은 환상과 구별될 수 없게 된다. 때문에 라쿠나는 "신비"라는 용어를 우리가 경험한 것을 이해할 수 없는 인간의 한계에 적용한다. 우리는 예수 그리스도와 성령의 사역 속에서 하나님의 구원 활동을 경험하였다. 우리가 이들의 사역에 참여함에도 불구하고, 이들의 사역을 완전히 이해할 수 없다. 예수 그리스도와 성령의 사역은 말로 표현할 수 있는 것이 아니다. 이것이 일반적으로 신학적 인식이 담고 있는 역설이다. 하나님은 인간의 인격들과의 만남 속에서 하나님 자신을 자유롭고도 완전하게 내어준다. 그러나 피조물인 우리가 우리 가운데 오신(who is imparted) 분을 완전히 받아들이거나 이해할 수 없기 때문에, 하나님은 말로 표현할 수 없는 분이 된다.

결국, 삼위일체에 대한 라쿠나의 재개념화는 이전에 몰트만과 보프가 보여준 정치적 의미를 갖는다. 그녀는 하나님의 군주제를 사회적인 부권(patriarchy)이나 어떤 모양으로든 인간의 불평등을 낳는 것으로 해석하려하지 않았다. 물론 라쿠나도 단일론이나 내재적 삼위일체 교의가 부권을 지지할 수 있음을 인정한다. 내재적 삼위일체 안에서 하나님 아버지는 자기-정의(self-definition), 자기-충족(self-sufficiency), 그리고 고립(isolation)의 이미지를 갖는다. 그러나 카파도키아 교부 신학자들과의 관계성 속에 있는 인격

---

97) *Ibid.*

(person-in-relationship)을 자신 나름대로 해석하고 있는 라쿠나는, 하나님에 대한 삼위일체적 입장이 위격들이 연합 안에 하나가 되어 동등하게 통치하는 것을 지지한다고 주장한다. 삼위일체론은 어떤 위격들이 다른 위격들을 지배하는 계급 질서를 거부하고, 상호성을 장려한다.[98]

라쿠나는 예리한 학문성을 바탕으로 바르트가 불을 붙이고 라너가 확장시켜준 여정을 한 단계 더 높은 수준으로 발전시킨다. 의식하건 의식하지 못하건 그녀는, 바르트의 분석을 따라, 니케아 이전 하나님 계시에 대한 성서의 이해가 이미 아버지와 아들과 성령의 형식으로 나타난다고 주장한다. 라쿠나는, 라너를 충분히 숙지하고 난 후, 내재적 삼위일체가 경세적 삼위일체이고 그 역도 마찬가지라고 하는 규정에 멈추어선 라너를 극복한다. 하나님의 신비(*theologia*)가 구원의 신비(*oikonomia*)이고 구원의 신비가 하나님의 신비라고 하는 자신의 추론을 통해서, 라쿠나는 창조 자체 안에 나타난 창조의 전체를 망라하고, 이를 통합하는 거대한 하나님 삶의 이상을 본다. 우리가 생각한 바, 하나님께 외향적인 것이 이제는 하나님께 내재적인 것이 되었다. 우리가 하나님 스스로 하나님 본질이라고 생각했던 그 하나님이 이제는 우리와 관계하시는 하나님이 되었다. 분명, 라쿠나의 연구가 갖는 지배적이고도 전체적인 주제는 하나님의 관계성이다.

그러나 여기서 하나님의 시간성을 놓치고 있다. 우리는 라쿠나가 문제를 제기하는 가운데 영원성과 시간성의 관계가 한 과제로 등장할 것이라고 기대하였다. 관계성 가운데 있는 인격의 개념은 활력과 변화와 성장을 의미한다. 신성화(*theosis* or *divinization*)의 개념을 통해 우리는 우리 인격성의 종말론적인 완성을 본다. 아버

---
98) *Ibid*., 393-400.

지로부터 시작하여 아들과 성령과 세계 창조와 구속으로 나아갔다가 다시금 되돌아가는 교차대칭(chiastic route) 여정은 우리로 하여금 아버지께로 되돌아갈 것을 기대하게 한다. 아버지로부터 아버지에 이르는 운동은 시간을 통해 앞으로 도래하게 될 미래를 향한 운동이다. 만일 하나님 삶의 내재적인 관계성이 라쿠나가 생각한 것처럼 세계 역사 과정과 관계된 것이라면, 우리는 하나님의 삶에 시간적 차원들이 가능함을 볼 수 있을 것이다.

어떤 신학자들은 하나님의 관계성이 결정적이고, 라너의 규정이 아주 중요하다고 생각한다. 그러면서도 이들은 또한 하나님의 삶 안에 영원성과 시간성의 관계를 살피는 것이 중요하다고 인정한다. 이제 이 영역에 속한 두 신학자들의 연구를 살펴보자.

로버트 젠슨의 『삼위의 정체성』

젠슨은 "셋의 일치됨을 이루는 한 사건 곧 하나님이 존재한다."고 서술한다.[99] 젠슨은 바르트가 시작한 항해를 계속한다. 바르트는 하나님 안에 셋 됨은 한 신성의 세 예증들이 아니라 세 사건들로 이해되어야 한다고 보았다. 곧 하나님은 하나님이고, 다시금 하나님은 하나님이며, 언제나 하나님은 다른 방식으로 하나님이 된다.[100] 이를 바탕으로 그리스도교 삼위일체를 헬라적 사유의 포로로부터 해방시킨다는 점에서, 젠슨은 바르트를 넘어서고 있

---

99) Jenson, 『삼위의 정체성 The Triune Identity』, 114. 또한 젠슨의 『그리스도교 교의학 Christian Dogmatics』, 1:140.을 참조하시오.
100) Jenson, 『삼위의 정체성 The Triune Identity』, 136-138.; 179-180. 젠슨은 바르트를 넘어서서 그리스도교 삼위일체를 헬라의 무시간성으로부터 해방하기를 원한다. 바르트의 문제는 아버지와 아들 사이의 영원성을 "만세 전에"(before all time)와 "만세 이후"(after all time)로 동일시한다는 점이다. 하나님은 예수를 예

다.[101] 실체론적 존재론을 뛰어넘어 사건과 생성의 영역으로 향하는 젠슨은, 이제 고전적인 무시간적 영원성의 개념과 단절을 시도한다. 분명 하나님은 영원하다. 하지만 젠슨은 하나님의 영원성이 시간을 담고 있으며 시간적 사건들을 하나님의 삶 속으로 승화시킨다는 점을 지적하고자 한다. 젠슨은 현대 삼위일체 논의에 두 가지 중요한 공헌을 하고 있다. 1) 그는 시간과 영원성의 관계에 대한 바르트의 이해를 확장시켜 내재적 삼위일체를 종말론적으로 이해한다. 그리고 난 후 2) 본체(*hypostasis*)와 인격(*persona*)을 영어의 "정체성"(identity)이라는 용어로 번역해 낸다.

젠슨의 첫 번째 논제는 무시간성으로서의 영원성이란 개념으로부터 그리스도교 삼위일체 사유를 지켜내는 것이다. 무시간성으로서의 영원성 개념에서는 하나님이 영원하기 때문에 세계와 관계가 없다고 가르친다. 바르트와 이 시대의 여러 신학자들과 마찬가지로 젠슨도 성서에 기초한 사유는 헬라적 형이상학에 불가지론적이라고 생각한다. 그 주된 이유는 헬라의 사상가들이 시간적 운동을 완전의 상실로 생각했기 때문이었다. 시간은 파괴한다. 연대기적 시간은 시간의 자녀들을 삼켜버린다. 그러므로 그리스의 종교는 시대의 반석을 추구하였고, 시간적 변화와 퇴화에 영향을 받지 않는 영원성을 추구하였다. 때문에 신들은 파괴와 무관한 불멸성으로 정의되었다. 우리는 시간 안에 존재한다. 그러나 신들은 시간 안에 존재하지 않는다. 우리가 시간 안에 존재했다는 사실이 우리의 운명을 황폐하게 한다. 그러므로 고대의 종교는 시간과 무시간을 잇는 존재들 곧 중재자들을 열광적으로 추구하였다.

정한다. 그러므로 바르트의 영원한 하나님은 미래적 개방성을 지지하는데 위협이 되기보다는 과거의 영속성을 지지하는데 위협이 된다. *Ibid.*, 179-180.
101) Jenson은 그리스(Greek)와 헬라(Hellenic)라는 용어를 교차해서 사용하는 것처럼 보인다.

그러나 고대 이스라엘에서는 달랐다. 이스라엘 사람들은 야훼를 영원으로 경험하였고, 그 영원함은 시간을 통해 신실하게 드러난다고 이해하였다. 예언자들은 약속하고 성취하시는 하나님을 선포하였다. 야훼는 야훼 자신의 자유인 미래로부터 계속해서 과거를 도전하였다. 시간은 파괴하지만, 야훼는 신실하다. 야훼 안에서 우리는 자유와 미래를 찾는다. 고대 아시아의 다신론 세계에 속한 신들이나 신비적 일원론의 포괄적인 존재와는 달리, 야훼는 시간을 초월하지 않고 시간과 관계한다. 야훼의 정체성이 완전하게 드러나게 될 미래를 향해서 시간은 계속 흘러간다. 여기서 시간의 연속성(continuity)은 존재의 항구성, 곧 존재론적 불변성이 아니다. 오히려 젠슨이 "인격적"이라고 표현한 연속성이다. 시간의 연속성은 야훼의 말씀과 참여를 통해 이루어지며, 야훼께서 처음에 약속한 것을 후에 신실하게 성취함으로써 이루어진다. 그러므로 젠슨은 히브리의 야훼가 시간을 통해 신실하게 나타났다면, 그리스 신들의 영원성은 시간으로부터의 추상 때문이었다고 말할 수 있었다. 야훼의 영원성은 본래적으로 그의 피조물들과의 관계와 연관된다. 반면 그리스 신들의 영원성은 피조물들과의 관계를 부정한다. 교회 역사를 통해 이러한 대비가 간과되었던 것은 아니다. 특히 카파도키아 교부들은 성서에 나타난 하나님을 그리스화하는 작업에 반기를 들었다. 니케아 회의가 열리던 당시 그리스 철학자들에게 신성은 시간이 그 주변을 돌고 있는 부동의 중심이었다. 그러나 니사의 그레고리우스가 말한 하나님은 시간을 품고 시간 앞에 시간 전에 존재하였기 때문에 영원한 것이었다. 헬라의 신은 조용히 존재한다. 그래서 신은 만물의 근거가 된다. 그런데 그레고리우스의 하나님은 만물을 계속 움직이게 한다.[102]

아타나시우스보다 카파도키아 교부들을 선호하였던 젠슨은, 그

---

102) Jenson, 『삼위의 정체성 *The Truine Identity*』, 57, 165.

레고리우스의 작품과 다른 카파도키아 교부들을 연구하면서, "시간적 무한성"(temporal infinity)이란 이름으로 미래에 기초한 시간의 개념을 전개하였다. 젠슨에 의하면 하나님의 시간성이 갖는 본질적인 양식은 무한한 미래성이다. 이 말은 시간이란 직선적이거나 순환적인 것이 아니라는 말이다. 따라서 우리는 실재를 지속하는 실체들이 아니고 우리를 위해 시간을 창조하는 미래의 도래로서 이해해야 한다. 왜냐하면 시간이 현재의 실재로 하여금 실재 그 자체를 넘어가도록 하기 때문이다. 미래의 실재가 우리를 시간화한다. 또한 종말론적인 미래의 구조가 우리의 현재 경험 안에서 시간과 생성의 성격을 결정한다. 우리가 경험하는 지속은 존속하는 실체들에 의해 이루어지는 것이 아니고, 미래가 과거의 모든 사건들에게 수여하는 재해석으로 이루어진다. 여기서 중요한 것은 우리가 경험하는 시간적인 사건의 운동이 본래 하나님의 관계성 속으로 받아들여진다는 점이다. 이것이 변화를 가져오는 성령의 계속적인 역사이다.

성령의 변화의 역사가, 특별히 도래하게 될 약속된 종말론적 변화가, 존재론적 우선성을 갖는다. 하나님 존재의 사건적 성격 때문에, 과거가 미래에 영향을 미치는 만큼이나 미래도 과거에 영향을 미친다. 아들의 출생과 성령의 발현은 단순한 존속의 역할로부터 아버지를 해방시켜 준다. 아버지는 미래를 향하여 자유하다. 젠슨은 종종 아버지를 주어진 분으로(the given), 아들을 현재하는 가능태로(present possibility), 성령을 종말론적인 결과(the eschatological outcome)로 표현한다.[103]

---

103) 쇼트는 하나님의 존재가 종말론적으로만 입증될 수 있다고 말하는 젠슨의 주장이 일관성이 없다고 생각한다. 하나님을 주체로 단정하는 것은 하나님에 대해 이미 현존하는 것으로 간주하거나 혹은 최초의 일치라는 개념에 논리적 우선권을 주는 꼴이 된다. 따라서 이 논리는 이미 현존하는 것 너머에서 미래의

이처럼 하나님 삶의 시간화는 젠슨이 하나님의 실체론적 개념을 극복하고 관계적 이해를 주장하는 통로가 된다. 때문에 젠슨은 몰트만과 같은 맥락에 서있어야 한다. 그러나 젠슨이 하나님의 주체를 다루고 "인격"이란 용어를 다룰 때에는 몰트만보다는 바르트와 라너의 편에 선 것처럼 보인다. 젠슨은 다음과 같이 기술한다. "하나님은 근대적 의미로 인격적이라 묘사될 수 있다. 그러나 이것이 참인 것은 아버지를 단순히 아버지로서가 아니고 삼위일체 사건으로 볼 때이다. 의식하는 인격은 삼위일체이다." 젠슨은 아버지 하나님보다는 삼위일체 하나님에 주목하게 되는데, 이는 "삼위일체 자체가 홀로 하나님이다."[104)]라고 강조하는 그의 반-군주론적(antimonarchian)이며 반-양태론적(anti-modalist) 입장에서 나온 것이다. 우리가 "하나님"이란 용어를 사용했을 때, 로고스와 성령은 아버지의 표현 양태일 뿐이고, "하나님"은 단순히 아버지를 의미하는 것이라고 생각하지 않는다. 삼위일체가 바로 하나님의 주체이다.

그러므로 젠슨은 하나의 실체와 세 인격(*una substantia et tres personae*)을 소개한 테르툴리아누스의 입장을 좋아한다. 테르툴리아누스가 사용한 인격이란 표현은 양태론을 반박하기 위한 것으로, 아버지와 예수와 성령에 대한 성서의 입장을 적절하게 표현해 주고 있다. 인격 개념은 인간 개체들 사이의 관계와 마찬가지로 하나님 안에 관계의 실재를 나타내주고 있다. 하나님의 인격은 예수의 세례시 성서에 표현된 대로, 서로에게 또 서로에 관하여 말한다는 면에서 셋이다. 하나님의 인격은 아버지와 아들과 성령이라는 상호 고유 이름들로 인식된다는 점에서 또한 셋이다. 세 인

능력으로 도래하는 성령이 우선권을 갖는다는 젠슨 자신의 주장과 반하게 된다. Faye Schott, "하나님은 사랑이시다 God is love", 198.
104) Jenson, 『삼위의 정체성 *The Truine Identity*』, 175; 51, 89.

격의 연합은 그리스도교 공동체의 모델로 인식되며, 그리스도교 공동체 안에서 상호 일치가 하나의 실재인 "한 몸"을 만든다.[105]

이들 세 위격들이 공동으로 참여하는 한 본질(*ousia*)은 어떤가? 젠슨은 본질과 본체(*hypostasis*)가 둘 다 그리스 철학의 전통으로부터 내려온 것임을 주목한다. 니케아 이전에 본질과 본체는 존재하는 것(what-is)을 의미하는 것으로 자유로이 상호교환적으로 사용되었다. 그러나 젠슨은 바르트, 라너, 로너간과 마찬가지로, 그리스도교 신학자들이 이미 현존하고 있는 존재론을 단순히 전수받은 것만은 아니라고 주장한다. 성서 해설이 교부 신학자들에게 깊은 영향을 주어, 그리스 철학의 범주들을 사용하였음에도 불구하고, 그리스도교 교의의 형성과정을 통해 많은 변화를 경험하였다. 특별히 삼위일체를 해설하는 과정에서 용어 사용에 많은 논란이 있었다. 예컨대 본체(*hypostasis*)는 개체와 동일시되었고, 본질(*ousia*)은 정체성을 갖는 개체를 의미하였다. 본체는 개체들의 차원에 속하고 본질은 개체들의 집단이 공동으로 공유하는 것을 뜻하였다. 카파도키아 교부 신학자들은 하나님이 하나가 아니고, 하나님만이 하나의 본질을 갖는다고 주장하였다. 이는 하나님의 본질로서 계속 구현되어야 하는 속성들과 하나님의 본질이 연결될 필요가 없다는 주장이다. 이렇게 되면 하나님 존재는 예수의 생애와 같은 구체적인 역사적 사건의 속성을 그 자체 안으로 받아들일 수 있는 길이 열리게 된다. 성서의 하나님은 우리가 영원하며 불변하는 하나님이라 생각하는 어떤 무시간적이며 관계를 갖지 않는 본질 혹은 존재로 한정될 수 없다.

카파도키아 교부 신학자들은 무한성의 개념을 하나님의 본질에

---

105) *Ibid.*, 73.

적용함으로써 우리로 하여금 하나님의 본질이 무엇인지 한계를 정하거나 정의를 내리거나 구체화할 수 없게 한다. 하나님은 무시간적으로 모든 실재에 확장되기 때문이 아니고, 시간이 하나님의 활동을 소진시키거나 따라갈 수 없기 때문에 무한한 것이다. 그리스 전통에서 무한하다는 것은 정의할 수 없는 것을 의미하였다. 그러나 이와 반대로 니사의 그레고리우스가 말하는 하나님은 모든 정의를 극복한다는 점에서 무한하다. 한 분 하나님의 본질은 시간적으로 방해를 받지 않는다.

그러면 본체는 어떤가? 오늘날도 본체라는 말을 여전히 사용해야 할까? 아니면 영어로 "인격"이란 말로 바꿔 사용해야 할까? 젠슨은 "인격"이란 말을 사용하여 자기-반성적 작인이란 근대적 의미로 사용하고자 하였다. 그리고는 인격을 아버지와 아들과 성령에게 적용하고자 한다. 또한 하나님께 적용하여 "인격"으로서의 하나님을 말하고자 한다. 그는 사회적 삼위일체를 고집하거나, 하나님을 네 번째 인격으로 위치시킴으로써 사위일체를 주장하지는 않는다.

젠슨의 공헌은 "정체성"(identity)이란 용어를 사용한다는 점이다. 젠슨은 다음과 같이 서술한다. "삼위일체 용어 중에 본체란 말은 야훼와의 만남을 통해 그리스 철학이 만들어낸 언어의 잔재일 뿐이다. 우리가 철학적인 용어를 피한다면 이해가 훨씬 용이해질 것이며, 이점에서 내가 '정체성'이란 말을 사용하는 것은 당연한 일이다."[106] 요지는 젠슨은 하나님이 한 분이시지만 세 정체성, 세 이름을 가질 수 있다고 주장한다는 점이다. 한 분 하나님의 존재에 대한 이름은 존재하지 않으며, 하나님 본질에 대한 이름도

---

106) *Ibid.*, 108.

존재하지 않는다. 그러나 본체 각각은 아버지와 아들과 성령으로 판명될 수 있다. 하나가 아니고, 세 정체성들이 존재한다. 그러나 셋은 하나의 실재이다. 한 분 하나님의 실재는 반복해서 드러나며, 무시간적으로 구현된 일련의 성격들로 정의됨이 없이 정체성을 갖는다.

그러므로 젠슨은 라너와 입장과 같이한다. 라너는 우리를 위한 (외향적인, *ad extra*) 하나님의 구원 사역이 전체 삼위일체의 사역과 나뉘지 않는다는 입장에 반대하였다. 젠슨은 이점에서 아우구스티누스 전통이 삼위일체론의 파산을 의미한다고 주장한다. 신약성서에서 "아들"이나 "로고스" 등은 역사 안에 일어난 구원 사역 때문에 예수에게 붙여진 칭호들이었다. 그런데 우리는 예수와 이 칭호들을 관계시키지 못하고 순수 형이상학적인 실재로 만들어 버렸다. 영원한 로고스와 역사적 예수의 연대가 무너진다면, 세 위격들은 각각 어떤 의무가 따라오든 타당하게 된다. 구원 사역은 세 위격 각각의 사역이 되기도 하고 모든 위격의 사역이 되기도 한다. "이러한 상황이 미치게 되는 피해를 이렇게 표현해 보자. 곧 '우리를 향한 삼위일체의 사역이 나누어지지 않는다.'는 규정을 적용해보면, 예수와 교회는 '우리를 위한' 사역의 일부로 받아들여진다." 그러나 젠슨은 "초자연적인 실재인 수육 이전의 로고스가 아니라 예수 그분이 바로 하나님의 제2위격이며 객관적인 자리이다."[107]라고 주장한다.

따라서 젠슨은 단일한 신적 주체를 주장하면서도, 성부 수난설에 대해서는 여전히 부인하고 있다. 삼위일체의 한 위격이 십자가 위에서 고난을 당하고 죽임을 당했다. 성부 수난론자들은 예수의

---

107) *Ibid.*, 127; 175.

죽음을 통한 고통을 아버지에게까지 확대하였으나 이내 이들의 주장은 거부 당하게 되었다. 이러한 비판은 물론 몰트만에게도 해당된다. 몰트만에게 예수의 수난은 넘쳐흘러 아버지의 수난으로 흘러들어간다. 물론 몰트만 정도는 아니더라도, 젠슨도 수난 너머 불변한 하나님으로의 회귀를 주장한다. 그러나 젠슨은 우리가 삼위일체 하나님을 정확하게 이해한다면 특별히 삼위일체의 제2위격에 의해 고통이 생겨났다고 주장한다. 젠슨은 한 분 하나님께서 혼동되어서는 안 되는 세 위치를 갖고 있다고 주장한다. 예수의 죽음은 아버지와의 관계를 위해 본질적이며, 예수의 신성과 아버지의 신성에도 본질적이다. 예수는 죽음 때문에 하나님이 되신 것이 아니라 하나님으로서 죽은 것이다. 하나님이 죽을 수 있다는 것은 삼위일체의 맥락에서 이해되어야 한다.[108] 놀랍게도 몰트만이 성부 수난설을 받아들이는 것은 실체론적 유일신론에 빠졌기 때문이라고 젠슨은 분석한다.

젠슨은 카파도키아 교부 신학자들을 아타나시우스와 아우구스티누스가 중심이 된 실체 중심의 서방 전통과 대비시키고 있다. 서방 전통은 요컨대 위격 안에 나타난 관계의 차이가 실체의 차이를 낳는 것은 아니라고 주장하였다. 그러나 삼위일체 교의와 분석의 독특한 입장은 하나님과 우리의 관계가 하나님께 내재적이란 점이다. 그러므로 세 위격의 실체적인 일치가 아니고 이들의 관계적인 일치를 강조해야 한다. 서방 전통이 카파도키아 교부 신학자들의 가르침에 좀 더 주의를 기울였더라면, 각각의 위격이 공유하고 있는 신성은 그 자체가 세 위격들의 관계로 이루어졌음을 주장할 수 있었을 것이다. 이는 아버지와 아들과 성령이 연합하여 신성을 실현하는 과정에서 다른 역할을 감당하고 있음을 의미한다.

---

[108] Jenson, 『그리스도교 교의학 Christian Dogmatics』, 1:189.

이 과정에서 각각의 위격은 하나의 동일한 신성을 공유한다. 젠슨은 여기서 해당 용어들보다는 관계들에 관심하고 있다. 우리가 하나님에 대해 말할 때 실체 개념을 사용할 수 있다면, 젠슨은 실체 개념을 위격들 자체보다는 세 위격들 사이에 놓인 관계들에 적용해서 사용하려 할 것이다.

이러한 이유 때문에 우리는 젠슨이 라너의 규정을 따르고 있다고 생각하기 쉽다. 물론 젠슨은 라너의 규정을 따르고 있다. 그러나 젠슨은 두 규정 사이에 어려운 점이 있다고 생각한다. 첫 번째 난점은 경세적 삼위일체가 내재적 삼위일체이고 내재적 삼위일체가 곧 경세적 삼위일체라는 라너의 규정이다. 젠슨은 라너의 규정이 구원 역사의 과정에서 결정된 삼위일체의 정체성과 정의를 설명해 준다는 점에서 라너의 규정을 따른다. 그러나 내재적 삼위일체와 경세적 삼위일체를 구분하는 신학적 이유는 하나님의 자유 때문이라는 두 번째 규정에 있다. 창조 안에 하나님의 창조나 구원 역사가 존재하지 않았더라도, 본질상 하나님은 지금 현존하는 삼위일체 하나님과 동일한 하나님일 수 있어야 한다. 바로 여기에 난점이 존재한다. 곧 이 두 규정은 서로 조화를 이룰 수 있는가이다. 이 물음에 대해 젠슨은 그렇다고 대답한다. 젠슨은, 우리가 경세적 삼위일체와 내재적 삼위일체의 일치를 종말론적으로 생각한다면, 즉 내재적 삼위일체가 단순히 경세적 삼위일체의 종말론적인 실재라면, 이 두 규정은 서로 조화를 이룰 수 있다고 본다.[109]

여기서 젠슨은 자신의 시간화된 영원성(temporalized eternity)을 다시 한 번 사용한다. 수난당할 수 없는 실체인 그리스화된 무시간적 하나님 개념은 로고스이신 예수에 적용될 때 문제가 된다.

---

[109] Jenson, 『삼위의 정체성 The Triune Identity』, 140. 같은 저자, 『그리스도교 교의학 Christian Dogmatics』, 1:154.

무시간적 하나님 개념은 수육되지 않은 로고스를 언제나 하나님 안에 존재하였고 육체를 입고 우리에게 보내어진 아직 수육되지 않은 말씀인 아사르코스(asarkos)로서 과거 속에 위치시켰다. 아들의 출생은 무시간적이고 영원하기 때문에, 처음 크리스마스에 탄생한 아기 예수의 탄생과 일치할 수 없었다. 그러므로 우리는 베들레헴 여물통에서 한 인간으로 오신 아기와 선재하는 존재를 이중적으로 만난다. 그런데 젠슨은 이러한 구성은 전체적으로 바뀌어져야 한다고 주장한다.

우리는 그리스도의 신성을 언제나 존재했던 하나의 분리된 실재로서 해석하기 보다는 궁극적인 결과로서 해석해야 한다. 그리고 그리스도의 신성은 궁극적인 결과로서 영원하게 되었다. "진정 삼위일체는 아버지와 인간 예수와 신앙 공동체의 성령이다. 여기서 경세적 삼위일체는 종말론적으로 하나님 자신인 내재적 삼위일체이다. 그리고 이 주장은 문제가 없다. 왜냐하면 하나님은 영으로서 스스로 종말론적으로만 존재하기 때문이다."[110] "하나님은 영이시니"라는 성서의 구절을 진지하게 생각해보면, 성령은 아버지와 더불어 원리이며 근거가 됨을 알 수 있다. 아들과 아들의 구원 사역에 대한 성령의 증언도 똑같이 하나님에 기인한다.[111]

여기서 젠슨은 세계 역사와 하나님의 자기 구성의 관계가 갖는 전체성 안에 하나님의 인격성을 위치시킨다. 그는 인격이 관계가

---

[110] Jenson, 『삼위의 정체성 The Truine Identity』, 141. 같은 저자, 『그리스도교 교의학 Christian Dogmatics』, 1:155.

[111] "성령은 현존하는 것의 목표이면서 동시에 그에 대한 부정이 되는 현재적 종말의 힘이다. 신약성서에 나오는 성령은 모든 인간이 영을 가지듯이 예수의 영과 동일시된다." Jenson, 『그리스도교 교의학 Christian Dogmatics』, 1:101. 군턴은 두 가지 이유에서 젠슨의 주장에 반대한다. 첫째, 젠슨의 주장은 가상적인 영의 의미에서 자연신학적인 개념을 어떤 신학적 개념에다가 투사한 것처럼 들린

없는 단자일 수 있다는 근대의 이해를 부정한다. 인격이 갖는 내적인 역동성은 본래 다른 자아와의 관계로부터 분리될 수 없는 공동체적인 성격을 갖는다. 우리는 하나님의 인격성과 우리의 인격성이 갖는 공동체성을 이해할 필요가 있다. 여기서 젠슨은 몰트만을 너머 바르트, 융엘, 라너와 같은 입장에 선 것처럼 보인다. "비록 삼위의 정체성들이 근대적 의미의 인격들은 아니더라도, 하나님은 존재한다. 그리고 각각의 정체성이 하나님이라면, 정체성은 각각 또한 인격적이며, 세 인격들은 하나의 공동체가 된다."[112]

이 책에서 내가 전개하고자 하는 가장 중요한 논지는 하나님의 인성(Humanity)에 대한 바르트의 주장을 젠슨이 사용하여 발전시킨다는 점이고, 이것이 영원과 시간의 관계에 어떤 의미를 주는지 밝힌다는 것이다. 이런 맥락에서 젠슨은 다음과 같이 서술한다. "시간은 우리와 더불어 우리를 위한 하나님의 삶의 형식이다… 그리스도 안에서, 하나님의 현존은 과거와 미래를 포괄하는 시간적인 현존이다… 하나님은 영원하면서 시간 안에 들어오셔서 시간을 자신의 시간으로 만든다."[113] 저 너머의 영원이 시간의 내밀의

다. 둘째, 성령과 예수를 일치시킴으로써, 젠슨은 서방의 종속론에 빠지고 말았다. 그는, 아우구스티누스가 그랬던 것처럼, 제3의 위격을 처음 두 위격의 관계로 환원한다. 그 결과 서방 전통이 갖는 단일-인격의 신성을 주장하게 된다. Colin E. Gunton, 『삼위일체 신학의 약속 *The Promise of Trinitarian Theology*』, (Edinburgh: T. & T. Clark, 1991), 135-137. 여기서 건턴은, 종종 아우구스티누스를 희생하면서까지 카파도키아 교부 신학자들의 관계적 통찰을 끌어내려는 젠슨의 노력을 간과하는 것처럼 보인다.

112) Jenson 『삼위의 정체성 *The Triune Identity*』, 146.
113) Jenson 『하나님 이후의 하나님 *God after God*』, 128. 전통적인 이중 삼위일체를 주장하면서 하나님의 무관심한 관계성을 먼저 생각하는 사람들은, 바르트와 젠슨을 좋아하지 않는다. 예를 들면, 힐은 "이 시점에서 젠슨은 바르트의 사상을 가지고 하나님의 영원성을 시간적으로 넘을 수 없는 영역으로 쓸어 넣어 버렸다. 젠슨이 이렇게 할 수 있었던 것은 경세적 삼위일체와 내재적 삼위일체를

세계에 진입하였다. 이것이 바로 구원론적 사건이며, 시간을 영원으로 받아들인다고 약속한다. 절대적인 것은 상대적인 것이 되었다. 이 관계의 약속이 변혁이며 완성이다.

볼프하르트 판넨베르크와 의존적 신성

판넨베르크는 현재 절정에 도달한 삼위일체 논의를 유유히 항해하고 있다. 출발은 바르트의 분석의 방법과 같았다. 판넨베르크는 삼위일체 신학이란 "하나님의 계시가 예수 그리스도 안에 이미 암묵적으로 담겨 있는 것을 명시적으로 진술하는 것뿐이다."라고 주장한다. 그는 "영원한 존재 안에 계신 하나님은 역사적 계시 안에 계시된 하나님과 동일한 분이라고 주장하는 바르트"와 더불어 노를 저어 더 깊은 곳으로 나아간다. 상류로 조금 나아가면 역사 안에 수육하여 계시된 하나님은 하나님의 영원한 삶에 이른다고 주장하는 라너의 규정을 만난다.[114] 판넨베르크는 융엘, 몰트만, 젠슨과 동료가 되어 여전히 항해를 계속한다. 그럼에도 그는 아직도 닻을 내리려 하지 않는다. 다만 앞을 향해 나아가고 있다.

일치시키는 과정 때문이다."라고 불평 한다. 이것이 문제가 된 것은 힐이 우리가 구원의 경륜 속에서 경험하는 하나님이 아니고 영원한 하나님 곧 우리가 말로 표현할 수 없는 하나님 자체, 곧 신성을 원하기 때문이다. William Hill, 『세 인격을 가지신 하나님 The Three-Personed God』, 126-128. 나는 힐에게 왜 그러냐고 물을 수 있을 뿐이다. 계시나 구원론적인 반성은 힐의 주장을 보증하지 않는다. 하나님 자체를 생각하는 것은, 예수 안에 현존하였고 성령 안에 계속 현존하는 하나님을 주목하지 못하게 하는 철학적 상상의 허구를 실체화할 뿐이다.

114) Wolfhart Pannenberg, "하나님에 대한 그리스도교적 이상: 삼위일체 교의에 대한 새로운 논의 The Christian Vision of God: The New Discussion on the Trinitarian Doctrine", *Asbury Theological Journal* 46, no. 2(Fall 1991), 28-29. Pannenberg, 『조직신학 *Systematic Theology*』, 1:327-330.을 참조할 것.(김영선·정용섭·조현철 옮김, 은성, 2003).

판넨베르크는, 공인된 라너의 규정 신봉자임에도 불구하고, 라너가 너무 많이 나아가서 라너를 따를 수 없다고 생각한다. 라너는 하나님의 영원한 자기-정체성은 구원 역사 안에 나타난 아들과 성령의 사역과 무관한 것으로 인식될 수 없다고 주장하였다.[115] 판넨베르크는 하나님 위격들의 관계성 안에 존재하는 상호성이 하나님의 신성을 위한 구원 역사의 중심 사건, 곧 하나님의 영원성 안에서 시간과 변화에 본질적인 의미를 갖는다고 생각한다. 하나님의 삶의 본질은 십자가와 부활과 함께 아들을 보내신 사건뿐 아니라, 역동적으로 세계 안에서 하나님 나라를 실현하는 성령의 사역이다. 이처럼 실현될 하나님 나라가 없다면, 하나님이 하나님일 수 없다.[116] 삼위일체 하나님의 존재는 다가오고 있는 하나님 나라의 미래에 달려있고, 하나님 나라의 도래는 미래에 대한 기대의 형식과 하나님 사랑을 계시하는 예수의 인격에 달려있다. 또한 하나님 나라의 도래는 삼위일체 교의를 위한 계기와 목표를 제공한다.

---

115) "라너는 아직 하나님의 영원한 자기-정체성이 아들과 성령의 역사적인 구원 사역과 무관하게 인식될 수 없다고 주장하지 않는다." Pannenberg, "삼위일체 하나님 교의의 문제 Problems of a Trinitarian Doctrine of God", 251. 쇼트는 융엘과 몰트만으로부터 역사적 접근을 배운 판넨베르크와 케리그마적(선포적) 접근을 주장하는 젠슨을 구분한다. 선포는 삼위일체의 포괄적인 이해에 도달하기 위해서 언어(존재론적 언어로서의 하나님 말씀), 역사, 그리고 인격성이란 순서를 따른다. 그러나 역사가인 판넨베르크는 역사, 언어, 인격성의 순서를 따른다. Faye Schott, "하나님은 사랑이시다 God is Love", 65.
116) 판넨베르크는 초기의 저서인 『신학과 하나님 나라 Theology and the Kingdom of God』라는 책에서 "하나님의 존재란 곧 그의 통치"라고 주장함으로써 하나님께서 하나님 나라에 의존되어 있음을 밝힌바 있다. Pannenberg, 『신학과 하나님 나라 Theology and the Kingdom of God』, (Louisville: Westminster/ John Knox Press, 1969), 55.(이병섭 옮김, 『신학과 하나님 나라』, 대한기독교출판사, 1977). 올슨은 이러한 "판넨베르크의 원리"를 "라너의 규정"의 부록이라 이름하였다. Roger E. Olson, "판넨베르크의 삼위일체 교의 Wolfhart Pannenberg's Doctrine of the Trinity", Scottish Journal of Theology 43, no.2(1990), 175-206.

판넨베르크는 바르트가 하나님을 세 인격 안에 세 존재 양태로 스스로를 계시하는 단일한 신적 주체로 생각한다는 이유에서 바르트에 대해 비판적이다.[117] 사실, 판넨베르크는 바르트의 사상적 배경으로서 -- 아우구스티누스와 더불어 중세 전통을 시작으로 안셀무스와 아퀴나스를 거쳐 헤겔에 이르기까지 -- 정신적 혹은 심리학적 유비를 사용한 서방의 전체 전통을 비판한다. 심리학적 유비에 따르면, 단일한 신적 정신이 그 안에 의식의 객체(object of consciousness), 곧 신적 정신 스스로가 연합을 유지하면서도 구별되는 객체를 포함하고 있다. 이러한 심리학적 유비가 사유의 근거와 아버지를 동일화시킨 아우구스티누스적 모델이건, 아니면 성령이 스스로 분화되는 헤겔적 해석이건 간에, 삼위일체 관계들이 단일한 신적 주체 안으로 붕괴된다. 판넨베르크는 이 입장을 "삼위일체 이전의 유신론적 하나님 개념"(pre-trinitarian, theistic idea of God)이라고 명명한다. 아울러 판넨베르크는 시간과 역사의 변화와 단절된 영원하고 불변한 하나님을 주장하는 미묘한 양태론의 형태를 띤다는 이유를 들어 이 입장을 반대한다.[118]

그러므로 우리는 판넨베르크가 이전 논의의 의미를 설명할 때 어떤 방향으로 전개할지 알 수 있다. 판넨베르크는 하나님께서 신성을 그리스도 사건 안에 드러내었다고 주장하면서, 역사적 사건

---

117) Wolfhart Pannenberg, "하나님의 주체성과 삼위일체 교의 Die Subjektivität Gottes und die Trinitätslehre," in *Grundfrangen Systematischer Theologie*, Band II(Göttingen: Bandenhoeck & Ruprecht, 1980), 96-111.

118) Pannenberg, "삼위일체 하나님 교의의 문제 Problems of a Trinitarian Doctrine of God", 251. 여기서 윙엘은 판넨베르크가 하나님 삶 안에 구체적인 혹은 실현된 일치라는 몰트만의 개념에 바르트가 긍정적인 영향을 미쳤다는 사실을 과소평가하였다고 지적한다. Eberhard Jüngel, "Nihil divinitas, Ubi Non Fides," *Zeitschirft für Theologie und Kirche* 86, no. 2(April, 1989), 221 n. 66. 대체로 윙엘은 삼위일체와 관련하여 여러 면에서 판넨베르크와 의견을 같이한다. 그 이유는 둘 다 바르트의 유산을 공동으로 물려받고 있기 때문일 것이다.

의 존재론적인 근거를 하나님의 존재에 돌리는 융엘과 몰트만에 찬성한다. 판넨베르크는 몰트만과 젠슨과 더불어 종말에서만이 경세적 삼위일체가 내재적 삼위일체 안에 완성을 이룰 것이라고 주장한다. 그럼에도 불구하고, 그는 단일한 신적 주체를 단정하는 바르트의 실수를 반복하고 있다는 점에서 젠슨과 융엘을 비판한다. 판넨베르크는 단일한 신적 주체가 하나님 세 위격의 상호적인 관계를 통해 하나님의 일치를 구성하는 것과 모순이 된다고 생각한다. 이점에서 판넨베르크는 몰트만에 더 가깝다. 그러므로 젠슨이 떠난 자리로 판넨베르크는 돌아오기를 원한다. 곧 판넨베르크는 삼위일체 관계가 구성하는 하나님의 본질의 일치에 대한 카파도키아 교부 신학자들의 주장으로 회귀하기를 원한다.

이어서 판넨베르크는 관계적 일치의 성격을 좀 더 자세하게 설명하고자 하였다. 하나님의 본질(*ousia, esse*) 개념은 관계적으로 체계화되어야 한다. 고대의 학자들은 관계 개념을 실체 개념에 종속되는 것으로 보았다. 그래서 아리스토텔레스는 관계가 존재론적으로 선행하는 실체의 다양한 사건 가운데 하나라고 보았다. 그러나 근대의 사상은 관계와 실체의 개념을 무관한 것으로 보지 않았다. 고대의 상황과는 역전된 상황이 되었다. 이제 실체의 개념은 관계 개념에 종속되었다. 실체-우연의 관계는 관계 범주의 아종(subspecies)으로 나타난다.

이러한 변화는 신성에 적용되었다. 판넨베르크는 출생(generation)과 발현(procession)이라는 고대 동방의 교리를 따르려 하지 않았다. 동방의 교리는 아버지가 아들과 성령에게 부여된 신성의 근거가 된다고 보았다. 또한 판넨베르크는 바실리우스가 먼저 제안을 하고, 아타나시우스가 좀 더 철저하게 구성을 한 후, 아우구스티누스, 헤겔, 바르트가 넌지시 제시한 '상호 결정적인 관계적 입장'을 회복하고자 하였다.[119] 관계적 입장에 따르면, 각각의 위격은 다른 위격들과의 관계로 결정된다고 주장한다. 위격들은 시간과 장소에서 선행하지 않기 때문에, 관계는 단순히 외향적인 것이다. 그러나 관계란 그 자체가 구성적인 것이다. 그러므로 아버지는 아들에 대면하여서만 아버지가 되고 아들은 아버지와 대면하여서만 아들이 되며, 성령은 아버지와 아들이 이루어내는 공동체의 연대로서만 성령이 된다. 각 위격의 정체성은 다른 위격과의 관계에 의존한다. 판넨베르크의 이러한 입장에 헤겔은 자기-승화(self-sublimation)의 의미를 첨가한다. 곧 각각의 위격은 자신의 독립된 위치를 하나님의 일치를 위해 양보한다. 그러므로 삼위일체는 상호적인 자기-헌신(self-dedication)의 일치이다.[120]

예수의 고통과 죽음이 본래적인 하나님의 삶 안에서 일어난다는 판넨베르크의 주장이 하나님의 삼위일체적 삶의 관계성과 시간성을 이해하는 열쇠가 된다. 역사적 예수의 수난은 영원하고 불변하는 로고스에 첨부된 시간적인 우연이 아니다. 오히려 영원한 하나님의 신성은, 역사적인 예수의 운명의 사건들 안에 결정되고 나타나는 과정 속에 존재한다.[121] 하나님의 영원한 본성은 적어도

---

119) Pannenberg, 『조직신학 *Systematic Theology*』, 1:272-280, 308-319. 판넨베르크는 아우구스티누스의 심리학적 유비가 서구 신학자들로 하여금 세 위격들을 종속시키는 단일한 신적 주체의 개념을 선호하게 한다는 이유에서 이를 비판한다. *Ibid.*, 285-286. 판넨베르크는 하나님의 본질은 이미 전제된 관계에 의해서가 아니고 상호적인 관계에 의해서 생겨난다고 본다. 아우구스티누스의 경우에도 관계적 입장의 전례가 나타난다.(『삼위일체 *On the Trinity*』, V: 4, 5) 아우구스티누스는 관계성이 하나님의 본질에 속하며 단지 우연만은 아니라고 주장한다.
120) 판넨베르크는 이같은 헤겔의 입장에 대해 고마워하면서, 그리스도교 사상사에 나타난 내적 삼위일체, 즉 페리코레시스에 관한 가장 심오한 해석이라고 평가한다. Wolfhart Pannenberg, 『예수: 하나님과 인간 *Jesus -- God and Man*』, (2d ed.: Louisville: Westminster/ John Knox Press, 1977), 179-183.
121) 판넨베르크는 예수 그리스도의 수난이 역사뿐 아니라 하나님의 내재적 삼위일

부분적으로는 시간적인 사건들에 의존한다.

좀 더 구체적으로 말하면, 예수는 스스로 아들이 됨으로써 아버지를 제1위격으로 드러낸다. 그리고 스스로를 온전한 순종 가운데 내어줌으로써 아버지를 하나님으로 드러낸다. 이처럼 타락하고 사나운 우리의 세상 가운데서 지금까지 예수는 아버지의 뜻에 온전히 복종한 유일한 분이시다. 하나님이 하나님 되기 위해서 하나님이 통치해야 한다고 판넨베르크는 주장한다. 그분의 복종을 통해 예수는 하나님이 실제로 통치하도록 허락한다. 곧, 하나님이 그분의 신성(divinity)을 발휘하도록 한다. 종말론적으로 아들이 모든 권세를 아버지에게 넘겨주어(고전 15:28), 스스로를 내어주게 될 때 하나님은 만유의 주가 된다. 아버지께서 통치하게 함으로써 아들은 신성(deity)을 아버지에게 내어준다.

아버지의 나라와 그의 신성은 지금 아들에게 달려있다. 아버지의 통치나 나라는 하늘나라 없이도 하나님이 될 수 있을 정도로 신성에 외향적인 것이 아니다. 하나님 주권의 대상이되는 세상은

체 삶에 속한다는 몰트만의 논제에 동의한다. 이 논제는 몰트만의 책『십자가에 달리신 하나님』에서 전개되었던 바, 참으로 외향적인 것은 또한 참으로 내향적인 것이다. 그러나 판넨베르크는 여전히 유일신론을 주장한다. 최고의 구성으로 무장한 판넨베르크는 몰트만이 유일신론 자체를 반박함으로써 용어상의 실수를 저질렀다고 주장한다. 왜냐하면 몰트만은 분명 하나님의 일치를 주장하고 있기 때문이다. 몰트만이 거부한 것은 19세기의 추상적인 유일신론이지 삼위일체 유일신론이 아니었다. Pannenberg,『조직신학 *Systematic Theology*』, 1:335 n. 217. 슈뵈벨(Christoph Schwöbel)은 판넨베르크와 몰트만을 연결시키려 노력하였다. 그는 몰트만이 유일신론을 반박하려 하였다면, 판넨베르크는 유일신론을 유지하려 하였다고 주장하였다. Ford,『현대의 신학자들 *The Modern Theologians*』, 13장, 1:283. 실제로 판넨베르크는 삼위일체론이 유일신론 가운데 가장 일관성 있는 형식이라고 주장한다. 그러므로 몰트만과 슈뵈벨이 삼위일체론과 유일신론을 대비시키는 것은 잘못된 대안을 제시하는 오류를 불필요하게 범하는 것이다.

하나님의 신성에 필연적일 필요가 없다. 왜냐하면 세계의 존재는 하나님의 창조적인 자유에 기원을 두고 있지만, 하나님의 주권과 상관없는 하나님의 신성과는 조화를 이루지 못하기 때문이다. 그러므로 하나님의 주권과 하나님의 신성은 서로 협조한다.[122]

우리는 여기서 이루어지는 논쟁의 단계들을 조심스럽게 살필 필요가 있다. 중요한 가정은 신성이 주권과 왕의 통치에 기인한다는 점이다. 아버지는 창조 이전 혹은 창조와 상관없는 주(Lord) 자신일 수 있다. 그러나 일단 창조가 발생하면 아버지의 주권(lordship)은 의문시 된다. 불순종의 혹은 죄로 가득한 창조는 하나님 나라의 존재를 부정한다. 역사적 예수가 창조 안에 육체를 입은 것은 스스로 아버지께 온전한 신실함을 드린 것이다. 역사 안에서 예수는 개체 인격으로 이 일을 감당하였고, 그 때문에 스스로 독특한 방식으로 아버지와 하나가 되었다. 종말론적으로 그리스도는 만물을 아버지의 통치아래 놓음으로써 하나님 나라를 이룬다. 이점에서 판넨베르크는 하나님 아버지의 신성은 아들과의 관계로 결정된다고 주장한다. 또한 왜 역사 안에 나타난 구원의 사건들이 하나님의 삶의 본질이 되는지를 보여주고, 시간이 왜 영원성 안에서 다뤄지는지를 보여준다.

따라서 판넨베르크는 세 위격 각각의 신성은 의존적 신성이라고 주장한다. 세 위격 각각의 신성은 관계성 안에 있는 인격성의 결과이다. 아들에게 신성은 아버지의 형식으로 나타나고, 아들은 성령에 참여함으로 스스로를 인식한다. 아들은 아버지를 하나님으로 계시한다. 아버지의 입장에서 보면, 아들은 순종함으로써, 곧 아버지의 사랑의 왕국을 완성함으로써 자신의 신성을 실현한

---

[122] Pannenberg, 『조직신학 *Systematic Theology*』, 1:313; 참조 329.

다. 또한 성령 안에서 아버지는 아들과의 일치를 얻고 자신의 신성의 확실성을 얻는다. 그리고 궁극적으로 성령은 아들과 아버지를 섬김으로써, 아버지와 아들의 연합 안에 성령 자신의 인격성과 신성을 얻는다.[123] 그러므로 하나님 자신(Godhead)의 일치는 결코 단순한 일치가 아니고 통합을 이루는 사랑의 일치이다.[124]

이제 카파도키아 교부 신학자들보다는 아타나시우스 쪽으로 기울어 있는 판넨베르크는 하나님이 세 위격의 경우가 아니고는 인격적이 아니라고 주장한다.[125] 하나님이 인격적 관계성을 통해 세계와 대면하는 것은 아버지, 아들, 혹은 성령으로서 대면하는 것이지, 추상적인 일치의 형식으로 대면하는 것이 아니다. 하나님은 단일한 언표 불가능한 존재로서가 아니고, 세 위격(본체) 각각을

---

123) Pannenberg, "하나님의 주체성과 삼위일체 교의 Die Subjektivität Gottes und die Trinitätslehre," II: 110. 이러한 내용을 밝히는 바르트의 주장을 살펴보기 위해서는 Barth, 『교회 교의학 Church Dogmatics』, I/1:419.를 참조할 것. 이에 대한 해설을 보려면, David P. Polk, 『하나님께 이르는 길: 판넨베르크 신학에 대한 해설 On the Way to God: An Exploration into the Theology of Wolfhart Pannenberg』, (Boston: University Press of America, 1989), 280-284.을 참조할 것.

124) 판넨베르크는 융엘과 함께 "하나님은 사랑이시다."라는 성서의 선언이 우리를 넘어선 초월적 주체의 활동이나 속성을 의미하는 것이 아니고, 삼위일체 안에서 상호 관계를 의미하는 개념을 뜻한다고 생각하는 것처럼 보인다.Wolfhart Pannenberg, "자기 자신의 양식과 이해로서의 신앙 Den Glauben an ihm selbs fassen und verstehen," Zeitschirift f?r Theologie und Kirche 86, no. 3(July 1989), 365-366.

125) 젠슨은 세 위격들 안에 신성이 의존되어 있다는 판넨베르크의 주장에 동의한다. 그러나 그는 판넨베르크와는 달리 아버지, 아들, 성령을 지칭하는데 "인격"(person)이란 용어를 사용하려 하지 않는다. 젠슨은 "한 분 하나님을 인격적이라고 보는 아우구스티누스 계열의 전통"을 포기하려 하지 않는다. Robert W. Jenson, "삼위일체 안에 있는 예수: 판넨베르크의 그리스도론과 삼위일체론 Jesus in the Trinity: Wolfhart Pannenberg's Christology and Doctrine of the Trinity" in 『판넨베르크의 신학 The Theology of Wolfhart Pannenberg』, ed. Carl E. Braaten and Philip Clayton(Minneapolis: Augsburg Publishing House, 1988) 202.

통해서만 인격적이 된다.

　인격적 정체성 또한 시간적이다. 우리 인간은 자기-의식을 발전시켜가는 과정을 통해 점차 각자의 정체성을 형성한다. 현실적인 관계를 지닌 우리의 삶은 자아에 본질적이며 주체성의 조건과 내용을 제공한다. 우리의 인격성은 우리의 삶의 전체적인 연결망에 의해서 결정된다. 그리고 예리한 전인론의 감각에 기초하여 판넨베르크는 우리 각자의 삶의 의미가 결국은 실재의 전체 역사의 자리에 의해 결정된다고 주장한다. 이는 하나님의 인격성도 마찬가지다. 현실적인 역사적 사건들과 관계들이 하나님의 세 위격들 사이의 관계에 본질이라면, 아들과 성령과 아버지가 누구인지는 종말론적으로 결정될 것이다. 아들이나 성령의 인격성은 출생이나 발현에 있어서 아버지에게로 그 기원을 환원할 수 없다. 오히려 인격성은 하나의 과정이거나 하나의 결과이다.

　판넨베르크는, 이해를 돕기 위해 우리가 관계적 모델을 사용하기는 하지만, 하나님의 세 위격은 인간의 인격과 단순히 동일시될 수 없다고 말한다. 하나님의 위격과 인간의 인격은 무엇이 다른가? 판넨베르크에 의하면, 가장 두드러진 차이는 인간의 인격성이 본질상 타자에 아주 배타적이어서 의존적이지 않다는 점이다. 개체 인간 각각은 자신의 정체성을 드러내는 상당한 내적 능력을 갖추고 있다. 이와는 반대로 삼위일체 하나님의 세 위격은 철저하게 다른 두 위격에 의존적이다.[126] 이에 대해서는 다음과 같은 유비를 통해서 말할 수 있을 것이다. 비록 벽돌 하나가 건물 벽의 일부이지만 한 장 한 장 벽돌은 그 자체로 자기를 나타낼 수 있다. 판넨베르크는 인간의 인격성이 이와 같다고 주장한다. 그러나 하

---

126) Pannenberg, 『조직신학 *Systematic Theology*』, 1:431.

나님의 위격은 삼각대를 이루고 있는 세 받침대와 같다고 본다. 이 받침대 중 하나를 바꾸어 주면 전체 구조가 갑자기 무너지게 된다. 이런 주장 때문에 판넨베르크는 바르트 이후 관계적 유비를 제안하는 학자들 중에 가장 급진적이란 평가를 받는다.

인간의 인격성은 또 다른 차원에서 하나님의 위격과 구분될 수 있다. 판넨베르크가 인간의 경험을 분석하는 방법 중 하나는 자아(ego)와 자기(self)의 분리를 살피는 일이다. 자아는 사회의 관계를 통해 중재되지 않지만, 자기는 다른 사람들이 우리 각자를 구성한다는 전체적인 표상을 포함한다.[127] 우리가 삶에서 느끼는 많은 아픔은 자아와 자기 사이의 조화가 부족하기 때문이다. 그러나 삼위일체 하나님의 위격은 이러한 분리를 경험하지 않는다. 아들은 아버지와 관계 속에서 온전한 아들이 되고, 아버지는 아들과의 관계에서 온전한 아버지가 되며, 성령은 아들과 아버지를 증언하는 중에 온전한 성령이 된다.

판넨베르크의 이론에서 라너의 규정은 모든 실천적인 목적에서 내향적인 신성과 외향적인 신성 사이를 구분할 필요가 없음을 의미한다. 정체성은 내향적인 신성과 외향적인 신성에 의존적이며 관계적이다. 세계와 하나님의 관계는 하나님의 정체성을 결정하는데 필연적이다. 바르트와 융엘과 같이 판넨베르크도 하나님이 자유롭다고 강조한다. 이 말은 하나님이 영원하며 세계와 독립적으로 존재한다는 의미이다. 성서가 증언하는 바대로 하나님이 세계의 시원자라면 당연히 하나님은 영원하고 세계와 독립적으로 존재해야 한다. 그럼에도 불구하고, 하나님을 하나님 되게 하는

---

127) Pannenberg, 『신학적 관점에서 본 인간학 *Anthropology in Theological Perspective*』, (Louisville: Westminster/ John Knox Press, 1985), 189, 222. Pannenberg, 『조직신학 *Systematic Theology*』, 1:331.을 참조할 것.

본질은 하나님의 속성으로 결정되며 하나님의 속성은 하나님이 아닌 것과 관계하는 하나님의 현존의 빛에서만 곧, 세계와의 관계에서만 분별될 수 있다. 하나님은 세계의 창조자 됨, 화해, 완성이라는 세 양태로 이루어지는 세계와의 관계로 존재한다. 여기 세 위격 각각은 하나님 본질의 속성을 구성한다. 요지는 다음과 같다. "세계 창조를 통해 하나님은 스스로 창조와 창조의 역사에 의존한다."[128] 하나님께서 하나님의 통치와 하나가 되기 위해서는 통치를 받는 세상이 되어야 하고, 이점에서 하나님은 자신의 창조에 의존하기로 선택하였다.

이점을 자세하게 살펴보도록 하자. 먼저 하나님은 세계의 창조자이며, 생명과 선의 근원으로서 세계에 현존한다. 그러나 하나님이 창조한 창조 세계가 스스로 독립하고자 하여 창조자에게 불순종하게 되자 하나님의 존재는 뒷전으로 물러나게 되었다. 그래서 하나님은 물러난 신(*Deus ostiosus*)이 되었다. 창조된 질서는 죽음의 질서가 되었고, 선과 생명의 창조자인 하나님의 참 존재는 의심할 수 있는 것은 아니라 하더라도 아득한 거리를 느끼게 되었다.

둘째, 이런 이유 때문에 하나님은 자신의 아들을 보내심으로 화해자로 세상에 현존한다. 하나님은 창조자 하나님의 신성이 유지되기 위해서는 타락된 창조 세계와 스스로를 화해해야 했다. 그러나 십자가는 이를 다시금 의심의 구렁으로 던져버린다. 십자가 사

---

[128] Pannenberg, "삼위일체 하나님 교의의 문제 Problems of a Trinitarian Doctrine of God", 255. 판넨베르크는 "하나님의 본성에 대한 삼위일체적 이해를 발전시킬 수 있었다. 삼위일체 하나님은 창조와 더불어 고통에 이르기까지 역사적 과정과 연관되어 있지만, 역사적 과정의 발전에 한정되지는 않는다." Stanley J. Grenz, 『희망의 이유: 판넨베르크의 조직신학 *Reason for Hope: The Systematic Theology of Wolfhart Pannenberg*』, (Oxford: Oxford University Press, 1990), 72.

건의 비극 속에서 아들의 신성뿐 아니라 아버지의 신성도 의문시되었다. 창조와 화해가 위협을 받은 듯 보였다. 그러나 예수의 부활을 통해서 그리스도의 아들 됨과 아버지의 신성이 당당하게 회복되었다.

셋째, 예수 그리스도의 부활은 또한 성령의 사역이다. 부활은 믿는 자들이 지금 함께 나누는 새로운 생명이며 죽음에 넘겨진 타락한 창조 세계와의 최후 화해가 되는 미래의 부활을 희망하는 새로운 생명이다. 간단히 말해서, 창조하시는 아버지, 화해를 가져오시는 아들, 완성을 이루시는 성령이신 하나님의 현존은 하나님과 세계의 관계성으로 결정된다.[129]

이 땅에 하나님의 통치가 없고, 하나님 나라의 현존이 없으며, 피조물들이 하나님께 드리는 찬양이 없고, 우리의 존재에 대해 하나님께 드리는 감사가 없으며, 우리가 하나님의 모든 창조성이 발현하는 사랑의 삶을 살지 않는다면, 세상의 창조자로서의 하나님의 신성은 생각할 수 없다. 이것을 염두에 두고, 판넨베르크는 세계의 종말론적인 완성을 이룬 후 되돌아보게 될 때, 비로소 하나

---

129) 판넨베르크는 아들이 존재론적으로 아버지에 열등한 것이 아니라고 주장한다. 사실, 아버지는 아들과의 관계에서만 아버지가 된다. 이는 아버지와 아들이 동일하게 시원적이라는 뜻이다. 아버지와 아들은 동일한 시원 혹은 근원을 공유한다. 우리는 다음과 같이 물을 수 있다. 판넨베르크가 말한 위의 주장이 아들을 "낳는" 아버지를 고백하는 신경(creed)의 신앙과 조화를 이룰 수 있을까? 혹은 아버지께서 시원적 근원이라고 주장하는 교부 신학자들의 주장과 조화를 이룰 수 있을까? 물론 그렇다. 그러나 문제는 삼위일체 삶이 시원의 상태로 환원될 수 없다는 점이다. 판넨베르크는 아버지-아들 관계에서 시원을 뛰어넘는 상호성이 있다고 생각한다. Pannenberg, 『조직신학 *Systematic Theology*』, 1: 313. 판넨베르크에게 하나님의 하나 됨은 시원의 미분화 상태에서는 발견되지 않는다. 오히려 하나 됨을 향해 나아가는 다원적인 위격들이 통합하는 가운데 발견된다.

님의 현존과 일치는 결론적으로 결정될 것이라고 주장한다.

그렇다고 판넨베르크가 마치 삼위일체 하나님이 발전 과정의 결과인 양 하나님이 역사 안에서 생성한다고 주장하지는 않는다. 오히려 종말론적인 사건이 영원히 참인 것을 결정한다. 한편 역사적으로 인식한다면, 하나님의 신성은 종말론적인 하나님 나라의 미래의 도래에 의존한다. 다른 한편, "종말론적인 완성은 삼위일체 하나님이 영원부터 영원까지 언제나 참 하나님임을 결정하는 자리이다. 하나님의 현존은 종말론적인 하나님 나라의 완성에 의존한다."[130]

우리는 여기서 자신의 신성에 위험을 감수하면서까지 창조된 실재와 역사적으로 만나는 하나님의 모습을 본다. 창조는 하나님에게 큰 모험이다. 어째서 자유로운 하나님께서 피조물과 역사적으로 만나는 운명을 선택하고자 하는가? 세상을 향한 사랑 때문에 하나님은 이처럼 제약된 창조의 길을 택한다. 니사의 그레고리우스를 따라, 판넨베르크는 무한한 사랑은 하나님의 속성들 가운데 하나일 뿐 아니라 하나님의 본질 자체와 일치한다고 생각한다. 판넨베르크는 인격으로서 하나님의 세 위격은 사랑할 힘을 가지지 않는다고 주장한다. 오히려 나와 너의 관계성 안에 있는 사랑을 통해 세 위격이 자기-정체성으로 승화된다. 하나님의 삶 안에 타자성과 연합의 내재적인 통합이 실제 세 위격의 근거이다.[131] 이

---

130) Pannenberg, 『조직신학 Systematic Theology』, 1: 331
131) Pannenberg, 『조직신학 Systematic Theology』, 1: 427. 성령이 타자성을 묶는 사랑의 영이기 때문에, 판넨베르크는 "하나님은 사랑이시다."와 "하나님은 영이시다."라는 성서의 두 구절을 동일시한다. 또한, 판넨베르크는 성령-사랑을 물리학의 동력장(a dynamic force field)에 비유하는데 이는 성령의 실재가 아버지와 아들을 단일한 구체화로 응집하는 것과 같다. Pannenberg, 『조직신학 Systematic Theology』, 1: 383, 430.

것이 세계에 영향을 준다. 아버지의 아들 사랑과 아들의 아버지 사랑을 통해, 하나님은 세계를 사랑하며, 성령을 통해 믿음을 가진 사람들의 마음속에 사랑을 부으신다. 아버지께서 아들과 하나이며 아들이 아버지와 하나이듯이, 이 사랑이 우리로 서로 하나가 되게 하며 하나님과 하나가 되게 한다. "하나님은 사랑이라."라는 말은 아버지와 아들과 성령의 삼위일체 교제에 대한 포괄적인 표현이다. 그러므로 세 위격은 오직 하나의 본질이며 하나의 사랑이다.

종합해서 말한다면, 바르트 후기 사상의 다음 다섯 가지 차원이 판넨베르크의 제안을 전통적인 삼위일체 사유와 긴장관계에 놓이게 하였다. 첫째, 삼위일체 개념은 일반적인 하나님 개념으로부터 추론할 수 없다. 오히려 삼위일체 개념은, 내재하고 있는 바를 해설하는 곧 예수 그리스도 안에 나타난 계시의 분석에 기인한다. 판넨베르크는 유일신론의 형이상학이나 아우구스티누스의 심리학적 유비를 통해 삼위일체를 전개하지 않는다. 둘째, 판넨베르크는 아버지가 아들과 성령의 근원이라고 보아 인과성(causation)이 오직 한 방향으로만 영향을 미치는 전통적인 입장을 반대하고, 상호 인과성을 옹호한다. 위격 사이의 관계가 갖는 상호성이 아버지를 아버지로 결정할뿐 아니라 위격 각각의 정체성을 결정한다. 셋째, 아들의 편에서 겸손히 순종함으로써 이루어진 (신성과 인성의)[132] 자기-분화는 역설적이게도 아들의 신성의 근거가 된다. 예수는 스스로 신성을 주장하기 보다는 온전히 하나님께 자신을 드림으로 아버지와 온전한 연합을 이루었다. 아버지께 자신을 드림으로 영원한 아들이 되었고, 아버지됨의 영원한 동반자가 되었다. 넷째, 제1위격이 아버지의 군주됨의 모든 신성의 근거라고 보는 동

---

[132] ( ) 안의 내용은 옮긴이가 내용의 이해를 위해 넣은 것임.

방 전통과는 달리, 판넨베르크는 구속 역사의 역동성을 더함으로써 하나님 나라의 완성이 가져다주는 환호, 감사, 관계성 안에서의 신성을 주장할 수 있게 한다. 다섯째, 판넨베르크 사유 체계에서, 아들과 성령은 기원이 되는 하나님으로부터 출생되거나 발현됨으로써 뿐만 아니라, 아들에게 위임되고 성령을 통해 아버지께 되돌려진 아버지 나라의 한 원인이 됨으로써, 아버지의 신적 본질을 공유한다.[133]

이 모든 것 때문에 판넨베르크는, 몰트만의 반대와 유대교와 이슬람교의 비난에 맞서, 무한한 사랑 속에서 세계 안에 내재할 뿐 아니라, 세계를 초월하는 삼위일체 하나님만이 모순 없는 유일신론의 체계로 인식될 수 있음을 주장할 수 있다고 생각한다. 일반적인 유일신론은 하나님을 세계에 초월하는 존재로 이해하여, 세계에 참여하는 하나님 혹은 세계를 하나님 자신(Godhead)과 화해시킬 수 있는 하나님으로서가 아니고, 기껏해야 세계와 신성의 상관관계(a divine correlate) 정도로 이해한다. 따라서 궁극적으로는 삼위일체로 인식된 하나님만이, 하나님과 세계 이 둘 사이의 구분을 부수지 않고 인식함으로써, 진정 "만유의 주로서 만유 안에 존재(all in all)"[134]하게 된다.

우리는 어디로부터 왔으며 어디로 향해 가고 있는가?

이 장의 첫 부분에서, 우리는 웰치가 1952년 바르트를 언급하

---

133) Pannenberg, "하나님에 대한 그리스도교의 이상 The Christian Vision of God", 31-35.
134) Pannenberg, "삼위일체 하나님 교의의 문제 Problems of a Trinitarian Doctrine of God", 256-257.

면서 삼위일체 논의의 주된 방향을 제시하였음을 살폈다.[135] 바르트는 두 방향에서 시작을 알렸다. 첫째, 그는 성서의 삼중적 계시에 우선권을 주었고, 세계와 관계하지 않으면서 미분화된 본질 자체로서 신성을 이해했던 전통적인 그리스의 이해에 의문을 던졌다. 둘째, 바르트는 말씀 속에 나타난 하나님의 자기-표현은 그 자체가 아버지와 아들과 성령이 하나님 자신(Godhead)을 구성하는 하나의 사건이었음을 제시하였다. 그 때 이후로 하나님의 자기 구성의 사건을 좀 더 시간과 연관시키는 방향으로 전개되었고 하나님의 본질을 관계적인 용어로 이해하는 결과를 낳았다.

융엘은 관계의 유비를 제시하여 우리로 하여금 하나님의 구원 사역의 경륜 속에 나타난 계시가 분명함을 확신하게 하였다. 곧 하나님의 계시는 하나님이 내재적으로 삼위일체적임을 드러낸다. 비록 융엘은 근대의 인격성 개념을 세 본체로 여길 수 있는지에 대해 모호한 입장을 취하긴 했어도, 바르트와 함께 하나님의 활동에는 하나의 신적 주체와 중심만이 존재한다고 주장하였다. 그 결과 융엘은 신적 자유의 이름으로 하나님과 세계의 관계와는 무관한 내적 관계를 가진 본질로서의 신성을 보전한다.

라너는 경세적 삼위일체가 내재적 삼위일체이며, 내재적 삼위일체가 경세적 삼위일체라는 자신의 규정을 완성한다. 이 규정을 언뜻 보면, 삼위일체의 내재적 차원과 경세적 차원을 동일시하는 것처럼 보인다. 그러나 논리적 일관성이 지켜지려면, 내재적으로(*ad intra*) 스스로 안에 계신 하나님(God-in-himself)의 본성은 외향

---

[135] 웰치는 예언자였다. 그리고 역사는 그의 예언을 확인시켜준 것처럼 보인다. 젠슨은 다음과 같이 기술하였다. "현대 신학의 교회 일치 운동은 삼위일체 교의를 다시 발견하고 발전시킨 사건이다. 그리고 바르트는 이 일에 선구적 일을 감당하였다." Robert Jenson, 『현대의 신학자들 *The Modern Theologians*』 1장., ed. Ford, 1:47.

적으로(*ad extra*) 하나님의 세계와의 관계에 기초되어야 할 것이다. 그런데 라너 자신은 이러한 입장을 택하지 않는다. 바르트, 융엘, 아타나시우스 계열의 전통처럼, 라너도 하나를 이룬 하나님 자신(Godhead)을 하나님의 주체로 지칭하고, 세 위격을 하나님의 한 실체에 "아류로 존재하는 세 구별된 방식들"(three distinct manners of subsisting)로 지칭한다.

몰트만은 라너의 규정이 갖는 충분한 의미를 찾아내는 것으로 삼위일체 연구를 시작한다. 예수 그리스도의 수난 역사, 곧 구원의 경륜이 삼위일체 자체를 구성한다. 이 맥락에서 몰트만은 카파도키아 교부 신학자들의 입장에 무게중심을 두고 있다. 몰트만은, 신적 연합이나 본질 안에서가 아니고, 각각의 하나님 세 본체 안에서 근대적 의미의 인격성을 발견한다고 주장한다. 여기에 의식과 활동성을 지닌 세 주체와 중심이 존재한다. 우리가 하나님의 일치 혹은 본질이라 생각하는 것은 사실 하나의 공동체이다. 세 위격 각각이 공유하는 관계성이 곧 하나님의 본질을 구성한다. 더 나아가 세 관계는 역사적 상호작용과 상호 정의에서 나온 결과이다.

라쿠나는 라너의 규정을 확장시키고 하나님의 신비(*theologia*)를 구원의 신비(*oikonomia*)로 바꿈으로써, 하나님의 내재적인 삼위일체 삶은 "우리를 위한 하나님"(God for us)이 된다. 라쿠나는 관계성 안에 있는 인격(person-in-relationship) 개념을 발전시켜 내재적인 삼위일체 관계와 하나님의 세계와의 관계 양측에 적용한다. 그러나 라쿠나가 발전시키지 않고 그냥 놔둔 영역은 하나님과 시간적인 세계와의 관계가 하나님의 영원성에 영향을 줄 수 있다는 점이다. 이 점에 대해서는 젠슨과 판넨베르크가 직접 도전하였다.

젠슨은 구원의 경륜을 통해 하나님이 세계와 갖는 역사적인 관계와 하나님의 영원한 혹은 내면적인 존재 사이의 구성적 관계에 대한 논의를 계속해서 확장해 간다. 또한 그는 하나님의 일치를 관계적 일치로 이해했던 카파도키아 교부 신학자들 특별히 니사의 그레고리우스의 중요성들을 강조한다. 그는 본체(*hypostasis*)를 정체성(identity)으로 번역하는 공헌을 하기도 했다. 그러나 바르트, 융엘, 라너와 마찬가지로, 젠슨도 세 주체가 아니라 단일한 신적 주체가 존재한다고 하였다.

판넨베르크는 이점에서 젠슨을 반대하는 몰트만의 입장을 지지하여 하나의 신적 주체가 아니라 세 신적 주체가 존재한다고 주장한다. 카파도키아 교부들의 입장에 섰던 판넨베르크는 세 위격의 신성마저도 이들 사이의 상호 관계에 의존할 뿐만 아니라, 하나님의 일치 또한 하나님의 세계 역사와의 관계에 의존한다고 보았다. 몰트만, 젠슨, 판넨베르크 모두는 라너의 규정의 완전한 적용은 종말론적이라는 점에 동의하는 것처럼 보인다. 달리 말하면, 구원의 경륜을 통한 하나님의 자기-정의는 하나님의 창조와 화해의 사역이 궁극적으로 완성될 때 내재적 삼위일체가 될 것이다.

보프와 과정신학자들을 포함하여 모든 신학자들은 성서를 통해, 우리에게 계시된 하나님이 시간적인 창조 질서와 무관한 하나의 존재로서 미분화된 단자가 결코 아니라는 점에 동의하는 것처럼 보인다. 이는 타락한 인간 세계에 오기 위해서 보호막으로 단절된 신성의 영역을 포기할 만큼 세계를 사랑하는 성서적인 하나님의 상징을 잘 반영하는 건강한 분위기이다. 유한하고 덧없는 질서 속에 들어온 하나님은 특별한 방법으로 유한한 시공간의 세계를 하나님 자신에게로 끌어올린다. 이 세계는 하나님 역사의 일부이고, 하나님 존재의 일부이다. 하나님은 하나님 자신을 다른 것

곧 세계와 관계성 속에 있는 이로 정의하였다.

그러므로 바르트가 성서의 계시를 환기시키고, 웰치가 그리스도 중심의 계시를 환기시킨 것은 우리를 종교적 뿌리의 본향으로 되돌리려는 보수적인 종소리의 울림이 아니었다. 이는 이스라엘 하나님과의 본래적인 경험으로 되돌아가 참여하게 하는 신학 방법론이었고 그 경험을 계속하게 하는 상징작용이었다. 삼위일체 교리가 바로 이점을 우리에게 상기시켜 준다.

이 통찰은 초기 그리스도교 유일신론의 버팀목이 되었던 고전적 존재론을 다시 생각하게 하였다. 여러 세기를 거쳐 교회 신학자들은 다른 본성들과 분명하게 구분될 수 있는 하나의 신적 실체나 본성 같은 것이 존재한다고 생각했던 것 같다. 따라서 하나님은 이 신적 본성을 소유할 때만이 하나님일 수 있었다. 상상할 수 없는 일이지만 하나님이 이 신적 본성을 떠나야 한다면, 하나님은 하나님이기를 멈추게 될 것이다. 신성은 영원하고, 무한하며, 불변한 실체로 여겨지기 때문에 영속적인 것이다. 신성이 영속적이란 말은 또한 관계를 가지지 않는다는 의미이기도 하다.

그러므로 고전적 유신론자들은 여기서 논의되고 있는 바를 반대할 수도 있다. 이들은 세계 역사와의 관계를 통한 하나님의 자기-구성의 과정을 말하는 것은 하나님의 자유나 독립성을 희석시킬 수 있다고 우려한다. 좋건 싫건 간에, 전능하거나 고양된 신성에 미치지 못하는 열등한 세계와 어쩔 수 없이 관계하고 있는 하나님에게 동정을 보낸다. 그러나 이 같은 우려가 확실한 것은 아니다. 하나님이 자신을 필요로 하는 세계와 사랑의 관계를 갖기로 했다고 해서 자유를 상실한 것이 아니다. 수육이란 형이상학적 원리에 순응하는 것이 아니고 오히려 신적 자유의 한 표현이다. 실제로 고전적 유신론자들은, 하나님이 소위 신적 본성을 포기할 수 없고, 영원한 불변성에 갇혀 외부적인 관계의 역사를 통해 내적인 변화를 이룰 수 없기 때문에, 하나님의 세계와의 관계를 표현하기 위해 어쩔 수 없이 하나님의 자유를 제한하곤 하였다.

종합해보면, 실체론적 형이상학에 대한 현대의 거부는 삼위일체 교리를 다시 사유해볼 수 있는 길을 열어놓았다. 현대 정신의 빛에서 성서를 재조명하는 것은 좋은 예이다. 우리는 실로 성서적 상징들에 기초하여 신적 실체나 본성의 존재를 보증할 수 없게 되었다. 하나님은 소박하게 존재한다. 하나님은 하나님이다. 하나님은 본래적인 신성을 정의한다. 우리는 추상화된 신적 본성을 하나님에게 부과하여 거기에 하나님을 순응시킬 필요는 없다. 역사적인 자기-표현의 과정에서 하나님은 시간적 변화의 세계와 관계를 이루는 하나님이다. 이는 예수 안에 이룬 수육과 성령의 임재와 그 결과 나타나는 삼위일체 교의 등을 통해 나타나는 주장이다. 하나님은 자신이 사랑하고 구속하는 세계와의 관계를 통해 자기-관계를 이루는 과정 속에 존재한다. 또한 하나님은 하나님이 아닌 것과의 관계 속에 존재하는 하나님으로 스스로를 구성하는 과정 가운데 존재한다.

4
시간적 삼위일체와 영원적 삼위일체

영원히 살아계셔서 통치하시는 하나님은
하나로 통전되는 셋의 신비적 합일 속에서
어느 것으로부터 구속되지 않지만 모든 것을 구속하신다.

- 단테(Dante), "낙원 Paradise", *Canto xiv*, 28

지금까지 우리는 삼위일체 교의가, 하나님 존재의 너머와 내밀의 차원이 갖는 역설과 종교철학에서 하나님의 절대성과 관계성이라 부르는 것을 정확히 표현하기 위해서, 성서의 상징들에 대한 해설로 이루어진다고 주장하였다. 우리는 영원성이 너머에 속하며, 시간성은 내밀에 속한다고 가정하였다. 만일 하나님께서 하나님 스스로를 수육의 사건과 세계 내 영적 현존을 통해 한정한다면, 이는 어쩔 수 없이 창조의 시간적 차원을 내포하게 될 것이다. 또한 종말론을 진지하게 생각하게 되면, 관계된 것들이 절대적인 것이 될 수 있다고 말할 수 있을 것이다.

고대로부터 우리에게 내려온 신학적 문제 가운데 하나는, 하나님의 관계성을 희생하고 하나님의 절대성을 보호하기 위해, 하나님을 존재의 두 차원으로 유리시키려는 경향이다. 그 결과 영원성을 내재적 삼위일체의 탓으로 돌림으로써, 삼위일체 하나님은 창조의 세계와 관계없는 것이 된다. 따라서 의도한 것은 아니지만, 궁극적으로는 실제 두 개의 삼위일체가 생겨난다. 본래적인 삼위일체는 절대적 삼위일체이고 이차적 삼위일체는 관계적 삼위일체가 된다. 여기서 우리는 시간적 관계성이 영원한 절대성을 오염시키지 않을까 염려하는 것처럼 보인다. 이 입장이 갖는 문제는, 본래적인 성서 상징들 안에 있는 역설적 긴장이 무너진다는 점이다.

비록 삼위일체 교의가 아버지를 말로 표현할 수 없는 심연과 창조적 능력의 근거와 연관시키고, 아들을 시-공 객관성과 연관시키며, 성령을 내재적 인격과 상호 인격적 주관성과 연관시키면서 기능면에서 제각각이지만, 페리코레시스의 개념은 단일한 하나님의 삶 안으로 절대성과 관계됨의 차원을 하나로 묶는다. 삼위일체 개념은 본래적인 성서 상징들의 역설적 특성을 개념화한다. 그러나 하나님의 내재적 삶과 경세적 삶의 분리는 다른 각도에서 너머와 내밀의 관계를 무심코 떼어놓게 된다.

경세적 삼위일체가 내재적 삼위일체이고 내재적 삼위일체가 경세적 삼위일체라는 라너의 규정은 회복의 가능성을 갖고 있다. 라너의 규정은 역사의 하나님께서 영원성의 하나님이 되도록 허락한다. 또한 영원성을 무시간성으로 곧, 영원성과 시간성이 상호 배타적인 것으로 주장하는 것이 만족스러운 것인지 묻는다. 우리는 하나님의 영원성이 세계의 시간을 포함할 수 있는 것으로 인식할 수 있는가를 물어야 한다. 나는 여기서, 영원성에 대한 종말론적 이상은 세계 역사를 삼위일체 하나님의 내재적 삶 속으로 인도해 갈 것이라고 예견하면서, 이 물음들에 대해 긍정적으로 답할 것이다.

앞으로 나는 여기 제시된 제안을 탐구해 볼 것이다.[1] 이 일을 위해서 20세기 세계 이해의 상황을 살펴볼 필요가 있다. 왜냐하면 오늘날 시간 개념은 자연 과학의 세계에서, 특별히 물리 우주론(physical cosmology)의 영역에서 세밀하게 다루어지고 있기 때문이다. 시간과 영원성에 대한 신학적 논의가 개념적인 논의라면, 세계의 시간적 본성에 대한 여러 새로운 통찰들을 간과할 수 없다. 현재 우리의 시급한 과제는 영원성과 시간을 고전적으로 또한 상대성 이론, 열역학, 양자물리학의 입장에서 살펴보는 것이다. 그런 다음 구성적인 시각에서 종말론적으로 결정된 시간의 전체 개념으로 나아갈 것이다. 이러한 과정은 부분적으로는 영원성의 시간화를 수반한다. 여기서 나는 시간화된 영원성이 하나님의 절대성과 관계성을 긴장과 상호 보충적인 표현으로 삼는 삼위일체 개념을 통해 새로운 사유 구조를 제공할 수 있다고 본다.

영원성이란?

영원성이란 하나님을 너머와 초월로서 장엄하게 표현하는 하나님의 속성 가운데 하나이다. 시상을 지닌 시편 기자는 이스라엘의 하나님이 시간의 여정에 속박당하지 않는다고 선포한다. "주의 보좌는 예로부터 견고히 섰으며 주는 영원부터 계셨나이다."(시 93:2) 우리는 하나님의 사랑(시 103:17; 106:1), 하나님의 의(시

---

[1] 앞으로 전개되는 논의는 "우주의 양자 창조와 자연법의 기원 Quantum Creation of the Universe and the Origin of the Laws of Nature"에 대한 바티칸 회의를 위해 쓰여진 "시간 안에 그리고 시간 너머의 삼위일체 The Trinity In and Beyond Time"란 연구 논문의 내용을 자세히 정리한 것이다. Castel Gondolfo, Italy, September 21-27, 1991.

103:17), 하나님의 진실하심(117:2, 146:6), 하나님의 영광(시 104:31)이 "영원부터 영원까지" 견고하리라고 기대할 수 있다. 하나님의 눈은 우리 인간의 한계를 뛰어넘는다. "주의 목전에는 천 년이 지나간 어제 같으며 밤의 한 순간 같을 뿐"이기 때문이다.(시 90:4) 여기서 사용하는 이미지들은 시간과 상관없는 영역이 아니고 시간의 흐름 속에서 경험하는 힘과 인내와 진실함이다. 신약성서에서 영광가운데 부활하신 아들의 상징은 시간을 극복한 승리자이며 시간의 구원자이신 하나님을 표상한다. "나는 알파와 오메가요 처음과 마지막이요 시작과 마침이라."(계 22:13)

이전에 플라톤은 시간을 영원성의 이미지로 서술하였지만 (*Timaeus* 37d5), 오히려 그리스도교로 들어온 플라톤 전통은 영원성을 시간성과 반대되는 것으로 곧 무시간성으로 이해하게 하였다. 시간과 영원성은 서로 다른 영역이 되었다.

결국 영원성은 하나님의 삶 그 자체와 동일시되었다. 이런 맥락에서 보이티우스는 무한한 삶을 철저하게 동시적이면서도 완전하게 소유한 것을 영원성으로 서술하였다(*aeternitas igitur est interminabilis vitae tota simul et perfecta possessio*). 영원성이란 시작도 끝도 없으며, 되어감이나 지나감이 없고, 현재의 순간을 과거와 미래로부터 단절한 채 비연속으로 존재하는 생명의 충만함이다. 이것이 하나님의 삶의 방식이다. 피조물은 이와 다른 삶의 방식을 갖는다. 곧 피조물은 시작과 끝이 있으며 시간 안에서 계속적인 연속성을 갖는다.[2]

---

2) Boethius, 『철학의 위로 *The Consolation of Philosophy*』, V:6.(정의채 옮김, 열린, 2003). John Wright, S.J., "시간과 영원성: 조직신학을 위한 논제들 Time and Eternity: Some Discussion Questions for Systematic Theology"을 참조할 것. 미간행 논문임.

4. 시간적 삼위일체와 영원적 삼위일체 259

보이티우스는 시간적인 피조물에게는 현재만 있다고 주장한다. 피조물의 과거와 미래는 부재한다. 피조물의 삶이 영속적이거나 끝이 없을지라도, 시간적 피조물은 결코 전체일 수 없다.[3] 전체적이기 위해서는 영원해야 하고, 영원하기 위해서는 단일한 순간 안에 과거와 현재와 미래라는 시간성의 전체를 포함해야 한다. 그러므로 유일한 영원적 존재인 하나님은 유일하게 전체적인 존재이다.[4] 시간의 전체를 강조하는 보이티우스의 입장을 면밀히 살펴보면, 영원성과 시간을 대비할 때, 영원성을 무시간성으로 기술할 필요가 없음이 드러난다. 영원성을 시간적 변화과정의 실재를 통합하는 시간의 전체로 사유하는 것은 이를 더 잘 인식하는 방법이 될 수도 있다. 그러나 대부분 그리스도교 전통은 영원적 동시성에 대한 보이티우스의 개념을 시간의 부재를 뜻하는 무시간성의 의미로 받아들였다.

그러나 바르트는 그렇지 않았다. 이제까지 삼위일체 논의에서 보았듯이, 바르트는 중요한 전환을 하고 있다. 바르트는 영원성과 시간을 단순히 반대되는 것으로 받아들이려 하지 않는다. 바르트는 "영원성 자체가 무시간적인 것은 아니다."라고 기술한다. "영원성이란 과거, 현재, 미래의 동시성(simultaneity)이며 상호내재

---

3) 보이티우스는 "언제나"(*semper*)라는 용어와 "영원성"(eternity)이란 용어를 조합하여 연속적인 사건의 흐름이 지속되는 것을 뜻하는 영속성(sempiternity)이란 용어를 만들어 내었다. Boethius, 『삼위일체 The Trinity』, IV. 스텀프와 크레츠만은 보이티우스의 용어 사용을 반대한다. "영속성"(sempiternity)이 끊임없는 변화의 과정을 의미한다면, 이 용어는 변화의 과정과는 상관이 없는 "영원성"(eternity)과 분명하게 구분되어야 한다. Eleonore Stump and Norman Kretzmann, "영원성 Eternity", *Journal of Philosophy* 78, no. 8(August 1981). Thomas V. Morris, ed., 『하나님의 개념 *The Concept of God*』, (Oxford: Oxford University Press, 1987), 221 n. 3.

4) 여기서 우리가 '시간의 전체'라고 부르는 것을 스텀프와 크레츠만은 "완전히 실현된 존속기간"(fully realized duration)이라고 부른다. *Ibid.*, 237.

(coherence)이다."⁵⁾ 영원의 시각에서 과거, 현재, 미래의 동시성은 보에티우스의 영향이 계속되고 있음을 반영한다. 그러나 바르트는 하나님의 영원한 삶이 세계의 시간적인 현실성으로 인해 탄력을 받는다고 주장한다. 하나님은 시간과 무관한 분이 아니고, 오히려 탁월하게 시의 적절한 분이다.

> 영원한 하나님은 시간이 없이는 살수 없다. 하나님은 놀랍도록 시간적이다. 왜냐하면 하나님의 영원성은 본래적인 시간성으로 모든 시간의 근거가 되기 때문이다. 그러나 하나님의 영원성 속에서, 신성의 완전함 가운데 하나인 창조되지 않는 자존적 시간 속에서, 현재, 과거, 미래, 어제, 오늘, 내일은 연속적인 것이 아니고 동시적인 것이다.⁶⁾

여기서 우리의 물음은 왜 우리가 과거, 현재, 미래의 동시성을 유지해야 하느냐? 하는 것이다. 무엇 때문에 이런 주장을 하게 하는가? 동시성은 하나님의 진실하심을 찬양하는 시편의 예배 표현 어디에도 나오지 않는다. 동시성은 시간의 황폐함을 넘어 하나님이 승리한다는 개념과 상관이 없다. 하나님께서 모든 사건을 동시

---

5) Barth, 『교회 교의학 Church Dogmatics』, III/2:526; II/1: 61-62, 608; III/1:71. 참조.
6) Ibid., III/2:437. 러스트는 "우리는 하나님의 영원성에 대한 형이상학적 속성을 다시 정의할 필요가 있다. 하나님은 무시간적 존재가 아니다."라고 주장한다. Eric E. Rust, "삼위일체 하나님의 역동성 The Dynamic Nature of the Triune God", *Perspectives in Religious Studies* 14, no. 4(Winter 1987), 35. 루카스는 하나님이 인격적이기 때문에 시간적이어야 한다고 주장한다. "우리가 하나님을 특징지어야 한다면, 인격적이라 말할 수 있다. 그리고 하나님이 인격적이라고 한다면 시간적이어야 하고, 시간적이란 말은 어떤 의미에서 시간 안에 있다는 말이고 시간 밖에 있다는 의미가 아니다. J. R. Lucas, 『미래: 하나님, 시간성, 진리에 대한 소고 *The Future: An Essay on God, Temporality, and Truth*』, (Oxford: Basil Blackwell, 1989), 213.

적으로 볼 수 있다는 개념은 아마도 그리스의 전지함에 대한 이미지로부터 파생된 것일 것이다. 이 개념이 지닌 문제는 시간적인 연속성을 하찮게 여기고 존재론적으로 영원한 실체와 상관없는 것이 되게 하는 경향이 있다는 점이다. 하지만 우리는 여전히 열려진 미래가 있는 시간성을 포용하는 것으로 영원성의 모델을 구성할 수 있는 것처럼 보인다. 또한 동시적인 시각을 전제하는 불필요한 입장으로 자연적이며 역사적인 사건의 과정을 망각하지 않은 채 자연과 역사의 구원과 변혁을 통합하면서도 시간성을 포용하는 것으로 영원성의 모델을 구성할 수 있는 것처럼 보인다. 우리는 무제약적인 미래를 지닌 하나님에 대해서, 영속적인 신적 존재에 대해서, 거기다가 새로운 세계로 실재의 이야기를 전개하여 과거와 현재를 끌어들이는 종말론적 구원의 계획에 대해서 생각할 수 있다.

종합해보면, 영원성이란, 최소한의 개념에서 볼 때, 노화와 죽음과 같은 시간의 변화과정을 넘어서는 하나님의 초월을 의미할 수 있다. 이와 반대로 최대한의 개념에서 보면, 영원성이란 시간과 공간 그리고 그 사이에 존재하는 모든 존재를 포함하는 시간적이고도 공간적인 모든 존재들의 완전한 연합을 의미할 수 있다. 이제 삼위일체적 하나님의 삶에 적합한 것은 무엇이며 적합하지 않은 것이 무엇인지 알아보기 위해 시간의 본성을 분석해보도록 하자.

시간이란?

아우구스티누스가 그랬듯이 우리는 시간성을 어느 하나에서 다른 것으로 사건이 연속적으로 일어나는 것이라 정의할 수 있다.

이로써 과거, 현재, 미래의 구분을 가능하게 할 수 있다. 그러나 사건들의 연속적인 특성이 성격상 우주적인지, 아니면 인간의 관점에서만 특별한 것인지 물을 필요가 있다. 자연 세계 그 자체가 시간적인 것인가? 아니면 시간성이란 무시간적 세계에 부여하는 인간 의식의 구조에 지나지 않는가? 어떤 철학자들은 시간을 인간의 주관성 안에 가두어 놓는다. 아리스토텔레스는 인간 영혼이 시간의 순간들을 포함한다고 생각하여 인간 영혼으로 시작하였다. 칸트는 공간과 시간을 정신의 범주로 보았다. 하이데거(Martin Heidegger)는 예기된 죽음의 목전에서 인간의 지금에 대한 자각에 주목하였다. 다른 한편, 시간성을 인간 의식으로 인식하면서도 객관적으로 인식하기 시작한 철학자들이 있다. 예를 들면, 플라톤은 우리의 시간 개념이 천체의 움직임으로부터 파생되었다고 주장하였다. 여기서 현존하는 시간은 인간의 정신 안에 있는 시간을 지칭한다.

여기서 우리는 먼저 인간의 정신 안에 있는 시간적 연속의 개념을 탐구해보고, 이 의식이 부분을 이루는 보다 넓은 자연 세계 속에서 시간적 연속의 개념을 탐구할 필요가 있다. 이 과정을 통해서 우리는 20세기 과학에서 말하는 시간의 개념을 만나게 될 것이다. 시간이란 인간 의식에서와 마찬가지로 자연 세계에서도 실재적이다. 실재란 시간적이다. 따라서 하나님이 세계와 적극적인 관계에 참여한다면, 하나님은 세계의 시간성에 영향을 미치기도 하고, 세계의 시간성으로부터 영향을 받기도 해야 한다.

여기서 우리는, 이러한 사유의 흐름을 잠시 멈추고, "시간"이란 용어가 실제로는 다른 존재, 적어도 세 가지 다른 존재와 관계될 수 있다는 점에 주목할 필요가 있다. 첫째, "시간"이란 말은 변화 과정(passage)과 관계한다. 아우구스티누스를 생각나게 하는 이 말은, 현실적 실존(actual existence)을 구성하는 연속적인 사건들을 특징하는, 어느 하나에서 다른 것으로 이어짐(one-after-the-otherness)의 특성과 관계한다.

둘째, "시간"이란 용어는 종종 이러한 변화과정의 측정과 관계한다. 지금이 몇 시입니까? 라는 물음에 답하기 위해서, 우리는 보통 손목시계나 시계를 본다. 시간의 변화과정을 측정할 때, 우리는 매일 도는 지구의 자전 주기, 일 년 단위로 태양의 궤도를 도는 지구의 공전 궤도, 중성자들의 주기, 진자의 주기, 석영 수정의 진동이나 원자적 진동과 같은 스스로 반복해서 움직이는 것들을 빌려 대답한다. 놀라운 것은, 이들 여러 측정의 양식들이 비교될 때, 정확성의 정도가 있기는 하지만, 서로 조화를 이루며 반복하는 것처럼 보인다는 점이다. 시간이 단순히 인간의 심리학적인 현상인지 아니면, 초주체적인 자연의 과정들인지 하는 물음은 여전히 항구적인 문제로 남아있다. 시간을 측정으로 생각하는 것은 시간이 단순히 심리학적임을 지칭할 수 있다. 그러므로 시간이란 환상에 지나지 않는다고 생각할 수 있다. 그러나 우리의 측정 기구들은 플라톤이 오래 전에 제시했던 대로 자연스런 리듬에 기초한다. 이는 변화과정과 변화과정의 측정이 자연의 고유한 영역에 속한다는 입장이다. 우리는 먼저 인간의 관점에서 시간을 살펴보고, 이어서 자연 안에 있는 시간을 살핀 후에, 우리가 살고 있는 물리적 세계가 시간의 변화과정으로 특징지어진다고 결론지을 것이다.

이 결론은 "시간"이란 용어의 세 번째 사용으로 안내된다. "시간"이란 용어는 세계 역사와 관계한다. 부분적으로는 변화과정, 쇠퇴, 죽음에 의해 한정되는 창조의 영역과 관계한다. 시간은 우리의 실재를 대변하는 속기이다. 신학적으로 시간은 하나님의 창조와 종말론적으로 우리가 구속될 것이라고 희망하는 전체 실재와 관계한다.

과거, 현재, 미래: 인간의 관점

시간에 대한 인간의 인식은, 과거의 기억과 미래의 기대로부터 구분된 현재를 의식하는 것으로 시작한다. 시간이란, 과거의 기억 속으로 계속해서 경험을 잘라 넣으면서 동시에 이전에는 미래의 가능태였던 것을 현실화하는, 역동적인 현재이다. 여기서 시간은 과거에서 현재로 현재에서 미래로 나아가는 일방적인 운동이다.

과거와 미래는 현실적이지 않다. 현재가 현실적인 것이다. 현재는 과거와 미래의 실재들을 파악하는 시각을 제공한다. 과거와 미래 각각이 현재와 갖는 관계를 통해 과거는 과거가 되고 미래는 미래가 된다.

현대 그리스도교 예식은 시간에 대한 성만찬적 이해와 예언자적 이해를 종합한다. 성만찬적인 시간 이해가 과거의 그리스도와 미래의 그리스도를 예배자들에게 현재화하는 반면, 예언자적 이상은 현재의 순간을 약속과 성취 사이에 위치시킨다. 하나님의 약속은 과거에 존재한다. 우리는 과거의 실재를 되돌아보기 위해 또는, 예수 그리스도의 십자가와 부활을 되돌아보기 위해 공동체적 기억을 사용한다. 우리가 기억하는 것이 예수에게 일어났던 일임에도 불구하고, 그 기억이 우리에게 중요하다. 그 사건은 우리에게 하나의 약속이었다. 곧, 2,000년 전 그리스도께서 죽은 자들로부터 부활했던 것처럼, 미래의 어느 시점에서 우리도 역시 하나님의 새로운 창조로 부활할 것이다. 우리의 현재 순간은 과거와 미래, 하나님의 과거와 하나님의 미래 사이에 위치한다.

과거의 약속과 미래의 성취의 예언자적 형식에서건 아니면 현재의 현존의 성만찬적 형식에서건, 그리스도교 예식은 하나님을 시간적인 용어로 파악한다. 하나님의 사건들을 포함하여 분절된 사건들의 연속은 우리의 하나님 인식에서 결코 사라지지 않는다. 우리 인간이 하나님을 만나는 것은 모든 인간의 만남이 그래야 하는 것처럼 적절한 시기에 이루어진다. 하나님과 우리의 관계 또한 모든 인간의 관계가 그래야 하는 것처럼 적절한 시기에 이루어진다.

교부 신학자들은 직관적으로 지금 지나가고 있는 현재가 인간의 의식을 구성한다는 부인할 수 없는 사실을 정확하게 인식하고 있다. 그러나 이들은 인간의 시간성과 하나님의 영원성 사이에 쐐기를 박으려 시도하였다. 아우구스티누스는 하나님이 시간에 종속되지 않는다고 주장하였다. 시간은 창조의 구성 요소이며, 창조자는 창조된 것에 종속되지 않는다. 연속과 변화과정은 우리에게 아주 익숙한 것일 수 있다. 그러나 하나님은 이것들을 알지 못한다. 영원성 안에는 시간적인 운동이 존재하지 않는다.

> 당신은 언제나 현존하는 영원성의 절정에서 모든 과거에 선행하며 모든 미래를 넘어선다… 당신은 모든 시간을 만들었고 시간 이전에 존재한다. 시간이 없었던 때는 결코 없었고… 어떤 때건 당신과 똑같이 영원하지 않다. 왜냐하면 당신은 영원하시지만, 시간이 영원하다면 더 이상 시간이 아니기 때문이다.[7]

아우구스티누스는 하나님의 영원성을 강조하고 영원성을 초시간적인 것으로 기술해야 할 이유가 있었다. 시간성이란 변화의 과

---

7) Augustine, 『고백록 Confession』, 11:13, 14.

정을 의미하고, 변화의 과정은 쇠퇴를 의미하며, 쇠퇴란 죽음을 의미한다. 하나님이, 구원할 수 있기 위해서는, 쇠퇴와 죽음에 종속될 수 없다. 시간과 죽음은 하나이고, 영원성과 생명이 또한 하나이다. 그러므로 변화의 과정을 부정하면서 영원성을 긍정하는 것이 중요하다. 아우구스티누스는 "영원 속에서는 아무것도 지나갈 수 없고 전체가 현존한다."[8]고 하였다.

그러나 이 입장은 영원성과 시간이 무슨 관계인가 라는 항구적인 물음을 일으킨다. 만일 영원성이 연속성의 부재로 정의되고, 인과관계들이 본성상 연속적인 것이라면, 영원한 하나님은 시간적 결과들의 원인이 될 수 없는 것으로 나타날 것이다. 역으로 말하면, 시간적 원인들은 영원한 결과를 낳을 수 없을 것이다. 영원성과 시간은 서로 분리된 것처럼 보인다. 시간성을 영원성으로부터 분명하게 구분하고자 했던 아우구스티누스는 하나님을 창조의 사건들로부터 무심코 분리시키는 결과를 가져왔다. 물론 이러한 결과를 아우구스티누스 자신이 의도한 것은 아니었다는 점이 그의 전체성에 대한 개념에 잘 반영되어 있다. 아우구스티누스는 "전체가 하나님께 현존한다."고 주장한다.

우리는 아우구스티누스보다 수십 년 앞서 활동했던 카파도키아 교부 신학자 니사의 그레고리우스가 아우구스티누스의 입장과 유사한 입장을 발전시켰음을 발견한다. 니사는 시간과 공간이 창조에 속한다고 보았다. 니사는 "세계의 창조자는 존재해야 하는 것을 존재하게 하기 위해서 시간과 공간을 배경으로 놓았다. 이 배경을 기초 삼아 하나님은 우주를 지었다."[9]고 서술하였다. 말하자면 시간과 공간은 인간의 활동이 수행되는 구조 혹은 용기를 제공

---

8) *Ibid.*, 11:11.
9) Gregory of Nyssa, 『유노미우스에 반박함 *Against Eunomius*』, 1:26, *NPNF*, 2d

한다. 그러나 창조자 하나님은 시간적이며 공간적인 제약에 한정되지 않는다.

> 그러나 자존적이고(all-sufficient), 영속하며(everlasting), 세계를 감싸고 있는 존재는 공간 속에도 존재하지 않고 시간 속에도 존재하지 않는다. 이 존재는 공간과 시간 이전에 존재하며, 말로 표현할 수 없는 방식으로 공간과 시간 위에 존재한다. 이 존재는 신앙으로만 인식될 수 있는 자존적인 존재이며, 나이로 측정될 수 없는 존재이다. 또한 이 존재는 시간을 수반하지 않으며 과거와 미래와 관계하지 않고 스스로 자리를 잡고 쉼을 주는 존재이며, 그 옆과 위에는 어떤 존재도 존재하지 않으며, 이 존재가 지나가면서 과거와 미래의 어떤 것을 만들 수 있는 존재이다. 여기서 사건들은 창조에 한정되고, 창조의 삶은 시간을 기억과 희망 속으로 나눈다. 그러나 초월적이고 축복된 힘 안에서 모든 존재는 순간 안에 있는 것처럼 동일하게 현존한다. 곧 과거와 미래는 모든 것을 에워싸는 이 존재의 파악과 포괄적인 시각 안에 존재한다.[10]

아우구스티누스와 마찬가지로, 그레고리우스가 말하는 하나님의 영원성은 시간을 초월하며 변화과정의 황폐함을 피해간다. 그러나 영원성을 시간과 완전히 단절된 것으로 기술하는 것은 바른 것이 아닐 것이다. 우리는 영원성을 시간을 덮어버리는 것으로 해석할 수 있다.[11] 만일 영원성이 시간을 덮어버리는 것이라면, 시간과 영원성은 서로 어떤 교류가 있어야 한다. 적어도 최소한의 형

Series, V: 69. "시간이 존재하는 것들과 함께 시작되었다."는 것은 이미 알렉산드리아의 클레멘스(Clement of Alexandria)가 주장한 바다. Clement of Alexandria, 『스트로마타 *Stromata*』, VI:16, *ANF*, II: 512.

10) Gregory of Nyssa, 『유노미우스에 반박함 *Against Eunomius*』, 1:26, *NPNF*, 2d Series, V: 69.

11) 이 해석은 젠슨(Robert Jenson)이 『삼위의 정체성 *The Triune Identity*』이란 책에

식에서 보면, 영원성은 여러 시간성의 차원들로 인해 영향을 받는다.

이러한 사실이 우주에 대해 무엇을 전제하는지 주목할 필요가 있다. 이는 모든 존재들이 동일하게 시간적 질서를 따라야 하는 창조된 질서를 전제한다. 시간과 공간은 그 안에서 우주적이며 역사적인 모든 활동이 일어난다. 우주의 경계를 구성하는데, 시간과 공간은 그 안에서 연속적인 사건들이 일어날 수 있는 활동의 장일 뿐 아니라 유한의 한계를 정하는 울타리로서 기능한다. 시간적이며 공간적인 자리는 우리의 시각과 세계 안에 있는 모든 존재에 적용된다는 의미에서 객관적이다.

이러한 입장은 서방의 일반적인 세계관이 되었고, 뉴턴(Isaac Newton)의 고전 물리학을 통해 가다듬어졌다. 여기서 공간과 시간은 구분 가능하고 절대적인 것이다. 공간은 우주에 빈 그릇을 제공하는 바, 그 안에서 모든 대상은 한정된 자리를 갖는다. 시간은 모든 관찰자들에게 하나의 관측계를 제공하는 획일적이면서도 보편적인 움직임을 갖는다.[12] 시간의 획일성과 보편성은 모든 관찰자에게 동일한 현재의 순간을 맞을 수 있도록 한다. 과거와 미래는 모든 사람에게 동일하다. 그리고 우리 모두는 동일하게 공유된 "지금" 안에서 존재한다.

뉴턴의 그릇 우주론에 따르면, 우리의 개인 역사는 세계 역사와

서 시도한 해석이다.
12) "절대적이고 참되며 수학적인 시간은 저절로 그 자신의 본성으로부터 외부적인 어떤 것과 관계함 없이 동일하게 흘러간다." 『뉴턴경의 자연 철학의 원리와 세계의 체계 *Sir Isaac Newton's Principles of Natural Philosophy and His System of the World*』, Cajori rev. of 1729. Andrew Motte(Berkeley: University of California Press, 1947), 6.

동시성 안에 존재한다. 신학적으로 말해 이 말은 우리 모두가 그리스도 사건을 동일한 객관적 과거로 공유함을 의미한다. 또한 우리 모두가 약속된 종말론을 동일한 객관적 미래로 공유함을 의미한다. 우리 모두는 하나님의 과거 약속으로부터 현재 신앙의 도전을 거쳐 우리의 신앙에 대한 미래적 보상으로 나아가는 동일한 시간선상에 놓여 있다. 세계의 구원과 우리 자신의 궁극적인 구원은 동시적인 것이 될 것이다.

결과적으로, 하나님의 영원성을 시간적인 변화과정과 무관하다고 생각하는 것은 어떤 한 시점의 과거와 미래를 변화하지 않는 한 시점의 현재 속으로 쓸어넣는 영원한 현재를 상상하는 것이다. 뉴턴은 하나님이 영원성이나 무한성이 아니고, 영원하며 무한하다고 기술하였다. 뉴턴은 하나님께서 영속하며 어디든 존재한다고 주장하였다. 언제 어디서든 존재함으로 하나님은 지속(duration)과 공간을 구성한다. 공간의 모든 영역은 언제나 존재하며 나누어질 수 없는 모든 지속의 순간이 어디든 존재하기 때문에, 만물의 주님이면서 창조자는 존재하지 않은 적이 있을 수 없으며 존재하지 않는 곳이 있을 수 없다.

여기서 우리는 하나님의 시각과 인간의 시각을 쉽게 구분할 수 있다. 인간은 그릇 안에 있는 시공의 어떤 한 점에서 바라보지만, 하나님은 그릇의 전체 시간적 내용을 본다. 인간의 시각은 현재 기억하고 있는 과거와 현재 기대하고 있는 미래로부터 분리된 현재의 현실적 순간, 곧 모든 창조와 더불어 공유하는 현재의 현실적 순간에 한정된다. 마찬가지로 하나님의 시각도, 예수의 십자가 사건이나 우리의 현재적 순간과 같이, 현재의 현실적 순간에 한정된다. 그러나 이 경우 과거와 미래의 실재들도 하나님을 향해 현실적이다. 과거, 현재, 미래 모두가 하나님을 향해 현실적이기 때문에, 시간은 단순히 한정이 아니다.

20세기에 이러한 뉴턴의 그릇 우주론은 물리학의 새로운 발전으로 크게 도전을 받았다. 현대의 일반적인 시간 이해는 뉴턴의 시간 이해에 대해 재고를 요청하고 있다. 아인슈타인(Albert Einstein)의 특수 상대성 이론(special theory of relativity)은 모든 시간적 사건들에 대한 공통된 좌표계가 존재한다는 고전적 가설을 반박하였다. 아인슈타인 이후 신학적인 유혹은, 인간의 관점을 자연의 다른 영역과 단절시켜 시간을 주관으로 해석함으로써 응답하려는 시도였다. 20세기의 여러 신학자들과 철학자들은 시간을 실존화함으로써, 인간의 의식을 주변의 우주와 떼어놓으려고 하였다. 그러나 이러한 시도는 타조가 머리를 모래 속에 처박는 무사안일주의의 형식에 지나지 않는다. 자연과학에서 일어나고 있는 일 또한 아주 중요하기 때문에 피해갈 수 없다. 특별히 열역학 분야의 발전은 거시적 차원의 자연과 인간의 주관성의 영역에서 공동의 시간의 방향을 상기한다는 점에서 아주 중요하다 할 수 있다. 우주적 시간성과 하나님의 영원성의 인식을 위해 이러한 발전이 가져다주는 의미는 아직 다 밝혀지지 않았다. 이제 이 문제를 다뤄보기로 하자.

특수 상대성 이론에서의 시간

아인슈타인의 특수 상대성 이론은 보편적 현재라는 개념을 무너뜨린다. 따라서 과거와 미래의 관계를 위해 여러 좌표계를 필요로 한다. 여기서 유일하게 절대적인 것은 대략 초당 30만 킬로미터를 움직이는 빛의 속도이다. 시간과 공간은 결코 절대적인 것이 아니다. 이들은 상대화된다.

아인슈타인은, 1905년에 쓴 "운동하는 물체의 전기 역학에 대하여 On the Electrodynamics of Moving Bodies"란 논문에서, 전하(electric charge)들 사이에 흐르는 힘은 운동(motion)에 의해서 영향을 받는 것과 같이 시간과 공간의 측정도 운동에 의해서 영향을 받는다고 주장하였다. 운동이 공간에 위치한 우리의 자리를 변화시킨다고 하는 것이 언제나 일반 상식이었다. 이제 아인슈타인은 일반 상식을 우롱하며 운동이 시간적 변화과정의 속도를 변화시킨다고 주장한다. 빠르게 움직이는 어떤 우주선이 결합하는 순간의 시간의 측정은 우주선이 출발한 곳의 시간의 측정과 맞지 않는다. 우리가 움직여 갈 때, 우리는 미래를 향해 진행해가는 속도를 변화시킨다. 그뿐 아니라 시간과 공간이 밀접하게 연결되어서 시-공이라는 하나의 연속체를 구성한다. 사건들이 그 안에 일어나는 하나의 고정된 시-공 그릇이란 개념은 사라졌다. 모든 운동은 정적인 그릇이 아니라, 다양한 관성 좌표계에 상대적이다.

불변하는 것은 빛의 속력이다. 빛이 움직이는 속도는 모든 관찰자에게 불변이다. 자유로운 공간에서 빛의 속력은 근거의 운동이나 관찰자의 운동에 상관없이 동일한 가치를 가지게 될 것이다. 그러나 모든 관찰자는 모든 자연법이 정상적으로 적용되는 특정한 관성 좌표계로부터 관찰한다.

좌표계의 속력은 그 자체가 하나의 요인이다. 쌍둥이의 역설이 이점을 증명해 준다. 두 쌍둥이 소녀가 있다고 가정해 보자. 당연히 둘의 나이는 똑같다. 두 소녀 가운데 한 소녀를 데려다가 우주선에 태워 높은 속력으로 우주의 어느 곳으로 날아가게 하고, 쌍둥이 가운데 다른 소녀는 지구에 남아 우주로 간 소녀가 3년 정도 후에 지구로 귀환할 때까지 지구에서 정상적인 삶을 살게 하였다고 한다면, 고속으로 우주선을 타고 여행하는 우주소녀에게 시간은 상대적으로 천천히 지나가게 될 것이다. 우주여행을 하고 돌아와 이들이 서로 인사를 나누게 될 때, 이들의 나이는 서로 다르게 될 것이다. 우주여행을 하고 돌아온 쌍둥이 소녀가 더 젊어 있을 것이다.

여기서 쌍둥이의 역설은 가설적인 것이다. 그러나 이 이야기는 가설적인 사색 이상을 담고 있다. 여기에는 경험적인 증거가 있다. 실험가들이 시간이 정확한 원자시계를 비행기에 싣고 제트 비행기로 지구를 돌았다. 귀환을 했을 때 시계들이 지구의 표면에 있었을 때보다 더 천천히 움직이는 것을 발견하였다. 관성 좌표계는 서로에게 전염적이고 상대적이다.

상대성에 따르면, 어떤 좌표계도 시-공의 전체를 포함하지 않기 때문에, 보편적인 현재의 순간 즉, 보편적인 지금이란 존재하지 않는다. 이 말은 과거와 미래를 나누는 시-공의 공통된 단면이 존재하지 않는다는 뜻이다. 과거와 미래의 분할은 그 관성 좌표계에 따라 달라질 것이다. 어떤 관찰자에게 과거인 사건들이 다른 관찰자들에게는 여전히 미래로 남아있게 될 것이다. 그러나 이것은 시간의 방향성이 바뀐다는 의미가 아니다. 인과적으로 연결될 수 있는 두 사건에는 이전과 이후의 질서가 존재한다. 상대성이란 결과가 그 원인에 선행할 수 있음을 의미하지는 않는다. 우리는 인과율적인 과거를 바꾸기 위해서 어떤 관성 좌표계로부터 또 다른 좌표계에 이를 수 없다. 상대성 이론에 따르면, 시간은 과거로부터 현재를 거쳐 미래를 향해 여전히 한 방향으로 움직여 간다. 상대성 이론이 주는 통찰은 시간이 다양한 속도로 흘러간다는 것이다.

빛의 속도는 우주적인 절대성을 구성한다. 왜냐하면 빛의 속도는 보편적으로 동일하기 때문이다. 빛의 속도는 불변하며 속도의 상한선을 규정한다. 물리적인 어떤 것도 빛의 속도를 능가할 수 없다. 아니 빛의 속도에 접근조차 할 수 없다. 물체가 속력을 높여 감에 따라, 그 질량이 증가한다. 이미 고속으로 움직이는 물체는 속력을 높이기 위해서 엄청난 힘을 취한다. 어떤 물체가 빛의 속력에 다다르려면 무한대의 힘이 들 것이다. $E=MC^2$라는 질량과 에너지의 등식에 비추어 볼 때, 빛의 속력에 이르기 위해서는 무한대의 질량이 요구된다. 이는 물리적으로 불가능하기 때문에, 빛의 속도는 우주 안에 있는 어떤 물체도 도달할 수 없는 것이 된다.

1915년 아인슈타인은 중력 인자를 덧붙여 일반 상대성 이론을 발표하였다. 중력은 공간을 휘게한다. 이 말은 우주가 전체적으로 구부러져 있음을 의미한다. 만일 그렇다면 우리가 현재의 위치를 떠나 특정 방향으로 여행을 계속할 때 결국 반대 방향으로부터 되돌아오고 있는 자신을 발견하게 될 것이다. 이렇게 되면 시간도 또한 영향을 받게 된다. 중력의 끌어당김이 강력하면 강력할수록, 시계의 운동은 느려지게 된다.

상대성 이론은, 천문학에서처럼 큰 거리와 고속에 적용될 때 우리의 실재 개념에 가장 엄청난 충격을 준다. 상대성 이론은 실재를 다원화한다. 팽창해가는 우주 안에서, 수 십 억 개의 빛들이 서로 소통하기 위해서는 상상할 수 없는 긴 시간이 걸린다. 실제 우리는 우주 내에서 대부분의 관성 좌표계로부터 분리된다.

그러나 이것이 이 땅에서 펼쳐지는 우리의 일상에는 별로 영향을 미치는 것 같지 않아 보인다. 우리는 도처의 모든 사건에 해당하는 단일한 좌표계가 있다고 추정하는 전통적인 일반 상식에 의지하여 생각할 수 있다. 우리는 스스로를 속여 우리의 좌표계 안에 있는 시간 경험이 절대적 표준이라고 믿게 할 수 있다. 따라서 나머지 우주가 측정될 수 있다고 믿게 할 수 있다. 이러한 생각은 납득할 수는 있어도 지성적으로는 한계가 있다. 우리는 우주 안에 다른 관찰자들의 관점에서 어떻게 우리가 천천히 혹은 빠른 속도로 움직여가고 있는 것처럼 보일 수 있는지 상상할 필요가 있다. 보편적인 표준시간이란 존재하지 않으며, 공동의 과거와 공동의 미래를 경계짓는 공유된 지금도 존재하지 않는다.

그러므로 우리는 다음과 같이 물을 필요가 있다. 상대성 이론은 우리가 하나님을 이해하는데 어떤 의미를 가질 수 있을까? 하나님이 모든 좌표계 안에 있는 사건들을 동시에 보지 못하도록, 하나님을 여러 좌표계들 가운데 하나로 넘겨야 할까? 결국 상대성 이론은 보이티우스의 영원성 개념을 배제하는가?

루카스(J. R. Lucas)는 그렇게 생각하지 않는다. 하나님께서 사건의 과정을 동시적으로 파악한다고 보는 전통적 이해는 아인슈타인의 통찰에 의해 도전받지 않는다. "전능한 존재의 순간적인 인식 안에 내포된 동시성(simultaneity)에 대한 신적 규범은, 특수 상대성 이론과 양립하며 결국 하나님 우선의 좌표계가 된다."[13] 물론, 이러한 하나님 우선의 좌표계는 영원한 좌표계가 될 것이다. 스텀프(Eleonore Stump)와 크레츠만(Norman Kretzmann)은 영원성이 시간성으로 환원될 수 없는 분리된 존재 양식을 구성한다고 주장한다. 그러므로 하나님의 관점은 여러 시간 좌표계 가운데 하나

---

13) J. R. Lucas, 『미래』(The Future), 220. 루카스는 전통적인 입장을 옹호하면서도 미래에 대해 개방적인 태도를 취한다. 자연사건은 우연한 과정이다. 그러므로 "양자역학이 논리적이라면, 예지(foreknowledge)는 불가능하고, 전능한 하나님께서는 양자 역학을 예증하는 세계를 창조하도록 선택할 수 있었다. 만일 하나님께서 그렇게 선택한다면, 하나님은 세계의 미래 전개에 대해 자세히 알 수 없을 것이다." Ibid., 227.

가 됨으로써 상대화되지 않는다. 하나님의 관점은 시간 좌표계 안의 모든 사건들이 동시적으로 인식되는 유일무이한 영원한 현재이다.[14]

바버(Ian Barbour)는 다르면서도 같은 방향의 노선을 따른다. 그는 거리가 있는 꼭지점 사이에서, 빛의 속력에 의한 물리적인 신호의 속력의 한계가 하나님에게 적용되어서는 안 된다고 주장한다. 그 이유는 하나님께서 우주의 모든 꼭지점과 사건 안에 내재하기 때문이다. 하나님은 다른 체계에 상대적인 정지도 아니며 운동도 아니다. 이는 하나님께서 각각의 좌표계에 따라 정의된 특정 인과적 과거에 적합한 사건 유형으로 모든 사건에 영향을 주어야 함을 의미한다.[15]

마찬가지로, 롤스턴(Holmes Rolston)은 범재신론을 권장하면서 하나님과 우주 전체를 동일시한다. 그는 우리가 하나님을 전체에 편만하여 전체성을 이해 가능케 하는 "위대한 보편적 정신"(a Great Universal Mind)으로 생각해야 한다고 제안한다. 연구에 참여하고 있는 물리학자들은 이러한 이해 가능성을 발견할 수 있고, 따라서 실제로 하나님을 추적하여 하나님의 사유를 생각할 수 있다. 롤스턴은 하나님이 무엇인지 인식하기 위해 초공간적인 모델을 사용한다. 그는 하나님을 에테르나 시-공의 플라스마(원자핵과 전자가 분리된 가스 상태)와 동일시하지 않는다. 오히려 하나님은 그 플라스마 아래에 존재의 질서를 놓는다. 이것을 통해서 롤스턴은 시-공이 하나님의 창조이지만, 동시에 하나님은 바로 세계의 지지층이 된다고 주장한다. 분자들, 파장들, 운동 가운데

---

14) Stump and Kretzmann, 「영원성」(Eternity), 228-230.
15) Ian Barbour, 『과학 시대의 종교』(*Religion in an Age of Science*)(San Francisco: Harper & Row, 1990), 112.

있는 물질, 별들, 혹성들, 사람들은 모두 시-공 안에 있는 날실들이다. 또한 이들은 하나님 안에 있는 주름살들이다. 하나님 안에 있는 주름살들로서 이들은 하나님의 창조이다. 브라흐만이나 공 혹은 도라고 지칭하건, 하나님은 모든 것의 기원이 되는 에너지 "구덩이 안에, 구덩이와 함께, 구덩이 아래" 존재한다. 하나님은 무대 아래 숨어 있는 최초의 동자(prime mover)이다.

롤스턴은 하나님 개념을 전개할 때, 사건의 과정과 무관한 하나님을 주장하면서 하나님을 분리된 영원성에 한정시킨다. "하나님은 시공간적 실체가 아니고, 순수 영이다. 하나님은 속력이나 중량의 하나님이 아니고 시간의 하나님도 아니다."[16] 롤스턴은 상대성을 통해 왜 고전적 그리스도교에서 영원성이 하나님과 연관되었고, 시간성은 창조 세계에 연관되었는지 이해할 수 있었다. 하나님은 지엽적이 아니고 어디든 현존해야 한다. 그러므로 그는 하나님께서 시간과 공간을 가지지 않는다고 결론짓는다. 그렇다고 해서 이 말의 의미가 하나님께서 사건의 과정과 분리된 것을 뜻하는 것이라고는 생각하지 않았다. 오히려 그 반대의 입장에 서기를 원했다. 시간과 공간을 가지지 않는 하나님은 과거와 현재와 미래를 단일한 전체 속으로 모아들일 수 있다. 물리적이지도 않고 시-공에 종속적이지도 않은 하나님은 빛의 속도를 넘어서는 속도로 우주의 여러 경계를 순간적으로 소통할 수 있다. 어디든 현존한다는(무소부재의) 의미는 순간적인 소통을 의미한다. 롤스턴의 연구결과는 만유 안에 존재하는 하나님(God-in-all)과 하나님 안에 존재하는 만유(all-in-God)를 뜻하는 범재신론으로 나타났다. 범재신론은 하나님으로 하여금 서서히 실체화하고 활기를 돋게 한다.

---

16) Holmes Rolston, 『과학과 종교: 비평적 조망』(*Science and Religion: A Critical Survey*)(Philadelphia: Temple University Press, 1987), 65.

실상 바버(Barbour)와 롤스턴은 그레고리우스와 아우구스티누스와 보이티우스가 우리에게 물려준 유산 너머 저 멀리까지 나가진 않았다. 하나님의 영원성은 여전히 창조의 시간적 운동을 초월한다. 우리는 상대성을 성찰하면서 창조가 하나의 시간적 운동보다는 다양한 시간적 운동을 갖게 됨을 배웠다. 하나님이 창조된 질서 속으로 개입해 들어온 것은 특정한 좌표계들에 맞춰진 것이어야 한다. 그러나 이러한 변화는 이전의 관점으로부터 최소한의 변화만을 가져온다. 여전히 큰 문제는 남아있다. 즉, 어떻게 무시간적 하나님이 시간적 세계를 경험할 수 있는가? 혹은 어떻게 무시간적 하나님이 시간적 세계에 따라 활동할 수 있는가?[17] 하나님이 세계 안에 주름살이 되게 하든, 아니면 세계가 하나님 안에 주름살이 되게 하든, 하나님은 어떤 방식으로든 시간적이어야 할 것이다. 그러나 여기에 다음과 같은 어려운 문제가 뒤따른다. "하나님에 대한 우리의 첫 번째 가정은, 만일 하나님의 삶은 영원하며 그렇기 때문에 창조에 외연적인 것이라면, 시간적 활동이나 경험

---

[17] 이것이 폴킹혼(John Polkinghorne)이 문제를 이해하는 방식인 것처럼 보인다. "단순히 영원의 관점에서 시공을 조사하는 하나님은 이신론의 하나님이다. 이 신론적 하나님의 단일한 행위는 얼어붙은 존재 유형이다." John Polkinghorne, 『과학과 섭리: 세계와 하나님의 상호교류』(*Science and Providence: God's Interaction with the World*)(Boston: Shambhala, 1989), 79. 그러므로 하나님의 삶 안에 시간성이 있음이 분명하다. 그러면 어떻게 그러한가? 상대성 이론에서 쌍둥이 역설에 대면한 폴킹혼은 놀라운 신학적 해석을 제시한다. 그는 하나님께서 지구에 있는 시계와 우주에 있는 시계 중에 어느 시계를 사용할까를 묻는다. 그리고는 두 시계를 다 하나님께서 사용한다고 대답한다. 하나님은, 어디든 현존하는 관찰자로서, 각각의 관성계 안에서 사건이 일어나는 바대로 사건의 과정을 경험한다. 어떤 좌표계도 희석되지 않는다. 하나님은 이들 모두를 경험한다. "경험의 전체성이 아마도 하나님과 세계 역사의 관계에 대해 말할 수 있는 가장 중요한 것일 것이다. 하나님은 어떤 것도 놓치지 않으며 하나님의 행위는 언제나 인과적으로 통일성을 가질 것이다." *Ibid.*, 82. 폴킹혼은 하나님의 시간성에 대한 이해를 제시함으로써 세계가 하나님께 영향을 미친다는 사실을 설명하려 한다. 그러나 하나님께서 어떻게 세계에 영향을 미치는지에 대해서는 분명하게 밝히지를 않는다.

은 결코 하나님의 삶에 의미있게 적용될 수 없는 것이다.

롤스턴은 이에 대한 단서를 제시하지만 이를 논리정연하게 설명하지는 않았다. "만일 하나님이 어딘가에서 인식된다면, 그것은 하나님께서 우리의 구체적 실존에 상대적인 시공 안에 하나님 본연의 모습으로 들어올 때, 말하자면 구체적으로 육체를 입었을 때일 것이다."[18] 여기서 열쇠는 구체적인 수육이다. 곧, 하나님께서 창조된 질서 안에 들어와서 단일한 관성 좌표계 안에 거처를 잡는 것이다. 이러한 수육을 통해서 우리는 지렛대의 양면 곧 영원과 시간, 보편과 특수, 활동함과 활동됨의 양면에서 하나님을 만나게 될 것이다. 나는 이것이 삼위일체적 가르침의 본질에 속한다고 생각한다. 바버와 롤스턴의 연구가 갖는 약점은 삼위일체적 가르침과 무관한 하나님 개념을 전개하여 문제를 해결하려 했던데 있다.

열역학에서 시간의 화살

상대성 이론을 논하면서 앞서 제시한 대로, 시간은 미래를 향해 한쪽 방향으로 나아간다. 이점에 대해 어떤 의심이 있다면, 열역학 제2법칙이 이 의심을 해결하는 것처럼 보일 것이다. 에너지 보존 제1법칙에 잇따라 제2법칙은 에너지가 차가운 물체로부터 뜨거운 물체로 자연스럽게 흘러가지 못하도록 한계 규정을 세운다. 자연스런 운동은 언제나 뜨거운 것으로부터 차가운 것으로 향하며 그 역은 아니다. 다르게 말하면 운동이란 질서로부터 무질서로 나아간다. 엔트로피는 무질서의 정도를 나타낸다. 외부로부터 에너지를 입력하지 않고 보존의 법칙이 적용되는 폐쇄계 속에서 엔

---

18) Rolston, 『과학과 종교』(*Science and Religion*), 62.

트로피는 평형상태가 이루어질 때까지 일정하게 증가한다. 평형상태에서는 에너지가 더 이상 소모될 수 없다. 만일 어떤 조건들이 완전한 평형을 이루지 못하게 한다면 차선의 상황을 연출한다. 따라서 최소한의 엔트로피 곧 가능한 한 평형에 가까운 상태를 연출해 낸다. 제2법칙의 요지는 시간이 비대칭적이라는 것이다. 말하자면 엔트로피는 미래의 방향으로 증가하며, 결코 과거의 방향으로 증가하지 않는다. 물리적 세계의 시간은 되돌릴 수 없다. 시간은 한쪽 방향의 화살을 갖는다.[19]

제2 법칙은 엄격히 말해 폐쇄계에 적합하다. 그러나 보다 넓은 환경과 상호작용하면서 에너지 입력을 받아들이는 비평형 개방계 안에서는 창조적 요동이 발생한다. 처음에는 고도의 에너지 입력이 무작위와 우연 곧, 혼돈을 증가시킨다. 혼돈은 이전의 미결정된 가능성으로 안내할 수 있다. 때로는 어떤 분기점에 이르게 된다. 이 시점에서 체계는 더욱 더 깊은 혼돈 속으로 분산된다. 그렇지 않으면 보다 새롭게 분화된 고차원의 질서로 도약할 수도 있다. 요동을 일으키는 혼돈은 새로운 질서를 만들어 내는 근거가 된다. 프리고진(Ilya Prigogine)은 이것을 "요동을 통한 질서"(order through fluctuation)라 불렀다.[20] 간단히 말해서, 개방계 속에서 혼

---

[19] 시간의 화살에 대한 이미지가 어떻게 물리학적 우주론에서 사용되는지 인식하면서 이 용어를 사용하고 있는 젠슨은 불필요한 혼돈을 불러올 수도 있을 것이다. 젠슨은 과거, 현재, 미래라는 시간의 세 화살에 대해 말한다. 삼위일체와 관련하여 세 화살은 아버지와 아들과 성령을 뜻한다. 아버지는 주어진 분이고, 주 예수는 우리를 위한 하나님의 실재가 갖는 현재적 가능성이며, 성령은 예수의 사역의 결과이다. Jenson, 『삼위의 정체성』(*The Triune Identity*), 24. 여기서 젠슨은 너무 빨리 과거와 미래로부터 유리된 현재 순간에 대한 인간의 경험을, 창조를 나타내는 시간의 화살을 앞질러, 하나님의 영역으로 넘겨준다는 약점을 갖고 있다. Robert John Russell, 「삼위일체 하나님이 물리적 시간의 기초인가?」(Is the Triune God the Basis for Physical Time?) *CTNS Bulletin* 11, no. 1(Winter 1991), 7-19 .

돈은 창조적일 수 있다.

혼돈과 창조성은 물리학자들이 "깊이"(depth)라 부르는 세계로 나아간다. 깊이란 질서화된 복잡성이다. 20세기 말 물리학적 우주론자들의 연구는 우주 내 복잡화의 과정을 추적한다는 점에서 샤르뎅(Teilhard de Chardin)의 초기 연구를 회상케 한다. 복잡화는 보다 단순한 초기 단계로부터 별과 혹성의 형성, 생명의 기원, 의식의 발생, 말로 설명할 수 없는 고차원적인 복잡성의 출현으로 나아간다. 이러한 자연의 과거 역사를 통해 우리는 미래에 예측할 수 없는 깊이의 창조가 출현할 것이라고 예견할 수 있다. 이는 시간이 그 아래로 엔트로피의 화살과 깊이의 화살이라는 두 개의 화살을 갖게 됨을 의미한다. 엔트로피의 화살은 흩어짐과 퇴화를 향하고, 깊이의 화살은 구체화된 깊이와 보다 높은 차원의 질서화된 복잡성을 향한다. 엔트로피는 깊이를 위해 치러지는 대가이다.

어떤 과학자들은 깊이가 엔트로피를 퇴치할 것이라고 희망한다. 그러나 일반적인 입장은 지엽적인 깊이가 한동안 우리의 낙관론의 절정을 이룰 것이지만, 결국 엔트로피가 전체 우주에 차가운 평형 곧, 열의 죽음을 가져올 것이라고 본다. 이런 이유에서 우리

---

20) Ilya Prigogine and Isabelle Stengers, 『혼돈으로부터의 질서 Order Out of Chaos』, (New York: Bantam, 1984), 178.(신국조 옮김, 고려원, 1996). 글리크(James Gleick)는 열역학 제2법칙을 "비과학적 문화 안에 견고한 기반을 가진 과학으로부터 탄생된 한 편의 기술적인 그러나 나쁜 소식"이라고 진술한다. 열역학 제2법칙은 사회를 붕괴시키고, 경제적인 쇠퇴를 가져오며, 규범을 무너뜨린다는 비난을 받는다. 제2법칙에 대한 이차적 혹은 은유적 수육은 오도된 것이다. 우리의 현재 문화를 이해하기 위한 과학적 모델을 찾고 있다면, 글리크는 혼돈의 법칙들을 골라내라고 주문한다. 여기서 우리는 창조성의 근거를 발견한다. James Gleik, 『카오스 Chaos』, (New York: Penguin Books, 1987), 307-308.(박배식·성하운 옮김, 동문사, 1993). 혼돈과 제2법칙은 하나이다. 우리는 흩어져 나가는 큰 흐름 속에서 부분적으로 창조성의 소용돌이를 발견한다.

는 전체로서의 우주가 외부로부터 에너지의 입력을 공급받는 개방계라고 생각할 수 없다. 만일, 우주 에너지를 제공하는 원천이 존재한다면, 우리의 우주 개념은 이러한 생각을 포함하는 우주론으로 확장되어야 할 것이고, 우리가 시작했던 지점으로 되돌아가야 할 것이다. 그 결과 열역학 제2법칙은 전체로서 우주에 적용된다. 그렇게 되면 전체 우주는 뜨거움으로부터 차가움으로, 질서로부터 무질서를 향해 한쪽 방향으로 움직여간다. 결국, 우주는 모든 에너지가 영원히 소모되게 될 미래의 평형을 향하게 된다. 비록 혼돈이 특정의 하부 체계에서 새로운 질서를 가져온다 해도, 우주적 시간은 되돌릴 수 없게 되며, 모든 존재는 결국 최고의 엔트로피 상태로 서서히 무너지게 될 것이다.

빅뱅 우주론(big bang cosmology)과 제2법칙은 화합하여 우주의 유한한 역사를 제안한다. 우리는 창조의 시작과 더불어 시간이 시작된 150억 년에서 200억 년 전으로 우리의 생각을 되돌려볼 수 있다. 우주는 최고의 밀도와 열을 가진 특이점으로 시작하였다. 이 특이점이 폭발을 한 이후 물질은 사방으로 퍼져나갔다. 우주는 지금 팽창을 계속하면서 열을 식히고 있다. 물론 은하계들과 같은 어떤 평형이 깨진 체계들은 한동안 혼돈으로부터 질서를 만들어낼 것이다. 그러나 전체적인 움직임은 더 큰 엔트로피를 향해 움직여가고 있다. 만일 우주가 열려진 체계라면, 곧 우주가 중력이 부족하여 다시 붕괴하게 된다면, 우주는 650억년 정도의 또 다른 시간 동안 팽창하면서 열을 식히게 될 것이다. 그렇게 되면 우주의 에너지는 완전히 소진되어 어떤 새로운 질서도 일어날 수 없을 것이다. 종말은 에너지의 소진과 더불어 죽음을 맞게 될 것이다.

시간적으로 되돌릴 수 없다는 개념이 인간의 주체적 사유에서 나온 것만은 아니라는 점을 주목할 필요가 있다. 이는 과거와 미래에 대한 인간 의식의 투영 그 이상이다. 우리는 정신적 시간 개념을 무시간적 자연 세계에 덧붙이지 않는다. 오히려 자연 그 자체가 자연은 시간적이며 한 방향으로 향하고 있음을 우리에게 말해주고 있다. 프리고진은 "기초분자로부터 우주론에 이르기까지 모든 차원에서 무작위성(randomness)과 비가역성(irreversibility)은 끊임없이 증가하는 역할을 한다."고 한다. "과학은 시간을 다시 발견해가고 있다."[21]

여기서 나는 자연에 대한 과학적 이해가 여러 방면에서 신학적 반성을 조명한다고 생각한다. 그중에서 가장 중요한 것은 과학적 이해를 통해 우리는 자연을 역사적으로 보게 된다는 것이다. 자연은 역사적인 것으로 생각될 수 있다. 지금까지 거의 2세기 동안 신학자들은 "하나님께서 역사 안에서 역사한다."고 말해왔다. 하나님의 활동이 사건이다. 하나님의 활동으로 판명된 우발적인 역사적 사건들은 궁극적 실재에 대한 그리스도교 가르침의 기초가 되었다. 그러므로 판넨베르크는 "역사는 그리스도교 신학의 가장 포괄적인 지평"[22]이라고 주장할 수 있었다. 판넨베르크는, 자연도 역사를 갖는다고 생각한 물리학자 바이체커(C. F. von Weizsacker)로부터 부분적으로 영감을 받았다. 바이체커는 "인간은 진정 역사적 존재이다. 그러나 인간이 역사적 존재인 것은, 인간이 자연으로부터 나오고 자연 그 자체가 역사이기 때문"[23]이라고 주장한다.

이제 자연 사건의 역사 속에서 하나님이 어떻게 활동하는지 살펴보자. 하나님은 모든 자연 사건 속에서 필연적으로 활동하는가?

---

21) Prigogine and Stengers, 『혼돈으로부터의 질서 Order Out of Chaos』, xxviii.
22) Wolfhart Pannenberg, 『신학의 기본적인 물음들 Basic Questions in Theology』, trans. George H. Kehm(2 vols.; Philadelphia: Fortress Press, 1970-71), 1-15.
23) C. F. von Weizsacker, 『자연의 역사 The History of Nature』, (Chicago: University of Chicago Press, 1949), 7.

아니면 하나님께서 어떤 사건들 안에서는 활동하고 다른 사건들 속에서는 활동하지 않는다고 말할 수 있을 만큼 자연 사건들이 정말 자생적인(*sui generis*) 것인가? 피콕은 하나님께서 모든 자연 사건 속에 필연적으로 활동한다고 본다. 그는 하나님의 활동이 우주 안에 있는 모든 자연 활동의 구성요소가 된다고 주장한다. 피콕은 "우리가 처음부터 끝까지 철저하게 전체 과정 안에서 하나님께서 창조활동을 계속하고 있음을 인식해야 한다. 그렇지 않다면 하나님은 결코 전체 과정에 참여하고 있는 것이 아니다."[24]라고 주장한다. 하나님은 끊임없이 창조적이어서 자연 안에 창조성을 촉발한다. 우연과 법칙의 변증법을 수단으로 해서 창조성이 밝혀지고 깊이에 이르게 된다. 피콕은 질서가 혼돈으로부터 나온다는 프리고진의 창조적 요동 개념을 생물학적 체계의 진화적 출현에 적용하였다. 그런 다음 피콕은 우연과 법칙의 상호 작용이 살아있는 체계의 출현을 가능하게 하였고, 진화를 통해 살아있는 체계의 삶이 계속된다고 주장하였다. 그는 자연의 역사가 열려져 있음을 강조한다. 자연의 역사는 여러 분기점들로 이루어져 있으며 모든 단계에서 새로운 선택과 방향으로 개방되어 있다. 무작위성(randomness)과 우연은 이러한 개방성의 원인이 되고, 하나님은 무작위성과 우연의 원인이 된다. "이는 마치 우연이 탐사를 위해 가능한 모든 목표지점을 철저히 조사해 보는 하나님의 탐색 레이더와 같다."[25]

시간은 어떠한가? 피콕은 상대론적 물리학에서 시간은 자연의 고유하고도 기초적인 차원이라고 인식한다. 물질, 에너지, 시-공

---

24) Arthur R. Peacocke, "오늘의 신학과 과학 Theology and Science Today", 『창조로서의 우주: 신학과 과학의 공명 Cosmos as Creation: Theology and Science in Consonance』, ed. Ted Peters(Nashville: Abingdon, 1989), 34.
25) Arthur R. Peacocke, 『창조와 과학의 세계 Creation and the World of Science』, (Oxford: Clarendon Press, 1979), 95.

은 함께 창조된 질서를 구성한다. "그러므로 유신론적 관점에서 보면, 오래전에 아우구스티누스가 인식했던 바, 시간은 그 존재를 하나님께 빚지고 있다." 이처럼 "시간이 그 존재를 하나님께 빚지고 있다는 개념"이 우주를 창조로 이해하는데 핵심이 되고 있다. "그러므로 근본적인 하나님의 타자성은 하나님의 시간의 초월성을 포함해야 한다."[26] 그러면 피콕이 시간의 초월성과 하나님의 타자성을 어떻게 함께 놓는지 주목해보라. 그러나 하나님께 속한 것은 여기서 말하는 타자성과 초월성만 있는 것이 아니다. 하나님은 또한 모든 자연 과정에 내재적이다. 피콕은 계속적 창조의 교리(doctrine of *creatio continua*)를 적극적으로 찬성한다. 하나님은 자연 역사의 흐름 속에서 나타나는 새로운 물질의 형태들을 계속 만들어내고 있다. 하나님은 계속해서 창조해가고 있고, 그 계속적 창조 활동은 시간 속에서 일어난다.

여기까지 피콕의 이론은 아주 원만히 전개되고 있다. 그러면 이제 물음을 통해 좀 더 깊이있게 논의를 발전시켜보자. 우리가 영원한 하나님을 시간을 감싸고 있는 분으로 인식할 수 있을까? 결국 시간은 경계나 울타리가 있어서 그 경계나 울타리를 넘어서면 우리가 영원의 세계를 엿볼 수 있을 것처럼 보인다. 열역학적 빅뱅 우주론은 시작과 끝이 있다. 이 우주론은 아주 밀도가 높고 열이 엄청난 특이점(singularity)에서 시작한다. 그리고 특이점이 팽창을 시작한 순간, 시간이 시작된다. 하나님이 태초에 활동을 시작한 것인가? 하나님은 태초에 앞서 존재하였는가? 하나님께서 최초의 특이점을 창조하였는가? 하나님께서 무로부터 특이점을 창조(*creatio ex nihilo*)하였는가? 빅뱅과 더불어 폭발한 최초의 다이나마이트 도화선에 불을 붙인 분이 하나님인가? 처음 순간에

---

[26] Arthur R. Peacocke, "오늘의 신학과 과학 Theology and Science Today", 33, 34.

우주의 역사는, 하나님의 영원성으로부터 떨어져 나와, 계속되는 사건의 독립적인 여정을 갖게 되었는가?

 그렇다면 미래의 종말은 어떠한가? 우주의 역사가 끝난 후에도 하나님은 여전히 거기에서 방산된 파편들을 쓸어 모으고 있을 것인가? 그런 후 하나님은 우주의 역사를 영원의 세계로 가져갈 것인가? 아니면 그 산개된 잔재들은 영원히 기억도 없는 평형 속으로 던져버릴 것인가? 하나님께서 종말이 이르도록 충분히 참고 기다릴 것인가? 아니면 어쩔 수 없는 여정을 중단시키기 위해 종말이 오기 전 간섭할 수도 있는가? 어떤 경우든 영원한 실재는 시간의 변화과정의 대서사시 속에서 잃어버린 것을 구원할 것인가? 과거를 향해 회고하건 미래를 향해 전망하건, 우리는 시간의 경계를 넘어 하나님의 영원성을 바라보아야 하는 것일까?

양자 창조에서 시간의 경계

 호킹(Stephen Hawking)은 이러한 물음들에 대해 "아니오!"라고 말하곤 했던 물리학적 우주론자이다. 호킹은 만약 시간이 경계를 갖고 있다면 하나님 담론은 과학적인 이해와 더불어 시작할 수 있다고 인식하였다. 그는 표준 빅뱅 모델이 의미하는 절대시작의 개념은 하나님의 존재를 포함한다고 생각했다. 시작 개념은 우주에 경계가 있음을 뜻하고, 경계가 있다는 것은 경계 너머에 무엇이 있지 않겠는가라는 물음을 묻게 한다. 어떤 계기의 인터뷰에서 웨버(Renee Weber)는 "만일 경계가 있다면, 당신은 정말 하나님께 기도해야 할 것이다."[27]라고 말한 적이 있다. 그러나 호킹은 하나

---

27) Stephen Hawking, "우주에 경계가 있다면 하나님이 계심이 분명하다 If There's an Edge to the Universe, There Must Be a God", in *Dialogues with Scientists and*

님을 피하고자 하였다. 그래서 그는 경계를 없애는 이론을 추적하였다. 이를 위해서 호킹은, 우리가 빅뱅으로 알고 있는 우주 폭발 이전에 특이점이 있었다는 가설을 반박하였다.

호킹은 상대성 이론으로는 최초의 특이점이 지닌 성격을 규명하기에 충분하지 않다고 주장함으로써 자신의 논점을 시작하였다. 어째서 그런가? 그 이유는 상대성 이론이 대우주, 곧 팽창 가운데 있는 우주에만 적용되기 때문이다. 또한 최초의 특이점이 실상 아주 작고 밀도가 있다고 생각하기 때문에, 보다 적절하게 적용할 또 다른 이론을 필요로 한다. 이 이론이 곧 양자역학이다. 호킹의 연구가 갖는 중심 논제는 다음과 같다. 상대성 이론과 양자역학 이론 이 둘은 양자 중력 이론(quantum theory of gravity)으로 통합된다. 이는 궁극적으로 물리학의 법칙에 의해서만 결정될 단일한 수학적 모델로 우주를 기술할 수 있음을 의미한다. 하이젠베르크(Heisenberg)의 불확정성의 원리는 연합 이론으로 통합된다. 이는 계속해서 펼쳐지는 우주의 여정은 최초의 경계 조건에 의해 고정된 것이 아님을 의미한다. 사실 시간이든 공간이든 경계 조건이란 존재하지 않는다. 다만 존재한다면 굴절된 유한한 시공의 차

Sages: The Search for Unity, ed. Renee Weber(London and New York: Routledge & Kegan Paul, 1986), 209. 1992년, 버클리에 소재한 캘리포니아 대학의 천체물리학자 스무트(George F. Smoot)는, 자신의 우주 배경 익스플로러(Cosmic Background Explorer, COBE)가 찍은 위성 지도가 빅뱅 이론을 확증할 수 있는 초기 우주의 고온에서의 파동을 증거로 보여주면서, 기자에게 다음과 같이 증언하였다. "만일 당신이 신앙이 있다면, 이는 마치 하나님을 본 것이나 다름없다… 우주론은 과학과 종교가 만나는 곳이다. 그렇지 않은가?" *Scientific American* 267, no. 1(July 1992), 34. 이에 대해서 물리학자 올브라이트(John R. Albright)는 다음과 같이 반응하였다. "과학은 창조자 하나님의 실재를 증명할 수 없다. 그러나 기본적인 일관성을 갖고서 우주를 세밀하게 창조한 하나님 신앙을 고백하는 것은 가능하다…" John R. Albright, "하나님과 자연의 유형: 물리학자가 본 우주론 God and the Pattern of Nature: A Physicist Considers Cosmology", *The Christian Century* 109, no. 23(July 29-August 5, 1992), 714.

원만이 있을 뿐이다. 굴절된 시공의 차원은 시간의 시작점인 절대 영점으로 우리를 안내하지 않는다. 하이젠베르크는 시간이 경계를 갖고 있지 않다고 말한다.

호킹은 현재의 순간이 과거와 미래로부터 분리될 수 없는 시-공으로 이루어진 우주의 수학적 모델을 만들어 냈다. 그의 모델에 지닌 수학은 사실의 시간과 상상의 시간을 구분하게 하였다. 사실의 시간은 우리가 연속으로 경험하는 시간의 화살이다. 상상의 시간은 공간의 방향을 구분할 수 없거나 시간의 전후 차이를 구분할 수 없다. 호킹은 중력과 양자역학을 하나로 하기 위해서는 상상의 시간이 필요하다고 소개한다.

> 사실의 시간에서는 우주가 시-공의 경계를 이루는 특이점들에서 시작과 끝을 갖는다. 여기에서 과학의 법칙들은 무너진다. 그러나 상상의 시간에서는 특이점이나 경계가 존재하지 않는다. 그러므로 상상의 시간이 실제로 더 기본적일 수도 있고, 우리가 사실적이라 부르는 것은 우주가 어떠한지 기술할 수 있도록 돕기 위해 창안해 낸 개념뿐일 수도 있다.[28]

이처럼 시간의 경계가 없다는 것은 어떤 신학적 의미가 있을 수 있을까? 호킹은 아주 단호하게 말한다. 호킹의 연구는 신학에 반하는 의미를 함축하고 있다. 그는 시간이 제로인 시점에서 우주가 존재하기 위해서 초월적 창조자를 필요로 하지 않는다. 또한 자연법들이 하나님이 정한 진화의 목적을 수행하도록 하려면, 우주는 하나님을 필요로 하지 않는다. 경계가 없다면 하나님도 없다.

---

28) Stephen Hawking, 『시간의 간략한 역사: 빅뱅으로부터 블랙홀까지 *A Brief History of Time: From the Big Bang to Black Holes*』, (New York: Bantam, 1988), 143.(『시간의 역사』, 현정준 옮김, 삼성출판사, 1996).

양자 중력 이론은 시공이 경계를 갖지 않을수도 있는 새로운 가능성을 열어 놓았다. 그러므로 경계에서의 행위를 설명할 필요가 없다. 과학의 법칙을 무너뜨리는 특이점이란 존재하지 않으며, 시공의 경계 조건을 위해 하나님이나 어떤 새로운 법에 호소해야 하는 시공의 경계도 존재하지 않는다. 우리는 "우주의 경계 조건은 우주가 경계를 갖지 않는 것이다."라고 말할 수 있다. 우주는 완전히 자기 충족적(self-contained)이며 외부의 어떤 것으로부터도 영향을 받지 않는다. 우주는 창조되지 않을 것이며 파괴되지도 않을 것이다. 우주는 그렇게 존재하게 될 것이다.[29]

양자 중력의 비전이 가져다주는 주요 효과는 시간의 화살과 우주의 본질적인 성격의 관계를 해명한 것이다. 그렇다고 해서 결코 시간의 화살을 인간 의식 안에서 경험된 단순한 심리학적 현상으로 환원하는 것은 아니다. 시간의 변화과정은 물리적이며 초주체적이다. 그러나 한 방향으로 향하는 시간의 변화과정은 우주 안에서 일어나는 물리적 활동 영역에 속한다. 그러나 양자의 차원에서 우주는 무시간적인 것으로 판명된다.

이제 논점을 분명히 하기 원한다면, 우주에 대한 호킹의 무시간적인 수학 모델은 우리가 논의를 시작한 무시간적 영원성과 같은 어떤 것으로 보기 시작해야 할 것이다. 호킹의 모델은 시간적 변화 과정의 영역을 감싸면서도 초월한다. 이 과정에서 하나님을 필요로 하지는 않는다.

무엇 때문에 호킹은 이러한 여정을 따르고 있는가? 양자세계로부터 시간적 세계에 이르는 변환을 기술하는 수학을 없애기 위해

---

29) *Ibid.*, 136. 앞서 이 구절에 대해 분석하면서 쓴 나의 책 『창조로서의 우주 *Cosmos as Creation*』를 참조할 것.

서인가? 아마 그럴 수도 있다. 그러나 엄밀히 말해, 우리는 과학적 확실성의 영역 너머로부터 오는 종교적 회의론의 역할에 대해 의문을 제기하지 않을 수 없다. 호킹은 최초의 특이점에 대한 자신의 부정이, 미래 이론을 위한 제안에만 기초하고 있음을 인정한다. 그는 이것보다 강력한 이유는 없다고 생각한다. 호킹의 제안이 가져온 결과는 그의 반종교적인 제안을 위장하는 엷은 안개처럼 보인다. 그는 자연과학자들의 신문화에 속한다. 이 신문화는 한편으로는 합리적인 과학과 비합리적인 종교 사이에 놓인 커다란 쐐기로서 작용하고, 다른 한편으로는 과학적 발견을 부추겨서 하나님 신앙이 시대에 뒤떨어진 것이라는 자연과학자들의 신념을 지지한다. 호킹이 쓴 『시간의 간략한 역사 *A Brief History of Time*』의 서문을 썼던 세이건(Carl Sagan)은 호킹의 논증이 "창조자가 해야 할 일이 없다."는 근거에서 "하나님의 부재"(the absence of God)를 말한다고 조심스럽게 평가하고 있다.

이제 이 문제를 신학적으로 다뤄보자. 도대체 호킹과 세이건이 부인하고 있는 하나님은 어떤 종류의 하나님인지 물어보자. 내가 보기에 이들은 "틈새의 하나님"(God-of-the-gaps)을 거부하고 있다. 이들은 과학자들이 자연에서 설명을 찾지 못할 경우에 하나님에게서 설명을 찾으려 했던 물리-신학(physico-theology)의 하나님을 거부한다. 특별히 빅뱅의 경우, 우리 중 많은 이들은 최초의 경계 조건을 만든 분으로, 선험적 무로부터 시간과 공간을 가져온 분으로 하나님을 생각하려는 유혹을 받는다. 그런데 호킹은 신성을 지향하는 이 문을 닫으라고 제안한다.

좀 더 자세히 말하면, 여기서 거부된 하나님은 이신론의 하나님이다. 이신론에 따르면, 하나님은 처음에 세상을 낸 후, 무시간적 영원성의 세계로 떠나감으로써 우주는 그 안에 새겨진 자연 법칙에 따라 움직이도록 내버려 두었다. 이신론자들에 의하면, 하나님은 처음에 창조를 위한 일 외에는 아무 일도 하지 않는다. 그러므로 호킹의 제안대로라면, 하나님은 창조의 하나님일 필요가 없다.

이러한 도전의 빛에서, 우리는 그리스도인들과 더불어 유일신론을 주창하는 동료 유대인들과 이슬람교인들은 이신론자들이 아님을 주목할 필요가 있다. 이들은 유신론자들이다. 유신론자들은 태초에 하나님이 세계를 창조하였을 뿐 아니라 지금도 여전히 세계 사건 안에 활동하고 있다고 믿는다. 내가 여기서 전개하고자 하는 하나님에 대한 세상의 삼위일체적 이해는 유신론적이다. 따라서 활동적인 하나님의 삶의 영역에서 세계를 향한 계속적인 인격적 관심을 긍정한다.

영국의 이론 물리학자 이샴(C. J. Isham)은 호킹의 제안을 고려하면서 그리스도교 하나님의 창조 교리는 무로부터의 창조 교리마저 여전히 설득력이 있다고 주장한다. 이샴은 하나님의 창조가 시간이 제로인 지점에서 시간의 경계를 넘어, 시간 이전의 존재로부터 시간의 존재로 진입해 들어오는 것이라고 보기보다는, 계속되는 것으로 보아야 한다고 보았다. 하나님의 창조성은 시간의 경계를 놓는다고 설명해서 설득력을 갖는 것이 아니다. 우리는 이샴의 이론에서 상태의 변화가 시원적 사건이라고 보통 생각한다. 대우주의 기원이 되는 시원적 사건을 가정하는 일은 시-공을 단일한 수학적 실체로 보는, 보다 포괄적인 양자 모델 안에서이다. 시간은 시작의 경계가 없음에도 유한하다. 이샴은 우리가 여기에 신학적 의미를 부여한다면, 모든 "시간들"은 하나님과 공존한다고 주장한다. 따라서 양자 과정의 계속적인 불확정성은 하나님께서 무로부터 유를 가져오는 계속적인 활동을 표상한다. 유신론자에게 중요한 것은 하나님을 세계의 사건들 속에서 단순히 과거적 요인으로서가 아니라 현재적 요인으로 이해하는 것이다. 이 말은 하나님의 창조는 과거의 단 한 번의 사건에 한정되는 것이 아니라 지금도 계속되고 있으며, 앞으로 더 일어날 것을 기대할 수 있다는 뜻이다. 오늘날 물리학의 연구는 이 말의 의미를 되새기도록 도전하고 있다.[30]

시간의 유한성을 생각하다보면 시간 너머의 영원한 실재의 가능성에 대해 물음을 묻게 된다. 시간은 경계가 있는 것인가? 아니면 양자영역이 영원성을 시간의 경계 너머 무시간적 영역으로 대치시키는가? 회의론에 빠진 호킹과 세이건마저도 신학적 논의를 피해갈 수 없었다. 유한한 시간은 쉽게 유한한 시간 자체를 설명할 수 없다. 유한한 시간은 그 이해를 위해서 영원성이나 양자 기원 혹은 이 둘 다를 필요로 한다.

시간의 전체로서의 영원성

만일 시간이 경계를 가지지 않는다면, 양자 영역을 시간의 전체로 생각할 수 있을까? 아니면 시간이 경계를 가진다면, 경계들 사이에 있는 시간의 전체를 생각할 수 있을까? 또한 우리가 시간의 전체를 인식할 수 있다면, 시간을 영원성 개념과 함께 놓을 수 있을까? 판넨베르크는 이 분야에서 가장 뛰어난 현대 학자라 여겨진다.[31] 그는 영원성과 시간의 관계를 이해하기 위해서 플로티누

---

30) C. J. Isham, "양자 과정으로서의 우주의 창조 Creation of the Universe as a Quantum Process", in 『물리학, 철학, 그리고 신학 *Physics, Philosophy, and Theology*』, ed. Robert John Russell, William R. Stoeger, S. J. and George V. Coyne, S. J.(Vatican City State: Vatican Observatory; Notre Dame, Ind.: University of Notre Dame Press, 1988), 375-408.

스(Plotinus)의 통찰을 상기하고자 한다. 그가 플로티누스로부터 발견한 개념은 시간의 전체로서 영원성이란 개념이다.

플로티누스는 시간을 영원성의 이미지라고 정의함으로써 플라톤을 따랐다. 그러나 그는 천체의 순환 운동이 시간의 의식과 계산에 기초가 된다는 플라톤의 사유 방식으로 생각할 수 없었다. 플로티누스는 시간을 운동에 의존하게 할 수 없었다. 왜냐하면 그는 운동이 시간에 의존한다고 생각했기 때문이다. 시간이 우선한다. 그러므로 운동 가운데 있는 태양과 별들에게 호소하기보다는 플로티누스는 영원성과 시간의 중재를 위해 인간 영혼(과 세계의 영혼)에 호소한다. 영혼은 영원성을 삶의 전체, 곧 "동일성 안에 고정된 삶의 전체"로서 파악할 수 있다. "왜냐하면 전체는 -- 부분들이 아니고 완성이라는 의미에서, 언제나 지금 여기 혹은 저기가 아니고 동시적으로 -- 영원성 안에 현존하기 때문이다."[32]

물론 플로티누스가 이해하는 인간 영혼은 영원성으로부터 시간 속으로 타락하여 지금은 영원한 실재와 동떨어진 단편과 틈으로 시간적 실재를 경험한다. 미분할된 단일한 순간 대신, 인간의 영

---

31) 판넨베르크는 두 단계에서 도움이 된다. 첫째, 그는 시간과 영원성을 연결할 필요성을 주장하였다. "이제 영원성은 전통적으로 무시간성으로 해석되었다. 이러한 해석에서 시간과 영원성의 관계는 아주 부정적인 것으로 비쳐진다. 그러나 이러한 분위기는 부활에 대한 그리스도교의 희망에 배치된다… 구원은 하나님의 창조인 현재 삶의 순수 부정이나 소멸을 의미할 수 없다. 그러므로 그리스도교의 관점에서 시간과 영원성은 어느 정도 긍정적인 관계를 가져야 한다." Pannenberg, Zygon 16, no. 1(March 1981), 74. 같은 내용이 Pannenberg, 『자연신학 Toward a Theology of Nature』, ed. Ted Peters(Louisville: Westminster/John Knox Press, 1993)에 재인용됨. 두 번째 단계는 여기서 시간의 전체로 이해된 영원성을 향한 움직임이다.
32) Plotinus, 『에네아데스 Enneads』, III: vii: 11, 41. Wolfhart Pannenberg, 『형이상학과 하나님의 개념 Metaphysics and the Idea of God』, (Grand Rapids: Wm. B. Eerdmans, 1990), 76-77, 97. 참조.

혼은 순간에서 순간으로 이어지는 변화 과정을 지난다. 전체이었던 것이 지금은 단편들로 쪼개어진다. 그러나 시간과 타락을 이렇게 연상시킴에도 불구하고, 판넨베르크가 플로티누스에게 매력을 느끼는 것은 미래에 전체성으로 회귀할 것이라는 개념이다. 판넨베르크는, 플로티누스가 미래의 전체나 전체성으로서 부분들 위를 운행한다는 의미에서 영원한 전체가 현존한다고 말한 것으로 해석한다. 전체는 시간적으로 유한한 영역 안에서 추구하는 미래의 목표가 된다. 이러한 목표에 이르는 여정이 시간이다. "간단히 말해서, 시간의 신학이 영원한 전체성을 향해 방향지어질 때, 우리는 결과적으로 시간 이해에 있어서 미래를 우선시한다."[33]

분명 종말론적 전체성 개념에 공감하면서도, 나는 판넨베르크가 플로티누스의 생각에 대해 갖는 확신에 미치지 못하고 있다. 영원성에 대한 플로티누스의 개념은 시간적 연속성과 무관하며 부분-전체의 변증법과도 무관하다. 플로티누스는 "영원한 삶이 시간의 단위나 부분으로 잘리지 않고, 순간 전체적이고 완전한 것"이라고 주장한다. "항존하는 존재"(Ever-Being)인 영원성은 "이것이나 저것의 소유일 수 없고, 시간의 간격, 전개, 진전, 확장 등으로 표현될 수 없으며, 그 안에 처음이나 나중이 존재하지 않는다."[34] 영원성 안에 처음이나 나중이 존재하지 않는다면, 우리는 판넨베르크에게 다음과 같은 물음을 물을 수 있다. 어떻게 영원성이 소멸되지 않으면서 시간적인 세계역사를 품을 수 있을까?

설상가상으로 플로티누스는 판넨베르크의 업적인 미래의 역동성을 반박하는 것처럼 보인다. 한편에서 플로티누스는 발생한 시

---

33) Wolfhart Pannenberg, 『형이상학과 하나님의 개념 Metaphysics and the Idea of God』, (Grand Rapids: Wm. B. Eerdmans, 1990), 77.
34) Plotinux, 『에아아데스 Enneads』, III:vii:3,6.

간의 존재들이 생명을 갖기 위해서는 미래가 있어야 한다고 주장한다. 이러한 관찰에 기초하여 플로티누스는 "과정과 변화의 존재로서"[35] 발생된 모든 것 혹은 전체성에 대해 생각한다. 여기 전체성은 그 미래를 향해 서둘러 나아가면서, 쉼을 두려워하고, 모든 존재하는 것들을 전체성 안으로 모아들인다. 전체성으로 이해된 전체는 미래성을 통해 영속성을 추구한다. 이것이 바로 판넨베르크가 플로티누스를 통해 종말론적 전체성을 말하면서 얻으려 했던 것이다.

그러나 다른 한편에서 보면, 여기 발생된 모두(All)는 플로티누스가 생각한 영원성이 아니다. 오히려 영원성은 그가 최초의 존재들(the primals)이라 부르는 것과 관계한다. 최초의 존재들은 존재들이 미래에 존재할 것으로 열망하지 않으면서 지복의 미분화된 상태로 존재한다. 최초의 존재들은 지금 전체이다. "그러므로 아무것도 이들에게 미래가 되지 못하며 미래가 머무를 수 있는 외연적인 것도 되지 못하기 때문에, 이들은 아무것도 추구하지 않는다." 증가하거나 변화할 수 없는 최초의 존재자들은 영원성 안에 내재하는 다원성을 구성한다. 따라서 영원성은 신성이다.

> 그러므로 영원성은 지고의 위대한 질서로 이루어지며, 하나님과 하나가 되는 것으로 판명된다. 곧 영원성은 자신의 본성을 선포하고 드러낸 하나님으로 적절히 묘사될 수 있고, 동요나 변화가 없는 존재로, 그래서 분명하게 살아계신 분으로 묘사될 수 있다… 따라서 영원성은 존재하는 생명이 온전하게 된다는 의미에서 철저하게 무한한 생명으로 정의될 것이고, 그 완전함을 간직한 과거나 미래를 인식하면서, 생명 그 자체를 영원히 순수하게 간직하는 생

---

35) *Ibid.*, III:vii:4.

명으로 정의될 것이다.[36]

영원성 교리는 영속성, 곧 무제약적 미래를 지닌 실재로서 이해되지 않는다. 오히려 영원성은 무시간성, 곧 완전한 현현 속에 모든 것을 지닌 무제약적인 지금이다.

나는 플로티누스가 적어도 부분적으로는 흠이 있다고 보아, 무제약적인 미래성이 결정적인 역할을 하는 종말론적 전체성 개념을 발전시켜가는 것이 바람직하다고 생각한다. 영원성이 살아있고 창조적인 것으로 이해되기 위해서는 영속성을 포함해야 한다. 우리가 희망하는 영원성은 부분들과 전체의 통합이며 시간적 역사의 완성이지, 항존하는 지금으로 이들이 폐기되어 들어가는 것이 아니다.

이것이 바로 판넨베르크가 추구하고 있는 바다. 이를 플로티누스에게 속한다고 잘못 보기는 했지만, 판넨베르크의 영원한 전체는 유한 존재의 통합된 일치 안에 존재한다. 판넨베르크는 "영원성의 순간에 시간으로 나누어진 모든 존재가 상호 관계됨에 참여하고 있음을"[37] 보고자 한다.

시간적 통전론

판넨베르크는 통전적 원리에 신학적 근거가 있음을 주장한다. 물론 여기에는 과학적 근거도 있다. 통전론(holism)이란, 때때로

---

36) *Ibid.*, III:Vii:4, 5.
37) Wolfhart Pannenberg, 『형이상학과 하나님의 개념 *Metaphysics and the Idea of God*』, 90.

전체론(wholism)으로 표기되기도 하는데, 현대 물리학과 생물학 이론의 영역에서 매우 중요한 역할을 하고 있다. 부정적으로는 반-환원주의로 인식되지만, 긍정적으로는 위에서 아래로의 인과성(top-down causation)으로 인식된다. 아래로 향하는 인과성인 긍정적인 형식으로서 통전론은 복잡하게 조직화된 체계들의 행위와 살아있는 유기체들의 발현을 설명해 준다. 전체가 부분의 총합보다 크다는 통전론의 원리가 통전론으로 하여금 환원주의에 빠지지 않게 한다. 물리적이며 화학적인 요소들과 이들의 상호 작용에 기초하고는 있다하더라도, 살아있는 유기체의 행위는 물리적, 화학적, 혹은 생물학적 법칙들에 기초하여 적절하게 설명될 수 없다. 질적으로 새로운 요소가 전체 유기체로부터 파생한 보다 높은 질서 원리의 형식으로 깊이 진입해 온다. 기본적인 물리적, 화학적, 생물학적 과정들과 완전한 조화를 이룬다 할지라도, 통전적 원리는 이 기본 과정들로 환원될 수 없는 독립적인 행위를 허용함으로써 질서 잡힌 체계나 유기체를 자유롭게 한다.[38]

여기서 논의되는 바는 반-환원주의만이 아니다. 통전론은 체계 조직의 보다 높은 차원들과 심지어는 살아있는 자아들 안에 있는 개체성의 차원들에서조차 보다 낮은 물리적 과정을 지향하여 아

---

38) 전체는 부분의 총합보다 크다는 원리에 기초하여 우리는 다양하지만 중첩되는 통전론의 여러 형식들을 분석해 볼 수 있다. 존재론적 통전론(ontological holism)은, 전체가 그 요소들 너머의 새로운 부분을 첨가하지는 않지만, 그 나름의 독특한 존재론적 입장을 갖는다. 인과적 통전론(causal holism)은 보다 높은 질서에 속한 존재들의 행위가 가장 단순한 부분들을 지배하는 법칙들에 환원될 수 없으며, 오히려 독특한 복잡성의 차원을 과시한다. 설명적 통전론(explanatory holism)은 전체에 관한 행위 이론들이 논리상 그 부분들의 차원만을 설명하는 것으로 끝날 수 없다. 방법론적 통전론(methodological holism)은 질문자들로 하여금 보다 단순한 부분들의 행위 외에 복잡한 전체의 행위를 탐구함으로써 설명을 시도하게 하는 연구 전략이다. 머피(Nancy Murphy)는 앞에서 말한 네 유형의 통전론을 분석하여 이들이 각각 환원주의에 해당한다고 주

4. 시간적 삼위일체와 영원적 삼위일체 297

래를 향해 움직임으로써, 이 물리적 과정들로 하여금 높은 차원의 목적을 창출해 내도록한다고 주장한다. 물 분자들은 소용돌이 속에서 조차 본래 모습 그대로 남아있게 된다. 신진대사(metabolism)는 테니스를 칠 것인지 잠자러 갈 것인지 결정하는 것만으로도 그 비율이 달라지긴 하지만 그래도 본래 모습 그대로 남아 있게 된다. 데이비스(Paul Davies)는 다음과 같이 기술한다. "구성적인(부분적인) 기술은 통전적인 기술과 모순되지 않는다. 이 두 입장은 상보적이며 각자의 차원에서 나름의 타당성을 갖는다."[39]

우리는 통전적 원리를 추정하여 우주를 하나의 전체로 볼 수 있을까? 위에서 아래로의 인과성을 문자적으로 우주에 적용할 수는 없다. 왜냐하면 특수 상대성 이론의 논의에서 보았듯이 우주는 단일한 인과적 결합체 안에 연합되어 있지 않기 때문이다. 그럼에도 시간적 통전론을 생각할 수 있는지 물어야 한다. 위에서 아래로의 인과성을 유추하여, 모든 관좌표계(inertial frames of references)의 완성을 종말론적 사건으로 결집해내는 우주를 시간적 전체로 생각할 수 있을까?

장한다. Nancy Murphy, "우주의 미세 조정으로부터 창조의 증거 Evidence for Creation from the Fine Tuning of the Universe," 1991년 학회에서 읽은 미간행 논문, "우주의 양자 창조와 자연 법칙 Quantum Creation of the Universe and the Laws of Nature," Vatican Observatory and Center for Theology and the Natural Sciences.

39) Paul Davis, 『하나님과 새로운 물리학 God and the New Physics』, (New York: Simon & Schuster, 1983), 62. 데이비스는 통전론을 가지면 우리가 더 이상 무생물에서 생물로의 기적 같은 비약을 설명하기 위해서 생기(a life-force) 개념을 필요로 하지 않는다고 주장한다. Ibid., 64. 피콕(Arthur Peacocke)은 데이비스의 주장에 동의한다. "생기론자(vitalist)가 되지 않는다면 반-환원론자(anti-reductionist)가 될 공산이 크다." Arthur Peacoke, 『하나님과 새로운 생물학 God and the New Biology』, (San Francisco: Harper & Row, 1986), xv.

이처럼 개념화를 시도할 때 우리는 세 기준을 필요로 한다. 첫째, 세계에 생기를 불어 넣으려는 유혹을 피해야 한다. 우리가 경험으로 아는 바 가장 복잡한 체계는 살아 있는 유기체 특별히 인간 유기체의 체계이기 때문에, 우주를 보다 큰 살아있는 유기체로서 설명하고 기술하고 싶은 유혹을 받는다. 그런 다음 하나님께 독특한 삶의 원리를 돌리고자 한다. 이처럼 생기를 부여할 때 문제가 되는 것은 통전론 개념이 보증할 수 없는 불필요한 성분들 예컨대 생기(a life-force)나 영혼과 같은 것들을 부과하게 되기 때문이다. 거기다가 살아있는 전체를 신성화하다 보면, 범신론에 빠지는 위험에 처하게 되기 때문이다. 범신론은 하나님의 초월성 개념을 위협한다는 문제를 갖고 있다. 하나님은 세계에 생기를 불어 넣는 원리 이상이다. 하나님은 세계에 한정될 수 없다. 구원이 가능하려면 하나님은 세계를 초월하는 존재여야 할 것이다.

두 번째 조건은 시간과 관계한다. 우리는 신학적으로 역사의 전체를 말하고 있는 것이다. 이는 어떤 주어진 순간에 일어나고 있는 바를 설명하는 고차원적인 체계 조직 원리 그 이상이다. 종말론적 전체성이란 이제까지 전개해온 창조의 전체 역사의 완성과 관계한다. 전체성은, 하나님의 현존 안에 존재하는 모든 것을 쓸어안음으로써, 거시적 전체의 선을 위해 본래적인 시-공간의 현실태를 긍정하면서 또한 구원하는 영원한 실재를 요구한다. 곧 전체성이란 시간의 완전함을 요청한다.

세 번째 조건은 선취(prolepsis)의 제시이다. 세 번째 조건은 삼위일체 구성에 도움이 될 것이다. 통전론의 과학 모델은 전체와 부분의 변증을 설득력 있게 설명한다. 전체는 부분들로부터 오지만 부분들은 전체의 요청에 따라 기능한다. 인과성은 위로 향하기도 하고 아래로 향하기도 한다. 이러한 주장은 무리가 없어 보인다. 그러나 과학 모델에서 부분들은 전체 안에 현존하고 전체의 물리적 존재를 소멸시킬 수 있는 반면, 삼위일체 신학에서는 전체가 부분들 사이에도 또한 현존한다고 주장한다. 예수 그리스도의 수육 속에서, 전체는 여러 부분 중의 한 부분으로 현존하며 영원한 것은 시간적인 것이 되고, 무한한 것은 유한한 것이 된다. 또한 성령의 사역은 부분과 전체를, 현재와 미래를, 기대감과 기대감의 성취를 묶는다.

논의를 되돌아보며

이제까지의 논의를 정리해보자. 우리는 어떻게 하나님께서 절대적이면서도 관계적일 수 있는지를 물으면서 곧, 영원성과 시간의 관계를 물으면서 시작하였다. 어떻게 영원한 하나님이 시간적 세계 속으로 들어와 활동할 수 있을까? 그리고 어떻게 시간적 세계에 의해서 영향을 받을 수 있을까? 전통적으로 영원성은, 인간과 자연이 저주받은 채 존재하는 시간적 세계와는 첨예하게 대비되는 무시간성의 상태로 받아들여졌다. 이러한 이해의 빛에서 영원한 하나님이 시간적 세계에 영향을 받을 수 있다는 주장은 문제가 될 수밖에 없었다. 나는 영원성이 시간적인 것을 배제하지 않는 개념으로 수정될 필요가 있다고 제안한 바 있다. 영원성은 물론 시간을 초월해야 한다. 그러나 시간을 무효로 하거나 폐지할 필요는 없다. 만일 하나님의 창조와 구속의 행위가 세계 안에서 이루어져야 한다면, 하나님이 시간의 과정에 의해 영향을 받는 어떤 양식이 있어야 할 것이다. 영원성이 구원의 자리여야 한다면, 이때 영원성은 "우리를 위한"(for us) 영원성이어야 한다.

내가 제시한 대답은 삼위일체 하나님 개념에서 찾아진다. 삼위일체 하나님은 영원하며 시간적이다. 하나님은 초월적이기 때문에 창조된 세계의 영원한 근거이다. 하나님은 여러 존재 가운데 하나의 유한한 존재로서, 나사렛 예수 안에 나타난 수육으로서, 하나의 시공 좌표계안에 객관화할 수 있는 단일한 인격으로서, 세계에 내재한다. 또한 하나님은 성령으로서 내재적이면서 초월적인 역설을 지닌다. 따라서 성령 하나님은 여러 시간대를 하나로 묶고, 종말론적인 하나님 나라로 시간 전체를 완성하여 하나됨을 약속한다.

현대 세계로 들어선 우리는 현대물리학의 영역에서 시간의 개념을 어떻게 다루는지 간략하게 살펴보았다. 물리학은 자연을 주된 연구 대상으로 하기 때문에, 우리는 인간이 경험하는 시간 과정의 단순한 주체성을 넘어 포괄적인 우주론의 영역을 다루었다. 주제는 자연이지 인간의 본성이 아니다. 곧, 창조 역사의 전체이지 창조 역사 안에 있는 인간의 주체성이 아니다. 이런 상황은 우리로 하여금 하나님의 구원 사역을 성서적인 "새 창조"(new creation)라는 상징의 빛에서 생각하도록 하였다.

현대 물리학의 열역학과 빅뱅 우주론은 전체로서의 자연이 시간의 한쪽 방향으로 향한다는 개념을 지지하는 것처럼 보인다. 특수 상대성 이론이 우주의 전체가 현재를 동시적으로 경험하지 못하게 하는 다양한 관성 좌표계들이 존재함을 보여주고 있지만, 우주가 과거로부터 미래를 향해 움직여 가는 전체적인 방향성을 폐지하지는 못한다. 물론 호킹의 양자 중력의 창조 전(前)이론(quantum gravitational pre-theory of creation)은 이를 부분적으로 반박한다. 호킹의 이론에 따르면 시간의 화살은 우주 자체에 보편적으로 적용되는 것이 아니고, 우리가 사는 우주의 지역에 제약을 받는다. 호킹은 창조와 구속의 하나님이 펼치는 자비로운 활동과 상관없이 자연 자체가 무시간적 영원성의 속성 안에 전개되는 시간을 포함한다고 보았다. 이러한 호킹의 주장은 과학적으로 시간의 경계가 있는지 묻게 하였고, 신학적으로는 하나님의 영원성을 존재할지도 모를 시간의 경계를 초월하는 것으로 말할 수 있는지 묻게 하였다.

호킹의 도전은 매우 중요한 의미를 갖는다. 신학이 빅뱅과 엔트로피 이론에 동조하며 나아가고 있던 상황에서, 양자이론에 대한 호킹의 반대가 신학의 여정 한가운데 장애물로 등장하였다. 이런 상황에서 우리가 무엇을 해야 하는가? 여기에 네 가지 선택의 길이 있다. 첫째, 호킹의 주장을 반박할 수 없는 것으로 받아들이는 것이다. 따라서 우리는 호킹의 양자 창조 이론이 지금껏 주장해온 삼위일체와 시간성의 관계가 부당함을 입증한다고 결론할 수 있다. 둘째, 호킹의 주장은 넘을 수 없음을 인정하되 그의 입증을 받아들이기 보다는, 우리가 시작했던 출발 지점으로 돌아가 호킹의 주장을 피해갈 수 있는 길을 택해 다시 시작하는 것이다. 가장 일반적인 방법은 이중-언어 이론을 사용하여 곧 신학과 과학은 각각 다른 언어 게임을 하고 있고 서로 소통하지 않는다는 주장을 받아들이는 것이다. 예컨대, 우리는 엄격하게 신학적인 삼위일체 담론만 하고 물리학적 우주론에서 얘기되는 것은 무시해도 된다고 주장할 수 있다. 셋째, 호킹의 장애물을 우회하여 돌아갈 수 있다고 주장하는 것이다. 신학과 호흡이 맞는 것처럼 보이는 입장을 더 깊이 연구해 들어가 자세히 살펴보면 호킹의 장벽이 결코 콘크리트로 세워진 견고한 것이 아님을 알게 될 것이다. 호킹의 주장은 이론의 차원에서 조차 아직 정리되지 않는 사유이며, 수학적 특이점들이 존재할 수 없다는 가설의 추상일 뿐이다. 따라서 호킹의 가설이 흥미 있는 개념이긴 하지만, 경험적으로 확증된 것은 아니다. 그러므로 호킹의 주장을 우회하여 시간과 끝이라는 시간의 경계 범위에서 한 방향으로 나아간다는 시간 개념을 따른다는 것은 결코 비합리적인 것이 아니다. 넷째, 호킹의 반대는 넘어설 수 있는 바, 우리가 살고 있는 대우주 안의 시간이 실제로 경계를 가진다는 점을 호킹의 관점에서도 주장할 수 있다고 본다. 호킹이 양자 세계의 수학적 모델을 통해 경계 없는 상상의 시간을 주장하지만, 여전히 위와 같은 주장은 설득력을 갖는다. 양자의 영역은 시작과 끝이 일어나는 경계 없는 테두리이다. 그러므로 우리는 과학적인 확신을 갖고 여전히 양자의 영역 안에 우주가 전방의 경계인 시작을 갖는다고 주장할 수 있다. 더 나아가 한 방향으로 시간이 움직인다고 주장할 수 있다. 우리의 인식에 기초하여 나는 세 번째와 네 번째의 선택을 염두에 두면서 삼위일체 연구를 계속해 가야한다고 생각한다. 그 결과 어떤 열매가 맺혀질지 살펴보자. 미래에 우리가 지금의 연구 여정이 무가치한 것이었고, 호킹의 가설이 사실로 드러난다면, 그 때 우리는 가던 길을 멈추거나 방향을 바꾸면 된다. 그동안 우리는 시작에서 끝으로 나아가는 시간의 운동개념을 가진 우주를 생각하는 것이 합리적이라는 생각을 전제로 해서 우리의 이론을 전개하면 된다.

이렇게 정리하고 보면 이제 시간의 전체에 대한 물음이 일어난다. 이는 신학적 물음으로부터 나온 것이다. 왜냐하면 시간 역사의 일관성이 단일한 세계와 단일한 하나님이 창조와 구속의 관계를 갖는다는 개념에 내포되어 있기 때문이다. 그리스도교 종말론 개념은 하나님께서 시작한 미래 사건을 지칭하는 바, 이는 시간 역사에 종지부를 찍는 사건이 아니고 시간의 역사를 통합하고 완성하는 사건이 될 것이다. 열역학과 빅뱅 우주론의 상황에서는 우주를 시간의 전체로 생각할 수 있다. 그러나 호킹이 제시한 상황에서는 어떻게 전개될지 아직 알려진 바 없다.

앞서 우리는 과학의 위에서 아래로의 인과성 개념이 우리가 신학적 작업에 적용하고자 하는 통전론적 원리와 충분히 조화를 이루고 있음을 살폈다. 그러나 위에서 아래로의 인과성은 한정적으로 적용될 수밖에 없다. 왜냐하면 우리가 이 인과성을 사용하여 창조의 역사를 연합 안에 묶으려 해도, 이 인과성은 역사 안에 나타난 하나님의 활동을 충분히 설명하지 못하기 때문이다. 때문에 이에 대한 근거로서 기본적인 성서 상징들에 의존할 수밖에 없을 것이다.

논의를 좀 더 진전시키기 위해, 나는 몇 가지 논제들을 제안하고자 한다. 보다 적절한 개념화를 위해 도상의 신학(*theologia viatorum*, theology on-the-way) 전통에 기초하여 이 논제들을 제안한다. 나의 제안은 니케아 정통 계열의 정경화를 추구할 뜻에서 하는 것이 아니다. 오히려 나의 제안은 신학적인 반성을 발전시키려는 교육적인 동기에서 해설과 구성을 조합하여 이루어진 것이다.

삼위일체 논제들

1. 구원의 경륜의 빛에서 삼위일체 하나님을 이해하기 위해서는 하나님이 시간적이면서 영원해야 한다. 삼위일체 제2위격 안에 나타난 수육의 사건은 하나님의 현존이 시간 좌표계 안에 객관화될 수 있는 것으로 나타난 사건이다. 나사렛 예수는 우리와 다른 타자이다. 마찬가지로 삼위일체의 제1위격인 아버지와도 다른 타자이다. 여기서 제 2위격은 타자성 때문에 하나님의 아들로 받아들여지고, 동시에 성령의 연합하는 사역 때문에 제2위격은 유한한 세계 안에 하나님의 현존을 구성한다.

수육에 대한 이러한 해석은 칼케돈 시기의 존재론과는 달리 하나님이 시간 세계에 참여하고 있음을 강조한다. 한 인격(one person, *one hypostasis*)안에 두 본성(two natures, two physis)을 가진 것이라고 가르치는 고전적 그리스도론에 따르면, 신성이 인성과 속성을 교류하지만 인성이 신성과 속성을 교류하지는 않는다. 그러므로 수육한 그리스도는 인간의 본체를 갖지 않은 신적 본체이며, 신성과 인성을 가진 신적 인격이다. 이 때문에 칼케돈 시기의 신학자들은 아버지가 십자가 위에서 고난을 당했다고 믿는 성부 수난설에 반대하였다. 이들은 인성을 입은 예수 그리스도가 고난을 당한 것은 분명하지만, 그의 신성은 고난에서 제외되었다고 주장하였다. 이렇게 주장할 수 있었던 것은 불변한 하나님이 시간의 변화와 쇠퇴(decay)에 종속될 수 없다는 전제 때문이었다. 복잡한 칼케돈 존재론 안에 가현설의 유산이 위장하여 숨어있었다. 그러나 나의 첫째 논제는 칼케돈의 가르침과는 다르게 반-가현적이다. 나는 시간의 변화, 쇠퇴, 죽음을 포함하는 하나님의 인간 경험을 진지하게 유한한 시간 안에 위치시켰다. 하나님의 구원 능력은 신성과 인성의 속성 교류가 막힌 곳에서는 일어나지 않는다. 오히려 하나님의 구원 능력은 죽은 자를 산 자로 변화시키고, 옛 창조를 새 창조로 바꾸는 신적 미래로부터 온다.

나는 이 해석이 삼위일체 사유의 빛에서 볼 때 성서 상징에 대한 보다 적절한 해설이라고 본다. 아버지 상징은 너머, 영원한 것, 언표 불가능한 심연의 의미를 소통한다. 아들의 상징은 내밀, 임마누엘, 우리의 모습 이대로 일상적인 존재의 변화에 관계하는 하나님의 의미를 소통한다. 사랑의 성령은 둘을 묶어 두 하나님의 실재가 아니고 우리가 한 하나님의 실재를 말하고 있음을 확신시켜준다. 그리고 아버지와 아들과 연대하는 과정에서 성령은 우리를 통합한다. 우리는 신앙을 통해 현재적으로 통합된다. 우리가 살아 희망하는 약속은 미래를 바라보게 하고, 미래 속에서 전체 자연의 역사는 영속하는 아버지-아들의 사랑의 연합 속으로 변화되고 통합될 것이다.

성령을 통해 우리를 통합하는 아버지와 아들의 사랑은 영속적이다. 곧 쇠퇴와 죽음이라는 시간의 변화에도 불구하고 아버지와 아들의 사랑은 사라지지 않는다. 이 사랑의 결과는 부활절 죽은 예수의 부활에서 가장 극적으로 나타났다. 예수는 다시 죽으려고 부활한 것이 아니다. 예수께서 하나님의 영속하는 나라로 부활하였듯이 우리도 또한 그리 될 것이다.(고전 15:20) 우리의 미래 부활은 우리의 구원을 이루는 요소이다. 우리는 새로운 창조의 영원성 속으로 부활할 것이다.

우리가 여기서 주목할 것은 하나님의 영원성을 시간 밖에 존재하는 것으로 이해할 수 없다는 점이다. 오히려 하나님의 영원성은 시간의 변화를 수반하는 파괴를 극복하는 가운데 존재하고, 매 순간 모든 물리 존재를 파괴시키는 엔트로피를 극복하는 중에 존재한다. 하나님의 영원성은 부활과 변화의 승리를 통해 얻어진다. 그러므로 삼위일체 역사는 하나님이 먼저 하나님 자신(Godhead)을 시간성의 변화에 내어주어 그 안에서부터 새로운 창조를 가져오는 변화를 만들어 냄을 보여준다.

2. 종말론적 미래는 영원성에 이르는 문을 여는 열쇠이다. 우리는 아버지와 아들과 성령의 내재적인 순환이 영원하지만, 영원성이 자연과 세계의 역사를 배제하지 않고 포함한다는 제안을 살펴보았다. 내재적 순환은 창조와 완성을 포함한다. 우리가 인식하는 바 대로 시간은 태초에 창조와 더불어 출현하게 되었고, 광대한 미래를 향하는 우주 역사를 통해 움직이고 있다. 그러나 우리는

이것이 영원히 계속되지 않을 것이라는 하나님의 약속을 듣는다. 현재의 창조는 변화하도록 예정되어 있다. 새로운 창조가 도래하고 하나님께서 약속한 종말론적인 완성을 이룰 것이다. 시간이 화제가 되고, 영원성은 시작과 처음 사이에 일어나는 모든 일과 함께 시작과 처음을 포함한다.

여기서 중요한 것은 우주적 그리스도이다. 그리스도 안에서 우리는 모든 창조를 구조화하는 로고스를 발견한다. 또한 그리스도 안에서 부활과 새 창조의 선취를 발견한다. 사실 이를 가장 잘 이해하는 길은 모든 실재를 완성에 이르게 하고, 모든 실재를 회고적으로 규정하는 선취를 기대하는 것이다. 종말론적 그리스도는 창조를 구조화하는 로고스로 판명될 것이다. 하나님의 궁극적인 미래가 그동안 형성되어온 과거를 결정할 것이고, 오늘 그리스도와의 연합은 새로운 창조가 일어나고 실재의 전체를 묶게될 미래 사건과 연합될 것이다.

새로운 창조를 조망하는 성서적 상징은 시간이 영원성 속으로 바뀌어질 미래의 어떤 시점을 의미하는 것으로 해석되고 있다. 그 때가 되면 우주가 변화하여 영속적인 하나님의 나라로 드러나게 될 것이다. 그러나 성서적 상징에 대한 이러한 해석은 도전을 받기 마련이다. 먼저 과학적 상상력의 차원에서 도전이 있다. 빅뱅 우주론과 열역학 제2법칙의 조합이 예견한대로 엔트로피 법칙이 최후의 승리를 거두게 되고 우주는 돌이킬 수 없는 평형의 상태로 휘말려 드는 궁극적 미래가 도래해야 한다면, 그리고 그 때 누군가가 "이게 다야"라고 말할 수 있다면, 우리의 신앙은 헛된 것이었음이 입증될 것이다. 그렇게 되면 하나님은 존재하지 않는 것으로, 적어도 예수를 따랐던 이들이 신앙했던 하나님은 존재하지 않는 것으로 판명될 것이다. 우리의 신앙은 우리의 희망과 관계되어 있고, 우리의 희망은 하나님의 은총과 능력으로 새로운 창조가 도래할 것이라는, 예수의 부활절 부활이 증언하는 약속에 기초한다. 여기 예언된 사건이 바로 종말론적 사유의 중심이 된다. 결국 지금 우리는 과학적 자료가 아니고 신학적 자료에 종말론적 희망을 두어야 할 것이다.

과학적으로 사유하든 신학적으로 사유하든 종말론적 사건의 때는 아직 결정되지 않았다. 현재하는 실재의 미래는 참으로 개방되어 있다. 그러나 새로운 창조가 도래하면, 그 능력은 과거의 파괴에서가 아니고, 쇠퇴나 죽음이 없는 더 큰 미래의 도래에서 발견될 것이다. 이점에서 새 창조는 옛 창조와 뭔가를 공동으로 공유한다. 새 창조와 옛 창조는 둘 다 하나님께서 사랑하는 이에게 미래를 허락한다는 하나님의 활동을 함축하고 있다. 우리가 시간의 최초 경계를 말할 수 있다면, 현재 창조의 시작점에서, 하나님이 행한 처음 일은 우주에게 미래를 주는 것이었다. 새 창조가 도래하는 시점에서 하나님은 또한 새로운 미래를 허락할 것이다. 이 새로운 미래는 현재적 미래와는 구별되지만 과거를 잃어버리지 않게 될 것이다. 종말론적 미래는 과거의 전체를 포함하게 될 것이다. 과거는 어떤 것도 배제하지 않는 미래 앞에서 그 전체성과 완성을 보게될 것이다. 이런 의미에서 종말론적 미래는 정확하게 "영원성"이라고 불리어질 수 있다.

두 번째 논제는 다음의 다섯 가지 추론을 가능하게 한다. **첫째, 영원성 개념은 개념적으로 시간성 개념과 양립 불가능한 것이 아니다.** 종말론적인 차원에서 영원성과 시간성은 하나로 합치될 수 있다.

이러한 논리는 무한성의 논리에서도 평행구조로 나타난다. 하나님이 무한하다고 한다면, 하나님의 무한성은 유한한 세계를 포함한다고 할 수 있다. 그렇지 않고 하나님의 무한성이 세계의 유한성과 배치된다고 한다면, 하나님은 이 세상이 아닌 어떤 것으로 한정되게 될 것이다. 곧 하나님은 스스로 유한하게 될 것이다. 그러나 이렇게 될 수는 없다. 그래서 우리는 무한성이 유한성을 포함한다고 주장하는 것이다. 무한성은 유한성을 배제하지 않는다.

무한성과 영원성은 서로 자매의 속성을 갖는다. 시간 존재와 영원 존재가 나란히 인접하여 있는 것이 가능하다고 보는 무한성과는 차이가 있지만, 그리스도교 상징작용은 영원한 하나님께서 시간의 세계에 참여한다는 고백을 담고 있다. 이를 염두에 둔다면, 영원성은 무한성과 같이 시간성을 포함하는 것으로 생각될 수 있다. 영원성은 시간의 초월뿐 아니라 시간의 완성으로 생각될 수 있다. 수육과 종말론적 완성은 시간을 초월하고 포함할 수 있게 한다.

이것이 두 번째 추론을 이끌어 낸다. **영원성, 적어도 구원을 가져오는 영원성이 생기는 것은 우연적이다.** 우리가 인식하는 바대로 시간의 역사와 평행하는 무시간적 실재로서 영원성을 정의하지 않는다면, 미래가 영원성을 시간에 불러들일 것이다. 그렇게 되기 위해서 강림, 도래, 시간적으로 이해 가능한 변화가 있어야 할 것이다. 우리의 관성 좌표계의 관점에서 보면, 논리적으로 이러한 강림은 도래할 수도 있고 도래하지 않을 수도 있음을 인정해야 한다. 이는 선례가 필연적으로 있는 것도 아니고, 과학적으로 분별할 수 있는 자연의 원리도 아니다. 영원성의 강림은 하나님의 자유로운 활동으로 도래해야 할 것이고, 모든 자유로운 활동들은 성격상 우연적이다.

우리의 종말론적 논제에 대한 세 번째 추론은 **완성된 영원성의 도래가 시간의 전체성을 창출한다**는 것이다. 우리가 의식 속에서 현재적으로 경험하는 시간은 나누어져, 과거와 미래를 현재로부터 분리한다. 과거는 사라져서 회복될 수 없는 것처럼 보인다. 미래는 대부분 우리의 통제 바깥에 존재하기에 제멋대로인 것처럼 보인다. 그리고 시간의 변화는 어쩔 수 없이 쇠퇴와 죽음을 불러온다는 점에서 가장 위협적이다. 시간에 전체성이란 없다. 그러나 새로운 창조의 강림은 시간의 두 번째 경계를 정하게 될 것이고, 태초의 처음 경계와 협력하여 창조의 역사를 하나님의 계획이 담긴 단일한 실재 혹은 단일한 이야기로 묶어낼 것이다. 더 나아가 우리는 새 창조를 옛 창조의 붕괴가 아니고 완성으로 이해한다. 심판과 함께 부활은 불순한 것과 순수한 것을 분리할 것이며, 이전에 선하고, 아름답고, 사랑스럽고 조화로웠던 것들은 영속하는 하나님 나라에서 완전하고도 궁극적인 본질을 만나게 될 것이다. 영원한 구원은 기대로서 다가오며, 지금은 존재하지 않는 전체성을 창출할 것이다.

네 번째 추론은 **경세적 삼위일체가 내재적 삼위일체이고 내재적 삼위일체가 경세적 삼위일체라는 라너의 규정이 종말론적 수렴으로 고백될 수 있다**는 것이다. 라너의 규정에 의하면, 내재적 삼위일체와 경세적 삼위일체가 화해를 이루어야 한다고 생각할 필요가 없게 된다. 오직 하나의 삼위일체만이 있을 뿐이다. 이 책에서 나는 구원의 경륜 속에서 삼위일체를 경험한다고 주장했다. 나는 하나님의 구원 여정은 아들의 수육과 성령의 내주를 통해 내적인 하나님의 삶(divine life *ad intra*)이 위협을 감수하면서까지 외적인 하나님의 삶(divine life *ad extra*)을 통합함을 의미한다고 주장하였다. 그런 다음 시간의 역사와 하나님 위격들이 영원한 순환의 종말론적 강림과 하나 됨을 필요로 한다고 주장하였다.

시간의 역사에서 우리는 예수 그리스도의 인격이 타자임을 인정해야 한다. 다른 인격들 모두가 우리에게 타자이듯이 예수 그리스도의 인격도 우리에게 타자이다. 모든 위격들이 타자이듯이 예수 그리스도는 하나님 아버지에게 타자이다. 아들의 창조 참여는 하나님의 삶 안에 타자성이 포함되어 있음을 일러준다. 창조 이야기는 끝난 것이 아니고 아직도 계속 이야기되고 있다. 종말론적 완성이 마지막 장을 마칠 때, 우리가 성령으로 말미암아 그리스도의 형상을 닮게 될 때, 그리고 동일한 성령으로 부활한 형제와 자매로 변모될 때에야, 창조 이야기는 비로소 완성될 것이다. 죽음이 완전히 그리스도의 발아래 놓이게 될 때, 그리스도께서는 창조를 아버지께로 온전히 인도할 것이며, 하나님은 "만유의 주로서 만유 안에 존재"하게 될 것이다. 간단히 말하면, 구원 사역이 완전함에 이르러서야 구원의 경륜이 내적 순환을 할 수 있을 것이다. 역사의 유한성 안에 갇힌 우리의 관점에서 보면, 이는 아직 미래에 일어나야 할 사건처럼 보인다. 새로운 창조가 도래한 후 영원성이 시간의 전체성을 드러내게 될 때, 우리는 비로소 경세적 삼위일체가 영원히 내재적 삼위일체이며 내재적 삼위일체가 경세적 삼위일체라고 말할 수 있을 것이다.

다섯 번째 추론은 **시작이 있다고 해서 아들과 성령이 아버지께 종속되어 있다고 말할 수 없다**는 것이다. 고대에서는 아버지로부터 아들이 출생되고 성령이 발현되었다고 함으로써 일반적으로 아버지를 시원이 없는 근거로 묘사하였다. 아버지가 시원을 가지지 않는다는 말은 다른 두 위격이 향유하는 것보다 더 높은 절대성을 갖고 있음을 의미한다. 영원성에서는 시간적 우선성이 있을 수 없다 하더라도, 아버지는 논리적 우선성 혹은 영광의 우선성을 가진 것으로 보았다. 그러나 종말론이 세 위격을 영원하고 내재적인 연대 속에 하나가 된다고 할 때, 아버지의 논리적 혹은 영광의 우선성은 사라지게 된다.

나는 여기서 일반적인 입장과는 다른 존재론적 이상을 말하고 있다. 일반적인 입장은 "창조"를 자연의 시작 혹은 태초에 일어난 과거의 사건으로 본다. 그런데 나는 이 입장을 바꿀 수 있는 근거가 있다고 본다. 곧, 창조를 종말에 일어나는 미래의 사건으로 볼 수 있다. 창조를 새로운 창조의 빛 곧 종말론의 입장에서 본다면, 창조의 순간은 완성의 순간과 동시적인 것이 된다. 이렇게 되면 미래가 과거를 결정할 것이다. 어떤 의미에서 창조란 완성된 것이 아니고 계속되는 과정이다. 이제 우리 자신은 새로운 자연 질서의 도래와 더불어 절정을 이루게 될 하나님의 계속적인 창조 사역 한 가운데 있음을 발견한다. 구속이 창조를 결정할 것이다. 마찬가지로, 종말론적 삼위일체는 언표 불가능한 하나님과 만물의 창조자가 사실은 예수 그리스도의 아버지이며 우리의 아버지 됨을 확정할 것이다. 지금까지 다섯 가지 추론을 살펴보았으니, 이제 다음 논제로 넘어가보자.

3. 하나님을 절대적으로 관계된 분으로 생각한다면 하나님의 절대성과 관계됨이 나누어졌다고 할 필요가 없다. 고전 존재론은 절대성을 관계를 가지지 않는 것으로 이해하였다. 그래서 절대적인 것은 독립적이고 단절된 변화 불가능한 실체라고 이해하였고, 관계를 가져야 한다면 외재적 관계만이 있다고 보았다. 절대성이 갖는 외재적이고 우연적인 관계는 자기 스스로를 정의할 수 없었다. 그런데 이 입장을 되돌려서 절대성이 내재적이고 상호 관계되어 있다고 주장한다면 어떤 일이 일어날까 상상해보라.[40]

---

40) 이것이 하트숀의 통찰 가운데 으뜸이 되는 통찰이다. Charles Hartshorne, 『하나님의 상대성 The Divine Relativity』, (New Haven: Yale University Press, 1948). 이 입장을 "초상대주의"(surrelativism)와 "범재신론"(panentheism)이라 부르고 있

절대성에 대한 고전 철학의 이해는 몇 가지 이유에서 성서의 하나님에게 적용될 수 없다고 생각한다. 첫째, 창조 개념은 창조자-피조물의 관계를 말한다는 점에서 하나의 단절된 절대자를 정당화한다. 피조물이 존재한다는 것은 창조자를 전제한다. 따라서 절대자는 더 이상 자신의 한계를 정하는 유일한 근거가 아니다. 무로부터의 창조와 같은 고대의 창조 교리들은 하나님이 세상에 영향을 줄 수는 있어도 세상이 하나님께 영향을 줄 수 없다고 주장함으로써 창조자의 절대성을 담아보려고 하였다. 그러나 성서가 하나님이 세상을 사랑하고, 하나님의 내재적 삶을 외재적이고도 우연적인 관계를 하나로 묶었다고 선포하는 상황에서 위의 방어적인 논리는 설득력을 가질 수 없었다. 이스라엘 하나님은 이집트의 압제자들에 의한 노예의 고통 속에서 터져 나오는 백성의 울부짖음을 듣는다. 이 때 하나님은 마음으로 백성의 부르짖음을 듣고 권능의 손과 힘센 팔을 펴서 저들을 구하여 약속의 땅으로 인도한다. 여기서 하나님의 너머에 있음과 거룩함은 훼손되지 않는다. 그러나 세계와 관계됨(world-relatedness)은 영원히 하나님의 존재에 각인되게 되었다. 그리고 신약에 와서는 수육과 성령의 내주와 같은 개념들로 발전하게 되었다.

이러한 맥락에서 우리의 무게중심을 다른 발에 옮겨서 절대성을 온전한 관계됨으로 인식해보면 어떨까? 예컨대 순환 개념에서 보듯이, 온전한 상호성은 아버지와 아들과 성령의 관계성을 내재적 삼위일체의 특징으로 삼는다. 이제 우리가 초기에 논의했던 신약성서의 이중 복종 개념(double surrender)과 판넨베르크가 기

는 하트숀은 하나님과 세계가 마음과 몸의 관계 양식으로 상호 내재하는 관계를 갖는다고 기술하였다. 세계는 하나님의 몸이며, 하나님은 세계의 마음이다. 이는 내가 여기서 전개하고자 하는 형이상학이 결코 아니다. 그러나 나는 초상대주의 개념이 삼위일체의 내재적 삶과 구원의 경륜을 통한 하나님-세계의 관계를 조명하는데 일조가 될 수 있는지 살피고자 한다.

술했던 의존적 신성(dependent divinity)의 개념을 다시 생각해보자. 아들의 현존은 삼위일체 제1위격을 아버지로 한정하고, 자유로이 드린 아들의 순종은 하나님 나라의 도래를 가능하게 하는 신성을 아버지께 양도한다. 신적이 되고 관계성 속에 있다는 것은 자유로이 사랑을 받고 순종하게 되었다는 것이고, 이 신성은 아들이 전적인 사랑과 순종을 통해 아버지께 양도한 것이다.

얼핏 생각하면, 이 주장은 자신의 신성의 시원적 근거가 되는 절대적인 하나님 아버지를 공격하는 것처럼 보인다. 그러나 앞서 언급하였듯이 피조물의 현존 자체가 이미 관계없음으로 이해된 절대성 개념을 손상시키고 있는 것이다. 창조와 더불어 상황은 단절된 신성으로부터 관계 안에 있는 신성(divinity-in-relation)으로 전환되었다. 이러한 상황에다가 피조물이 타락하였고 창조자를 망각하였다는 사실을 더하게 되면, 하나님이 관계하는 피조물은 단순한 타자가 아니고, 하나님과 질이 다른 이방인(alien)이다. 창조된 질서는 폭력과 고통과 죽음으로 그 날수를 채워 하나님으로부터 떠나간 깊은 소외감이 나타나게 되었다. 창조자 우리 하나님은 자신의 신성을 위태로움에 내어놓았다. 하나님은 경외와 거룩함과 순종을 하나님께 돌리지 않는 세상과 잠자리를 같이하기로 선택하였다. 예언자의 입을 통해 하나님은 다음과 같이 불평하였다. "내가 아비일진대 나를 공경함이 어디 있느냐? 내가 주인일진대 나를 두려워함이 어디 있느냐?"(말 1:6) 예수께서 내어줌과 순종을 통해 하나님을 공경하고 두려워함을 회복한다. 역사의 인물인 나사렛 예수는 하나님과 본래적 관계를 가졌던 피조물을 대표한다. 미래의 실재를 기대하는 선취로서 우리는 바울이 예언했던 종말론적 사건을 바라보고 있다. "만물을 저에게 복종하게 하신 때에는 아들 자신도 그 때에 만물을 자기에게 복종하게 하신 이에게 복종하게 되리니 이는 하나님이 만유의 주로서 만유 안에 계시려 하심이라."(고전 15:28) 역사에서건 완성에서건 예수 그리스도의 내어줌이 하나님을 "만유의 주로서 만유 안에 존재"하도록 한다.

아들에게로 돌아가 보자. 아들의 신성은 아들이 아버지와 온전히 하나 됨을 통해 얻은 것이다. 곧 예수는 아버지의 뜻을 구현하고, 아버지의 권위를 가지고 말하고, 태초에 세계를 창조했던 동일한 권능으로 기적을 베풀며, 예수를 믿었던 사람들은 하나님을 믿게 되었다. 이처럼 아버지와 아들의 신실한 일치는 성령이 이룬 일이었다. 예수 안에 내주했던 성령께서 아버지를 예수에게 온전히 현존하게 하였다. 메시아의 동정녀 탄생을 성령에 의한 잉태라고 상징적으로 전하는 천사의 소식, 예수의 세례 때에 내려온 성령(강림), 예수께서 가르치신 하나님의 마음, 혹은 예수가 부활 후 입으신 신령한 몸 등은, 예수 안에 살아계신 아버지의 현존을 확신하게 하는 연결로서 성령의 사역이었다.

이와 평행하는 구조에서, 성령은 신앙을 가진 우리에게 부활한 그리스도를 현존하게 한다. 그리스도 안에서 세례를 받음으로 예수의 부활로부터 싹튼 생명의 새로움으로 충만해지고, 우리 자신의 부활의 꽃이 만개하게 될 것이다. 성령은 우리로 하여금 예수와 더불어 형제요 자매가 되게 한다. 성령은 우리의 삶이 그리스도의 마음, 하나님의 사랑, 순종하려는 의지, 미래에 대한 희망, 지상에 있는 동안 누리게 될 하늘의 기쁨으로 가득하게 한다. 성령은 우리로 하여금 그리스도와 하나되게 하고, 서로 서로 하나되게 하며, 만물이 새로운 창조로 변화하게 되는 미래의 하나님의 변화와 하나 되게 한다. 종말로 예수 그리스도는 초역사적 창조의 근거인 아버지와 더불어 신앙 안에서 만물을 그에게 돌아오게 함으로써, 구체적인(물리적인, physical) 세계 역사의 일치를 구현할 것이다. 성령은 아버지와 아들을 섬김으로써 아버지와 아들이 서로를 사랑하고 세상을 사랑하는 최후의 사랑의 공동체 안에서 자신의 인격성과 신성을 발견한다.

여기서 절대적인 것은 위격 각각이 다른 두 위격과의 관계에 철저하게 의존하는 것이다. 이것이 바로 내재적 삼위일체를 구성한다. 그러나 내재적 삼위일체는 종말론적으로 완성된다. 곧 시간 역사의 전체가 하나님의 내재적 삶 안으로 들어온다. 구원의 사역 곧 경세적 삼위일체가 완결될 때, 하나님은 완전히 관계성 안에 있는 하나님(God-in-relationship)이 된다. 마찬가지로 세계도 하나님과 대비되는 현재의 타자성 상태를 스스로 초월함으로써 그 자체가 완전하여진다.

세계의 관계성과 하나님의 내재적 삶에 대한 문제는 판넨베르크가 하나님의 인격과 인간의 인격을 대비시키는 곳에서 잘 나타난다. 삼위일체 위격들이 각각 위격 자체이기 위해서 철저히 다른 두 위격과의 관계에 의존하고 있지만, 인간의 인격성은 보다 큰 의미에서 독립성을 보여주고 있다. 자아(ego)와 자기(self)의 구분을 상기해보자. "나 됨"(being an "I" or "me")이란 의미의 인간 자아는 자기-구성(being self-constituting)의 모양을 갖는다. 물론 이 모양은 부분적으로 하나의 허상이다. 왜냐하면 다른 사람들이 우리에 대해 갖는 형상인 자기는 자아가 발전하는데 피할 수 없는 요인이 되기 때문이다. 자아는 처음에 보이는 것보다 더 우리를 사회적으로 상호 의존적이도록 한다. 여기서 우리는 소외의 뿌리를 발견한다. 자아와 자기 사이의 소외 뿐 아니라 우리 자신의 인격성과 하나님의 인격성 사이의 소외가 나타난다. 하나님이 우리를 어떻게 보든 상관없이 우리 스스로 자기를 구성하고자 하는 인간의 욕망은, 스스로 우리의 자아를 우리 삶 안에 절대적인 것으로 만드는 허망한 노력을 하게 한다. 우리의 자아를 절대적인 것으로 만드는 이 시도는 우리와 우리 주변 사람들에게 시간의 과정이 가져오는 파괴적인 능력을 가속화할 뿐이다. 이는 실제로 관계를 파괴시켜 죽음을 낳는다. 그러나 이와는 반대로 하나님의 순환 안에 있는 온전한 관계성은 시간의 변화와 죽음에 의해 구속받지 않는 생명이다. 이 관계가 역사화 될 때, 부활을 통해 죽음을 이기는 승리를 가져온다. 부활하신 그리스도 신앙으로의 부르심은, 우리로 하여금 하나님과의 관계에서만 스스로를 발견하라는 부르심이고, 오직 생명뿐인 하나님의 순환 속으로 들어가라는 부르심이다. 이는 영원한 생명으로 하나님 삶 안에 있는 관계의 절대성이다.

4. 삼위일체 개념은 부분적으로는 한 분 하나님 안에서 너머-내밀(beyond-intimacy)의 역설을 유지하는 여러 기능에 기초해야 한다. 그러나 너머-내밀의 역설은 시원적 상징 각각이 개체적으로 표현된 것임을 기억해야 한다. 신학적 구성에서 설명적 개념들을 강조하다보면 어쩔 수 없이 개념 자체가 시원적 성서 상징들에 담지된 긴장감과 다양한 의미들이 전개하는 특성과는 거리가 있음을 인정해야 한다. 정밀함을 강조하다보면 생명과도 같은 상징적 의미의 모호함이 줄어든다. 예를 들면, 하나님 아버지의 상징에서 모호함은 상징에 생명을 불어넣는 힘을 준다. 한편, 창조자로서 피조물을 초월하고 경외와 순종을 받아야 할 왕과 관계된 아버지 상징은 너머의 의미를 담고 있다. 다른 한편, 방탕한 아들 에브라임(Ephraim)을 찾고, 탕자가 집에 돌아오기를 애타게 기다리며, 자신의 사랑하는 아들의 죽음을 보고 슬퍼 세계의 기반을 흔들어 지진을 일으키는 사랑 넘치는 아버지의 상징은 내밀의 의미를 담고 있다. 이처럼 상징 속에 담긴 모호함이 역설적 긴장을 표현하게 한다.

이는 아들과 성령의 상징에서도 마찬가지다. 한편, 아들은 결국 죽을 운명의 우리 인간처럼 유한하고 제약되어 고통과 희생에 던져진다. 다른 한편, 아들은 영원의 세계로 부활하여 하늘 위의 보좌에 앉아 있는 어린 양으로 묘사된다. 한편, 위로자 성령은 우리의 가장 깊은 내면의 사유와 동기에 현존하여 새로운 생명을 부어주고 서로 사랑하도록 영감을 주어 고통당하는 영혼들에게 위로를 준다. 다른 한편, 성령은 창조시 혼돈의 수면 위를 운행하였고, 새로운 창조가 임하게 될 때 마른 뼈들에게 살을 입힐 것이다. 예수 그리스도의 하나님께서 너머이면서 내밀이라는 의미는 성서의 상징들이 그 완전한 힘을 발휘할 때마다 나타난다.

그러나 삼위일체 사유를 개념적으로 명쾌하게 설명하면서 자연스럽게 같은 소리(일의성, univocity)를 내는 쪽으로 향하였다. 이는 어쩔 수 없는 경향으로, 니케아 콘스탄티노폴리스 신경의 구조 속에 이미 반영되어 있다. 이 신경의 첫 항은 "전능하신 아버지" 하나님으로 시작하여 "하늘과 땅"을 창조하신 하나님의 활동으로 이어진다. 두 번째 항은 아버지와 동일본질인 아들의 구속적 사역이 나오고, 세 번째 항은 "생명의 주요 수여자"인 성령을 소개하면서 교회의 존재와 죽은 자들의 부활과 같이 성령의 사역과 관계된 항목들이 뒤따른다. 이들 세 항의 내용은 세 위격들의 기능으로 이어지고 있다. 우리가 원초적인 상징들로 시작해서 이차적 질서나 반성적 사유로의 움직임을 이해하려 하지 않는다면, 신학적 문제가 발생하게 될 것이다.

여기에 문제가 있다. 세계 내에서 행하시는 하나님의 사역이 나누어지지 않는다(*opera trinitatis ad extra sunt indivisa*)는 아우구스티누스의 가르침을 끝까지 몰아간다면, 우리는 니케아 신경이 비-정통에 가깝다고 말할 수 있을 것이다. 성서의 상징들이 성령과 로고스를 창조 활동의 필연적인 작인으로 그리고 있는 반면, 신경은 아버지를 작인으로 고백한다. 바꿔 말하면, 삼위일체 각 위격은 각기 다른 기능을 갖고 있고, 한 분 하나님의 사역은 나누어진 것처럼 보인다. 그런데 놀랍게도 니케아 신경이 정통의 척도로 받아들여지고 있다. 정말 니케아 신경이 정통의 척도일 수 있겠는가?

여기서 신학적으로 잘못이 저질러진 것은 아니다. 오히려 어떤 것도 잘못이 없다고 보인다. 문제는 다양한 의미 층들을 지닌 상징으로부터 일의성을 지닌 설명적 개념들로 옮겨갈 때 발생하는 고유한 특성에서 찾아져야 한다. 그러니 개념적 명쾌함을 얻고자 우리가 값을 지불한 셈이 된다. 이 과정에서 우리는 모호함을 상실하고 역설을 상실할 위험에 처한다. 그러나 역설은 그 가치가 너무나 귀하고, 그 희생의 대가 또한 너무 커서 상실해서는 안 된다. 그러므로 개념적 차원에서 역설을 상실하지 않으려면 삼위일체 위격들 사이에 기능을 나누어야 한다. 아버지 하나님은 너머를 가리키는 원초적 이름이다. 전능성, 불변성, 언표 불가능성과 같은 고전적 속성들은 피조물과 독립적으로 존재하면서 창조가 가능하도록 하고, 초월적 조건을 구성하는 하나님의 차원을 가장 적절하게 표현한다. 다음으로 아들 하나님은 유한으로서 내밀의 자리가 된다. 우리는 아들을 시간과 공간 안에, 본디오 빌라도와 골고다에서의 사건이 예수와 함께 공유한 관성 좌표계 안에 위치시킨다. 성령 하나님은 창조를 통해 나타났고, 인간의 영혼과 교회의 역사 속에서 경험된 하나님의 현존과 영광과 하나가 된다. 성령은 아버지와 아들, 언표 불가능한 것과 계시된 것, 부활한 그리스도와 믿는 자의 신앙, 영원한 것과 시간적인 것을 하나로 묶는다. 너머와 내밀의 하나님은 오직 한 분 뿐이다. 기능을 분배하는 개념에서 보면, 아버지의 너머는 아들의 내밀로 보충되고 성령은 절대성과 관계됨을 하나로 묶는 개념적 방법을 제공한다.

우리가 지금까지 전개한 논제들의 통찰을 통합해보면, 시간적인 유한성 속에서 개념화를 위해 세 위격들을 기능에 따라 각각 창조자, 구원자, 성화자로 구분할 수 있다. 이 점에서 하나님의 사역은 나누어진다(Opera trinitatis sunt divisa). 또한 새 창조의 종말론적인 도래와 시간의 영원화의 빛에서 구원의 역사를 회고해보면 삼위일체의 세계를 향한 사역은 나누어지지 않는다(opera trinitatis ad extra sunt indivisa)고 말할 수 있다.

5. 내재적 삼위일체의 형상을 인간 사회의 모델로 사용되어서는 안 된다. 오히려 하나님 홀로 절대자가 되는 하나님 나라 도래의 이상에 기초하여 인간 사회를 바꾸도록 해야 한다. 나는 사회적 삼위일체 교의가 점점 일반화되기는 하지만 방향이 잘못된 것이라고 생각한다. 사회적 삼위일체론자들은 하나님을 이해하는데 인격성의 범주보다는 공동체의 범주에 관심한다. 현대 신학자들은 때때로 아우구스티누스나 아타나시우스를 카파도키아 교부 신학자들과 대비시키면서, 다원성이 조화를 이루는 고전의 뿌리를 카파도키아 교부 신학자들에게서 찾는다. 대체로 다음과 같은 생각이 발전된 모습으로 소개된다. 만일 비실체론적이거나 평등주의적인 모습으로 사랑의 관계를 갖는 것이 하나님의 존재 안에서 발견될 수 있다면, 이는 인간 사회 안에 나타나는 사랑의 관계에 대한 모델이나 모형이 될 수 있다. 삼위일체는 하나의 모델로서 윤리적 이상으로 기능할 것이다. 우리의 도덕적 과제는 하나님을 닮는것이다. 곧, 위계질서가 아닌 상호 등 떠밀어주는 관계를 통해 평화와 조화가 이루어지도록 사회를 재구성하는 과제이다. 그러므로 사회 이론가들에 따르면, 삼위일체 교의의 기능은 복음의 개념적 이해를 구성하는 것이라기보다는 오히려 사회 변혁의 동

기와 방향을 제시하는 교육적 통로로 기능한다.

여기에서 사회 교의주의자들이 잘못된 상징을 선택했다는 문제가 발견된다. 삼위일체 교의는 이차 질서의 상징, 곧 아버지, 아들, 성령이라는 보다 원초적인 상징을 분명하게 하기 위해서 구성된 개념적인 도구이다. 인격성과 공동체라는 개념은 우리가 분석, 종합, 구성의 과정에서 받아들인 개념들이다. 개념들이란 복음적 해설이 해석을 지배하도록 부적절한 가지들을 치고 매끄럽게 다듬어 낸 우리의 지적 작업의 산물이다. 이것이 오늘날 우리에게 사실인 것처럼, 아리우스, 아타나시우스, 카파도키아 교부 신학자들에게도 마찬가지였다. 특별히 관계가 인격이나 위격보다 우선인 평등의 공동체 이상은 근대와 지금 부상하고 있는 포스트모던 서양 정신의 산물이다. 삼위일체 담론의 제1과제는, 세 위격 안의 한 하나님에 대한 교의적 고백이 구원의 메시지 안에서 너머-내밀의 역설을 유지하는 방식으로 이해되도록 교정해왔다. 사회 이론가들이 자신들의 입장을 발전시킨 후 이렇게 개정된 삼위일체 형상이 인간 사회를 위한 신적 모델을 제공한다고 주장하는 것은 강아지에게 꼬리를 흔들어 보라고 요구하는 것과 같은 것이다.

그런데 여기 인간 공동체를 향해 이미 정초된 더 좋은 길이 원초적 성서의 상징에서 찾아진다. 나는 하나님 나라 혹은 하나님의 통치를 제안한다. 하나님 나라 상징은 히브리 성서와 신약성서 대부분에 걸쳐 중심 주제로 나타난다. 하나님 나라 상징은 사회 정의를 환기시키고, 세계 공동체가 평화 공동체가 되도록 환기시킨다. 종말론적인 하나님 나라를 약속으로 받은 우리는 하나님 나라 상징을 통해 새 창조의 소식을 듣는다.

종종 이 사실이 생략되지만, 하나님 나라 상징은 평등주의적 의미를 갖는다. 하나님 나라 상징은 하나님 한 분만이 왕이라고 제시한다. 이는 어떤 인간도 왕이 될 수 없음을 의미한다. 다른 사람들을 지배하는 사람들은 자신을 위해서가 아니고, 더 높은 곳에 계신 주님을 위해 청지기로 지도력을 펼치는 것이다. 인간의 권위는 세속화되고 평등화된다. 여기에 모든 인간 제도에 대해 예언자적인 비판을 가능하게 하는 인간의 통치와 하나님의 통치 사이의 대비가 내포되어있다. 모든 인간의 제도는 거룩하고 영원한 형식에 뿌리를 두고 있기 때문에 예언자적 심판을 면할 수 없다. 종말론적 왕국만이 영원한 것을 결정할 것이기 때문에, 도래하는 하나님 나라의 이상에 기초하여, 우리는 시간의 세계를 자유로이 바꾸어 갈 것이다.

이러한 역동성은 사회적 교의주의자들의 범위를 피해간다. 왜 그럴까? 그 이유는 사회적 교의주의자들이 도덕성에 대한 모델-이론을 잘못 사용하기 때문이다. 이들은 하나님 개념을 우리 인간이 모방해야 하는 모델로 생각한다. 그래서 하나님을 왕으로 생각할 때, 이는 누군가가 다른 사람을 지배하는 왕이 되어야 함을 가르치는 것이라고 생각한다. 그러나 계몽주의 이후 평등주의자들인 이들은 군주제에 반대한다. 때문에 왕으로서의 하나님 상징에 어려움을 겪는다. 이들은 심지어 하나님 나라의 상징 속에서 가능한 도덕적 가치를 거부하기도 한다.

여기서 중요한 문제는 사회적 교의주의자들이 이접적으로(disjunctively)보다는 연접적으로(conjunctively) 사유한다는 점이다. 하나님 나라 상징의 원초적 이점은 이접(분리, disjunction) 속에서 발견된다. 곧 하나님이 왕이 되는 곳에 정의가 있을 것이기 때문에, 우리는 불의한 모든 인간의 왕권을 자유로이 비판하고 수정해야 한다. 절대성-관계됨 역설에서 절대적인 측면이 갖는 가치는 하나님만이 하나님이라고 말하는 부분이다. 피조물인 우리는 모든 면에서, 특별히 왕권에 관한한, 하나님을 모방할 수 없다. 하나님을 하나님되게 하고 보좌에 앉으신 어린 양을 예배함으로써 우리는 이 땅에서 자유로이 해방의 삶을 살아간다. 이 예배 속에서 우리는 이 땅의 어떤 개인, 계급, 인종, 성도 다른 사람을 지배할 초월적 권리를 주장할 수 없음을 고백한다.

종합해서 말한다면, 사회의 정의와 평등을 위한 종교적인 열정을 추구할 때, 하나님 나라의 성서적 상징은 삼위일체 상징보다 바람직한 상징이 된다. 그 이유는 하나님 나라가 그 안에 이미 공동체의 정의를 담지하고 있는 원초적 상징이기 때문이다. 이에 반해서 삼위일체는 구원을 위해 역사하는 하나님에 대한 세 기본적 상징들 사이의 관계를 분명히 하기 위해서 구성된 2차적 질서의 상징이기 때문이다. 하나님 나라는 사회의 책임을 감당하기 위한 기존의 상징이다.

6. 삼위일체 교의는 하나님 은총의 역동성을 이해하는 구조를 제공한다. 사랑 때문에 하나님은 세계를 창조하였다. 사랑 때문에 구원자가 보냄을 받았고, 영원한 사랑의 연대 속으로 우리가 하나님의 성령으로 부름을 받았다. 하나님이 우리를 사랑할 때 우리는 하나님의 사랑을 은총으로 경험한다. 우리는 하나님의 은총을 절대적인 것으로 경험한다. 왜냐하면 하나님의 은총은 너머로부터 흘러나오기 때문이다. 우리는 은총을 통제할 수 없다. 은총은 우리가 요구하지 않은 선물로서 주어진다. 물론 우리는 은총을 관계됨으로 경험한다. 하나님은 사랑을 통해 우리와 함께한다. 성령을 통해서 우리는 하나님이 사랑하는 그 사랑으로 초대받는다. 그리고 이 사랑이 우리의 삶에 돌봄과 섬김으로 다른 이들과 하나되는 연대의식을 심어준다.

하나님의 은총은 우주적이면서 또한 인격적이다. 우주의 탄생은 베들레헴에서 메시아의 탄생을 축하했던 동일한 하나님의 부드러운 마음으로부터 일어난다. 공간에서 은하계를 휘몰아치게 하는 그 동일한 권능이 예수의 기적 속에서 활동하여 눈 먼 자를 보게 하고, 혈루증을 앓는 여인의 혈루를 멈추게 하였다. 자연과 인간의 모든 역사는 새로운 창조의 도래와 더불어 그 영광을 축하할 것이며, 그 때에 이미 무덤으로부터 처음 부활로 나아온 십자가에 달리셨던 그분을 만날 것이다.

하나님의 은총이 인격적이라고 하는것도 역사의 예수에게만이 아니라 오늘 우리에게도 해당된다. 성령은 미래의 영원성을 시간에 앞서 시간을 부수고 우리의 마음과 생각 속에 선물로 주신다. 따라서 십자가에 달리시고 부활하신 어제의 그리스도와 내일의 영광 가운데 계신 그리스도가 성만찬적으로 우리의 신앙에 현존하게 된다. 예수께서 아버지를 주요, 왕으로 고백하는 온전한 자기 포기는 다시금 예수를 그리스도가 되고 주와 왕과 하나가 되도록 만들어 우리에게 선물로 현존한다. 예수의 순종은 우리의 순종이 되고, 예수의 사랑은 우리의 사랑이 된다. 우리 인간은 자신 말고 어떤 절대자에게 복종하려 하지 않는 성향이 있음에도 불구하고, 성령께서는 그리스도의 순종을 우리 삶의 중심에 놓음으로 우리를 의롭게 한다. 성령께서 "많은 사람의 대속물"(마 20:28)로 자신의 생명을 드린 순종의 구원자를 우리의 영혼 속에 선물로 주심으로 우리의 죄가 용서받는다. 성령은 세례 속에서 우리를 그리스도 예수와 연합시킨다. "그리스도를 죽은 자 가운데서 살리심과 같이 우리로 또한 새 생명 가운데서 행하게 하려 함이니라."(롬 6: 4b) 이러한 생명의 새로움은 봄에 꽃을 피우는 나무처럼 "사랑과 희락과 화평과 오래 참음과 자비와 양선과 충성과 온유와 절제"(갈 5:22)라는 성령의 인격적 열매로 맺혀진다.

삼위일체 교의의 구성으로 우리를 안내했던 것은 결국, 신실한 믿음의 사람들의 삶 안에 있었던 은혜로우신 하나님 경험이었다. 삼위일체 논의는 너머의 하나님이 내밀하게 되었고, 창조의 하나님이 구원자와 성화자로 우리 가운데 들어와, 우리가 새로운 창조로 부활하게 될 희망을 갖게 되었음을 그 논의를 통해 우리에게 상기될 때 가치가 있는 것이다.

역자후기

테드 피터스의 조직신학 책 『하나님: 세계의 미래 *God - The World's Future*』가 옮긴이에 의해 번역되어 2006년 2월 컨콜디아 사에서 출판된 후 많은 사람들로부터 좋은 책을 소개해주어 고맙다는 전화를 많이 받았다. 옮긴이 또한 조직신학 교재로서 사용하기에 적합한 책이라 여겨져 학생들에게 소개하면서도 가슴 뿌듯함을 느꼈다. 이제 나는 기쁨을 두 배로 경험하는 축복을 받게 되었다. 다시금 테드 피터스의 책 『삼위일체 하나님 *God as Trinity*』을 번역하여 출판하게 되었기 때문이다.

피터스의 『삼위일체 하나님』은 삼위일체 관련 자료 중 꼭 읽어야 하는 추천 도서이다. 삼위일체와 관련하여 그동안의 논의들을 분석하고 해체하고 정리 한 책 가운데, 또한 현대의 상황에서 삼위일체 신학을 재구성한 책으로서 단연 돋보이기 때문이다. 테드 피터스는 미국의 판넨베르크로 알려진 명성 있는 학자로서 학문적 깊이와 설득력 있는 논리로 신학 하는 이들 뿐 아니라 다른 종교 혹은 다른 학문의 영역에 있는 이들에게까지 그리스도교 신학을 변증해주고 있다. 최근에는 과학과 종교의 대화를 이끌며 포스트모던과 페미니즘의 상황에서 신학하기를 계속하고 있다.

피터스는 삼위일체가 숫자의 신비나 논리가 아니고, 하나님의 구원 경험에서 비롯된 것이라고 전제한다. 이렇듯 피터스는 자신의 전제를 위해 지금까지의 잘못 된 삼위일체 신학의 가설들을 살펴본 후 현대에도 여전히 설득력 있는 삼위일체 신학이 가능한지를 묻는다. 예컨대 피터스는 절대성과 관계성, 내재적 삼위일체와 경세적 삼위일체, 영원과 시간이라는 두 영역을 분리하거나 융합하지 않고 이 둘의 영역을 역설과 긴장가운데 대비시키면서 종합하는 종말론적 사유를 해법으로 제시한다. 이점에서 피터스는 바르트의 분석 방법과 슐라이어마허의 종합 방법을 해체-재구성이라는 구조에 따라 통합한다.

종말론적 사유에 의하면, 관계성은 절대성에, 경세적 삼위일체는 내재적 삼위일체에, 시간 안에 일어나는 것은 영원한 것의 내용에 공헌하게 된다. 곧 시간적인 역사에서 하나님의 삼위일체적 활동은 하나님의 영원성을 구성하게 되고, 구원받은 창조는 종말론적인 완성을 통해 영원한 하나님의 삶속으로 끌어올려진다.

이 책의 탁월함은 삼위일체에 대한 물음을 현대적 신학의 논의로 삼기 위해서 삼위일체 신학이 지닌 오류를 분석한 것이다. 거기다가 20세기 삼위일체 신학이 신학의 주요 주제가 될 것이라 선언한 바르트의 주장을 신학적 미래로 보았던 클라우드 웰치의 예견으로부터 에버하르트 융엘, 칼 라너, 위르겐 몰트만, 레오나르도 보프, 과정 신학, 캐서리 모리 라쿠나, 로버트 젠슨, 볼프하르트 판넨베르크의 삼위일체 신학을 분석적으로 다루면서 20세기 삼위일체 신학 전체를 조망해 본 점이다. 그리고는 삼위일체 신학의 현대적 맥락을 확보하기 위해서 영원성과 시간에 대한 이해를 과학의 빛에서 조망함으로써 포스트모던 시대에 설득력 있는 삼위일체 신학을 재구성한 점이다.

결국 삼위일체 하나님에 대한 물음은 하나님의 영원성과 세계의 시간성이 갖는 관계성으로 좁혀진다. 영원한 하나님께서 어떻게 시간적 세계 안에서 활동할 수 있는가? 영원한 하나님이 어떻게 시간적 세계의 영향을 받을 수 있는가? 이 물음에 대해 피터스는 경세적 삼위일체가 내재적 삼위일체이고 내재적 삼위일체가 경세적 삼위일체라는 라너의 규정을 성부, 성자, 성령의 빛에서 인간의 원초적인 하나님 경험을 보도하고 있는 바르트의 성서적 계시 분석을 밑그림으로 삼아 젠슨, 판넨베르크, 몰트만으로부터 배운 종말론적 사유를 대안으로 제시하며 풀어간다. 이러한 해석을 통해 피터스는 삼위일체 삶 그 자체가 구원의 역사이며, 삼위일체 하나님의 완전은 종말론적 미래에 완성될 실재임을 밝혀준다.

독자들은 이 책을 읽으면서 구원의 경륜의 빛에서 이해된 삼위일체 하나님이 어떻게 시간적이며 동시에 영원한 하나님인지? 종말론적 미래가 어떻게 영원의 문을 여는 열쇠가 되는지? 영원이 무시간성이 아니고 어떻게 시간의 세계를 포함하는 시간의 전체성이 되는지? 라너의 규정이 종말론적으로 수렴된다는 의미가 무엇인지? 절대성과 관계됨이 나누어지지 않는 하나님을 고백할 수 있는지? 등을 함께 물으며 진지한 해법을 찾아 나서게 될 것이다. 그리고는 마침내 삼위일체 교의는 결국 신실한 믿음의 사람들 삶 안에 있었던 은혜로우신 하나님 경험에서 비롯된 것이었다는 피터스의 외침을 만나게 될 것이다.

2006년 봄 학기 역자는 진리의 동역자들인 협성대학교 신학대학/ 대학원 어학당 식구들과 함께 매일 아침 피터스의 책 『삼위일체 하나님』을 읽었다. 이 책의 출판과 함께 어학당 식구들에게 감사를 드린다. 그리고 여름 방학을 이용해 남은 부분 번역을 완성하였다. 번역하는 과정에서 새로운 용어나 신학적 표현이 나올 때에는 여러 논문을 읽으며 대화와 충분한 검증을 거쳐 번역하였다. 번역된 원고를 김영명 목사와 박일준 박사가 꼼꼼하게 읽어 주었다. 그리고 마지막으로 역자가 읽고 또 읽으면서 교정을 마쳤다. 원고를 읽어준 두 분께 감사를 드린다. 지난번 『하나님: 세계의 미래』가 출판될 때와 마찬가지로 이번에도 컨콜디아사 유영탁 팀장의 지도력과 수고를 잊을 수 없다. 아울러 좋은 책이 한국 신학계에 소개될 수 있도록 출판을 허락해준 컨콜디아사에게 감사를 드린다. 아무쪼록 이 책의 출판과 함께 삼위일체에 대한 활발한 신학적 논의가 한국 신학계에 일어나기를 기대해 본다.

2007년 새해 벽두에
칠보산 자락 서재에서

색 인

가현설 docetism / 28, 153, 304
경세적 삼위일체 economic Trinity(참조. 삼위일체) / 26, 161, 215
계속적인 창조 creatio continua / 164, 311
계시 revelation / 11, 26, 136, 157, 250
골비처 Gollwitzer, Helmut / 155, 161
공 sunya, sunyata / 128
과정 유신론 process theism / 49, 191, 198, 210
과정 형이상학 process metaphysics / 48, 200, 210
교황 레오 3세 Pope Leo III / 107
교황 요한 바오르 2세 Pope John Paul II / 00
구원 salvation / 17, 28, 81, 187
구원론 soteriology / 31, 102, 215, 217
구원사(역사) salvation history / 32, 185, 215, 233
군주론 monarchism / 63, 227
그레그 Gregg, Robert / 101, 102, 104, 105
그레이 Grey, Mary / 97
그로흐 Groh, Dennis / 101, 102, 104, 105

그리핀 Griffin, David Ray / 200, 212, 213
근대의식 modern consciousness / 00
기도 prayer / 69, 128
기도의 법 lex orandi / 69, 71

나지안주스의 그레고리우스 Gregory of Nazianzus / 194, 195
내재적 삼위일체 immanent Trinity (참조. 삼위일체) / 10, 26, 132
노이하우스 Neuhaus, Richard / 190
뉴턴 Newton, Isaac / 268, 269, 270
니르바나, 열반 nirvana / 128, 130
니버 Niebuhr, H. Richard / 140
니사의 그레고리우스 Gregory of Nyssa / 80, 82, 225, 247, 266
니케아 공의회 Nicea, Council of / 19, 72, 100, 215
니케아 신경 Nicene Creed / 10, 69, 73, 78, 107, 216, 318
니케아 신학 Nicene theology / 99
니케아-콘스탄티노폴리스 신경 Niceno-Constantinopolitan Creed / 73, 80

다신론 polytheism / 21, 22, 63, 65, 178, 225
대승불교 Mahayana Buddhism / 130
댜나 dhyana / 130
데이비스 Davies, Paul / 297
떼이야르 샤르뎅 Teilhard de Chardin / 280
돈 Donne, John / 39
동방 정교회 Eastern Orthodoxy / 108, 121, 203, 219

라너 Rahner, Karl / 7, 20, 53, 121, 141, 166, 222, 230, 251
라너의 규정 Rahner's Rule / 29, 165, 166, 217, 223, 235, 309
라이트 Wright, John H. / 71
라쿠나 LaCugna, Catherine Mowry / 7, 45, 56, 83, 87, 121, 214
라피데 Lapide, Pinchas / 67, 68
러셀 Russell, Robert John / 12
로고스 Logos / 27, 31, 110, 128, 170, 202
로너간 Lonergan, Bernard / 228
로드스, 리처드 Rhodes, Richard / 96
로버트 젠슨 Jenson Robert / 7, 31, 223
로스키 Lossky, Vladimir / 122
로이스 Royce, Josiah / 204
로젠츠바이크 Rosenzweig, Franz / 67
롤스턴 Rolston, Holmes / 275~278
루터 Luther, Martin / 157
루카스 Lucas, J. R. / 274
룰 Lull, Timothy / 12, 41
리처드슨 Richardson, Cyril / 41

마야 maya / 136
맥페이그 McFague, Sallie / 92
맨해튼 기획 Manhattan Project / 94, 95, 98
메이슨 Mason, David / 210~212
몰트만 Moltmann, Jürgen / 7, 26, 56, 63, 141, 167, 178, 251
무념주의 apophatism / 128
무로부터 창조 creatio ex nihilo / 135
미래 (참조. 종말론적 미래 eschatological future) future / 226, 305

믿음의 법 lex crendendi / 69, 71
밀러 Miller, David L. / 127

바가바드 기타 Bhagavad Gita / 96
바르트 Barth, Karl / 7, 11, 29, 43, 141, 155, 182, 215, 234
바버 Barbour, Ian / 275, 277
바실리우스 Basil / 238
바이체커 Weizsacker, C. F. von / 282
박티 bhakti / 130
반-환원주의 antireductionism / 296
범신론 pantheism / 298
범재신론 panentheism / 275, 276
베단타 Vedanta / 129, 130, 135
베르쟈예프 Berdyaev, Nicholas / 126
벨로닉 Belonick, Deborah Malacky / 79
베인브리지 Bainbridge, Kenneth / 96
보어 Bohr, Niels / 95
보이티우스 Boethius / 46, 53, 258, 259, 274, 277
보프 Boff, Leonardo / 54, 56, 141, 191
본디 Bondi, Roberta C. / 78, 79
본질 ousia / 9, 27, 42, 46, 79, 100, 122, 162, 228
부권 patriarchy / 221
불이개념 Advaita / 129, 130
브라텐 Braaten, Carl / 86
브라흐만 Brahman / 127, 130, 135, 276
브락켄 Bracken, Joseph / 209~211
브뤽 Brück, Michael von / 132~135

비슈누 Vishnu / 96, 131
비이원성 nonduality / 133, 135
빅뱅 우주론 big bang cosmology / 281, 284, 300, 302, 306

사벨리우스 Sabellius / 61, 109, 182
사벨리우스주의 Sabellianism (참조. 양태론 modalism) / 110
삼신론 tritheism / 21, 54, 63, 68, 162, 178
삼위일체의 흔적 vestigia trinitatis / 126, 192
상대성 이론 relativity theory / 257, 270, 278
상보성의 원리 complementarity, principle of / 95
샤를마뉴 대제(서로마제국 황제, 742-814) Charlemagne / 107
샹카라 Sankara / 132, 135
새 창조 new creation / 300, 304, 306, 319
선취 prolepsis / 298, 306
성부 수난설 patripassianism / 216, 230, 231, 304
성차별주의 sexism / 8, 76, 91
세계 종교들 world religions / 126, 129, 130
세룰라리우스 Cerularius / 108
세이건 Sagan, Carl / 289, 291
세이어스 Sayers, Dorothy / 41
수육 incarnation / 8, 27, 31, 40, 78, 136, 233, 255
수하키 Suchocki, Marjorie Hewitt / 210
쉬바 Shiva / 131
슐라이어마허 Schleiermacher / 11, 60, 144, 182
스마트 Smart, Ninian / 130, 131
스텀프 Stump, Eleonore / 274
시간 time / 218, 224, 255, 261

시간성 temporality / 12, 35, 137, 212, 261, 307
시-공 space-time / 256, 271, 275, 287, 290, 298
신성화 theosis / 75, 77, 80, 125, 219, 222, 298
실체 substantia / 27, 46, 52, 54, 121, 161, 179, 227, 311
실체론적 형이상학 substantialist metaphysics / 40, 45
십자가의 신학 theology of the cross / 157

아난다 ananda / 133, 136
아리우스 Arius / 72, 90, 99
아리우스주의 Arianism / 101
아리스토텔레스 Aristotle / 49, 65, 121, 189, 200, 238
아우구스티누스 Augustine / 24, 46, 74, 91, 104, 231, 265, 317
아퀴나스 Aquinas, Thomas / 46, 237
아타나시우스 Athanasius / 41, 51, 81, 139, 226
아타나시우스 신경 Athanasian Creed / 41
안셀무스 Anselm / 237
알라 Allah / 128
알렉산드로 대제 Alexander the Great / 65
야훼 Jahweh / 14, 68, 128, 225
양자설 adoptionism / 288
양자 이론 quantum theory / 301
양자 중력 이론 quantum theory of gravity / 300
양태론 modalism (참조. 사벨리우스주의 Sabellianism) / 42, 112
열역학 thermodynamics / 257, 270, 278, 300
열역학 제1법칙 thermodynamics, first law of / 278
열역학 제2법칙 thermodynamics, second law of (참조. 엔트로피) / 282, 306

영원성 eternity / 31, 167, 177, 197, 222, 255, 257
영지주의 gnosticism / 28, 42, 153
오리게네스 Origen / 72, 73
오펜하이머 Oppenheimer, Robert / 94~98
와일스 Wiles, Maurice / 70
우주론 cosmology / 101, 257, 269, 280, 300
우주적 그리스도 cosmic Christ / 306
웨버 Weber, Renee / 285
웨어 Ware, Kalistos (Timothy) / 109
웨인라이트 Wainwright, Geoffrey / 71, 74
웰치 Welch, Claude / 11, 43, 139, 141, 169, 188, 249
유대교 Judaism / 41, 61
유일신론 monotheism / 21, 42, 58, 98, 145, 191, 249
융엘 Jüngel, Eberhard / 7, 56, 141, 155, 186, 234
위격, 실체 hypostasis, hypostases / 17, 34, 51
위격, 인격, 인격성(인품) person, personhood
   (참조. 주체성 subjectivity) / 27, 50, 54, 121
위에서 아래로의 인과성 top-down causation / 296, 297, 303
윌슨-캐스트너 Wilson-Kastner, Patricia / 83
윌켄 Wilken, Robert / 37
은유 metaphor / 76, 82, 85, 92
은총 grace / 37, 104, 167, 184, 307, 322
의심의 해석학 hermeneutic of suspicion / 93, 98
이레나이우스 Irenaeus / 153
이샴 Isham, C. J. / 290
이슈와라 Isvara / 128, 130
이슬람교 Islam / 59, 61, 189, 249, 290
이신론 deism / 289

인간의 자유 human freedom / 48
일반 상대성 이론 relativity theory, general / 273
일신론 Unitarianism / 71, 72, 83

자연과학 natural science / 35, 153, 270, 289
자연사 natural history / 280~284, 305
종교개혁 Reformation / 59
종말론 eschatology / 17, 255, 302
종말론적 미래 eschatological future / 226, 305, 307
종말론적 전체성 eschatological wholeness / 218, 294
주체성 subjectivity (참조. 위격, 인격, 인격성[인품]
　person, personhood) / 50, 58, 133, 173, 203, 210, 243, 300
지복의 상태 satcitananda / 133
지지울러스 Zizioulas, J. D. / 55, 121, 219

창조 creation / 16, 26, 91, 104, 135, 156, 203, 218

카스퍼 Kasper, Walter / 175~177
카파도키아 교부(신학자)들 Cappadocians / 19, 180, 242, 319
카피 Coffey, David / 115~119
칸트 Kant, Immanuel / 45, 142, 262
칼빈 Calvin, John / 74, 150
칼케돈 Chalcedon, Council of / 304
캅 Cobb Jr., John B. / 200
콘스탄티노폴리스 공의회 Constantinople, Council of / 53, 101

색 인 337

콘스탄틴 Constantine, Steven / 130~132
크레츠만 Kretzmann, Normann / 274

테르툴리아누스 Tertullian / 26, 46, 52, 227
톨레도 공의회 Council of Toledo, / 107, 194
통전론(전체론) holism (wholism) / 56, 295
트레이시 Tracy, David / 93, 98
트뢸취 Troeltsch, Ernst / 140
특수 상대성 이론 relativity theory, special / 270
틈새의 하나님 God-of-the-gaps / 289
틸리히 Tillich, Paul / 126

파니카 Panikka, Raimundo (Raimon) / 127~130
파이크 Pike, James A. / 41~44
판넨베르크 Pannenberg, Wolfhart / 31, 68, 113, 191, 235
팔라마스 Palamas, Gregory / 123
페리코레시스 perichoresis / 256
페미니스트 신학 feminist theology / 75
펠라기우스 Pelagius / 104
포드 Ford, Lewis / 200~204, 211
포스트모던 의식 postmodern consciousness / 16, 36, 45, 153
포이티어스의 힐라리우스 Hilary of Poitiers / 106
포티오스 Photios / 108~110
푀글린 Voegelin, Eric. C. / 36
프리고진 Prigogine, Ilya / 279, 282
플라톤 Plato / 49, 199, 258, 292

플로티누스 Plotinus / 292~295
피콕 Peacocke, Arthur / 33, 283
피텐저 Pittenger, Norman / 59
필리오케 Filioque / 106

하나님의 나라 kingdom of God / 16, 35, 306
하나님의 자유 freedom of God / 30, 104, 185, 232
하이데거 Heidegger, Martin / 262
하이젠베르크 Heisenberg, Werner / 286
하이젠베르크의 불확정성의 원리 Heisenberg's uncertainty principle / 286
하트숀 Hartshone, Charles / 200, 205, 213
헤겔 Hegel, Georg Wilhelm Friedrich / 31, 134, 190, 237
헤셸 Heschel, Abraham / 67
호킹 Hawking, Stephen / 285, 301
화이트헤드 Whitehead, Alfred North / 49, 198
화이트헤드 형이상학 Whiteheadian metaphysics / 199, 206, 212
희망 hope / 98, 103, 129, 267, 307
히에로니무스 Jerome / 100
힉 Hick, John / 40, 70
힌두교 Hinduism / 127

삼위일체 하나님
(신적 삶 안에 있는 관계성과 시간성)

초 판 1 쇄 / 2007년 2월 15일
초 판 2 쇄 / 2016년 9월 20일

지 은 이 / 테드 피터스
옮 긴 이 / 이 세 형

발 행 인 / 김 철 환
편 집 인 / 최 태 훈

발 행 소 / 도서출판 컨콜디아사
           (기독교한국루터회 총회 출판국)
           서울시 용산구 소월로2길 21-11 루터교센터
           (전화) 3789-7452, 7453 (팩스) 3789-7457
           등록 / 1959년 8월 11일(제3-45호)

책 값 16,000원

ISBN 978-89-391-0124-1   03230